AF550813

BRITISCHE GARTENKUNST

Günter Mader
Laila Neubert-Mader

BRITISCHE GARTENKUNST

Über 60 traumhafte Gärten in England, Schottland, Wales und Irland

Bassermann

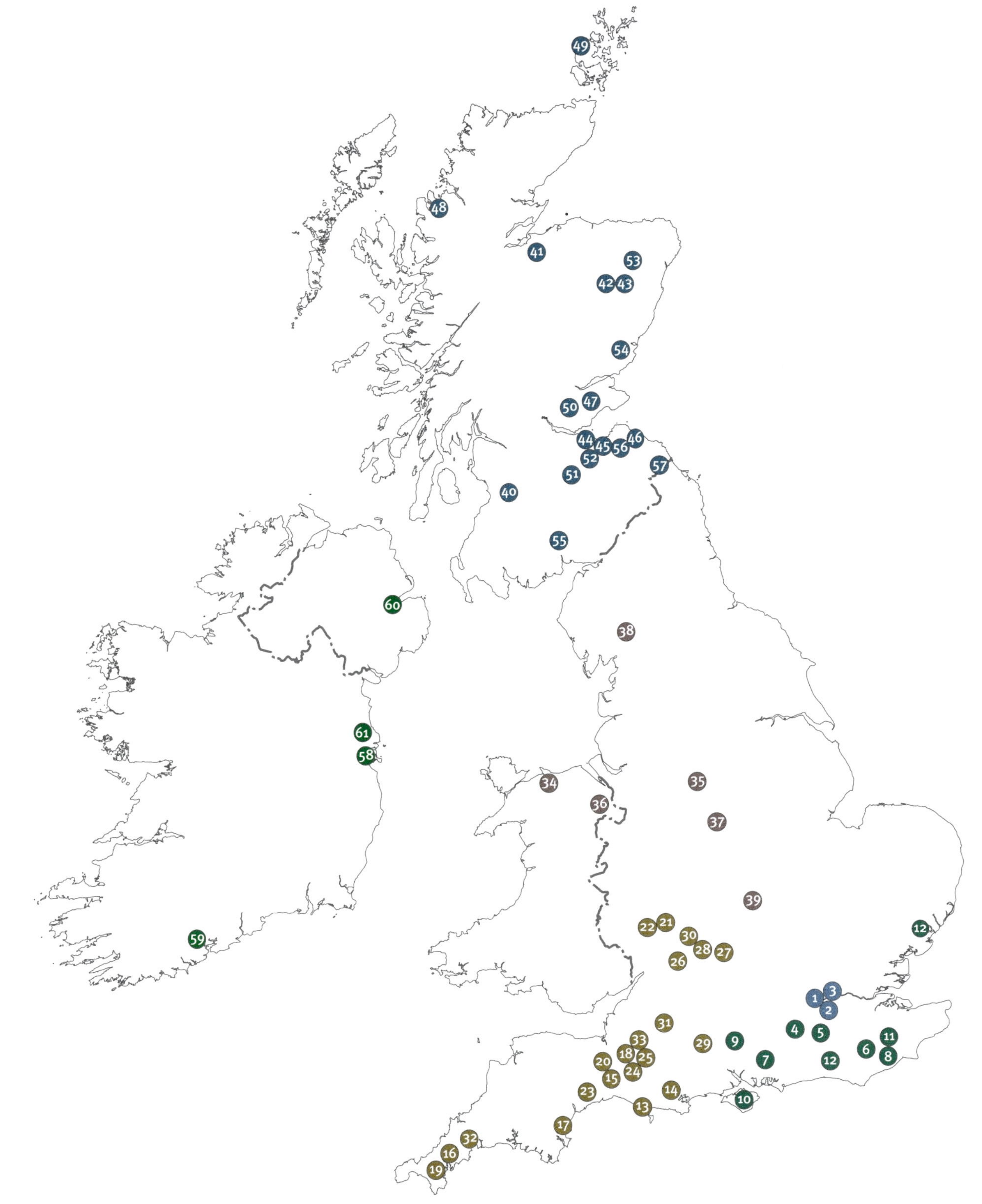

49
48
41
53
42
43
54
50
47
44
45
56
46
52
57
51
40
55
60
38
61
58
34
35
36
37
39
59
22
21
30
28
27
12
26
1
3
2
31
4
5
11
33
29
9
18
25
6
20
7
12
8
24
15
14
23
10
13
17
32
16
19

Vorwort und Dank

Im Frühjahr 1985 machten wir zum ersten Mal eine Gartenreise in England. Gleich im ersten Garten – es war Sissinghurst Castle Garden in Kent – waren wir derart fasziniert, dass seitdem kein Jahr verging, in dem wir nicht die Britischen Inseln bereisten und auf Gartenentdeckungstour gingen.

1992 erschien bei DVA unser Buch »Der Architektonische Garten in England«. Es war eine sehr intensive und leidenschaftliche Auseinandersetzung mit den Aspekten, die uns damals in den Gärten am meisten beeindruckten, mit den Bezügen zwischen Architektur und Gartenarchitektur. Oft verliert ein Thema, das man systematisch in einem Buch aufgearbeitet und damit für sich selbst zu einem bestimmten Abschluss gebracht hat, an Interesse. Nach unserem 1987 erschienenen Buch »Italienische Gärten« dauerte es zehn Jahre, bis wir wieder einmal nach Italien reisten, und dies auch eher aus beruflichem Anlass. Doch die Gartenkunst der Britischen Inseln hat uns nie losgelassen und fordert uns bis heute jedes Jahr von neuem heraus.

Nach mehr als zwanzig Jahren Englandgartenreisen, mit dem eigenen Auto, mit dem Leihwagen, mit dem Zug, wandernd oder mit dem Schiff – als Begleiter von Gartenkreuzfahrten –, kennen wir England, Wales, Irland und Schottland so gut wie keinen anderen geografischen Bereich außerhalb von Deutschland. Wir haben hoch im Norden auf den Shetland- und Orkneyinseln nach Gärten gefahndet und auch weit im Südwesten auf den Kanalinseln. Wir haben die Ost- und die Westküste von Irland bereist, England im Uhrzeigersinn und in entgegengesetzter Richtung umrundet, sind gut vertraut mit London, Oxford, Bath und Edinburgh und haben an vielen entlegenen Orten das Leben auf dem Lande genossen.

Eine Garden Tour ist eine Art des British Way of Life. Es ist eine Begegnung mit Kultur, Geschichte, Landschaft, Architektur, Gartenarchitektur, begeisternd schönen alten Bäumen und berauschender Blumenfülle. Nicht zuletzt gehören auch die *cup of tea* und die *scones with clotted cream* zu den köstlichen und entspannenden Vergnügen eines Gartenbesuchs. Übernachtungen in sympathischen Bed-&-Breakfast-Quartieren mit gartenbegeisterten Gastgebern oder in charmanten, kleinen Country Hotels, oft mit einer gut sortierten Hausbibliothek, machen die Gartenreise zu einem vielschichtigen Erlebnis. Die beiden Standardbehauptungen, das britische Essen sei ungenießbar und es regne fast immer, sind pure Verleumdung, wahrscheinlich nur in die Welt gesetzt, um zu vermeiden, dass die britischen Schätze zu Rummelplätzen verkommen.

Von all unseren Reisen haben wir dicke Sammlungen von Faltblättern, Broschüren und jedes Mal auch einige neu erschienene Gartenbücher mitgebracht. Immer wieder füllten sich weitere Archivordner mit Fotomaterial. Die Quintessenz all unserer Reisen lautet klar und eindeutig: »Die britische Gartenkunst ist ein unerschöpfliches Thema.«

Die Deutsche Verlags-Anstalt trug sich mit dem Gedanke, unser 1992 erschienenes und im Jahr 2000 neu aufgelegtes Buch zu aktualisieren und neu herauszubringen. Schon bei den ersten Vorüberlegungen stellte sich jedoch heraus, dass wir heute einen anderen Blick haben und über einen weit größeren Erfahrungsschatz verfügen. Wir können uns nicht mehr nur einem Teilaspekt der britischen Gartenkunst, etwa dem architektonischen Garten zu Anfang des 20. Jahrhunderts widmen. Die aktuellen Formen der Garten- und Landschaftsgestaltung, zum Beispiel die Arbeiten von Charles Jencks, oder die Entwicklungen des Landschaftsgartens im 18. Jahrhundert sind viel zu spannend, um sie unbeachtet und unerwähnt zu lassen. Zum Verfassen eines Gesamtwerkes über die britische Gartenkunst fühlen wir uns nicht berufen und wollen auch nicht, wie in unserem Buch »Der Architektonische Garten in England«, bestimmte Gestaltungsformen systematisch analysieren. Wir möchten stattdessen mit einer Vielzahl von Anregungen und Tipps dazu einladen, auf Entdeckungsreise zu gehen.

Dieses Buch, gleichsam ein Exkursionsbericht, möchten wir als Antwort verstanden wissen auf die Frage, welche Ziele wir bei all unseren Gartentouren als besonders ungewöhnliche und inspirierende Orte erlebt haben. Jeder, der es zum Anlass für eine eigene Gartenreise nimmt, wird bestätigen, dass die britische Gartenkunst ein unerschöpfliches und unvergleichbar bereicherndes Thema ist.

Wir bedanken uns bei Andrea Bartelt-Gering und Carla Freudenreich für die Idee zu diesem Buch und die Betreuung sowie bei Iris von Hoesslin für die sehr aufmerksame grafische Gestaltung.

Günter Mader, Laila Neubert-Mader

Ettlingen, November 2008

Wir freuen uns, dass unser Bildband »Britische Gartenkunst« aus dem Jahr 2008, den wir als eine Fortschreibung unseres 1992 erschienenen Buches »Der Architektonische Garten in England« verstanden hatten, nun zu einer Neuauflage kommt. Da er sich auch als Reiseführer ausweist, mussten alle Angaben bezüglich der Besuchszeiten und der Zusatzinformationen überprüft und aktualisiert werden. Drei der 2008 aufgelisteten Gartenziele sind nicht mehr für Besucher zugänglich und wurden von uns durch Anlagen ersetzt, die wir selbst erst in den letzten Jahren kennengelernt haben und die wir für gleichermaßen sehenswerte Ziele halten.
Wir danken dem Bassermann Verlag in der Penguin Random House Verlagsgruppe GmbH und namentlich Frau Sibylle Lehmann, dass man uns die Möglichkeit gegeben hat, aus dem Buch wieder »eine runde Sache« zu machen.

Günter Mader, Laila Neubert-Mader

Ettlingen im Mai 2023

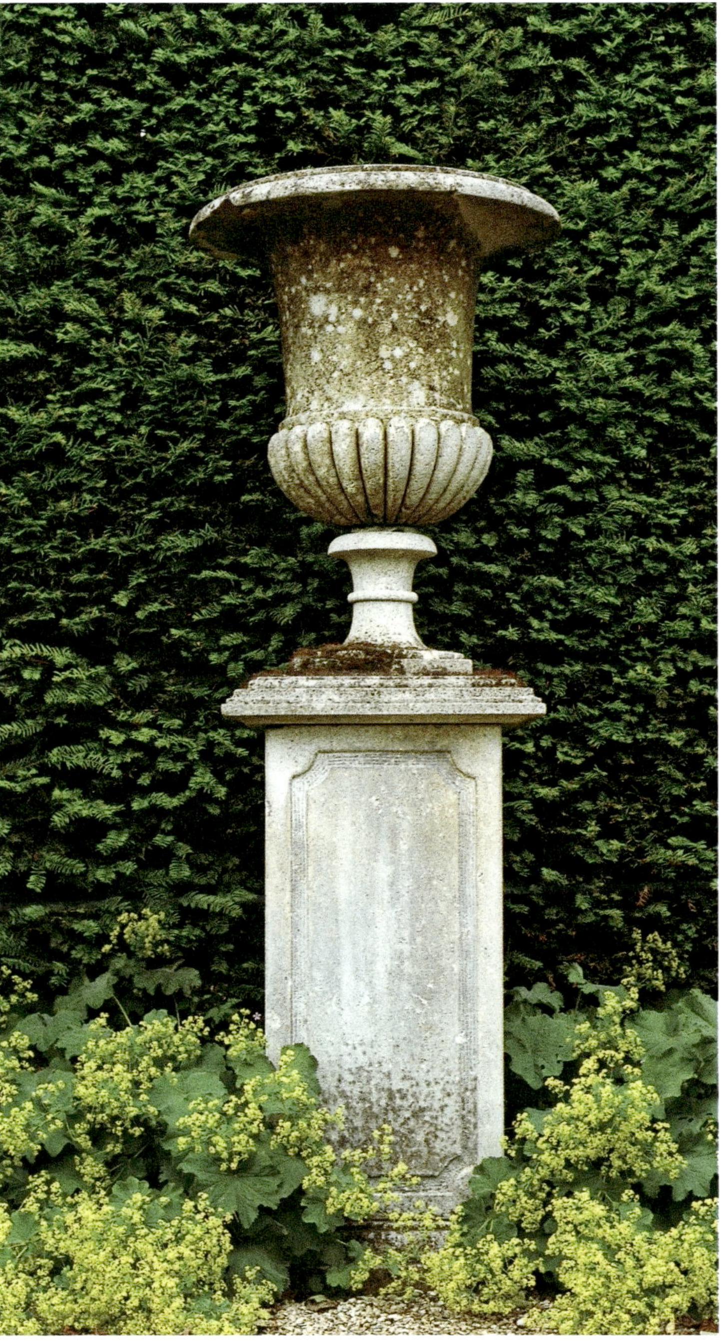

Gartenreisen in Großbritannien

Gartenbesichtigungen sind in Großbritannien eine nationale Leidenschaft. Auch aus dem Ausland kommen immer mehr Besucher eigens wegen der Gartenkultur, und so sind Reisen dieser Art inzwischen zu einem beachtlichen Tourismus- und Wirtschaftsfaktor geworden. Wer sich in Großbritannien auf eine Garden Tour begibt, wird immer wieder auf drei Institutionen stoßen, die das Niveau der britischen Gartenkunst maßgeblich beeinflussen: das National Garden Scheme, den National Trust und die Royal Horticultural Society. Letztere richtet jedes Jahr die Chelsea Flower Show in London aus, die weit mehr als eine Blumenausstellung ist. Hier werden in Schaugärten Tendenzen der Gartengestaltung bis hin zur Avantgarde gezeigt.

The National Garden Scheme

Das National Garden Scheme for England and Wales (NGS), 1927 gegründet, steht heute unter der Schirmherrschaft von Charles III. In dieser Vereinigung haben sich mehr als dreitausendsechshundert Gartenbesitzer organisiert, die an bestimmten Tagen im Jahr ihren Garten dem Publikum öffnen. Für deutsche Verhältnisse ist es ungewöhnlich, Privatgärten öffentlich zugänglich zu machen. Wer allerdings erlebt hat, mit welcher Selbstverständlichkeit in Großbritannien auch die Privatgärten der königlichen Familie, etwa der Garten des Sommersitzes Balmoral Castle in Schottland oder der Landsitz von Charles III., Highgrove House in Gloucestershire, an jeweils bestimmten Tagen im Jahr für das Publikum geöffnet sind, wird verstehen, wie tief verwurzelt die britische Tradition ist, die Freude am Garten zu teilen.
In den Gärten des National Garden Scheme werden, je nach Größe und Bedeutung der Anlage, Eintrittsgebühren erhoben, die an karitative Einrichtungen weitergereicht werden. Pro Jahr kommen auf diesem Weg ein paar Millionen Pfund zusammen, die fast vollständig den wohltätigen Zwecken zufließen, denn der Verwaltungsaufwand des National Garden Scheme ist sehr gering und wird zum größten Teil von ehrenamtlichen Mitarbeitern übernommen. Die Zahl der Gartenbesucher liegt bei mehr als siebenhundertfünfzigtausend pro Jahr.
Für Schottland gibt es die eigenständige Vereinigung Scotland's Garden Scheme – Gardens of Scotland, die in gleicher Weise organisiert ist. Sie listet fast vierhundert Gärten.
Die meisten der im National Garden Scheme registrierten Gärten sind auf Nachfrage auch an anderen als den angegebenen »offiziellen« Tagen zugänglich. Die Verwendung der Eintrittsgelder bleibt dann den Besitzern überlassen, doch meist werden auch diese Gelder als Spenden an wohltätige Einrichtungen weitergeleitet.
Für denjenigen, der sich mit britischer Gartenkunst vertraut machen möchte, sind die Gärten des NGS eine außerordentlich ergiebige Quelle. Als Führer wird am häufigsten das Yellow Book, das Gelbe Buch, verwendet, das jedes Jahr Anfang Februar erscheint und in dem die Gärten nach Grafschaften alphabetisch aufgeführt sind. Man kann es in jeder britischen Buchhandlung, zum Teil auch im Zeitschriftenhandel erwerben oder im Internet finden. Neben dem Namen der Besitzer und der vollständigen Anschrift mit Telefonnummer und Anfahrtsbeschreibung enthält es eine stichwortartige Beschreibung des Gartens mit Angaben zu Größe und Besonderheiten. Gewöhnlich werden die Gärten zu dem Zeitpunkt geöffnet, zu dem sie sich am schönsten präsentieren.
Auch wenn einige weitläufige Herrenhausgärten im National Garden Scheme aufgeführt sind, sind die meisten Gärten doch kleiner als 4 000 Quadratmeter, es gibt sogar einige Dachgärten, welche die vom NGS geforderten Kriterien erfüllen und in den Führer aufgenommen worden sind. Neben einzelnen Privatgärten präsentieren sich ganze Dörfer oder Straßenzüge als Gruppe, so dass der Besucher gleich mehrere Gärten in einem Dorf oder einer Siedlung besichtigen und später seinen Tee in der Festhalle einnehmen kann.

The National Trust

Die Gärten des National Trust (NT) bilden den Höhepunkt des Besichtigungsangebots. Was hier an gärtnerischer Kultur vorgestellt wird, ist international von einzigartiger Qualität und lässt sich so wohl nur in Großbritannien finden.
Hinter dem Namen The National Trust und dem schönen Signet mit dem Eichenlaub verbirgt sich eine im Jahre 1895 gegründete gemeinnützige Vereinigung, die heute mehr als vier Millionen Mitglieder zählt. Die Popularität des National Trust ist europaweit unübertroffen. Statistisch gesehen, ist jeder sechzehnte Brite Mitglied des National Trust. In ihren Gründungsstatuten hat die Vereinigung den »Erwerb und die Erhaltung von Orten mit geschichtlicher Bedeutung und besonderer Naturschönheit« als Ziel definiert, um diese »vor der Zerstörung durch den industriellen Fortschritt zu schützen«. Der National Trust verfügt heute über fast 250 000 Hektar Land und ist damit der größte private Grundbesitzer Großbritanniens nach der Krone. Aufgrund eines Gesetzes aus dem Jahre 1907 ist der Besitz des National Trust absolut unveräußerlich. Der National Trust arbeitet in England, Wales und Nordirland, in Schottland gibt es den National Trust for Scotland, der ähnlich organisiert ist.
Mehr als dreihundert Objekte unterstehen dem National Trust, darunter mehr als zweihundert Anwesen mit sehenswerten Gärten und Parks. Die Größe der Objekte ist recht unterschiedlich. Sie reicht von so kleinen Anlagen wie dem 1903 von Gertrude Jekyll in Northumberland geplanten und inzwischen hervorragend restaurierten Garten von Castle Lindisfarne – ein ummauertes Geviert von 15 mal 15 Metern – bis zu Anlagen mit mehr als 50 Hektar. Alle Gärten und Parks zusammengerechnet ergeben eine Fläche von 14 560 Hektar. Zu den Besitzungen des National Trust gehören nicht nur Gärten und Parks, Burgen und Landhäuser, sondern auch eine ganze Reihe von Landschaftsschutzgebieten und über 1 000 Kilometer landschaftsgeschützter Meeresküste. Zudem kamen zahlreiche Objekte der Industriegeschichte hinzu.
Die Besucherstatistik belegt, dass die Gärten und Parks eine besonders große Anziehungskraft besitzen. Sieben der zehn meistbesuchten Objekte des National Trust sind Gärten oder Häuser mit dazugehörenden Gärten.
Beim Besuch eines National-Trust-Gartens bemerkt man sehr schnell, dass sich vor allem die Altersgruppe der über Vierzigjährigen angesprochen fühlt. Dabei lässt sich, dem Augenschein nach, eine auffallend starke soziale Mischung feststellen: Vom Arbeiter bis zum Lord sind alle Gesellschaftsschichten vertreten. Das Thema Garten kennt keine Klassenunterschiede. Hier und da aufgeschnappte Bemerkungen lassen auf große Begeisterungsfähigkeit, einen ungewöhnlich hohen Informationsstand und immer wieder erstaunlich gute Botanikkenntnisse der Besucher schließen.
Die hohen Besucherzahlen sind auch Ausdruck der großen, auf einer langen Tradition gründenden Gartenleidenschaft der Briten. Eine wichtige Rolle spielt das Reiseverhalten der Engländer, denn als Inselbewohner zieht es sie bei weitem nicht so stark ins Ausland wie die Deutschen. Verbringt man den Urlaub nicht in den weiten Naturräumen der schottischen Highlands oder im nordenglischen Lake District fährt man einfach aufs Land, besichtigt alte Herrenhäuser, Parks und Gärten und befasst sich dabei mit der ruhmreichen Geschichte von Great Britain.
So erfreulich die Besucherrekorde und die damit erwirtschafteten Finanzmittel sind, so wirft dies doch auch einige Probleme auf. Die großen Landschaftsgärten verkraften den Besucherandrang noch recht gut, doch die kleineren Anlagen, die ursprünglich meist als private Landhausgärten konzipiert wurden, haben mitunter Schwierigkeiten. Das Bereitstellen der Infrastruktur vom Parkplatz über die Toiletten bis zum Papierkorb ist nur ein Aspekt. Weitere Probleme liegen darin, dass auch ein englischer Rasen nicht unbegrenzt Belastungen standhält, und ein Garten, der zum Rummelplatz wird, verliert sein Schönstes – das Angebot der Muße, der stillen und genussvollen Gartenbetrachtung. Nicht zuletzt werden auch die Gärtner durch übermäßigen Besucherandrang in ihrer Arbeit behin-

dert. Allerdings konnte der National Trust in den letzten Jahren massiv den Erwerb, die Restaurierung und Neueröffnung weiterer Anlagen betreiben.

Es wäre jedoch falsch anzunehmen, dass alle Besitzungen des National Trust hoffnungslos überlaufen seien. Vor allem in den von der Metropole London weiter entfernten Anlagen halten sich die Besucherzahlen in angemessenen Grenzen. An Wochentagen, in den Frühjahrs- und Herbstmonaten, kurz nach der Öffnung oder bei Nieselregen kann man die Gärten oft fast alleine genießen.

Trotz hoher Besucherzahlen erwirtschaftet nur jede fünfte Anlage Gewinn. Die meisten Anlagen müssen bezuschusst werden, um den Bestand zu sichern und den Besichtigungsbetrieb aufrecht zu erhalten. Alle Besitzungen des National Trust werden jedoch ohne öffentliche Gelder, allein aus eigenen Finanzmitteln bezuschusst, die sich aus Mitgliedsbeiträgen ergeben. Einkünfte aus Eintrittsgeldern von Nichtmitgliedern, Erlöse aus Shops und Restaurants, Miet- und Pachteinnahmen, Spenden und Nachlässe kommen hinzu. Insgesamt standen so z. B. laut Jahresbericht 2007 umgerechnet rund 500 Millionen Euro zur Verfügung. Diese Summe gibt der National Trust komplett für Unterhalt und Pflege des Bestandes, für Neuerwerbungen und deren Instandsetzung aus.

Der National Trust beschäftigt etwa viertausend festangestellte und ebenso viele saisonale Mitarbeiter. Neben vierhundertfünfzig Gärtnern zählen auch Denkmalpfleger, Archivare, Gartenplaner, Architekten, Botaniker und Dendrologen zu den Mitarbeitern. Schließlich kommen fast vierzigtausend ehrenamtliche Helfer hinzu, darunter gut zweitausend Gartenhelfer, die insgesamt jährlich über zwei Millionen Arbeitsstunden beitragen. Ohne dieses ehrenamtliche Engagement wäre der Betrieb des National Trust nicht möglich.

Zu fast allen Besitzungen des National Trust gehören ein *tearoom* und ein *shop*. An vielen Orten gibt es auch gut geführte Restaurants. Die Selbstbedienungs-Tearooms sind meist recht bescheiden eingerichtet, aber in ihrer liebenswürdigen Improvisiertheit sind sie einfach sympathisch. Zu vergleichsweise niedrigen Preisen sind neben Tee und frischem Gebäck auch Salate und kleine Speisen erhältlich. Oft ist in der Nähe der Häuser und Gärten eine *picnic area* ausgewiesen. Dort wird auf perfekt gepflegtem Rasen unter Bäumen eine Decke ausgebreitet, und man verzehrt seinen im stilvollen Picknick-Korb mitgebrachten Proviant.

Die Shops des National Trust haben mit den bei uns üblichen Andenkenbuden, die sich im Umfeld von Sehenswürdigkeiten ansiedeln, nur wenig gemein. Neben Postkarten werden zahlreiche vom National Trust verlegte Gartenbücher, Kalender, Sämereien, Seifen und regionale sowie saisonale Produkte aus dem Küchengarten oder der Landwirtschaft angeboten. Natürlich fehlen auch hier die Kitschartikel nicht, aber die Atmosphäre dieser kleinen Läden ist insgesamt sehr einladend.

Häufig gibt es auch einen *plant sale*, einen kleinen Pflanzenverkauf, der Stauden und Kleingehölze im Angebot hat, darunter oft auch einige der botanischen Besonderheiten des Gartens. Auch diese Verkaufsstände sind gemäß der stilistischen Linie des National Trust gestaltet, ganz unterschiedlich, aber stets sehr geschmackvoll.

Der aufmerksame Beobachter wird feststellen, dass auch alle Hinweisschilder, Informationstafeln, Übersichtspläne und Informationsbroschüren grafisch außerordentlich gut gestaltet sind. Sie runden das Gesamtkonzept einschließlich der Serviceeinrichtungen in schlüssiger Weise ab.

Die Besitzungen des National Trust sind bemerkenswert gut ausgeschildert. Bereits im weiten Umkreis, an Autobahnausfahrten und auf Landstraßen, weist das Eichenlaub-Signet den Weg. Trotzdem ist das jährlich neu erscheinende, 400 Seiten umfassende Handbuch, das den Mitgliedern kostenlos zugeschickt wird, ein wichtiger Reisebegleiter, denn hier sind die für jedes Objekt ganz unterschiedlich arrangierten Öffnungstage und -zeiten genau aufgelistet. Nur mit diesen aktuellen Informationen kann man sicher sein, nie vor einer verschlossenen Gartentüre zu stehen.

Royal Horticultural Society und Chelsea Flower Show

Die Royal Horticultural Society (RHS) trägt ihren königlichen Namen seit 1861, als Prinz Albert, Gemahl von Königin Victoria, die Schirmherrschaft der Horticultural Society of London übernahm, die 1804 von Persönlichkeiten wie dem Porzellanfabrikanten John Wedgwood und den beiden in den Königlichen Gärten beschäftigten Botanikern William Forsyth und Sir Joseph Banks gegründet worden war. Die Ziele des Vereins bestanden im Gedankenaustausch über gärtnerische Tätigkeiten und in der Weitergabe von Informationen über botanische Entdeckungen und gartentechnische Neuentwicklungen.

Heute ist die Royal Horticultural Society, die keinerlei staatliche Subventionen erhält und sich nur aus Beiträgen der über dreihundertsechzigtausend Mitglieder, Eintrittsgeldern, Spenden und Schenkungen finanziert, eine der wichtigsten Antriebsfedern der britischen Gartenkunst. Die RHS möchte die Gartenkunst fördern, Gartenleidenschaft wecken und Informationen zu Gartenthemen für jedermann zugänglich machen: mit einer seit 1866 erscheinenden Monatszeitschrift und einem breit gefächerten Veranstaltungsprogramm wie auch in fünf dauerhaft eingerichteten großen Schaugärten – Wisley Garden in Surrey, Rosemoor in Devon, Hyde Hall in Essex, Harlow Carr in North Yorkshire und Bridgewater bei Salford (Greater Manchester). Die RHS vergibt Preise und Auszeichnungen für Neuzüchtungen und verwaltet zudem die Lindley Library, die umfassendste Gartenbaubibliothek Großbritanniens.

Die RHS veranstaltet auch die Chelsea Flower Show, die jedes Jahr Ende Mai für fünf Tage auf dem Gelände des Royal Hospital im Londoner Stadtteil Chelsea stattfindet und stets ein gesellschaftliches Ereignis ist. Es werden Blumen-, Gehölz-, Obst- und Gemüsezüchtungen ausgestellt, bewertet und mit begehrten Preisen ausgezeichnet. Die Show bietet jedoch weit mehr als diese Pflanzenausstellungen. Jedes Jahr werden auch kleine Schaugärten von Gartenkünstlern aus aller Welt ausgestellt. Gerade auf diesen, oft sehr innovativ und spektakulär gestalteten Gärten gründet sich der Ruhm der Chelsea Flower Show.

Eintrittskarten für die Chelsea Flower Show gibt es nur im Vorverkauf, der bereits im Januar beginnt. Die Zahl der Tickets ist beschränkt, damit das Gedränge auf dem 4,5 Hektar großen Gelände nicht zu groß wird. Die ersten zwei Tage der Show sind den Mitgliedern der Royal Horticultural Society vorbehalten. Nur an den letzten drei Tagen dürfen auch Nichtmitglieder die Chelsea Flower Show besuchen.

Die Angaben zu den Gärten wurden nach bestem Wissen zusammengestellt. Wir können jedoch nicht ausschließen, dass Telefonnummern und Internetadressen hin und wieder geändert werden. Im Folgenden sind für die einzelnen Gärten Öffnungszeiten angegeben, die in den unterschiedlichen Monaten des Jahres stark variieren können. Deswegen sollten stets vor einem Besuch die aktuellen Öffnungszeiten des Gartens recherchiert werden. Der National Trust bietet z. B. eine sehr gut gepflegte Website mit tagesaktuellen Informationen an.

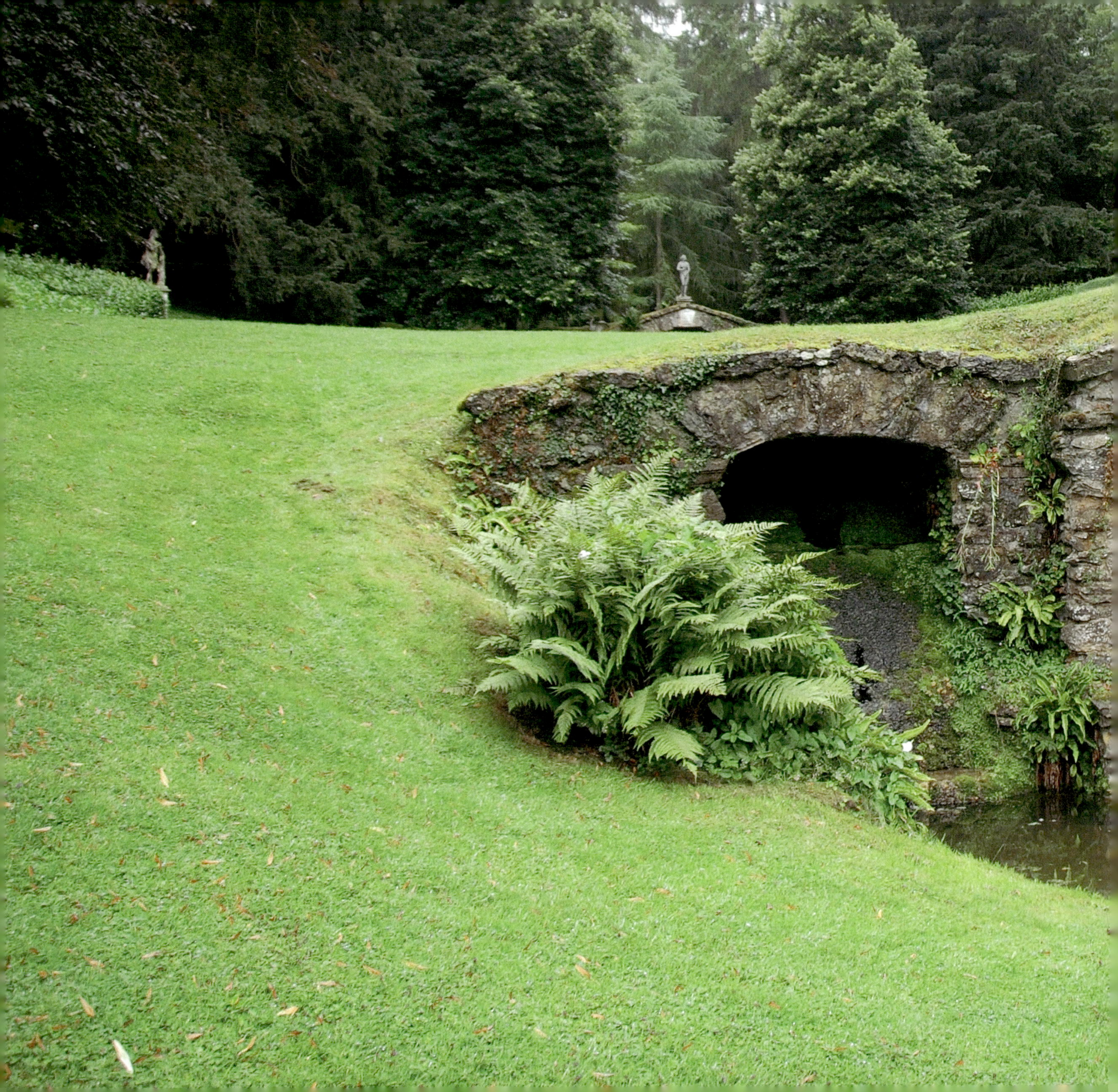

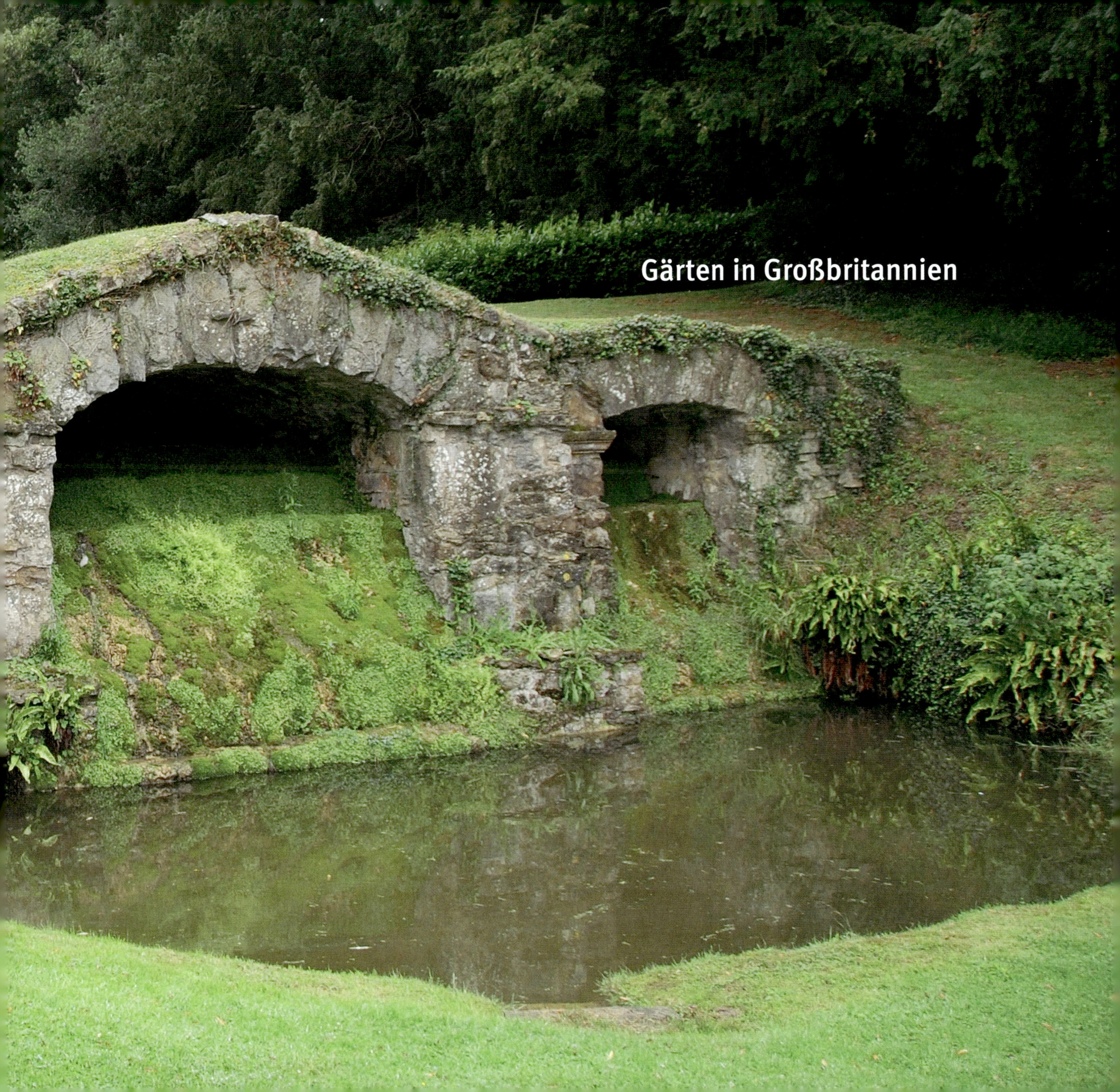

Gärten in Großbritannien

Fenton House 1

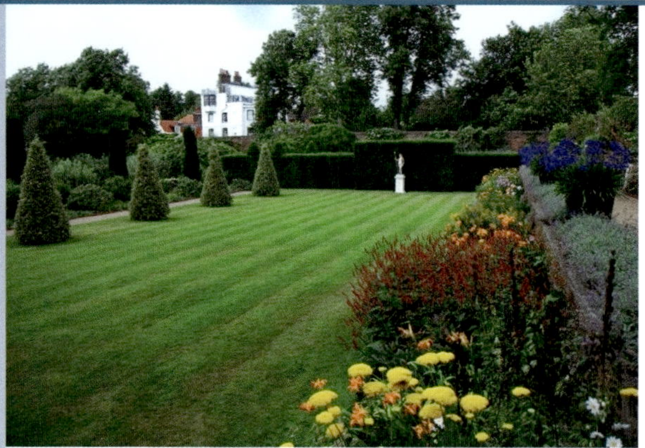

Name des Gartens
Fenton House & Garden

Lage
am nordwestlichen Rand von London, Hampstead, Hampstead Grove, London NW3 6SP

Besitzer
The National Trust

Öffnungszeiten
An unterschiedlichen Tagen. Eintrittskarten müssen vorab über die Homepage gebucht werden.

Besuchsdauer
ca. 1,5 Stunden

Telefon
+44 (0) 20 74 35 34 71

E-Mail
fentonhouse@nationaltrust.org.uk

Website
www.nationaltrust.org.uk

In der Nähe
Ham House, Thames Barrier Park, Chiswick House, Chelsea Physic Gardens

Verlässt man die City von London in nordwestlicher Richtung, passiert man den Regents Park und kommt dann bald in den Vorort Hampstead, der mit seinen alten Villenquartieren als Wohnviertel sehr geschätzt wird. Hier liegt Fenton House aus dem 17. Jahrhundert, ein elegantes Wohnhaus, das seit 1952 dem National Trust gehört und heute mit seinen schönen Interieurs, Porzellan-, Möbel- und Gemäldesammlungen als kleines Museum betrieben wird.

Der große Reiz des Anwesens liegt nicht nur in dem schön proportionierten Gebäude, sondern vor allem in dem 4 000 Quadratmeter großen Garten, der das Gebäude als *walled garden*, als mauerumschlossene Anlage, umgibt und in seinen Grundstrukturen original erhalten ist. Der Garten von Fenton House gehört zu den Secret Gardens of London und ist trotzdem problemlos zugänglich. Das Anwesen ist eine kleine kultivierte Oase in der Metropole London und fügt sich völlig selbstverständlich in das städtebauliche Umfeld ein. Fenton House darf als schöne Einstimmung auf all die großartige Landhausarchitektur und Gartenkultur angesehen werden, die es in Großbritannien vor allem auf dem Land zu entdecken gibt.

Durch ein schmiedeeisernes Tor tritt man in den Schatten einer Robinienallee und geht auf eine vornehm schlichte, klassizistisch gegliederte Klinkerfassade zu. Man betritt einen kleinen, von perfekt gepflegten Eibenhecken umschlossenen Eingangshof und gelangt über einen Weg seitlich des Hauses in den Hauptgarten an der Rückseite des Gebäudes. Die Anlage ist in drei Terrassenstufen angelegt. Die oberste Ebene, die den Garten als *raised walk*, als angehobener Spazierweg, in L-Form umschließt, endet bei einer schattigen Laube mit einer Sitzbank. Den Weg begleitet zur einen Seite eine gemischte Rabatte, zur anderen ein langer Streifen Katzenminze, vor dem eine lange Reihe mit Kübelpflanzen aufgestellt ist, die im Sommer über viele Monate mit dem magischen Lapislazuliblau von Agapanthus einen unverwechselbaren Akzent setzt.

Die zweite, etwa anderthalb Meter tiefer gelegene Ebene nehmen eine großzügige Rasenfläche, ein heckenumschlossener kleiner Staudengarten und ein Rosengarten ein. Die lang gestreckte Rasenfläche wird an der einen Längsseite von einem breiten Staudenbeet begleitet, das die Stützmauer des oberen Spazierwegs verdeckt, und auf der gegenüberliegenden Seite von einer Reihe kegelig geschnittener Ilexgehölze. Wer vom Haus kommend am Ende der Rasenfläche durch eine Öffnung in der hohen Eibenhecke tritt, wird von dem kleinen Staudengarten überrascht, der sich wie ein intimes Kabinett an den benachbarten großen Gartenraum anfügt. Über den sich anschließenden Rosengarten und eine Treppe gelangt man auf die dritte und unterste Gartenebene, die von einem Gemüse- und Obstbaumgarten eingenommen wird.

Seite 12/13: Rousham House, Oxfordshire

Eine große, von Ilexkegeln, Eibenhecken und Staudenrabatten gerahmte, perfekt ebene Rasenfläche bildet die ruhige Mitte des Gartens.
Seite 15: Den Weg auf der obersten Gartenebene begleiten eine Staudenrabatte und eine lange Reihe Agapanthuskübel.

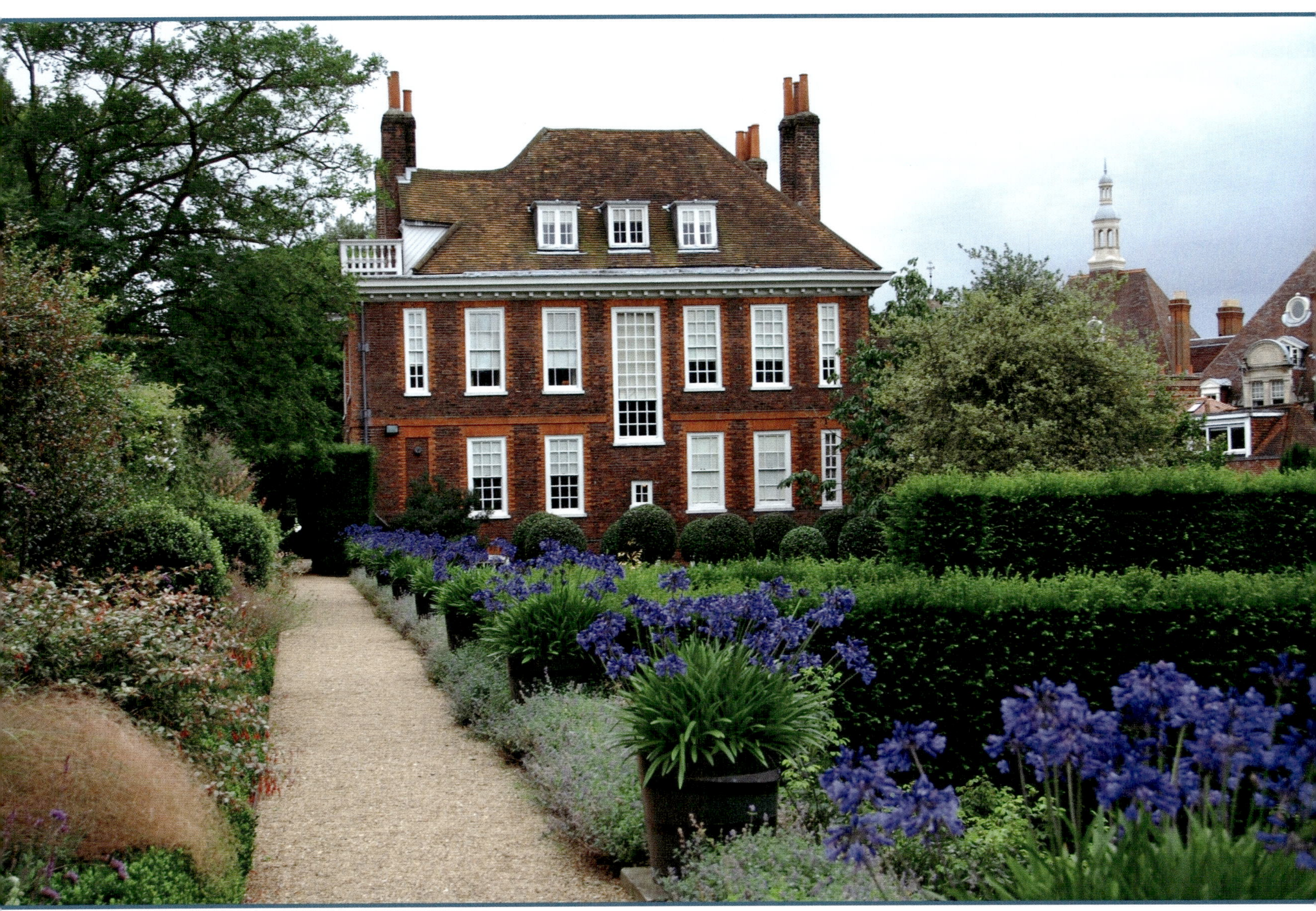

Ham House 2

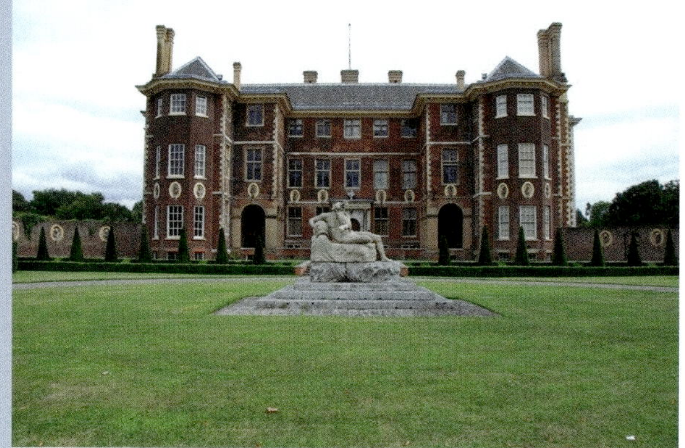

Name des Gartens
Ham House & Garden

Grafschaft
London

Lage
Ham Street, Ham bei Richmond upon Thames, London TW10 7RS

Tearoom in der Orangerie

Shop

Besitzer
The National Trust

Öffnungszeiten
täglich 10.00-17.00 Uhr, in den Wintermonaten 10.00-16.00 Uhr

Besuchsdauer
ca. 2 Stunden

Telefon
+44 (0) 20 8940 1950

E-Mail
hamhouse@nationaltrust.org.uk

Website
www.nationaltrust.org.uk

In der Nähe
Claremont Landscape Garden

Ham House liegt in dem ländlichen Londoner Vorort Richmond am idyllischen Ufer der Themse. Das Gebäude wurde um 1675 fertiggestellt und mit prächtigen Gartenanlagen ausgestattet. Die Gesamtanlage war so bemerkenswert, dass der berühmte Architekt und Architekturtheoretiker John Evelyn (1620–1706) sich begeistert äußerte. Er schwärmte nicht nur von dem schön proportionierten roten Klinkergebäude, sondern auch von den formalen Parterres, dem Blumengarten, der Orangerie, den Alleen mit ihren Perspektiven, den Wasserspielen, und »dies alles am Ufer des reizendsten Flusses der Welt«.

Als Ham House 1948 dem National Trust vermacht wurde, war zwar das Haus erstaunlich gut erhalten, aber die Gartenanlagen waren völlig verfallen. 1976 wurden sie neu angelegt, so dass wieder ein harmonisches Gesamtensemble entstand. Man verzichtete auf eine detaillierte Rekonstruktion und entschied sich für eine vereinfachte Neukonzeption. Der Besucher nähert sich dem Haus heute über einen Eingangshof mit einer zentralen runden Rasenfläche in deren Mitte die Skulptur eines Flussgottes steht, der in Richtung Themse blickt. Halbrunde Ziegelmauern mit Nischen, in denen Bleibüsten stehen, schließen unmittelbar an das Gebäude an, und so entsteht ein repräsentativer Eingangshof.

Der östlich angrenzende, leicht abgesenkte East Court ist eine hervorragend gelungene, modern wirkende Interpretation eines formalen Parterres aus dem 17. Jahrhundert, er ist sicherlich der bemerkenswerteste Gartenraum von Ham House. Die Gesamtfläche ist in rhombenförmige Beete aufgeteilt, die von niedrigen Buchshecken gerahmt und von perfekt geschnittenen Buchskegeln akzentuiert werden. Im Mittelpunkt dieses Gartenraums steht eine Bacchusstatue. Die einzelnen Beete sind abwechselnd mit kugelig geschnittenem Lavendel und Silberblättrigem Heiligenkraut (Santolina chamaecyparissus) bepflanzt. Mit den Kugelformen, dem silbergrauem Laub, dem frischen Grün des Buchsbaums und den intensiv blauen Lavendelblüten im Juli wirkt dieser Gartenraum sehr modern, und gleichzeitig ist er eindeutig ein traditioneller formaler Parterregarten und eine Reverenz an die Gartenkunst des 17. Jahrhunderts. Auf zwei Seiten wird das Parterre von Hainbuchentunneln begrenzt, und an der Südseite, als Begrenzung zu den anderen Gartenbereichen, stehen zwei in dichtem Abstand parallel verlaufende Eibenhecken, in die als originelle Akzente mehrere Guckfenster eingeschnitten sind.

Über einen schmalen Durchgang gelangt man dann in ausgedehnte, durch breite Kieswege geometrisch gegliederte Gartenbereiche südlich des Hauses. Im vorderen Teil liegen weite offene Rasenflächen, den daran anschließenden rückwärtigen Bereich nimmt ein Boskett ein, ein geometrisch geordnetes Waldstück mit breiten Rasenwegen, die von übermannshohen Hainbuchenhecken gesäumt werden.

Der von halbrunden Mauern gerahmte Eingangshof mit der Skulptur des Flussgottes, der allegorischen Darstellung der Themse.
Seite 17: Rhombenförmige Beete, abwechselnd mit Lavendel und Heiligenkraut bepflanzt, werden von Buchshecken und perfekt geschnittenen Buchskegeln akzentuiert.

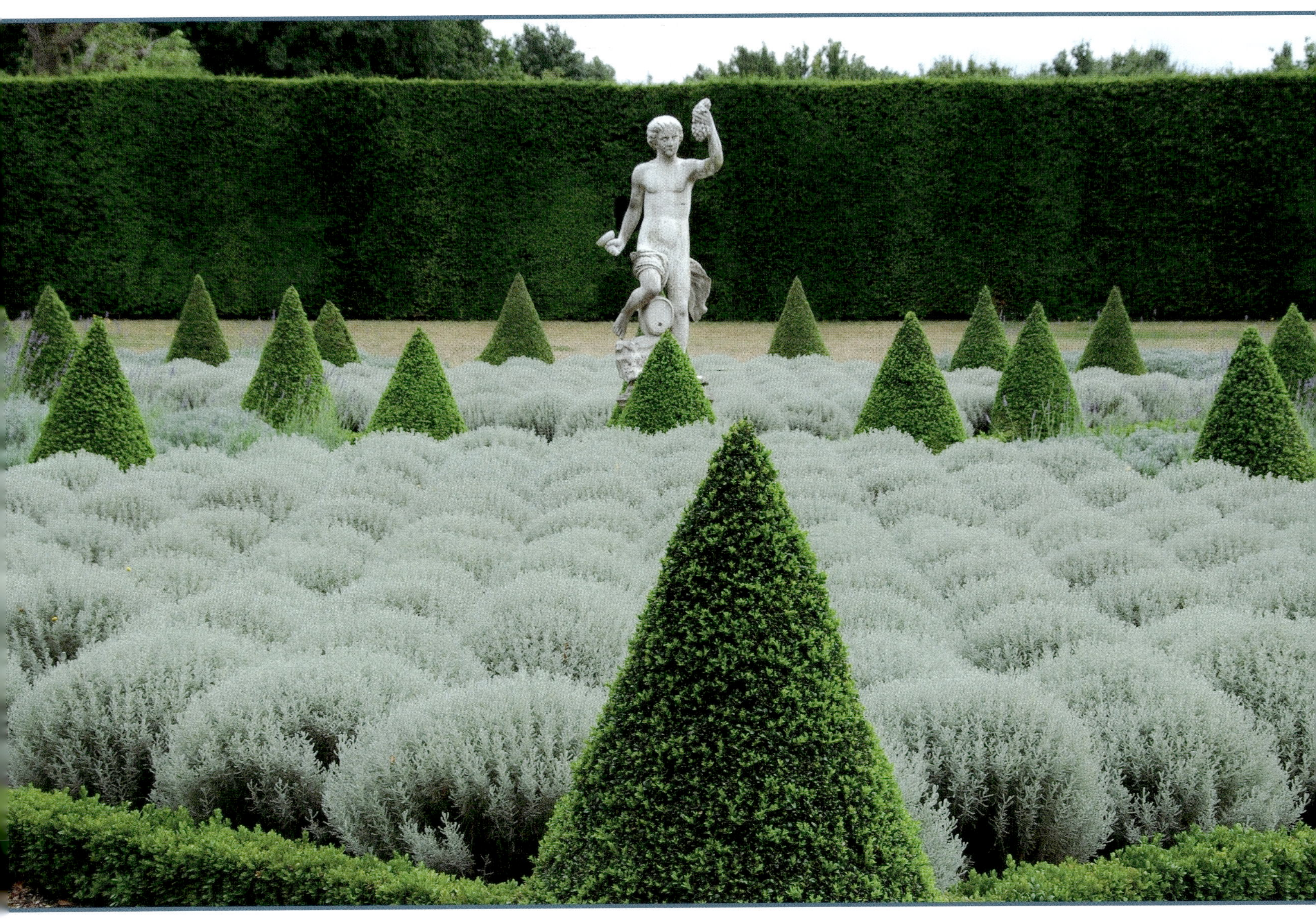

Thames Barrier Park 3

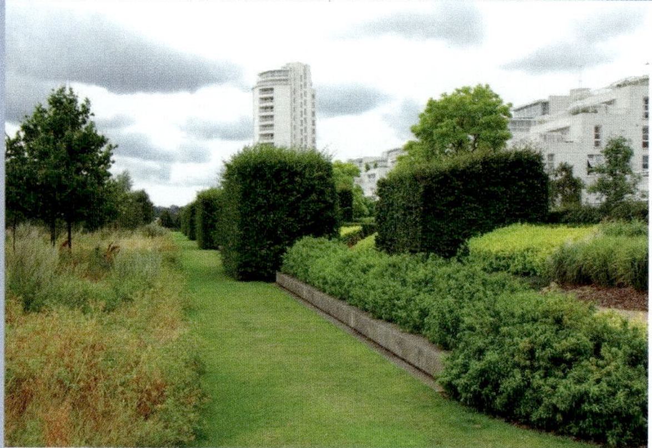

Name des Gartens
Thames Barrier Park

Lage
Docklands, North Woolwich Road, London E16 2HP

Besitzer
Öffentlicher Park

Öffnungszeiten
7.00-20.30 Uhr

Besuchsdauer
ca. 1,5 Stunden

Website
www.london.gov.uk

In der Nähe
Fenton House, Ham House, Chiswick House, Chelsea Physic Gardens

Wenn man in London flussabwärts die zwei Schleifen der Themse hinter sich gelassen hat, kommt man in die Docklands, wo in den letzten Jahrzehnten mehrere Tausend Hektar zentrumsnaher Industriebrachen neuen Nutzungen zugeführt wurden. Anstelle der Docks, wo im 19. und frühen 20. Jahrhundert die großen Transatlantikliner und Frachtschiffe gebaut wurden, entstanden ein City Airport, ein Messezentrum, ein Regattazentrum, eine Universität, Verwaltungsgebäude und viele Wohnungsbauten mit Luxusapartments. Der 10 Hektar große Thames Barrier Park ist die größte öffentliche Grünfläche in den Docklands. Die Anlage entstand nach Plänen des französischen Garten- und Landschaftsarchitekten Allain Provost, der sich mit der Gestaltung des Pariser Parc André Citroën international einen Namen gemacht hatte. Der im Jahr 2000 fertiggestellte Thames Barrier Park liegt unmittelbar am Themseufer und blickt auf das futuristisch wirkende Ingenieurbauwerk der Thames Barrier, ein Sperrwerk, mit dem die Themse bei Sturmflut gegen die vom Meer hereindrückenden Wassermassen abgeriegelt und die Londoner City vor Überflutungen geschützt werden kann.

Der Park hat einen quadratischen Grundriss und besteht zum größten Teil aus weitläufigen Wiesen- und Rasenflächen, die von langen, strengen Baumreihen und Baumgruppen gegliedert werden. Achtgeschossige Terrassenbebauungen bilden die westliche und östliche Begrenzung des Parks. In der plateauartigen Gesamtfläche liegt als überraschendes und höchst charakteristisches Element ein 5 Meter tiefer, 28 Meter breiter und 250 Meter langer Einschnitt. Er folgt den Umrissen eines ehemaligen Docks, und seine Form erinnert an diese Vorgeschichte, allerdings ist das Dock heute nicht mit Wasser, sondern mit einem Staudengarten gefüllt. Plakativ bepflanzte Beetstreifen mit Storchschnabelgewächsen, Lavendel, Taglilien, Japananemonen, Ziersalbei, Pyretum, Hortensien, Säckelblume und Perovskien wechseln sich mit wellenförmig geschnittenen Eibenhecken ab – insgesamt eine sehr eindrucksvolle und ungewöhnliche Komposition. Die seitlichen Begrenzungswände dieses »Gartendocks« sind perfekt begrünt. Sie steigen im 70°-Winkel an und sind mit beschnittener Lonicera nitida, »Maigrün«, bepflanzt. Der Besucher bewegt sich auf Rasenstreifen und befestigten Wegen zwischen den blühenden Stauden, und von zwei Fußgängerbrücken, die sich über das »Gartendock« spannen, kann man den Garten auch von oben betrachten. Im Norden endet die Anlage an einem kleinen Platz mit einem Wasserspiel, im Süden steigt das Gelände sanft bis zu einem Aussichtspunkt mit überdachtem Belvedere und Blick auf die Themse an. Der Gegensatz zwischen der stark farbigen und üppig-abwechslungsreichen Bepflanzung des Gartens und dem sehr strengen, fast spröden Erscheinungsbild der anderen Bereiche verleiht der Anlage großen Reiz.

Westlicher Randbereich des Parks mit Blick auf die moderne Wohnbebauung.
Seite 19: Den abgesenkten Gartenbereich charakterisieren Heckenbänder und Staudenpflanzungen; im Hintergrund das Themse-Sperrwerk.

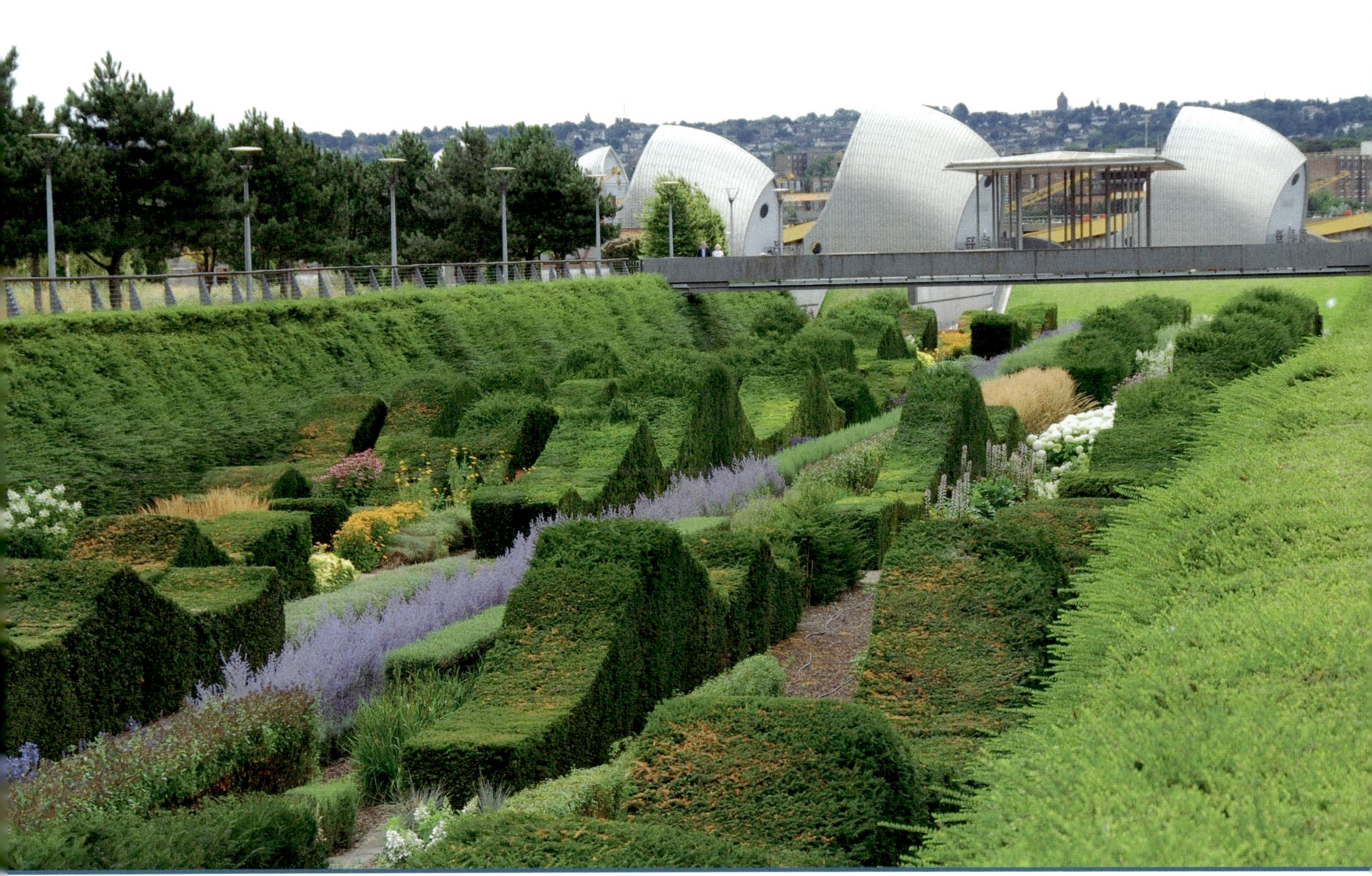

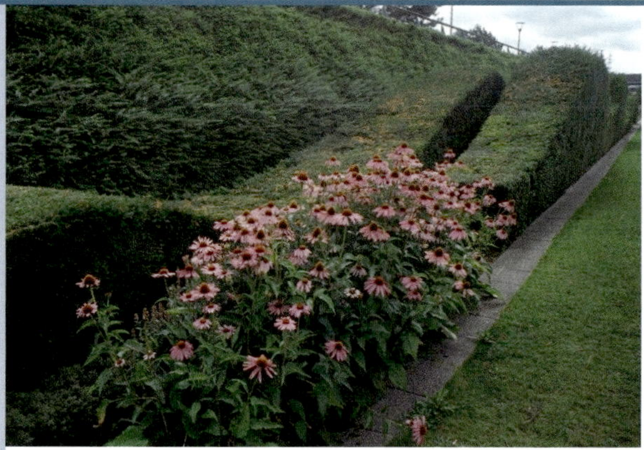

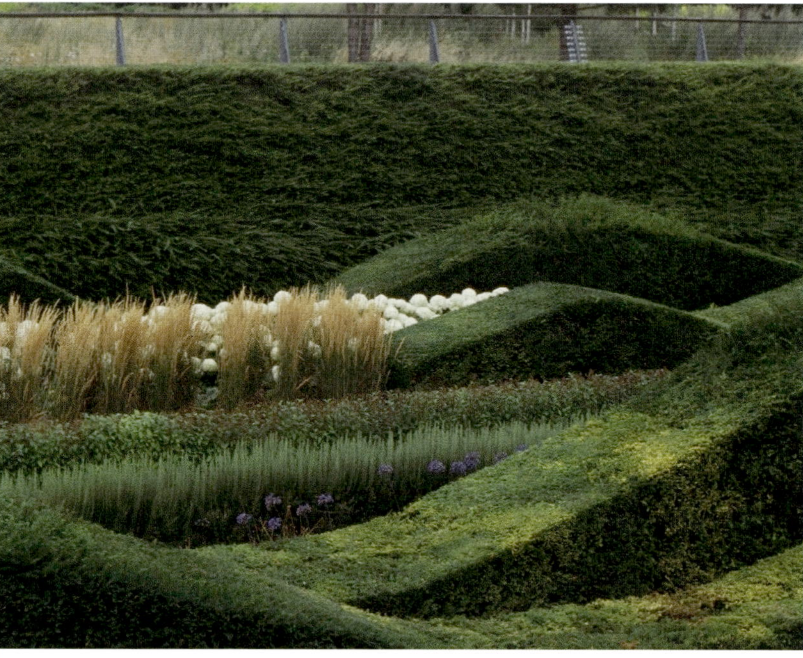

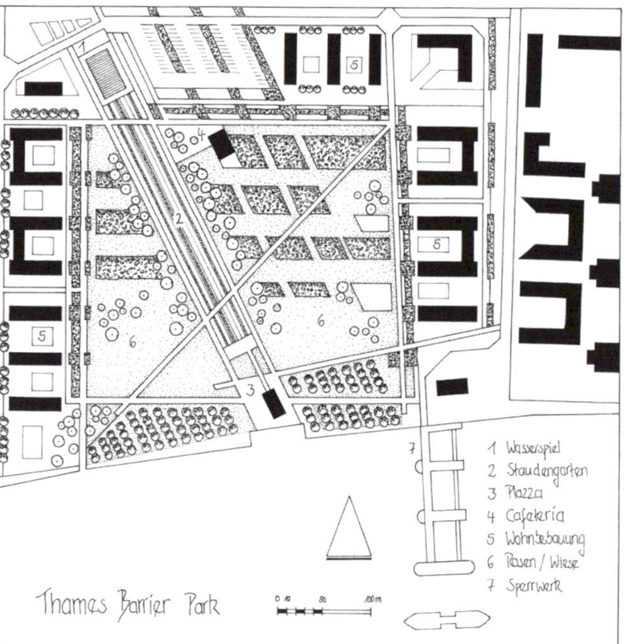

Der abgesenkte Gartenbereich zeigt sich über viele Monate in schönster Blüte.
Seite 21: Geschwungene Eibenhecken sind mit Hortensien und Gräsern kombiniert.

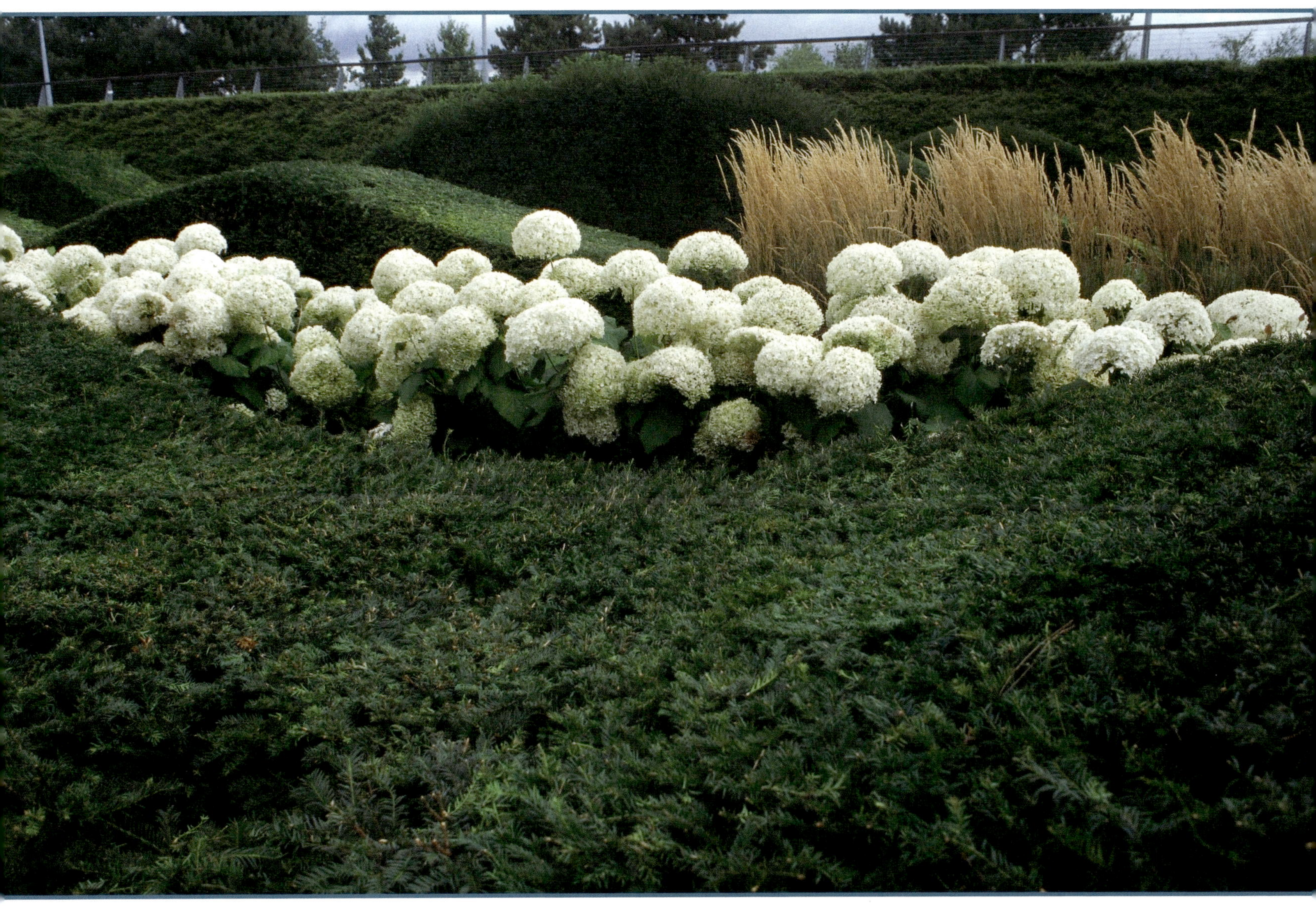

Bury Court 4

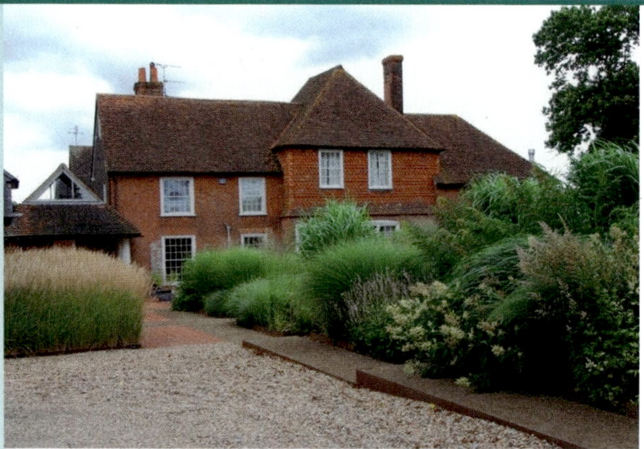

Name des Gartens
Bury Court

Grafschaft
Hampshire

Lage
bei Bentley, Hampshire GU10 ELZ, 3 km südwestlich von Farnham, 25 km südwestlich von Guildford

Besitzer
John Coke

Öffnungszeiten
nur nach Vereinbarung

Besuchsdauer
ca. 1,5 Stunden

Telefon
+44 (0) 203 4750550

E-Mail
team@bury-court.com

Website
www.bury-court.com/gardens

In der Nähe
Hinton Ampner, Mottisfont Abbey, Munstead Wood, Upton Grey

Bevor sich John Coke, der Eigentümer von Bury Court, ganz seinem eigenen Garten widmete, betrieb er eine Staudengärtnerei mit einem sehr ausgesuchten Sortiment. Seine Leidenschaft für Ungewöhnliches zeigt sich auch in den beiden sehr unterschiedlich gestalteten Gartenbereichen, mit denen er Bury Court zu einer der herausragenden gartenkünstlerischen Sehenswürdigkeiten in Hampshire machte. Für die Gestaltung beider Anlagen zog er namhafte Fachleute hinzu, den Niederländer Piet Oudolf und den Briten Christopher Bradley-Hole. Beide Gärten zeigen, wie gut sich modernes Gartendesign mit einem historischen Gebäudeensemble verbinden lässt.

Der 1995 fertiggestellte, von Piet Oudolf entworfene Gartenraum wird von einem sehr großen, für Veranstaltungen genutzten Scheunengebäude und schönen alten Mauern gerahmt. Die mit Natursteinplatten, grobem Pflaster oder mit Kies bedeckten Wege verlaufen zum Teil gerade, zum Teil in freien Linien. Der Grundriss zeigt eine zwanglos und locker entwickelte Komposition. Im Zentrum liegt eine große Rasenfläche, an deren Rändern gemischte Rabatten angeordnet sind, die in der für Piet Oudolf typischen Weise mit Stauden und Gräsern bepflanzt sind. Mit großen Buchs- und Eibenelementen, einem Knotenparterre und zwei gemauerten Wasserbecken werden formale Akzente gesetzt. Bemerkenswert ist auch eine mit Stahlprofilen konstruierte Rotunde, an der in Spalierform Silberbirnen (Pyrus salicifolia) gezogen werden. Ein charakteristisches Element des Gartens sind die an mehreren Stellen gepflanzten, in lichtem Gelb blühenden Blaseneschen (Koelreuteria paniculata). Der Garten überrascht durch die Vielfalt seiner unterschiedlichen Elemente, die sich alle sehr harmonisch und ohne Brüche zusammenfügen.

Der von Christopher Bradley-Hole 2001 konzipierte Garten vor der Eingangsfassade des Wohnhauses ist völlig anders angelegt und darf als minimalistisches Gartendesign klassifiziert werden. Das sanft ansteigende Gelände wurde in drei, um nur etwa 20 Zentimeter differierende Terrassenstufen gegliedert und die Gesamtfläche wie bei einem Parterre nach einem strengen Quadratraster aufgeteilt. Die einzelnen Felder sind mit Stahlkanten eingefasst, wie auch das Wasserbecken, das neben einem offenen Holzpavillon liegt. Die Wege zwischen den Beeten sind mit feinem Splitt ausgelegt und ebenfalls mit Stahlkanten abgestellt. Zwischen die Beete und die Wege ist ein schmaler Schotterstreifen eingefügt, um die Wegbreite optisch zu verringern. Die Bepflanzung dieses minimalistischen Parterregartens wurde von John Coke konzipiert und liefert mit ihrer Üppigkeit einen spannenden Kontrast. Coke hat vor allem Gräser gepflanzt, die graziös im Wind schwingen. Dazwischen hat er einige Farbakzente gesetzt, zum Beispiel mit dunkelrotem Wiesenknopf (Sanguisorba officinalis) oder zart apricotfarbenen Fackellilien

Gartenbereich, den Christopher Bradley-Hole vor dem Wohnhaus konzipiert hat.
Seite 23: Moderner *knot garden* (Knotengarten) in der südlichen Ecke des von Piet Oudolf geplanten Gartenbereichs.

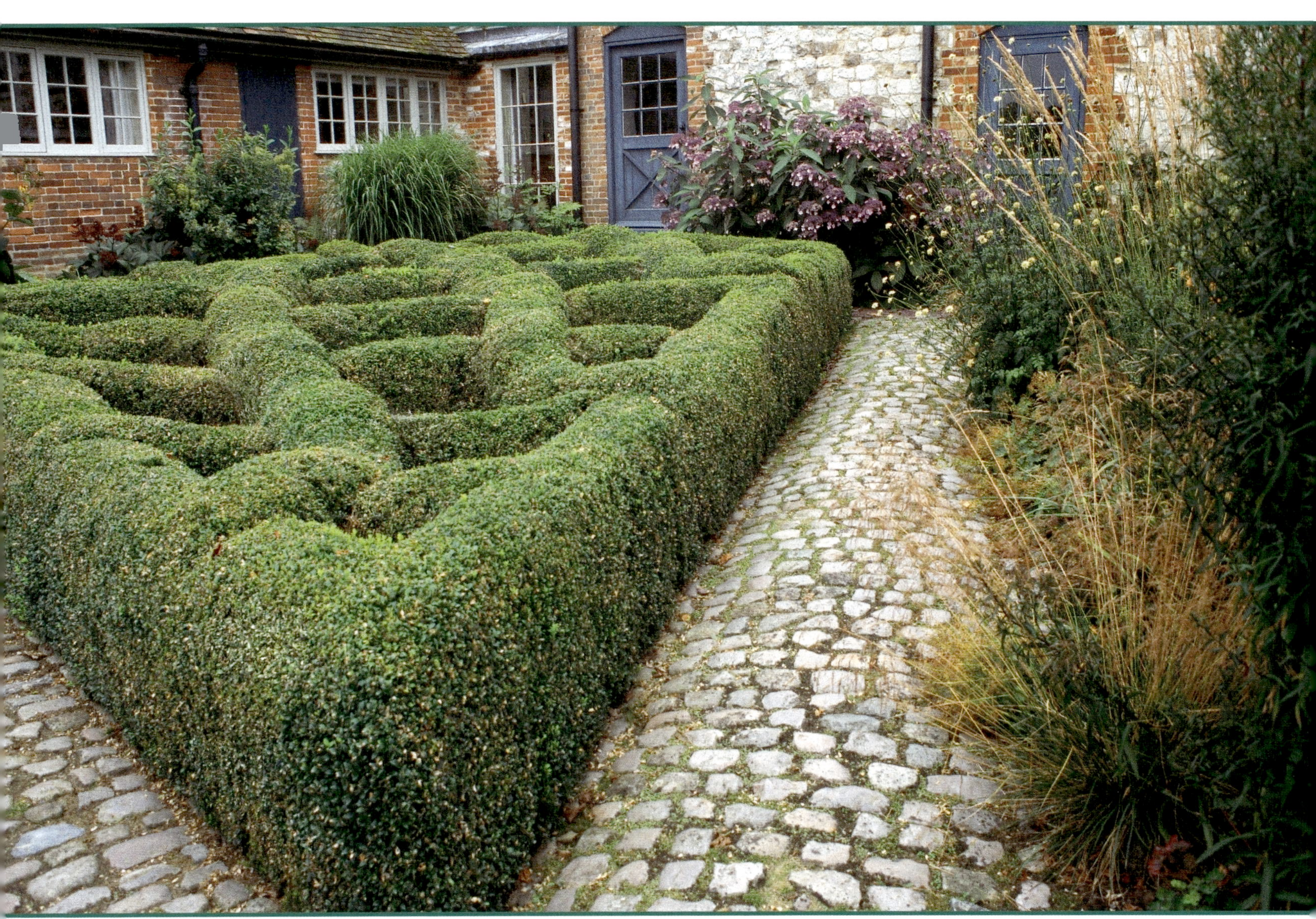

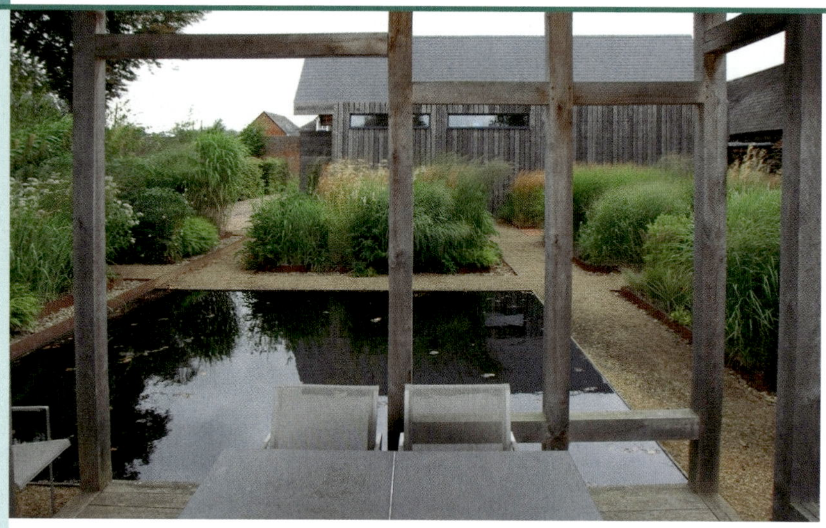

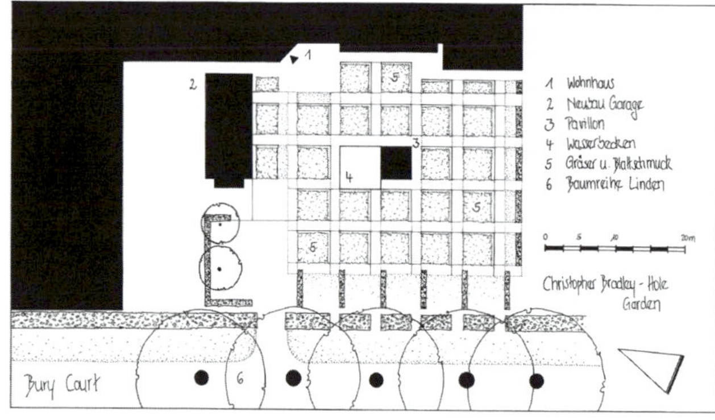

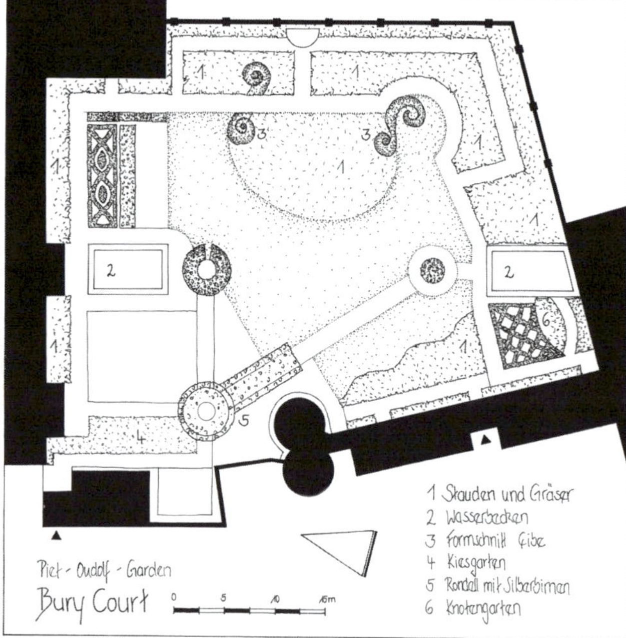

(Kniphofia uvaria). Es gibt keine starken Farbtöne, so wirkt der Garten mit seinen vielen Ocker-, Braun- und Grüntönen fast monochrom, und der Rotton der Klinkerfassade des Wohnhauses kommt besonders gut zur Geltung. Vor allem aber entwickelt man in diesem Garten einen Blick für die vielen unterschiedlichen Texturen und Strukturen der Blätter und Halme, Blüten- und Fruchtstände. Man wird in Großbritannien kaum einen vergleichbaren Garten finden.

Die Abbildung und der obere Grundriss zeigen den von Christopher Bradley-Hole geplanten Gartenbereich. Rechts unten: Der Grundriss des von Piet Oudolf geplanten Gartens.

Seite 25, links: Staudenpflanzen und Hecken in dem von Piet Oudolf gestalteten Bereich des Gartens; rechts: Der minimalistische Parterregarten von Christopher Bradley-Hole mit seinem fein abgestuften Bodenrelief und der Bepflanzung mit Gräsern und Blattschmuckstauden.

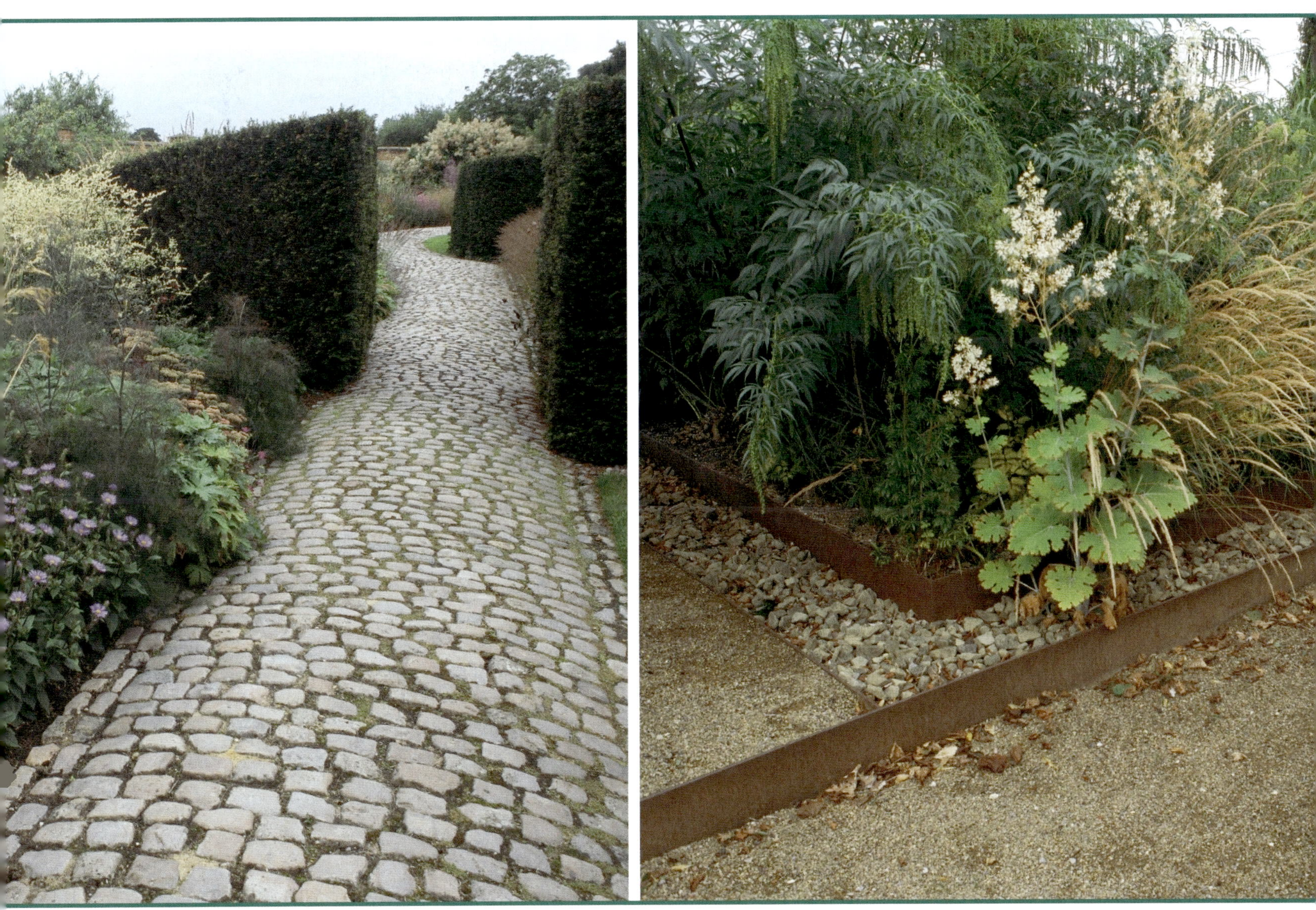

Clandon Park 5

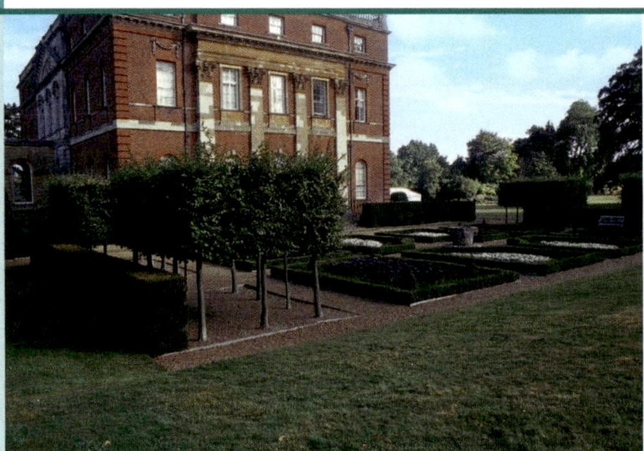

Name des Gartens
Clandon Park

Grafschaft
Surrey

Lage
West Clandon, Guildford, Surrey GU4 7RQ

Besitzer
The National Trust

Öffnungszeiten
Der Garten ist täglich von 11.00–16.00 Uhr geöffnet, in den Wintermonaten aber geschlossen. Die Hausruine kann in den Sommermonaten mit einer geführten Tour besichtigt werden.

Telefon
+44 (0) 1483 222482

E-Mail
clandonpark@nationaltrust.org.uk

Website
www.nationaltrust.org.uk

In der Nähe
Claremont Landscape Garden, Polesden Lacey

Bis ins 16. Jahrhundert reicht die Geschichte von Clandon Park zurück, dessen Gelände damals ein Jagdrevier mit einem kleinen Wohnhaus war. Das stolze Herrenhaus im palladianischen Stil wurde zwischen 1730 und 1733 von dem italienischen Architekten Giacomo Leoni für Thomas, 2nd Earl of Onslow, erbaut und bildete den Mittelpunkt der Anlage. Am Nachmittag des 19. April 2015 wurden große Teile des Hauses durch ein verheerendes Feuer zerstört. Ein entsetzlicher Verlust für den National Trust, der inzwischen jedoch interessante Pläne für die Nutzung der Ruine entwickelt hat. Die nördlich und westlich des Hauses gelegenen Bereiche des insgesamt 15 Hektar umfassenden Geländes hat Capability Brown in den achtziger Jahren des 18. Jahrhunderts in seiner charakteristischen Weise umgestaltet. 1956 wurden Haus und Garten dem National Trust vermacht. Das übrige Anwesen, insbesondere der von Capability Brown entworfene Park, befindet sich nach wie vor im Besitz von Lord Onslow und ist nicht zugänglich. Wenn man sich vom Parkplatz aus dem Gebäude nähert, im Nordwesten einen kleinen Tempel mit einer Kuppel und zwischen den Bäumen einen Streifen des künstlich angelegten Sees sieht, vermittelt sich noch heute eine Ahnung von dieser kühnen Gestaltung Capability Browns.

Der 3 Hektar große, dem National Trust gehörende Teil der Anlage besteht sowohl aus parkartig informellen als auch architektonisch formalen Bereichen. Vor der Südfassade des Gebäudes liegt ein im 20. Jahrhundert ergänzter Parterregarten, der um einen historischen Brunnentrog arrangiert wurde. Beschnittene Buchskegel ragen aus buchsgesäumten Beetflächen heraus, die mit Einjährigen wie Heliotrop oder Fleißigen Lieschen bepflanzt sind. Das Parterre wird auf zwei Seiten von doppelreihig gepflanzten, kubisch geschnittenen Hainbuchen flankiert. Diese Formschnittbäume vermitteln sehr schön zwischen den strengen Linien der Architektur und den weichen Konturen der Parklandschaft.

Auf der gegenüberliegenden Rasenfläche steht im Schatten alter Eiben die Ruine einer im 18. Jahrhundert aus Ziegel- und Feuerstein erbauten Grotte, die heute fast vollständig mit Efeu überwachsen ist. Im Inneren gibt es ein Wasserbecken, und überall wachsen die glänzenden Blätter von Hirschzungenfarn aus den Mauern hervor. Früher war die Grotte von einer Statuengruppe der drei Grazien belebt, womöglich nach einem Entwurf von Brown. Im südöstlichen Bereich des Parks steht ein reetgedecktes, mit Muschelornamenten geschmücktes Versammlungshaus der Maori aus Neuseeland; es wurde 1892 vom 4th Earl of Onslow erworben, der Gouverneur von Neuseeland war.

Der Besuch endet bei einem *sunken garden*, einem leicht abgesenkten, von Eibenhecken gerahmten und mit einem runden Seerosenbecken geschmückten Gartenraum im edwardianischen Stil.

Blick über den Parterregarten zum prächtigen Herrenhaus im palladianischen Stil, bevor es von dem Feuer 2015 zerstört wurde.

Seite 27: Der im 20. Jahrhundert ergänzte Parterregarten ist mit seiner formalen Strenge, seinen Baumpaketen aus geschnittenen Hainbuchen, den Buchs- und Eibenhecken ein faszinierendes Bindeglied zwischen Architektur und Parklandschaft.

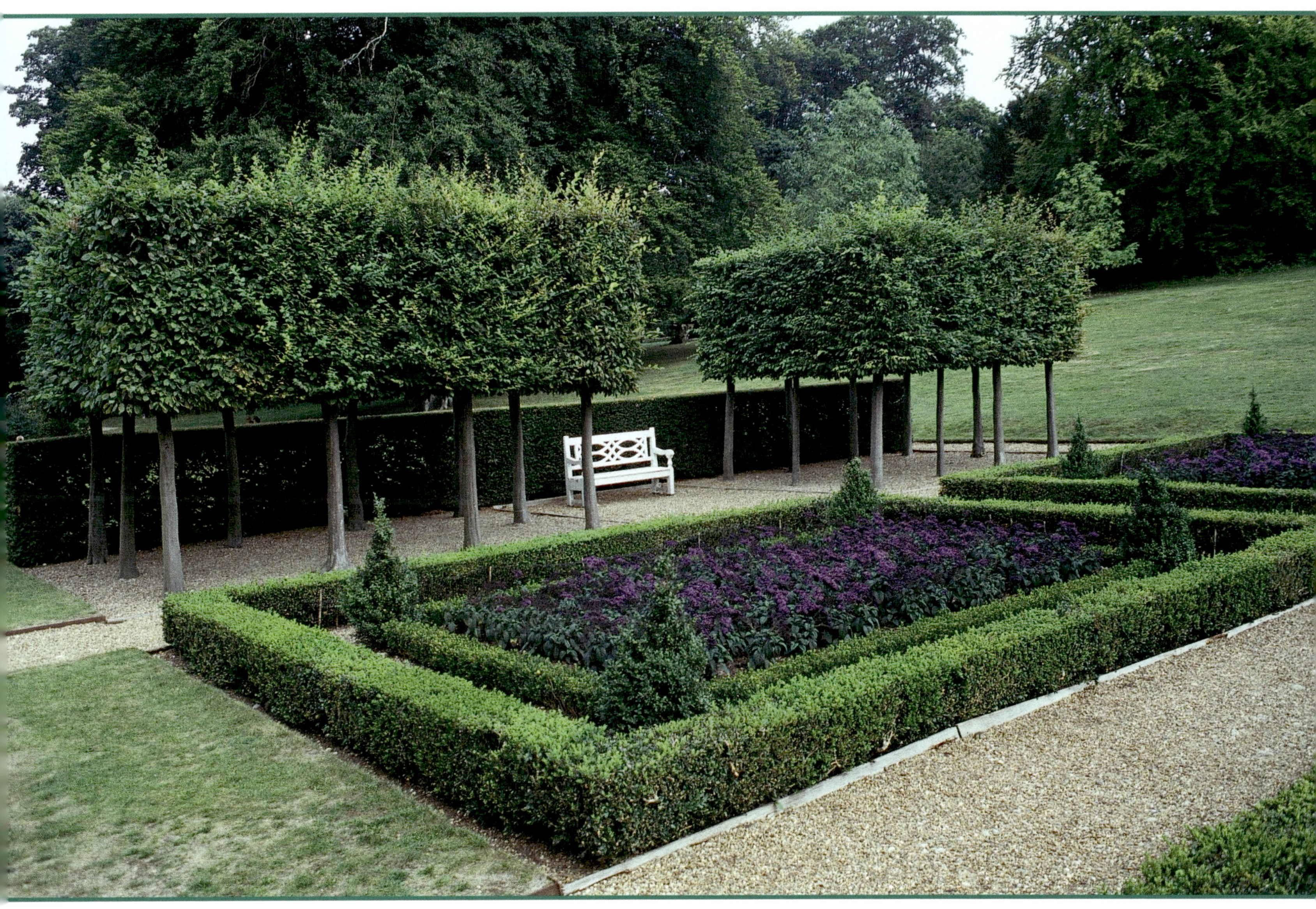

Great Dixter 6

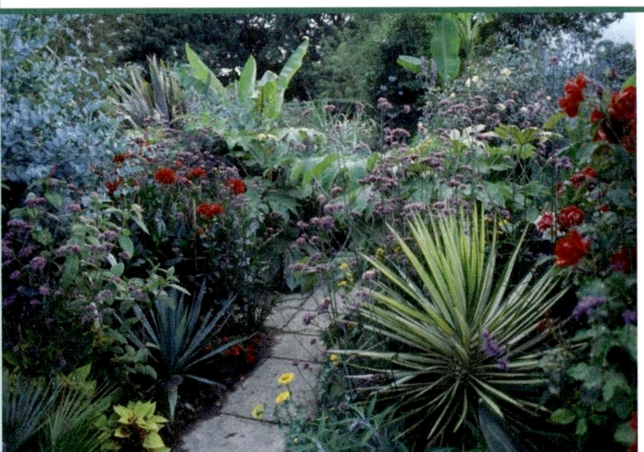

Name des Gartens
Great Dixter

Grafschaft
East Sussex

Lage
Northiam, East Sussex TN31 6PH, an A 28 zwischen Hastings und Tenterden

Tearoom

Shop

Besitzer
Christopher Lloyd Trust

Öffnungszeiten
täglich, außer Montag, 11.00–17.00 Uhr

Besuchsdauer
ca. 2 Stunden

Telefon
+44 (0) 1797 252878

E-Mail
office@greatdixter.co.uk

Website
www.greatdixter.co.uk

In der Nähe
Bateman' s

Das Landhaus Great Dixter stammt aus dem 15. Jahrhundert und gehört zu jenen baugeschichtlichen Kostbarkeiten, die sich dank der Arts-and-Crafts-Bewegung Anfang des 20. Jahrhunderts mit neuem Leben füllten. Das geschichtsträchtige Haus wurde 1910 von dem erfolgreichen Lithografen Nathaniel Lloyd und seiner Frau Daisy erworben, die beide künstlerisch ambitioniert waren und sich leidenschaftlich für Architektur und Gartenarchitektur interessierten. Sie beauftragten den Architekten Edwin Lutyens mit der Restaurierung des Gebäudes und der Gestaltung des etwa 2 Hektar großen Gartens. Gertrude Jekyll, die bei sehr vielen anderen Projekten mit Edwin Lutyens zusammenarbeitete, war an Great Dixter nachweislich nicht beteiligt, auch wenn die damalige Bepflanzung sicherlich von ihr inspiriert war. Lutyens konzipierte ein Ensemble von Gartenräumen und ein sehr abwechslungsreiches Wegenetz. Nach seinen Plänen wurden die heute zu mächtigen Grünvolumen herangewachsenen Eibenhecken und Eibentopiaries gepflanzt, und in der nördlichen Ecke des Grundstücks entstand ein von zwei Nebengebäuden umschlossener *sunken garden*, ein leicht abgesenkter Gartenraum mit zentralem Seerosenbecken. Lutyens plante Mauern, Treppen, Portale und Bodenbeläge mit der für ihn charakteristischen Fantasie und Detailbesessenheit. Die einzelnen Gartenräume gruppieren sich um das Wohnhaus, so dass der Rundgang immer wieder aus anderer Perspektive einen Blickbezug zu dem reizvollen alten Fachwerkhaus mit seiner eigentümlichen Dachlandschaft und seinen mächtigen Kaminen bietet. Trotz der formalen Strenge des Gesamtkonzepts wirken die Übergänge zwischen den einzelnen Gartenräumen weich und fließend, weil eine üppige und locker arrangierte Bepflanzung die Konturen überspielt.

In den fünfziger Jahren des 20. Jahrhunderts übernahm der jüngste Sohn, Christopher Lloyd (1921–2006) Great Dixter. Die Betreuung und Weiterentwicklung des elterlichen Gartens wurden sein Lebenswerk, das sich auch in zahlreichen Buchveröffentlichungen niederschlug. Christopher Lloyd hat seinen Garten stets als Experimentierfeld und als *work in progress* gesehen. Er bettete die formalen Bereiche in naturnah gestaltete Wildblumenwiesen ein, die sich im Frühjahr mit Narzissen, wilden Orchideen und Wiesenkerbel in schönster Blüte präsentieren.

Als die Rosen in dem von Lutyens angelegten Rosengarten dahinsiechten, legte Christopher Lloyd hier Anfang der neunziger Jahre einen exotischen Garten an, der im Spätsommer und Herbst vor allem wegen der glühenden Farben von Dahlien und Canna und den Blattpflanzen besondere Anziehungskraft entfaltet.

Mit der eigenwilligen Gestaltung des Long Border, einer 60 Meter langen und 4,50 Meter breiten Rabatte, erregte Christopher Lloyd immer wieder Aufsehen in der Fachwelt. Er wählte einen unüblichen Aufbau der Pflan-

Raffinierte Pflanzen- und Farbkombinationen beeindrucken im exotischen Gartenbereich.
Seite 29: Sechzig Meter lang ist das Long Border mit sehr eigenwilligen Kombinationen von Stauden, Gräsern, Gehölzen und Einjährigen.

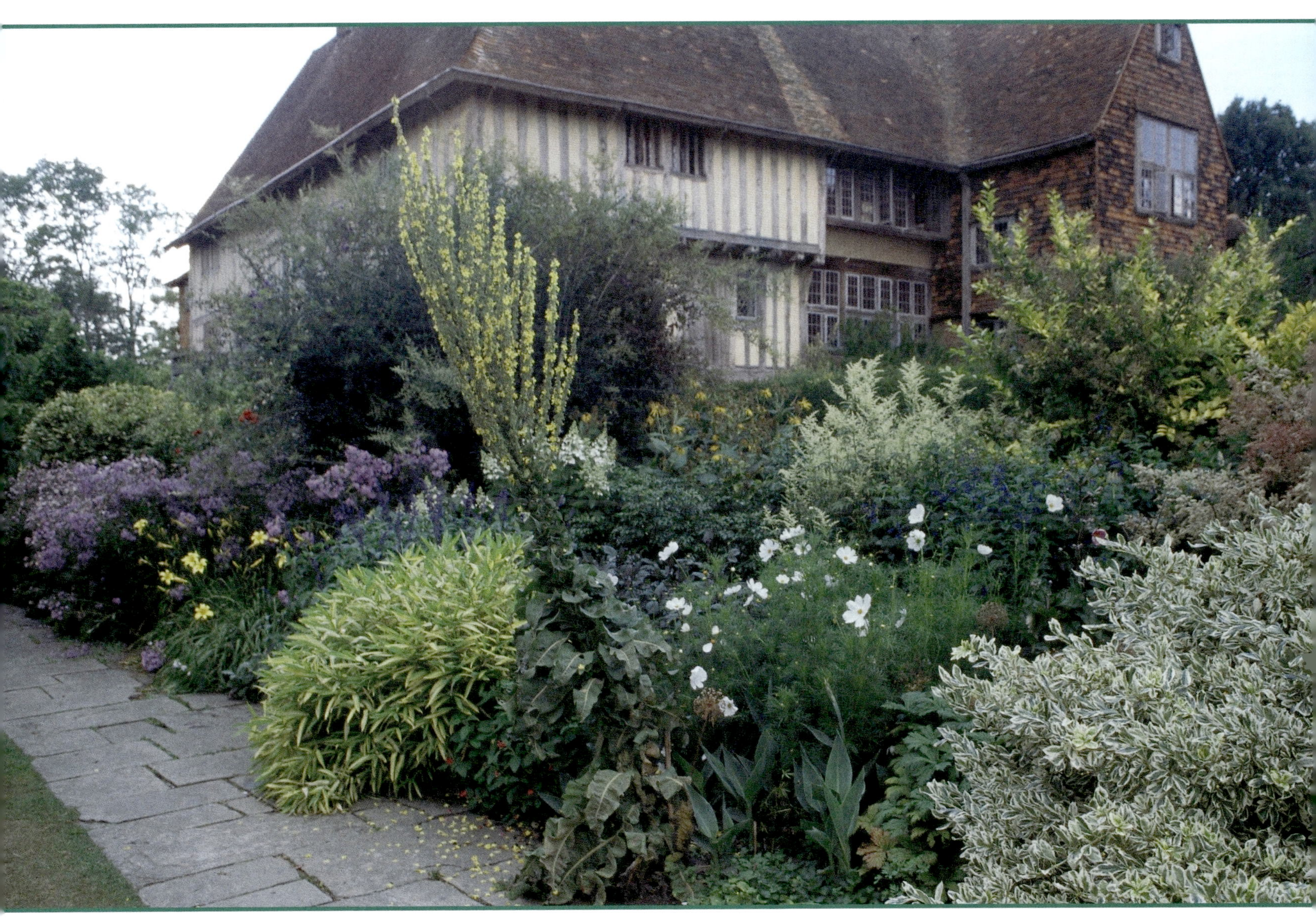

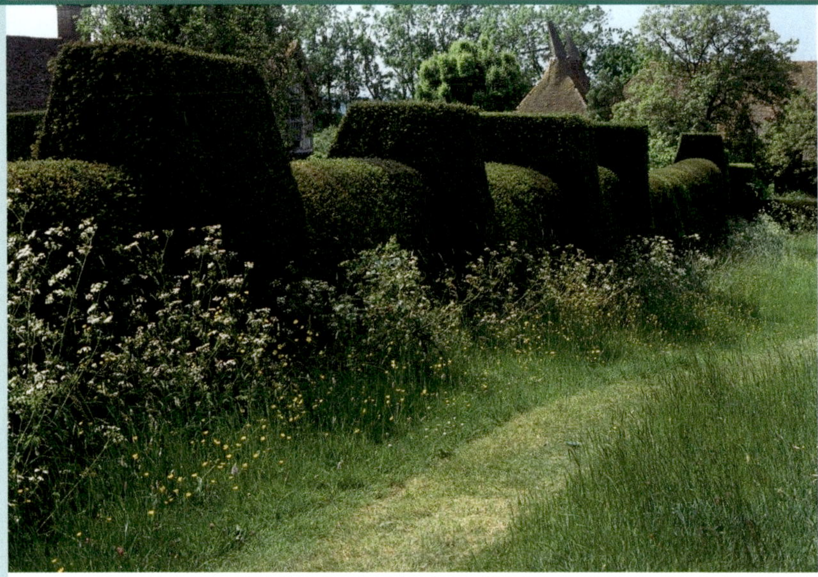

zungen und entschied sich für ungewöhnliche, oft auch schrille Farbzusammenstellungen, zum Beispiel die Kombination von schwefelgelben Königskerzen und pinkfarbenen Phloxen. Er löste sich von der herkömmlichen Differenzierung zwischen Gehölz- und Staudenrabatte (*shrub border*, *herbaceous border*) und integrierte unbekümmert auch Einjährige in seine Pflanzkompositionen.

Neben Sissinghurst Castle Garden gehört der Garten von Great Dixter sicherlich zu den schönsten und anregendsten Anlagen im Südwesten von England. In allen Jahreszeiten zeigt er sich in üppiger Blütenfülle, und es gibt kaum etwas Schöneres als sich hier von Gartenraum zu Gartenraum auf Entdeckungstour zu begeben.

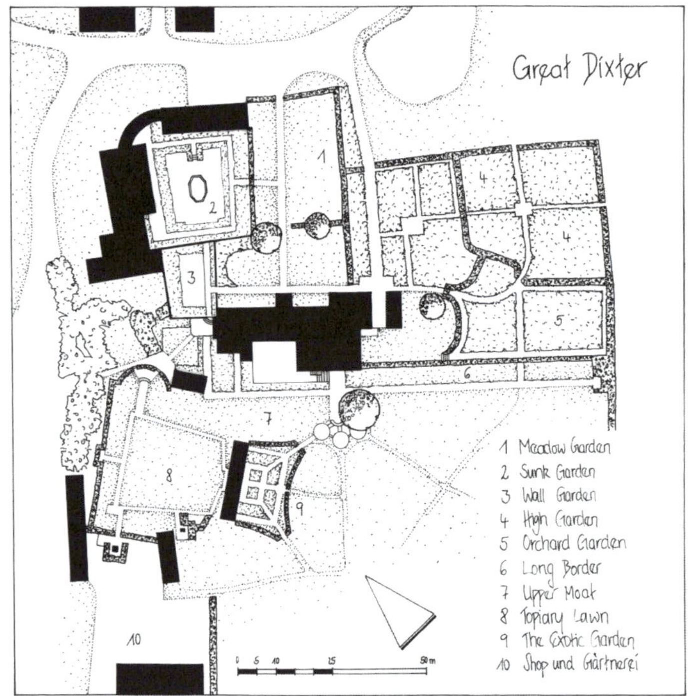

Großartige, hundertjährige Eibenhecken umschließen die einzelnen Gartenräume.
Seite 31: Der von Mauern, Hecken und Nebengebäuden gerahmte Sunken Garden beeindruckt mit einer Fülle von Pflanzen und Blüten.

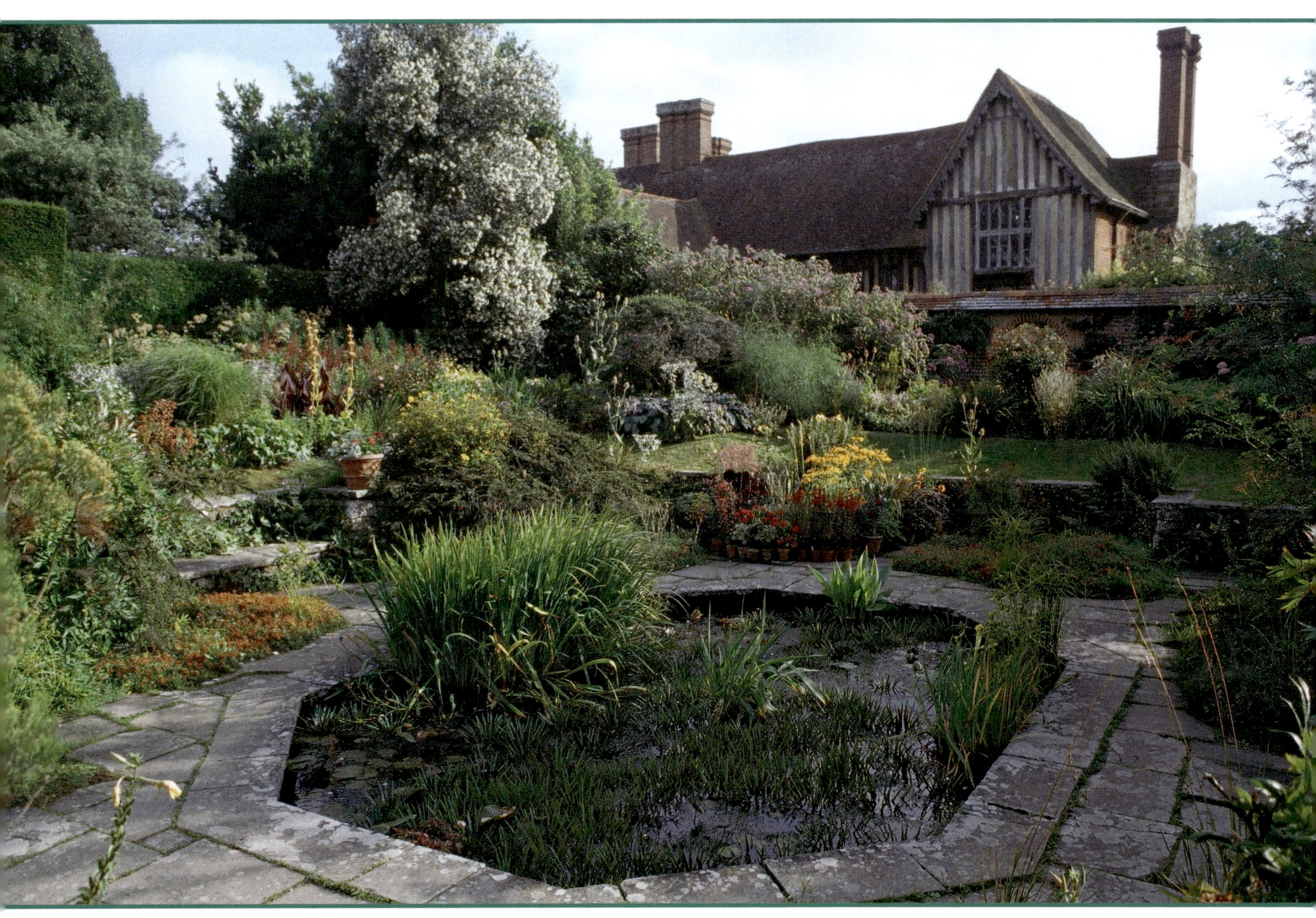

Hinton Ampner Garden 7

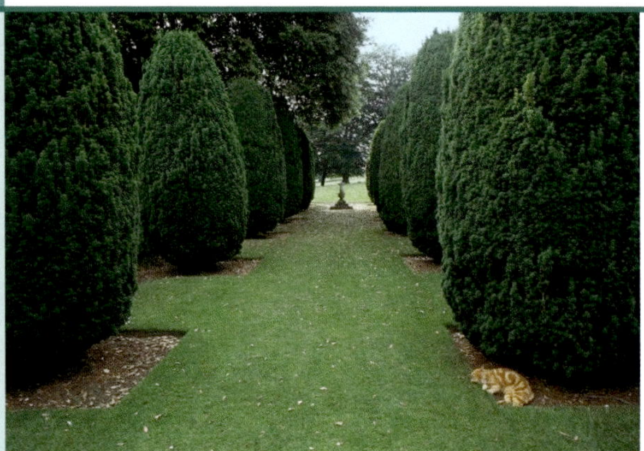

Name des Gartens
Hinton Ampner Garden

Grafschaft
Hampshire

Lage
bei Bramdean, Alresford, Hampshire SO24 0LA, 12 km östlich von Winchester

Tearoom

Shop

Besitzer
The National Trust

Öffnungszeiten
täglich von 10.00–17.00 Uhr, in den Wintermonaten 10.00–16.00 Uhr

Besuchsdauer
ca. 2 Sunden

Telefon
+44 (0) 1962 771305

E-Mail
hintonampner@nationaltrust.org.uk

Website
www.nationaltrust.org.uk

Der etwa 3 Hektar große Garten von Hinton Ampner ist das Werk von Ralph Dutton, Lord Sherborne (1898–1985), der das Anwesen 1935 erbte und mit viel schöpferischer Kraft umgestaltete. Er ließ das viktorianisch überformte Herrenhaus auf seine georgianischen Ursprünge rückbauen und rahmte es mit einem formalen Garten.

Nähert man sich dem Herrenhaus auf dem *drive*, ahnt man nicht, welch wunderbare Ausblicke einen erwarten. Ralph Dutton entwickelte beeindruckende Blickachsen in dem damals schon vorhandenen, sanft hügeligen Landschaftsgarten mit vielen alten Bäumen und arkadischen Schafweiden.

Nördlich des Gebäudes liegt ein großer, mauerumschlossener Küchengarten, der heute jedoch nur noch in Teilbereichen bewirtschaftet wird und für Besucher nicht zugänglich ist. An der Ostseite der Umfassungsmauer ist ein *autumn border*, eine Spätsommerrabatte, angelegt. Gegenüber befindet sich der formal gestaltete Obstbaumgarten, der von Buchshecken in vier quadratische Felder unterteilt und mit kegelförmig geschnittenen Eiben in seiner Geometrie akzentuiert wird. In den Gevierten wachsen Apfel-, Kirsch- und Quittenbäume, unter denen im Frühjahr Krokusse und Narzissen blühen.

Vor dem Haus legte Ralph Dutton eine repräsentative Auffahrt an und an der Ostseite ein elegant proportioniertes Seerosenbecken, das in eine perfekt ebene Rasenfläche eingelassen ist und eine sehr schöne Verbindung zur Architektur herstellt. Das nach Süden abfallende, in die freie Landschaft übergehende Gelände an der Rückseite des Gebäudes gliederte er in drei Terrassenebenen, denen er einen jeweils eigenständigen Charakter verlieh. Unmittelbar vor dem Wohnhaus befindet sich die *paved terrace*, eine gepflasterte Terrasse. Die folgende Ebene, die *main terrace*, wird von einer lang gestreckten breiten Rasenterrasse eingenommen, die am einen Ende von einem Heckengarten abgeschlossen wird, am anderen Ende von einer Gruppe mächtiger Kastanien. Die *main terrace* wird von einem *mixed border*, einer gemischten Rabatte, begleitet, die im Windschutz der Terrassenmauer liegt. Auf die *main terrace* folgt der *sunken garden*, ein Bereich, dessen Grundrissgeometrie mit der Mittelachse der Südfassade korrespondiert. Im Frühjahr blühen hier viele Zwiebelgewächse, und im Sommer sind die Beete üppig mit Dahlien und Einjährigen bepflanzt. Der *sunken garden* ist Teil der Ost-West-Achse, die sich über die gesamte Breite des Grundstücks hinzieht und sich nach Westen im Long Walk fortsetzt, einer Allee von Säuleneiben, die zu einem schmiedeeisernen Tor führt. In der entgegengesetzten Richtung führt der Weg zunächst zu einem kleinen Pavillon. Dahinter verliert der Garten dann seine formale Strenge, die Gestaltung wird lockerer. Über eine kleine Lindenallee führt der Weg schließlich weiter in den Landschaftsgarten.

Die Säuleneibenallee ist ein immer wiederkehrendes Stilelement in den Gärten des 20. Jahrhunderts.

Seite 33: Großzügige Treppen beziehen sich auf die Mittelachse der Südfassade des Herrenhauses und queren die langgezogenen Terrassenebenen.

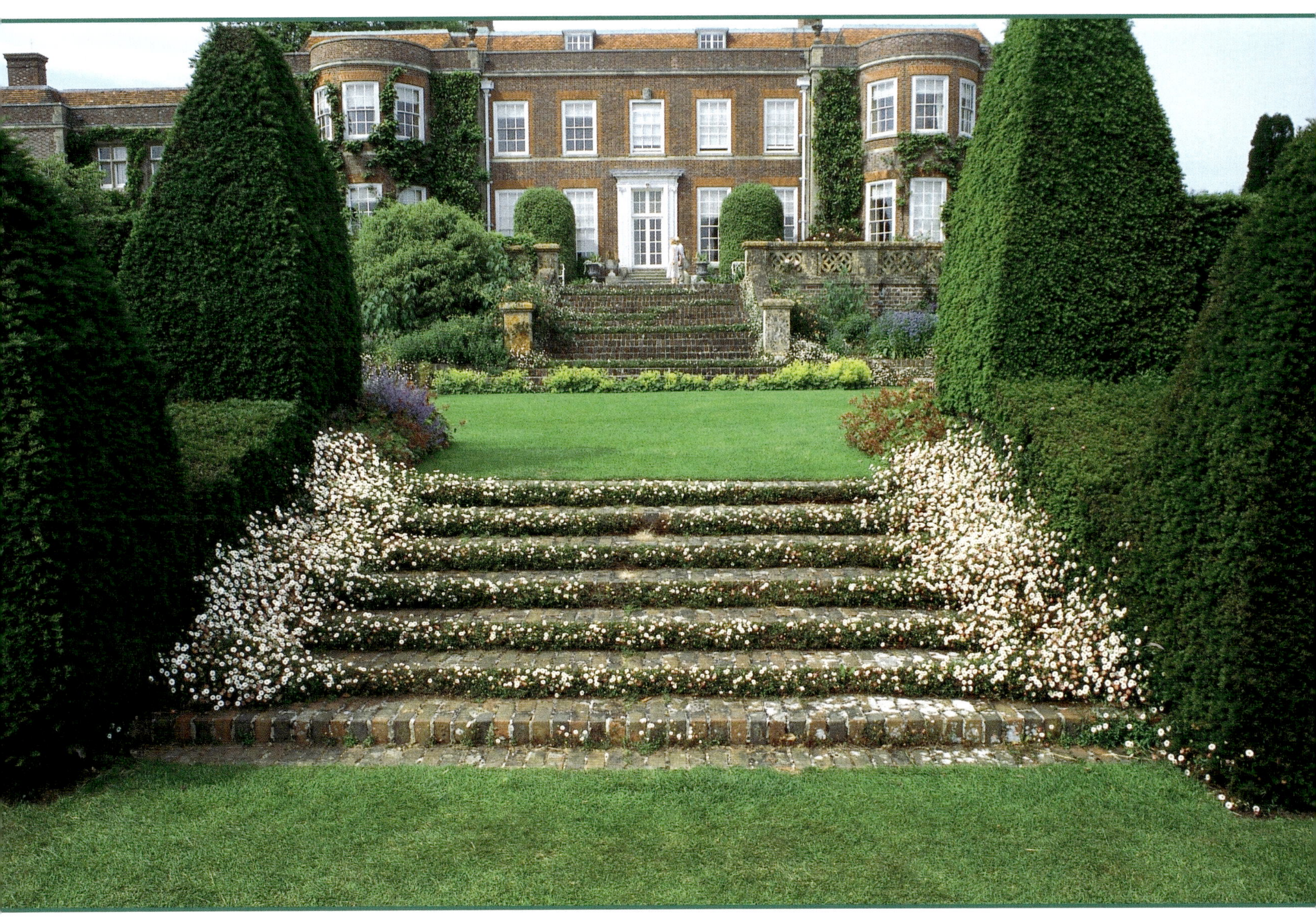

Hole Park 8

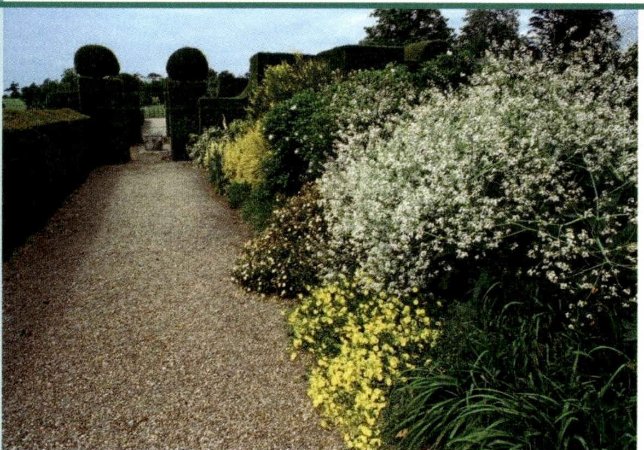

Name des Gartens
Hole Park

Grafschaft
Kent

Lage
bei Rolvenden, Cranbrook, Kent TN17 4JA

Tearoom

Besitzer
Edward Barham

Öffnungszeiten
variieren; Eintrittskarten können aber bequem über die Homepage gebucht werden

Besuchsdauer
ca. 2 Stunden

Telefon
+44 (0) 1580 241344

E-Mail
edwardbarham@holepark.com

Website
www.holepark.com

In der Nähe
Sissinghurst Castle Garden, Great Dixter

Die südenglische Grafschaft Kent gehört für viele, die mit dem Schiff oder über den Eurotunnel vom Festland her anreisen, um sich mit britischer Gartenkunst zu beschäftigen, zu den ersten Zielen. Hole Park ist eine der weniger bekannten Gartenanlagen in Kent und wird meist erst dann aufgesucht, wenn man die vielen anderen, namhafteren Gärten in der Umgebung bereits kennengelernt hat. Man nähert sich dem etwa 80 Hektar umfassenden Anwesen über eine lindengesäumte Zufahrt und ist sofort bezaubert von den Ausblicken in die schöne, leicht hüglige Parklandschaft, die das Herrenhaus mit seinem Klinkermauerwerk rahmt. Das Gebäude ist eine Rekonstruktion aus dem Jahr 1959 mit stilistischem Bezug auf ein um 1720 erbautes Herrenhaus, das einst dort stand, aber fast vier mal so groß war und nicht mehr den aktuellen Bedürfnissen der Familie entsprach.

Hole Park besteht aus einem ausgedehnten Landschaftsgarten mit faszinierenden alten Bäumen, aus formalen Gartenräumen und einem *woodland garden*, einer waldartigen, naturnah gestalteten Zone in einer Talsenke jenseits des Hauses. Hier liegt auch ein kleiner, als *the dell* bezeichneter *bog garden*, ein mit Weiden und üppigen Blattschmuckstauden malerisch umpflanzter Teich.

In seinen wesentlichen Zügen wurde der Garten von Hole Park in den frühen zwanziger Jahren von Arthur Barham, dem Urgroßvater des jetzigen Besitzers, angelegt. Er pflanzte die raumbildenden Eibenhecken und die Formschnittgehölze, legte weite Rasenflächen an, baute Wasserbecken, stellte Statuen auf und bezog bestehende alte Mauern in seine neue räumliche Gesamtkonzeption ein.

Hole Park hat sehr viele jahreszeitliche Höhepunkte. Im April blüht ein Meer von Narzissen auf einer Wiese nördlich des Hauses und die Bluebells (Hyacinthoides non-scripta, Hasenglöckchen, Waldhyazinthen) bedecken die Waldfluren des *woodland garden* mit strahlendem Blau. Anfang Mai bezaubert dann die Blüte der Azaleen und Rhododendren. Im Sommer sind es die von Eibenhecken gerahmten Staudenrabatten, welche die Hauptanziehungskraft ausüben. An der meisterlichen Bepflanzung dieser Rabatten war Christopher Lloyd beteiligt, der nicht weit entfernt im Landhaus Great Dixter lebte (siehe Seite 28). Auch im Herbst hat Hole Park viele Reize, die Laubfärbung im Landschaftsgarten wie auch im *woodland garden* bildet dann den krönenden Abschluss des Gartenjahres. Vor allem aber sind es immer wieder die Schönheit des Baumbestandes, die landschaftliche Einbettung und die Vielfalt der ganz unterschiedlichen Gartenszenerien, die sich bei einem Rundgang erschließen und Hole Park zum Erlebnis werden lassen. Die Tatsache, dass die Anlage in Privatbesitz und nicht kommerziell dem Gartentourismus verschrieben ist, hat zur Folge, dass nur relativ wenige Besucher den Weg dorthin finden.

Meisterlich bepflanzte *borders* und wunderbare alte Eibenhecken.
Seite 35: Der *woodland garden* entfaltet im Mai mit der Rhododendronblüte seine ganze Pracht.

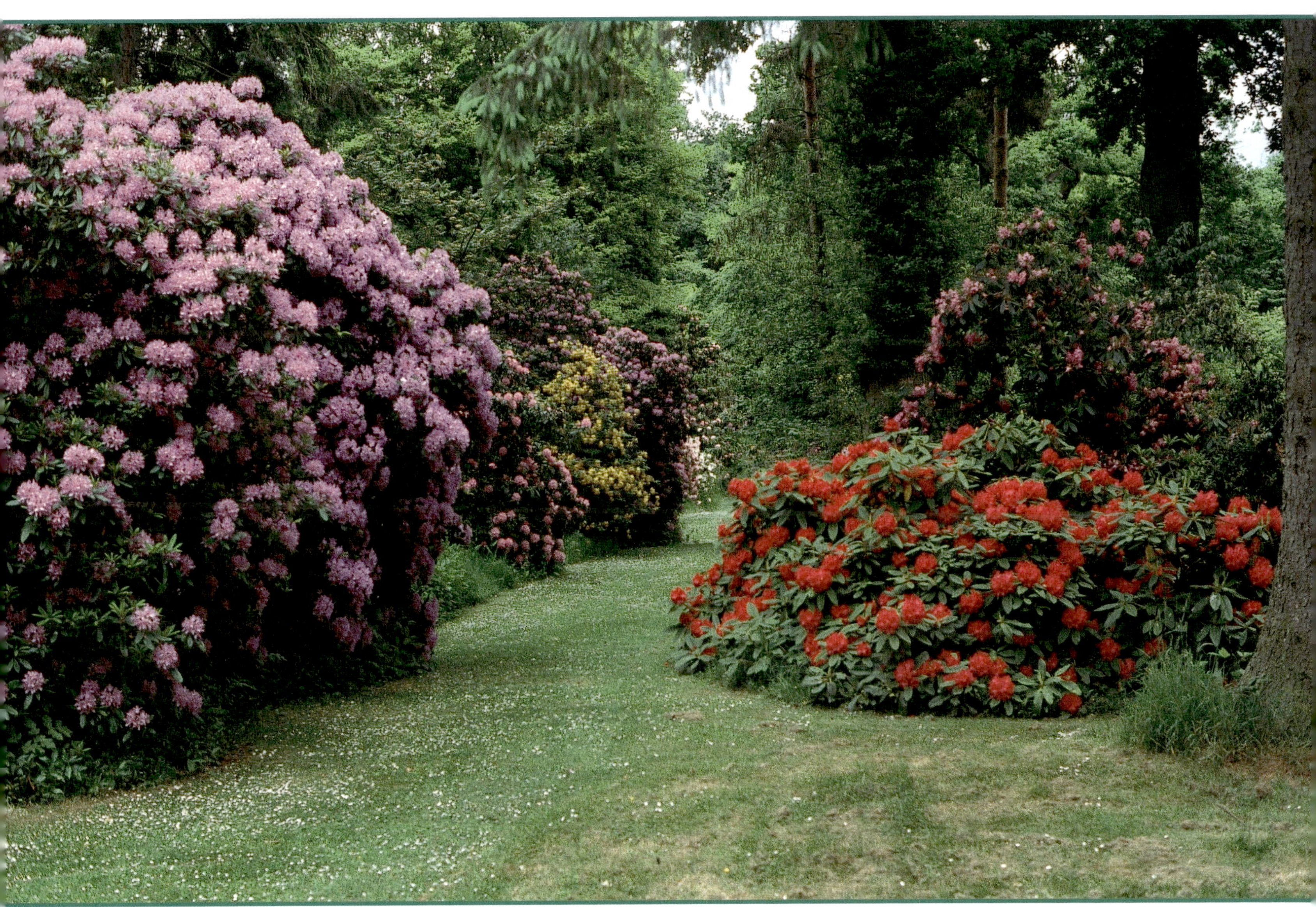

Mottisfont Abbey 9

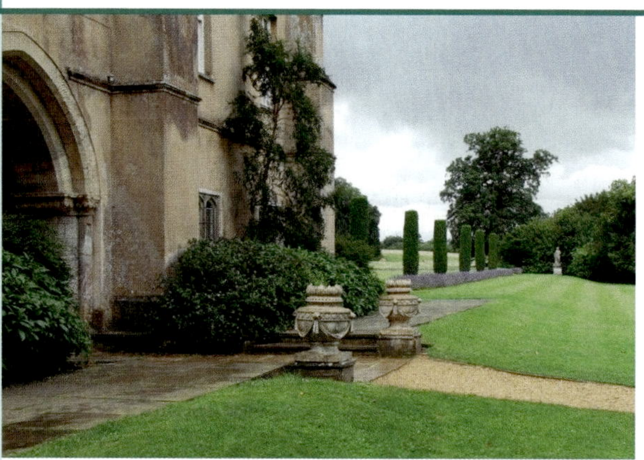

Name des Gartens
Mottisfont Abbey

Grafschaft
Hampshire

Lage
Mottisfont, bei Romsey, Hampshire SO51 0LP

Tearoom

Shop

Besitzer
National Trust

Öffnungszeiten
täglich von 10.00–17.00, in den Wintermonaten 10.00–16.00 Uhr

Besuchsdauer
ca. 2 Stunden

Telefon
+44 (0) 1794 340757

E-Mail
mottisfont@nationaltrust.org.uk

Website
www.nationaltrust.org.uk

In der Nähe
Hinton Ampner

Mottisfont wurde im frühen 13. Jahrhundert als Augustinerabtei gegründet. Als unter Heinrich VIII. die Klöster aufgelöst wurden, gelangte das Anwesen in den Besitz der Familie Lord Sandys, die die Abtei zum Wohnhaus umbauen ließ. Im 18. Jahrhundert erhielt die Südseite eine Klinkerfassade im georgianischen Stil. 1934 wurde Mottisfont an Gilbert und Maude Russell verkauft, die den Garten neu gestalteten. Innerhalb des 9 Hektar großen, mit vielen alten Bäumen bestandenen Landschaftsparks, der auch stimmungsvolle Partien an den Ufern des Flusses Test umfasst, wurden einige sehr gelungene neue formale Akzente gesetzt. Während des Zweiten Weltkriegs diente Mottisfont als Militärhospital. Maude Russell überschrieb den Besitz 1957 dem National Trust.

Ein bemerkenswert schönes, wunderbar mit der Klinkerfassade zusammenspielendes Detail ist das von Norah Lindsay (1873–1948) geschaffene kleine Buchsparterre vor der Südfassade des Hauses. Die Beetflächen werden jedes Jahr unterschiedlich, aber immer monochrom mit einjährigen Sommerblumen bepflanzt.

Eine in ihrer Einfachheit faszinierende Gestaltung entwickelte Geoffrey Jellicoe (1900–1996) für den Gartenbereich an der Nordseite. Jenseits eines parallel zum Gebäude verlaufenden, mit Natursteinplatten befestigten Weges legte er eine große rechteckige, perfekt ebene Rasenfläche als Croquet Lawn an. Zur einen Seite begrenzte er sie mit dem etwas erhöht liegenden Lime Walk, einer Allee mit geschnittenen Linden, und zur anderen Seite mit einer Reihe Säuleneiben und, einen kleinen Höhensprung überspielend, einem breiten Lavendelband. Nach Norden öffnet sich ein großartiger Landschaftsausblick auf Weideflächen und Felder.

Mottisfont Abbey ist heute vor allem wegen seines Rosengartens berühmt. In den siebziger Jahren legte der Gartengestalter Graham Stuart Thomas (1909–2003) für die National Collection of Old Roses des National Trust einen Rosengarten im ehemaligen mauerumschlossenen Küchengarten an. Er vervollständigte diese Sammlung mit eigenen Exemplaren, Züchtungen aus der Zeit vor 1900. Thomas bewahrte die Grundstruktur des Küchengartens mit kreuzförmigem Wegenetz, zentralem, von vier Säuleneiben gerahmtem Wasserbecken und buchsgesäumten Beetgevierten; auch die alten Obstbäume ließ er stehen. Um die Wirkung der Rosen hervorzuheben und den Gartenbereich auch in den Jahreszeiten vor und nach der Rosenblüte anziehend zu machen, pflanzte er vielerlei Begleitstauden wie Lavendel, Salbei, Frauenmantel, Akelei, Heiligenkraut, Fingerhut und Katzenminze. Mit den inzwischen mehr als dreihundert Rosensorten ist Mottisfont vor allem gegen Ende Juni ein ganz besonderer Ort für Rosenfreunde. Dann bleibt der Garten auch in den Abendstunden geöffnet, in denen der Duft der Blüten am intensivsten ist.

In den dreißiger Jahren des 20. Jahrhunderts gestaltete der Gartenarchitekt Geoffrey Jellicoe die Bereiche vor der Nordfassade des Hauses.

Seite 37: Das von der Gartenarchitektin Norah Lindsay ebenfalls in den dreißiger Jahren konzipierte Buchsparterre wird immer wieder unterschiedlich mit Einjährigen bepflanzt.

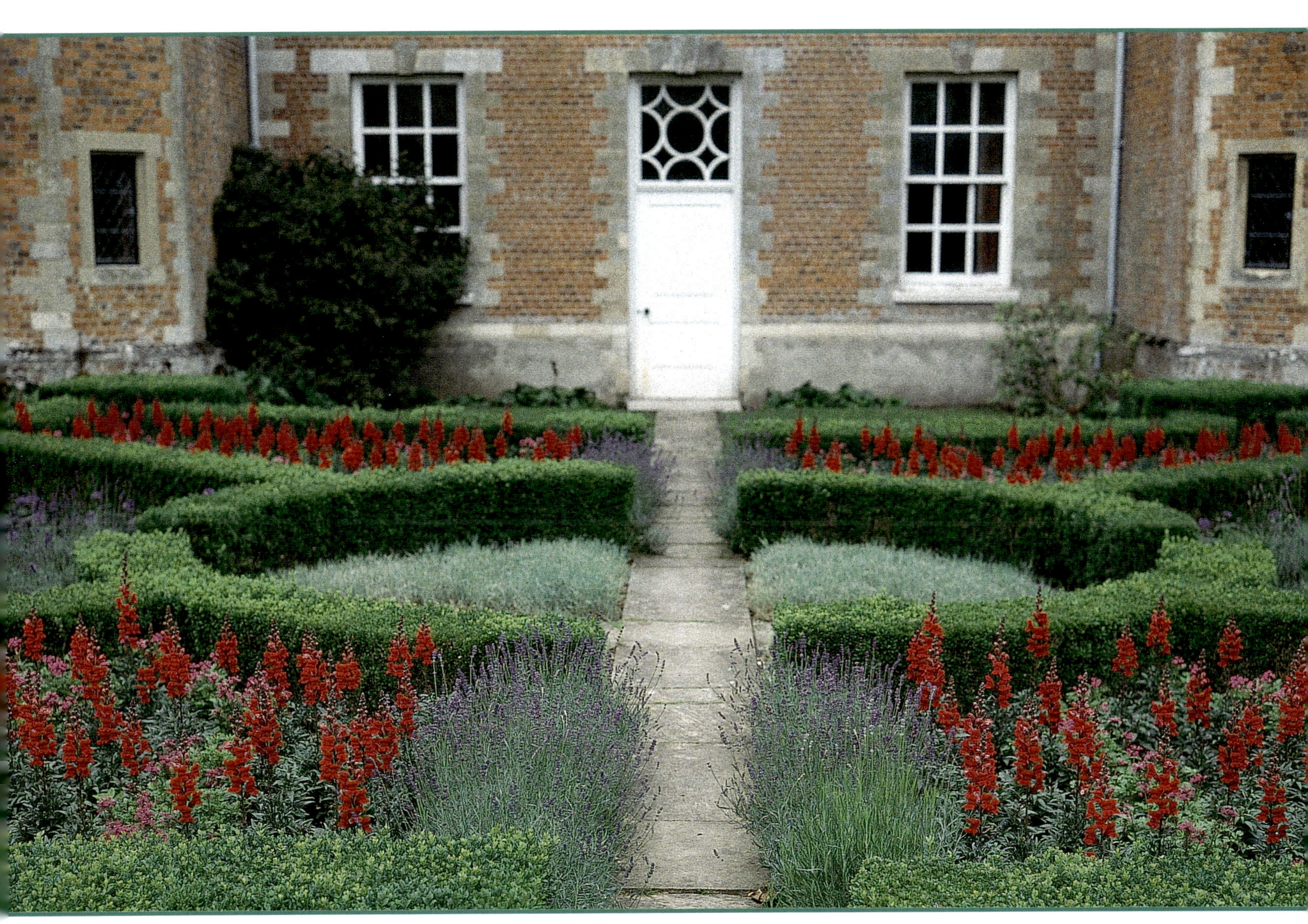

Mottistone Manor 10

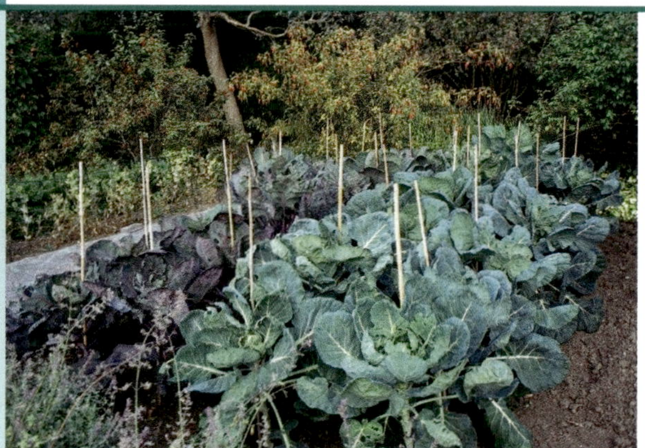

Name des Gartens
Mottistone Manor

Grafschaft
Isle of Wight

Lage
Mottistone, Isle of Wight PO30 4EA

Tearoom

Shop

Besitzer
The National Trust

Öffnungszeiten
täglich 10.30–17.00 Uhr, in den Wintermonaten geschlossen

Besuchsdauer
ca. 1,5 Stunden

Telefon
+44 (0)1983 741302

E-Mail
mottistonegardens@nationaltrust.org.uk

Website
www.nationaltrust.org.uk

Das Landgut Mottistone Manor liegt in einem landschaftlich besonders schönen Bereich der Isle of Wight, eingebettet in eine windgeschützte kleine Talsenke mit Meerblick. Die Geschichte des Hauses, das immer wieder verändert und erweitert wurde, lässt sich bis ins 11. Jahrhundert zurückverfolgen. Der Garten wurde allerdings erst in den sechziger und siebziger Jahren des 20. Jahrhunderts von Sir John und Lady Vivien Nicholson angelegt, die das Anwesen gemietet hatten und auch weiterhin betreuten, nachdem es 1965 in den Besitz des National Trust übergegangen war. Die beiden pflanzten nicht nur die überall in Großbritannien üblichen Windschutzhecken und schufen formale Gartenbereiche, sondern sie setzten auch eine Reihe ihrer in Sizilien gesammelten Gartenerfahrungen um, terrassierten das Gelände und pflanzten viele mediterrane Gewächse.

Die Hauptsehenswürdigkeit des Gartens ist ein etwa 60 Meter langes *double border* (doppelreihige Staudenrabatte), das nördlich des Herrenhauses an einem sanft ansteigenden Hang angelegt ist. Der Rasenweg zwischen den beiden Rabatten führt zu einer mit Obstbäumen bestandenen Wildblumenwiese und zu einem kleinen, biologisch dynamisch bewirtschafteten Gemüsegarten. Im Frühling prägen Narzissen das Bild der Rabatten, und im Sommer entwickeln vorwiegend in Rosa-, Blau- und Purpurtönen blühende Stauden ihre Pracht.

Im Rosengarten jenseits der Eibenhecke, die das *border* rahmt, hat Sir John zwischen Buchs- und Lavendelreihen seine Lieblingsrosen mit Sorten wie Pink Parfait, Amber Queen, Korresia und der überall beliebten weiß blühenden Strauchrose Iceberg (deutscher Name: Schneewittchen) gezogen.

An der Südseite des Hauses liegt auf ebenem Gelände der Sunken Walled Garden, ein etwas abgesenkter, mauerumschlossener Gartenbereich, der früher als Rinderpferch diente. Hier stehen einige prächtige alte Bäume, darunter ein Tulpenbaum (Liriodendron tulipifera), eine Steineiche (Quercus ilex) und ein Maulbeerbaum (Morus nigra), die sich offenbar alle im warmen, niederschlagsarmen Klima der Isle of Wight recht wohlfühlen. Auch der kräftige, gesunde Zustand vieler Ziersträucher, etwa der Kalifornischen Baumanemone (Carpenteria californica), der Klebsame (Pittosporum tobira), der Säckelblume (Ceanothus thyrsiflorus) oder des Jasminblütigen Nachtschattens (Solanum jasminoides), deutet darauf hin, dass die Isle of Wight ein ausgesprochen mildes, fast mediterranes Klima hat. So wagte es der National Trust, 2005 in Mottistone Manor einen Olivenhain anzulegen. Oliven sind nicht nur sehr wärmeliebend, sie verlangen auch einen recht trockenen, kalkhaltigen Boden. Nirgendwo sonst in Großbritannien fänden sie so geeignete Wachstumsbedingungen wie hier auf der Isle of Wight.

Der dekorativ bepflanzte Gemüsegarten hat große Anziehungskraft.
Seite 39: Die Hauptsehenswürdigkeit des Gartens ist ein etwa sechzig Meter langes *double border*.

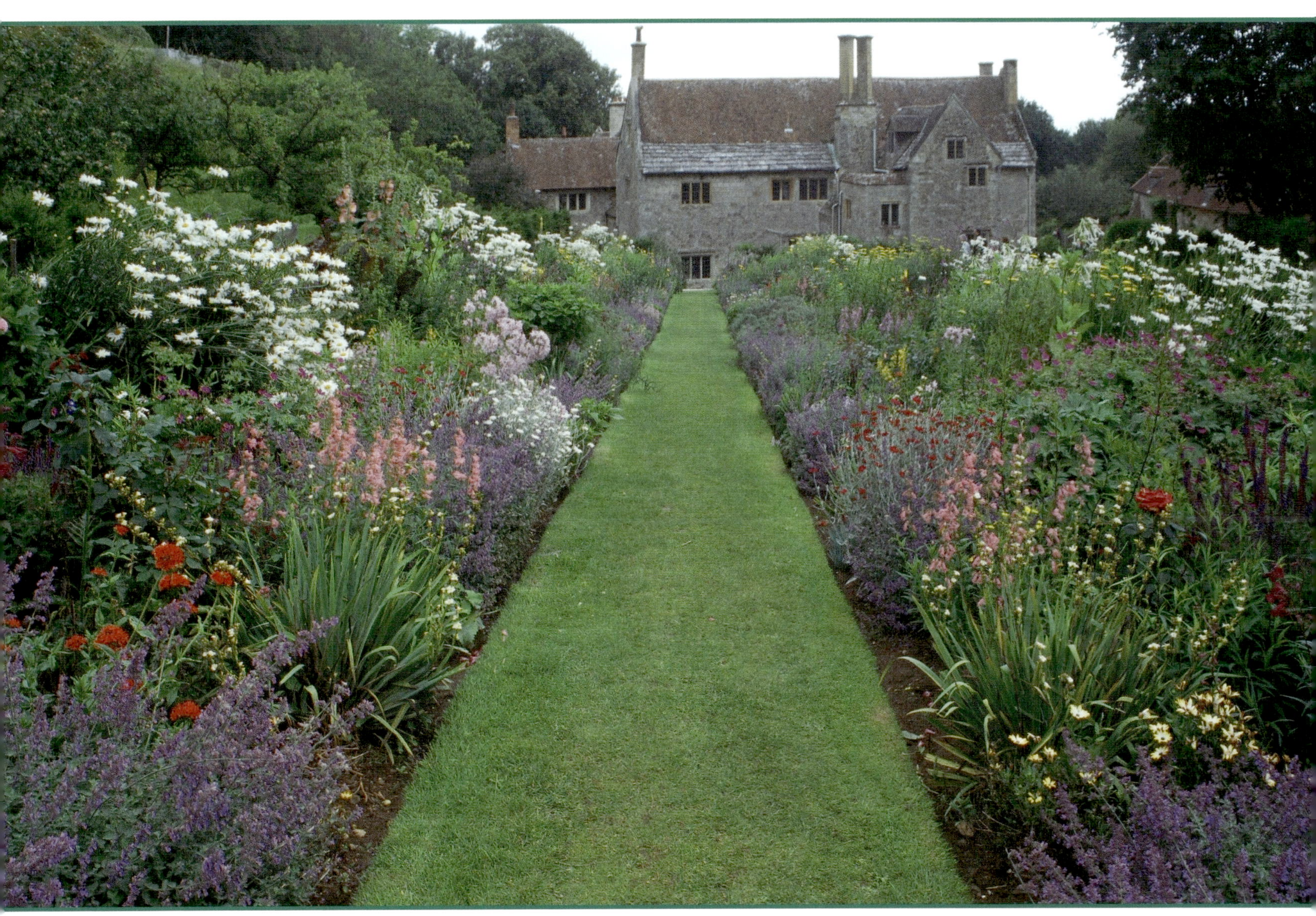

Sissinghurst Castle Garden 11

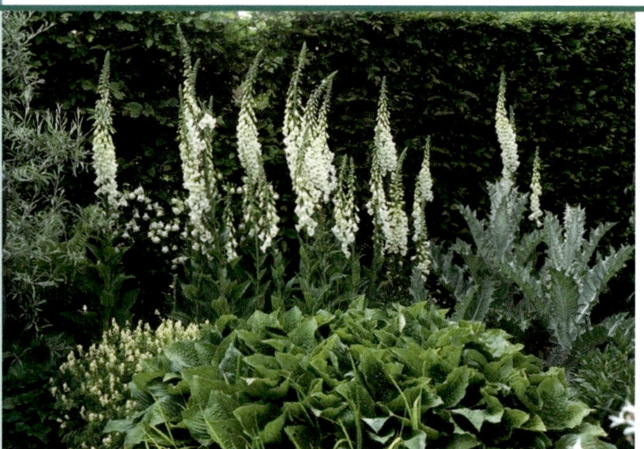

Name des Gartens
Sissinghurst Castle Garden

Grafschaft
Kent

Lage
Sissinghurst bei Cranbrook, Kent TN17 2AB

Tearoom

Shop

Besitzer
The National Trust

Öffnungszeiten
täglich 11.00–17.30 Uhr, in den Wintermonaten 11.00–16.00 Uhr

Besuchsdauer
ca. 3 Stunden

Telefon
+44 (0) 1580 710700

E-Mail
sissinghurst@nationaltrust.org.uk

Website
www.nationaltrust.org.uk

In der Nähe
Great Dixter, Hole Park

Sissinghurst Castle Garden ist der wohl berühmteste englische Landhausgarten des 20. Jahrhunderts. Er ist das Lebenswerk der Schriftstellerin Vita Sackville-West (1892–1962) und ihres Mannes, des Diplomaten und Journalisten Harold Nicolson (1886–1968). Die beiden erwarben das aus dem 16. Jahrhundert stammende Sissinghurst als trostlose Ruine und verwandelten es in einen blühenden Garten.

In seinen wesentlichen Teilen wurde der Garten zwischen 1930 und 1937 geschaffen, er ist das Ergebnis einer gelungenen Zusammenarbeit. Vita selbst schrieb dazu: »Harold entwarf und ich pflanzte. Es ist mir zwar gelungen, den Garten mit meinen Blumen recht hübsch zu machen, aber das eigentliche Verdienst hat er, der die Linien so gut und sicher zog, dass man sie auch im Winter noch erkennen kann, wenn alle meine Blumen verschwunden sind und nur noch die Struktur sichtbar ist.«

Es gab für Sissinghurst nie den großen Entwurf, der Garten ist vielmehr das Ergebnis eines kontinuierlichen Wachstums- und Verbesserungsprozesses. Als Strukturvorgaben dienten die noch vorhandenen Mauerreste des ehemaligen Manor House, und dadurch ergab sich eine architektonische Grundordnung und ein Gefüge von *walled gardens*. Mit unauffälligen kleinen Durchgangsöffnungen wurden die Verbindungen von Raum zu Raum hergestellt, und weil es hinter jeder Mauer Neues und Unerwartetes zu entdecken gibt, steckt der Rundgang voller Überraschungen. Im Zentrum des Gartengrundrisses steht der schlanke Turm, in dem Vita Sackville-West ihr Arbeitszimmer hatte.

Der unregelmäßig bepflanzte *orchard*, der Obstbaumgarten, der im Nordosten fast die Hälfte der Grundstücksfläche einnimmt, vermittelt den nahtlosen Übergang vom Garten zur Landschaft.

Der eigentliche Reiz von Sissinghurst Castle Garden liegt darin, dass die architektonische Struktur von einer höchst vielfältigen und eindrucksvoll arrangierten Bepflanzung überlagert wird. Jeder Gartenraum ist einer Farbe oder Farbkombination gewidmet. Die *borders*, die für die englische Gartenkunst so typischen Staudenrabatten, vor der Bibliothek sind in Lila-, Violett-, Mauve- und Purpurtönen gehalten. Im Rose Garden herrschen Rosa-, Blau-, und Violetttöne vor. Der Cottage Garden überrascht mit warmen Creme-, Gelb- und Orangetönen. Der unbestreitbare Höhepunkt von Sissinghurst jedoch ist der vor dem Priest's House gelegene White Garden. Dieser von niedrigen Buchsbaumhecken gegliederte und nur mit weiß blühenden Sorten bepflanzte Gartenraum entstand 1950. Die Beschränkung auf die Farbe Weiß macht hier den unglaublichen Reichtum an Blattfarben und Blattformen sichtbar und die große Vielfalt an Grüntönen wahrnehmbar.

1938 wurde Sissinghurst in das National Garden Scheme aufgenommen. 1967 kam der Garten in den Besitz des National Trust.

Den Weißen Garten prägt neben den vielen Nuancen von Weiß der unglaubliche Reichtum an Blattfarben und -formen, die dem Besucher die große Vielfalt an unterschiedlichen Grüntönen bewusst machen.

Seite 41: Blick vom Turm auf den Rosengarten mit seinen perfekt geschnittenen Eibenhecken

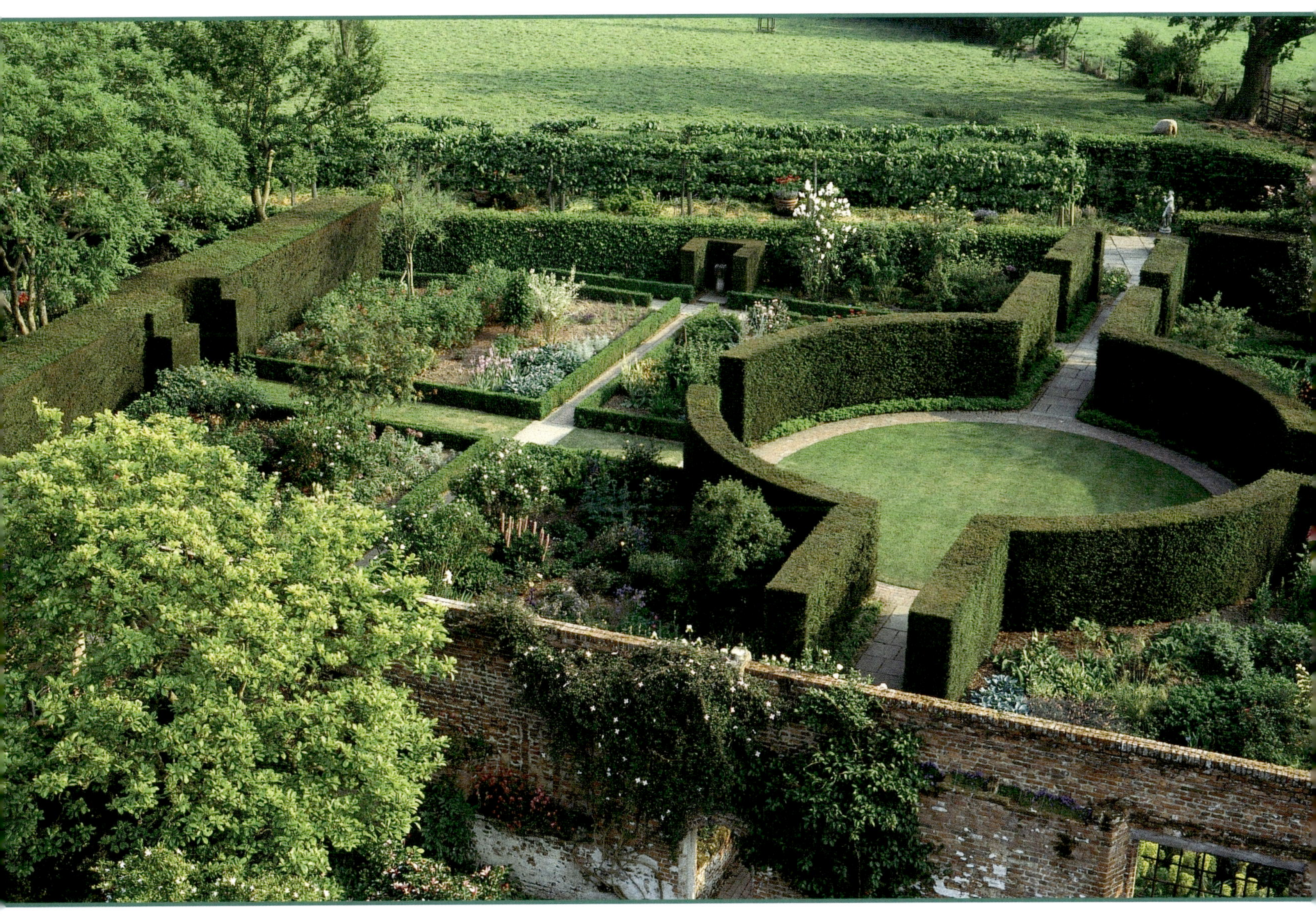

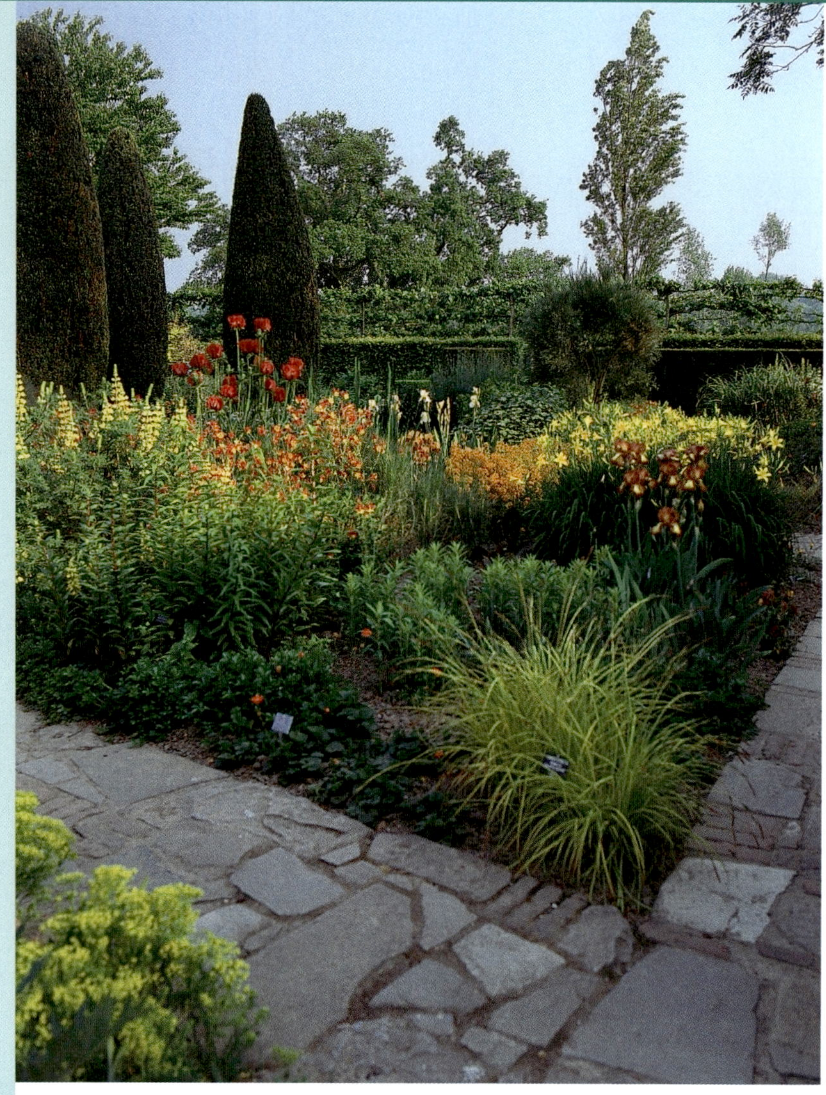

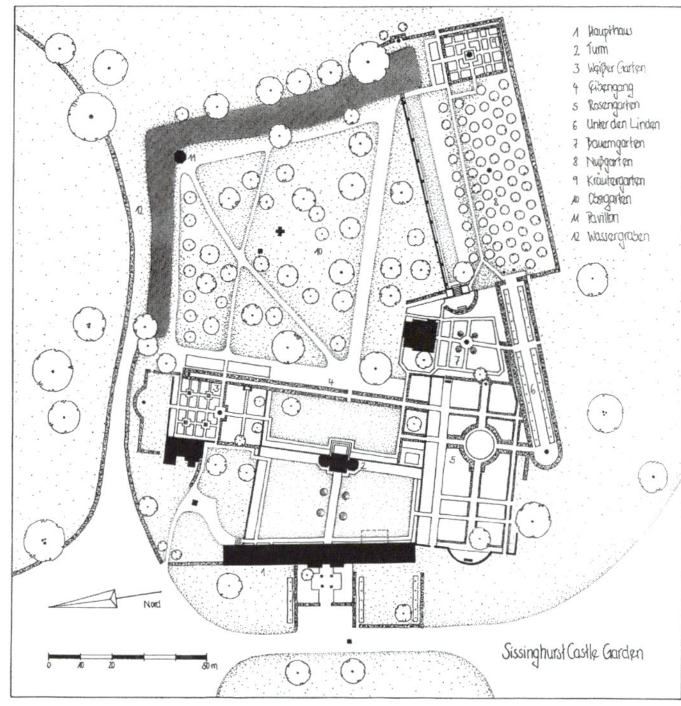

Das Farbenspektrum im Cottage Garden reicht von warmem Gelb bis zu Orange- und Rottönen.
Seite 43: Blick vom Azalea Walk auf den von Buchshecken gerahmten, erhöhten Sitzplatz mit der charakteristischen, von Edwin Lutyens entworfenen Gartenbank

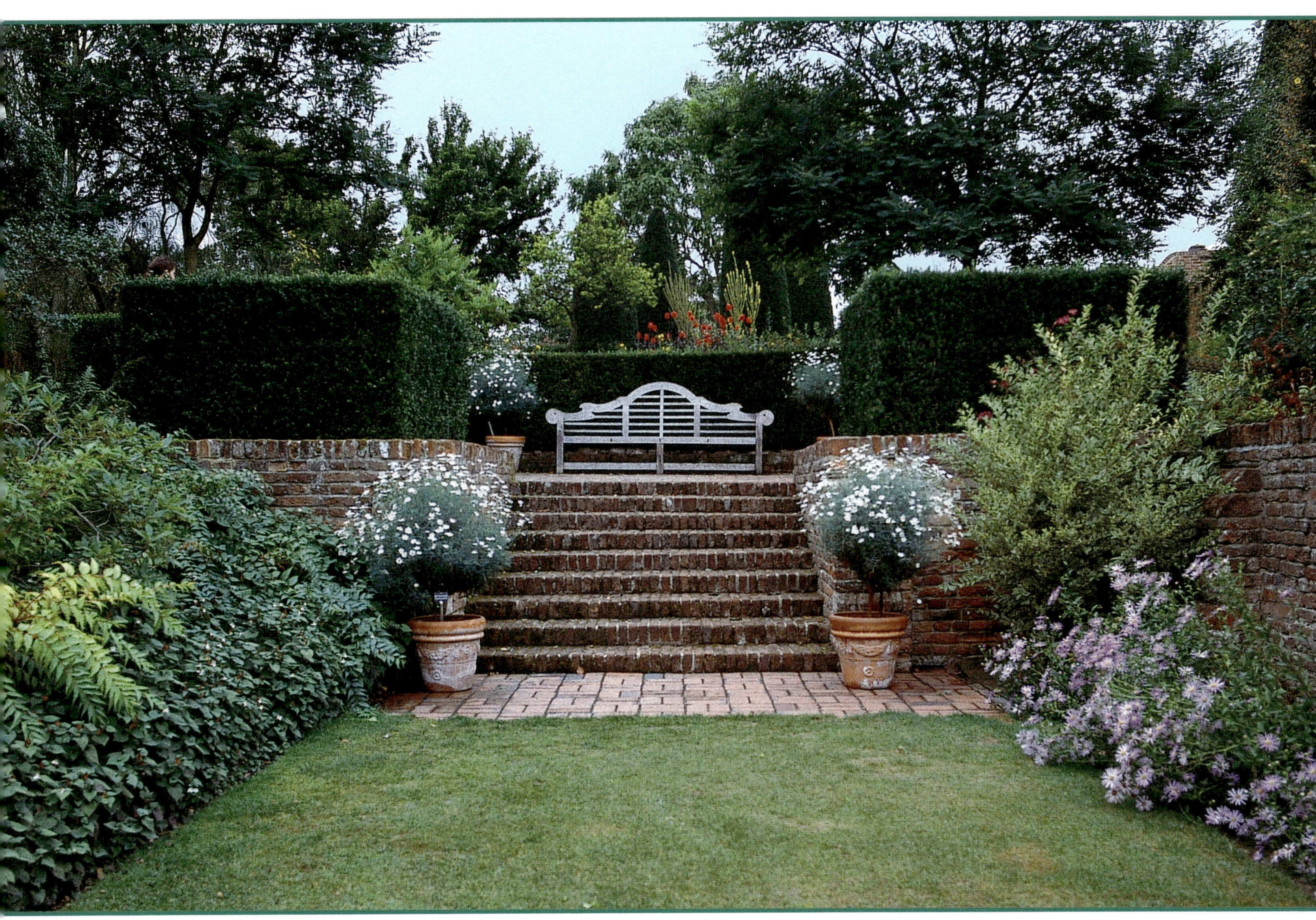

The Beth Chatto Gardens 12

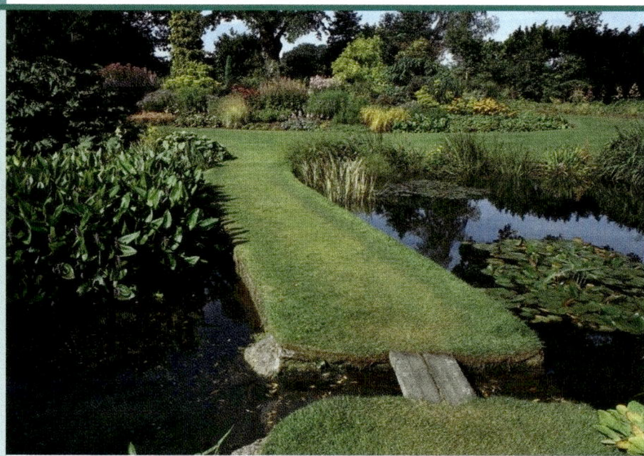

Name des Gartens
The Beth Chatto Gardens

Grafschaft
Essex

Lage
Elmstead Market, Colchester, Essex CO7 7DB

Tearoom

Shop

Besitzer
Julia Boulton (Enkelin von Beth Chatto)

Öffnungszeiten
Mitte März bis Ende Oktober täglich außer Sonntag und Montag, 10.00–17.00 Uhr; sowie November bis Mitte Dezember Donnerstag bis Samstag, 10.00–16.00 Uhr

Besuchsdauer
ca. 2 Stunden

Telefon
+44 (0) 1206 822007

E-Mail
info@bethchatto.co.uk

Website
www.bethchatto.co.uk

In der Nähe
Helmingham Hall Gardens

Beth Chatto (1923–2018) zählt zu den bedeutendsten britischen Gartengestalterinnen des 20. Jahrhunderts, und als ihr Lebenswerk gilt vor allem der eigene Garten. Auf der Obstfarm ihres Mannes gab es eine Senke mit etwa 1,5 Hektar Brachland. In einem Dickicht von Weiden, Schwarzdorn und Brombeeren, überragt von ein paar uralten Eichen, lagen einige Tümpel, die von einer kleinen Quelle gespeist wurden. Das gesamte Gelände konnte landwirtschaftlich nicht genutzt werden, denn die Kies- und Sandböden an den Rändern der Senke waren zu trocken und zu mager, und in den tieferen Lagen war es zu nass.

Im Jahr 1960 beschloss die Familie, am Rande dieser Brachfläche ein modernes Wohnhaus zu bauen, und Beth Chatto wollte in der Senke einen naturnah gestalteten Wassergarten anlegen. Die Tümpel wurden eingedämmt, und so entstanden vier klar umrissene Teiche, an deren Rändern Feuchtigkeit liebende Stauden angepflanzt wurden. In Fortsetzung des Themas wurden dann in freier Linienführung Rasenflächen und inselartig in sie eingebettete Staudenbeete angelegt. An vielen Stellen musste allerdings erst einmal mit Splitt und Abdeckvlies eine Drainageschicht eingebaut werden, um die Staunässe zu beseitigen und geeigneten Lebensraum für die Stauden zu schaffen.

Bald wurden auch die waldartigen Bereiche am Westrand der Senke in die Gartengestaltung einbezogen. Hier entstand ein Waldgarten, der besonders im Frühjahr seine Reize entfaltet. Ein gewundener Weg unter alten Bäumen führt durch vielfältige, höchst beeindruckende Kompositionen aus Schatten liebenden Stauden und Gehölzen.

In den siebziger Jahren bezog Beth Chatto mit den Kies- und Sandflächen am Ostrand schließlich noch einen vollkommen anders gearteten Bereich in das Gesamtkonzept des Gartens ein: Im *gravel garden* entstanden Beetkompositionen mit Trockenheit liebenden Pflanzen. Die in freien Formen schwingenden Splittwege gehen nahtlos in die mit hellem Kalksteinsplitt (*gravel*) gemulchten Beetflächen über.

Die drei völlig unterschiedlichen Gartenbilder – Feuchtgarten, Schattengarten und Trockengarten – fügen sich zu einem schlüssigen Gesamtbild. Ende der sechziger Jahre gab man die Obstfarm auf, und Beth Chatto begann mit dem Aufbau einer Staudengärtnerei. Sie war keine ausgebildete Gärtnerin, doch hatte sie mit dem eigenen Garten bereits derart viele Erfahrungen gesammelt, dass ihr Unternehmen erfolgreich wurde. Im Laufe der Jahre entwickelte sich der Betrieb zu einer der namhaftesten Staudengärtnereien in Großbritannien. Er hat heute etwa dreißig Mitarbeiter und führt über zweitausend Staudenarten und Sorten. Neben der Staudengärtnerei wurde auch der Garten immer weiter ausgebaut, und Beth Chatto veröffentlichte ihre Erfahrungen in einer Reihe von Büchern. So wurden The Beth Chatto Gardens zu einer viel beachteten Institution.

Der naturnah gestaltete Wassergarten bildet das Zentrum der gesamten Anlage.
Seite 45: Im *gravel garden* sind Pflanzen, die Trockenheit vertragen, zu beeindruckenden Kompositionen zusammengestellt.

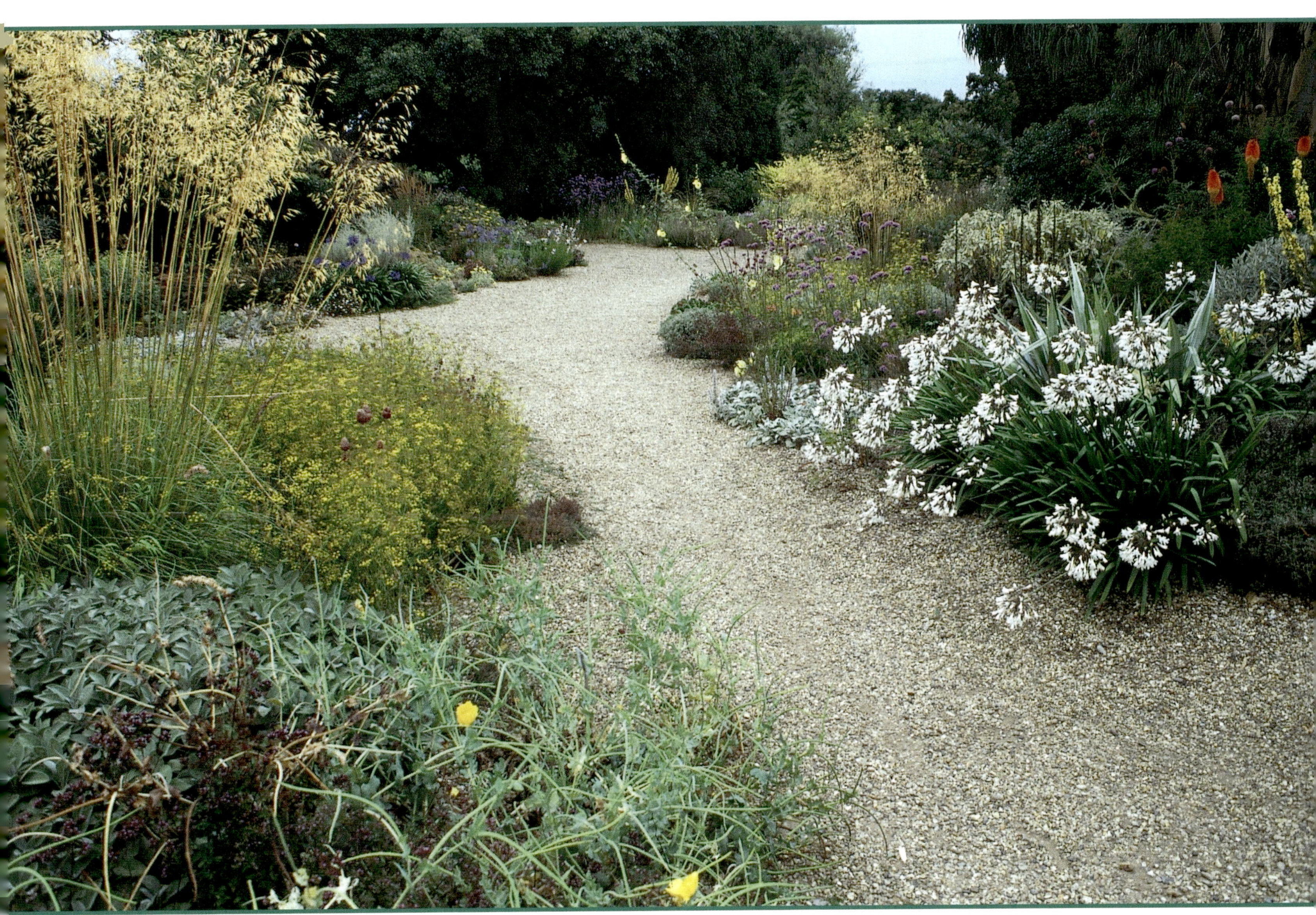

Abbotsbury Subtropical Gardens 13

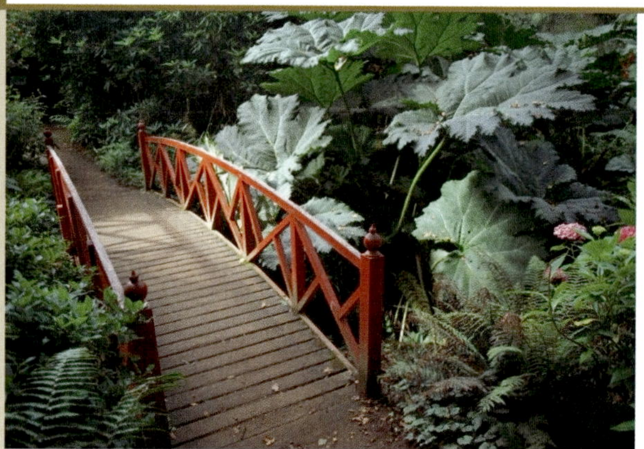

Name des Gartens
Abbotsbury Subtropical Gardens

Grafschaft
Dorset

Lage
bei Weymouth, Dorset DT3 4LA

Tearoom

Shop

Besitzer
Abbotsbury Tourism Ltd.

Öffnungszeiten
ganzjährig 10.00–17.00 Uhr

Besuchsdauer
ca. 2,5 Stunden

Telefon
+44 (0) 1305 871130

E-Mail
info@abbotsbury-tourism.co.uk

Website
www.abbotsbury-tourism.co.uk

In der Nähe
Athelhampton House and Gardens, Forde Abbey, Kingston Mauward Gardens, Mapperton

Die Geschichte dieses Gartens mit einer der schönsten subtropischen Pflanzensammlungen in England beginnt 1765, als die 1. Countess of Ilchester ein Landhaus mit Meerblick an der Küste von Dorset, in unmittelbarer Nähe des heute als Naturdenkmal ausgewiesenen Chesil Beach errichten lässt. Ein wenig abseits, in einer geschützten Senke, legte sie einen mauerumschlossenen Küchengarten an und umgab diesen mit Windschutzpflanzungen. Das Landhaus brannte 1913 ab und wurde nie wieder richtig aufgebaut. Aber der ehemalige Küchengarten, in dessen Zentrum der exotisch anmutende Bau des Colonial Teahouse liegt, ist noch erhalten. Er ist das Herzstück der Gesamtanlage, die im Lauf der Zeit durch Zukauf auf etwa 80 Hektar vergrößert wurde.

Im 19. Jahrhundert, als in den vermögenden und gebildeten Gesellschaftskreisen Großbritanniens das leidenschaftliche Interesse an Botanik und exotischen Pflanzen weit verbreitet war, begann man in Abbotsbury Pflanzen aus dem Mittelmeerraum und dem Fernen Osten anzusiedeln. Die im 18. Jahrhundert als Windschutz gepflanzten Bäume boten den Neuankömmlingen Schatten und erzeugten ein feuchtes Mikroklima, das sich für die Gewächse aus dem Himalaya, aus China und Japan als besonders zuträglich erwies. Gegen Ende des 19. Jahrhunderts beherbergte Abbotsbury eine der bekanntesten und umfangreichsten botanischen Sammlungen in ganz England. Zu Beginn des 20. Jahrhunderts hatte der Obergärtner Joseph Benbow entscheidenden Einfluss auf die weitere Entwicklung. Benbow hatte lange Jahre für Thomas Hanbury im Garten von La Mortola in Ligurien gearbeitet, er brachte vor allem Sukkulenten und mediterrane Pflanzen nach Abbotsbury.

Nach mehreren Jahrzehnten der Vernachlässigung – Grund waren die beiden Weltkriege und die darauf folgenden wirtschaftlich schwierigen Zeiten – erlebte Abbotsbury gegen Ende der sechziger Jahre eine Renaissance. Die Besitzer, Nachkommen der Countess of Ilchester, restaurierten die Anlage und ließen sie zur touristischen Sehenswürdigkeit ausbauen. Bei einem schweren Sturm im Januar 1990 verlor Abbotsbury viel von seinem alten Baumbestand. Man machte aus der Not eine Tugend, lichtete gründlich aus, pflanzte nach und nutzte die Gelegenheit, um erneut ausgesuchte Pflanzen aus Mexiko, Neuseeland und dem Fernen Osten einzuführen. An der britischen Südküste, vor allem in Cornwall, gibt es zwar mehrere vergleichbare Gartenanlagen, doch Abbotsbury ist ein bemerkenswert schönes Beispiel. Dies beruht auf der besonders üppigen, von Blütenstauden und Blütengehölzen geprägten Vegetation und den vielen sehr hohen alten Bäumen. Auch die abwechslungsreiche Gestaltung des Wegenetzes mit mehreren rot lackierten kleinen Holzbrücken und der angenehme Wechsel von großzügigen, freien Lichtungen und dschungelartig dichten Bereichen sind charakteristische Elemente.

Das aus Chile stammende Mammutblatt ist allgegenwärtig, und mehrere rot lackierte Brücken setzen fernöstliche Akzente.
Seite 47: Mit Bambus, Baumfarnen, Mammutblatt, Funkie, Schirmsteinbrech und vielen anderen Blattschmuckpflanzen wird ein tropisches Ambiente inszeniert.

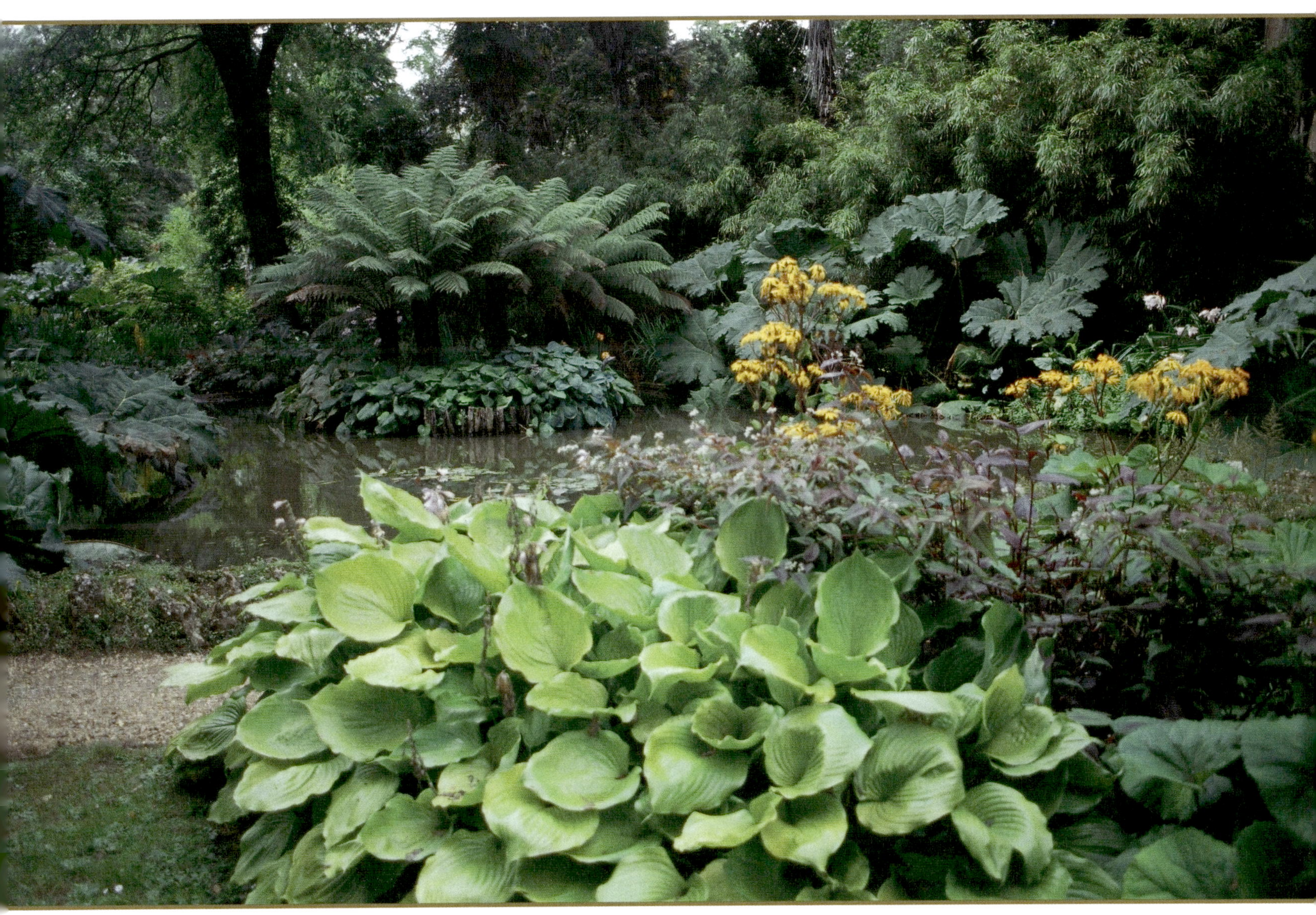

Athelhampton Gardens 14

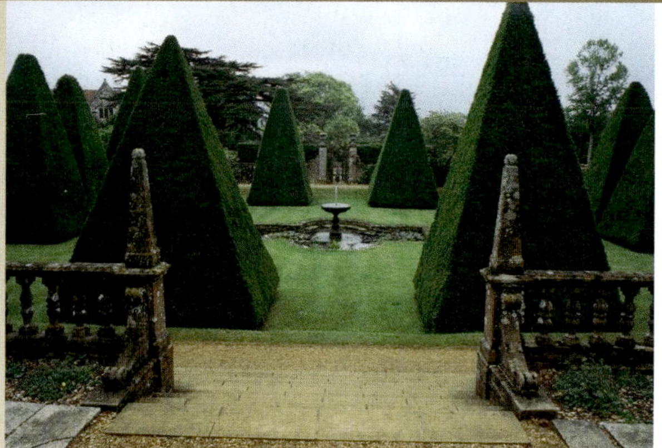

Name des Gartens
Athelhampton House & Gardens

Grafschaft
Dorset

Lage
bei Puddletown, 8 km östlich von Dorchester, Dorset DT2 7LG

Tearoom

Shop

Besitzer
Patrick Cooke

Öffnungszeiten
täglich 10.00–17.00 Uhr; die Öffnungszeiten können variieren, bitte Homepage beachten

Besuchsdauer
ca. 1,5 Stunden

Telefon
+44 (0) 1305 848363

E-Mail
hello@athelhampton.house

Website
www.athelhampton.com

In der Nähe
Kingston Manward, Forde Abbey, Abbotsbury Subtropical Gardens

Das in einen idyllischen landschaftlichen Rahmen und einen großen Park eingebettete Manor House Athelhampton gilt als eines der schönsten und besterhaltenen englischen Landhäuser aus dem 15. Jahrhundert. 1891 wurde das über 60 Hektar große Anwesen von Alfred Cart de Lafontaine erworben, und noch im gleichen Jahr erhielt der Architekt Francis Inigo Thomas (1866–1950) den Auftrag für die Umgestaltung des Gartens, die sich dann über fast zehn Jahre hinzog.

Inigo Thomas propagierte einen neuen Gartenstil und veröffentlichte 1892, gemeinsam mit Reginald Blomfield, das sehr erfolgreiche Buch »The Formal Garden in England«. Er legte damit die wichtigste theoretische Grundlage für das *formal revival* in der britischen Gartenkunst zu Anfang des 20. Jahrhunderts. Inigo Thomas wandte sich sowohl gegen den Naturalismus von William Robinson als auch gegen die viktorianischen Teppichbeete. Er plädierte für eine Gartenarchitektur als konsequente Erweiterung des Hauses und betrachtete den Garten als ein Gefüge von Einzelräumen mit verschiedenen Gestaltungsthemen und Funktionen. Vorbilder waren ihm die formalen britischen Gärten des 17. Jahrhunderts und die italienischen Renaissancegärten.

Athelhampton war einer der ersten Planungsaufträge, die Inigo Thomas erhielt. Im Umfeld des Herrenhauses schuf er mehrere Gartenbereiche, die heute mit dem Gebäude ein untrennbares Ensemble bilden.

Vor der Südostfassade, getrennt durch eine Balustrade, konzipierte Thomas eine große rechteckige Rasenfläche mit einem zentralen Wasserbecken. Die Hauptfläche ist als *sunken garden* um zwei Stufen abgesenkt und wird dadurch sehr schön gerahmt. Östlich schließt sich der *cloister garden* an, ein von hohen Spalierlinden eingefasster Gartenraum mit einem achteckigen Wasserbecken im Zentrum. Westlich befindet sich The Corona, ein kleiner runder Gartenraum, der von einer aufwendig gestalteten, mit vielen Obelisken geschmückten Mauer umschlossen wird.

Südwestlich der Corona schließt sich The Great Court an, der vielleicht eindrucksvollste Gartenraum von Athelhampton. Die annähernd quadratische Rasenfläche mit einem zentralen Wasserbecken wird von zwölf etwa 9 Meter hohen Eibenpyramiden gerahmt. Die südwestliche Begrenzung dieses Bereichs bildet eine um etwa 1,5 Meter angehobene Terrasse, die sich über die gesamte Länge des Gartenraums hinzieht und die an beiden Endpunkten jeweils mit einem noblen Pavillon abgeschlossen wird – auf der einen Seite das Haus der Freude und des Sommers, auf der anderen Seite das Haus der Trauer und des Winters. Auf Stichen aus dem 17. Jahrhundert findet man vergleichbare Terrassen, die als *raised walk* bezeichnet werden. Es steht außer Frage, dass Inigo Thomas diese Vorbilder kannte und sich davon inspirieren ließ.

Die pyramidenförmig geschnittenen Eiben wurden um 1891, anlässlich einer Neugestaltung des Gartens, gepflanzt.

Seite 49: Auf ganzer Länge ist der Gartenraum mit den Eibenpyramiden von einem *raised walk*, einem angehobenen Terrassenweg, begrenzt.

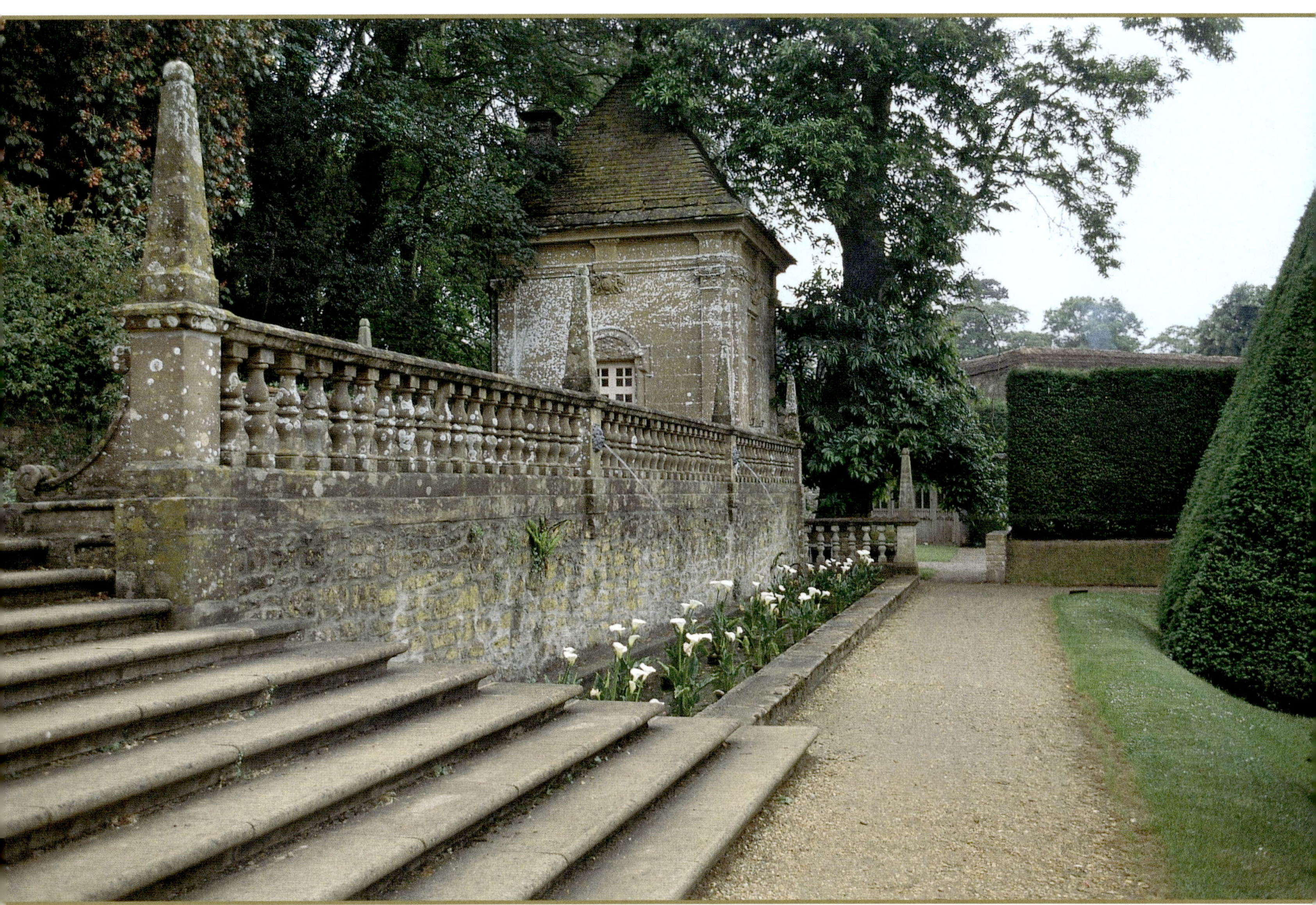

Barrington Court 15

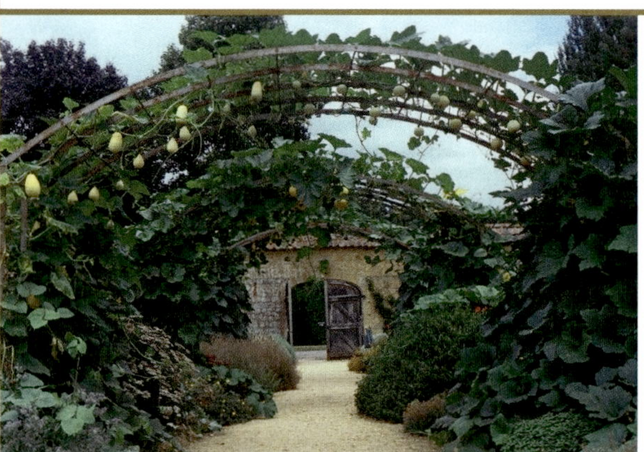

Name des Gartens
Barrington Court

Grafschaft
Somerset

Lage
bei Ilminster, Somerset TA19 0NQ

Tearoom

Shop

Besitzer
National Trust

Öffnungszeiten
täglich 10.00–17.00 Uhr, in den Wintermonaten 11.00–15.00 Uhr

Besuchsdauer
ca. 3 Stunden

Telefon
+44 (0) 1460 241938

E-Mail
barringtoncourt@nationaltrust.org.uk

Website
www.nationaltrust.org.uk

In der Nähe
Lytes Cary Manor, Montacute House, Tintinhull Garden

Die wechselvolle Geschichte von Barrington Court lässt sich bis ins 16. Jahrhundert zurückverfolgen. Damals entstand der älteste Teil, das Court House, ein auf E-förmigem Grundriss errichtetes Herrenhaus aus dem für Somerset typischen honigfarbenen Sandstein. Unmittelbar neben dem Court House liegt das im 17. Jahrhundert erbaute, etwa gleich große, einen Innenhof umschließende Strode House. Dieser Bau ist in Ziegelmauerwerk ausgeführt und unterscheidet sich auch sonst stilistisch sehr stark von seinem Nachbargebäude. Im 19. Jahrhundert völlig heruntergekommen und in ruinösem Zustand, kam Barrington Court 1907 in den Besitz des National Trust. Da der damals noch sehr junge Trust nicht über genügend Mittel für eine Sanierung verfügte, wurde das gesamte Anwesen 1917 an Colonel Arthur Lyle verpachtet, der sich leidenschaftlich für den Erhalt engagierte und sein ganzes Vermögen in die Sanierung steckte. Nach einem Gesamtplan der Architekten Forbes und Tate ließ er Barrington Court zu einem Mustergut umgestalten und mit Wirtschafts- und Bedienstetengebäuden erweitern. Nach Plänen von Gertrude Jekyll entstanden neue Gartenräume. Mit Alleen und Baumreihen wurde das Gut in den landschaftlichen Rahmen eingebettet. Barrington Court entwickelte sich zu einem eigenen kleinen Kosmos. 1991 endete das Mietverhältnis mit den Nachkommen von Arthur Lyle, und der National Trust begann, Barrington Court touristisch auszubauen. Teilbereiche sind zwar immer noch vermietet und werden nach wie vor als Farm bewirtschaftet, aber viele Bereiche sind öffentlich zugänglich.

Obgleich keiner der Gartenräume als original erhaltener Jekyll-Garten bezeichnet werden kann, ist der Geist von Gertrude Jekyll doch spürbar, vielleicht am deutlichsten im Lily Garden, im Seerosengarten vor der Westfassade des Strode House. Die Umrisse des Wasserbeckens, die erhöhten, mit kleinen Klinkermauern umfassten Dahlienbeete, die Ziegelbeläge der Wege und die Staudenpflanzungen vor den Begrenzungsmauern entsprechen ganz Jekylls Stilvorstellungen.

Während der Lily Garden in satten Orange- und Rottönen gehalten ist, beschränken sich die Farben im benachbarten Rose and Iris Garden auf zarte Pink- und Violetttöne, und im White Garden, der sich als nächster Gartenraum anschließt, wird man überwältigt von einer Fülle weiß blühender Stauden, Einjähriger und Kletterrosen. Unter den unzähligen Weißen Gärten, die nach dem Vorbild von Sissinghurst Castle Garden entstanden sind, ist der Weiße Garten von Barrington Court sicher einer der beeindruckendsten, und er wird von Jahr zu Jahr verbessert.

Wie in vielen anderen britischen Gärten ist auch in Barrington Court der ummauerte Küchengarten eine besondere Sehenswürdigkeit. Der durch ein Wegekreuz in vier Sektionen geteilte Garten ist nicht nur ein Schaugarten, sondern ein intensiv bewirtschafteter Obst- und Gemüsegarten,

Eine mit Kürbis bewachsene Pergola überspannt die Mittelachse des Küchengartens.
Seite 51: Vor der Westfassade von Strode House liegt ein von Mauern umschlossener Gartenraum mit Seerosenbecken, üppigen Staudenrabatten und Dahlienbeeten.

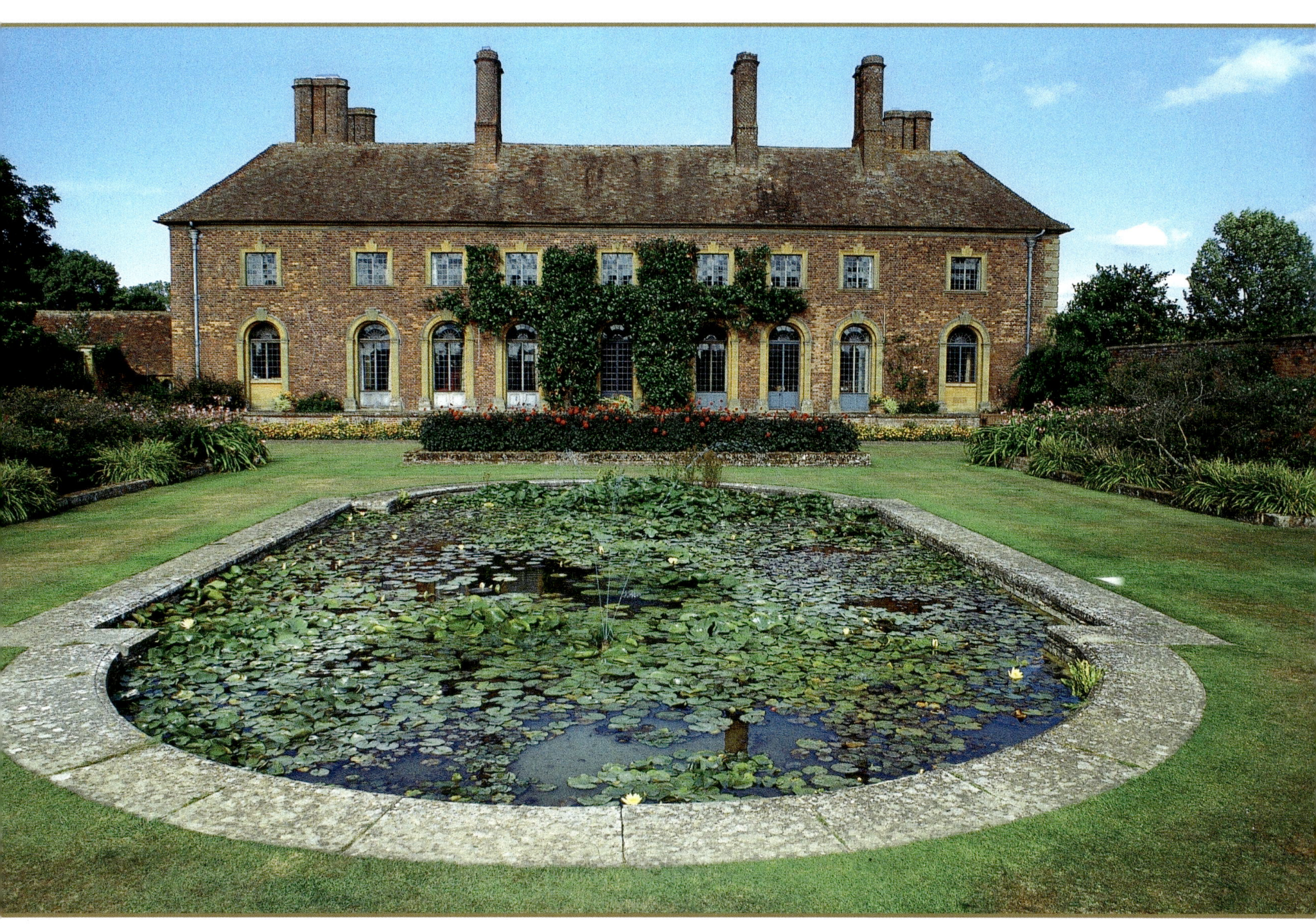

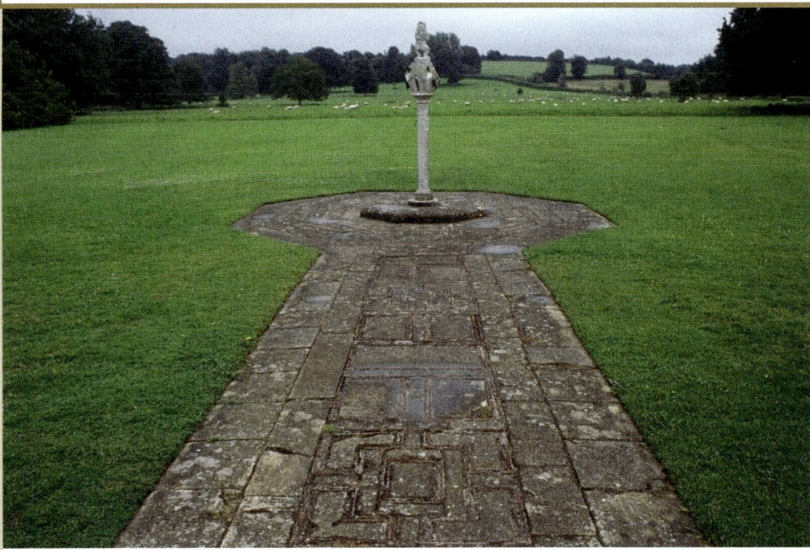

dessen Produkte vermarktet werden. Die Beete mit üppigen Kohlköpfen und Lauchstangen, Möhren, Bohnen, Erbsen und vielen anderen Gemüsearten, die langen gepflegten Reihen von Johannisbeersträuchern, Stachelbeeren, Himbeeren, Erdbeeren, Apfel- und Birnenspalieren sind ein unerhört schöner Anblick. Rosen, Blütenstauden und Einjährige, ein Brunnen und eine Kürbispergola runden das Bild dieses großartigen Küchengartens ab. Vor den Südfassaden von Strode House und Court House eröffnen sich grandiose Ausblicke in einen ausgedehnten Landschaftsgarten mit wunderbaren alten Eichen und arkadischen Schafweiden.

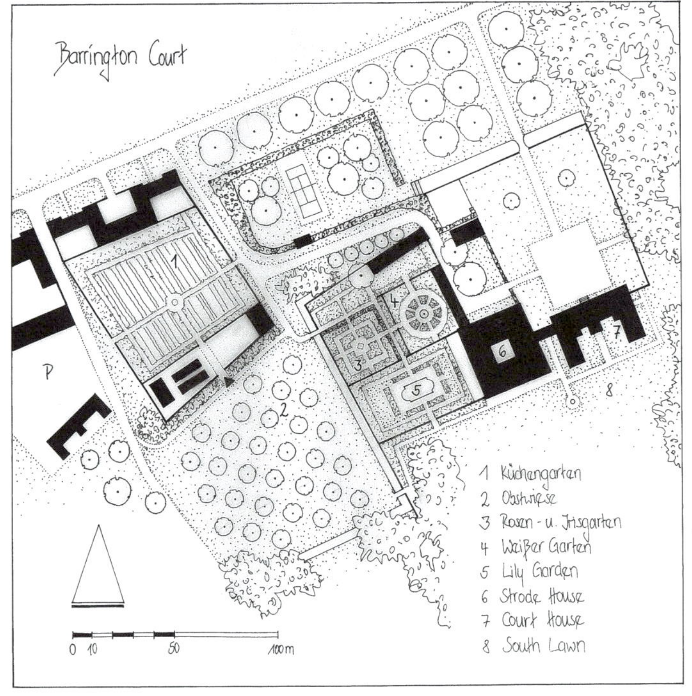

Blick von Strode House über den South Lawn in den Landschaftsgarten.
Seite 53: Der Weiße Garten wartet mit einer überwältigenden Fülle an weiß blühenden Stauden, Einjährigen und Kletterrosen auf.

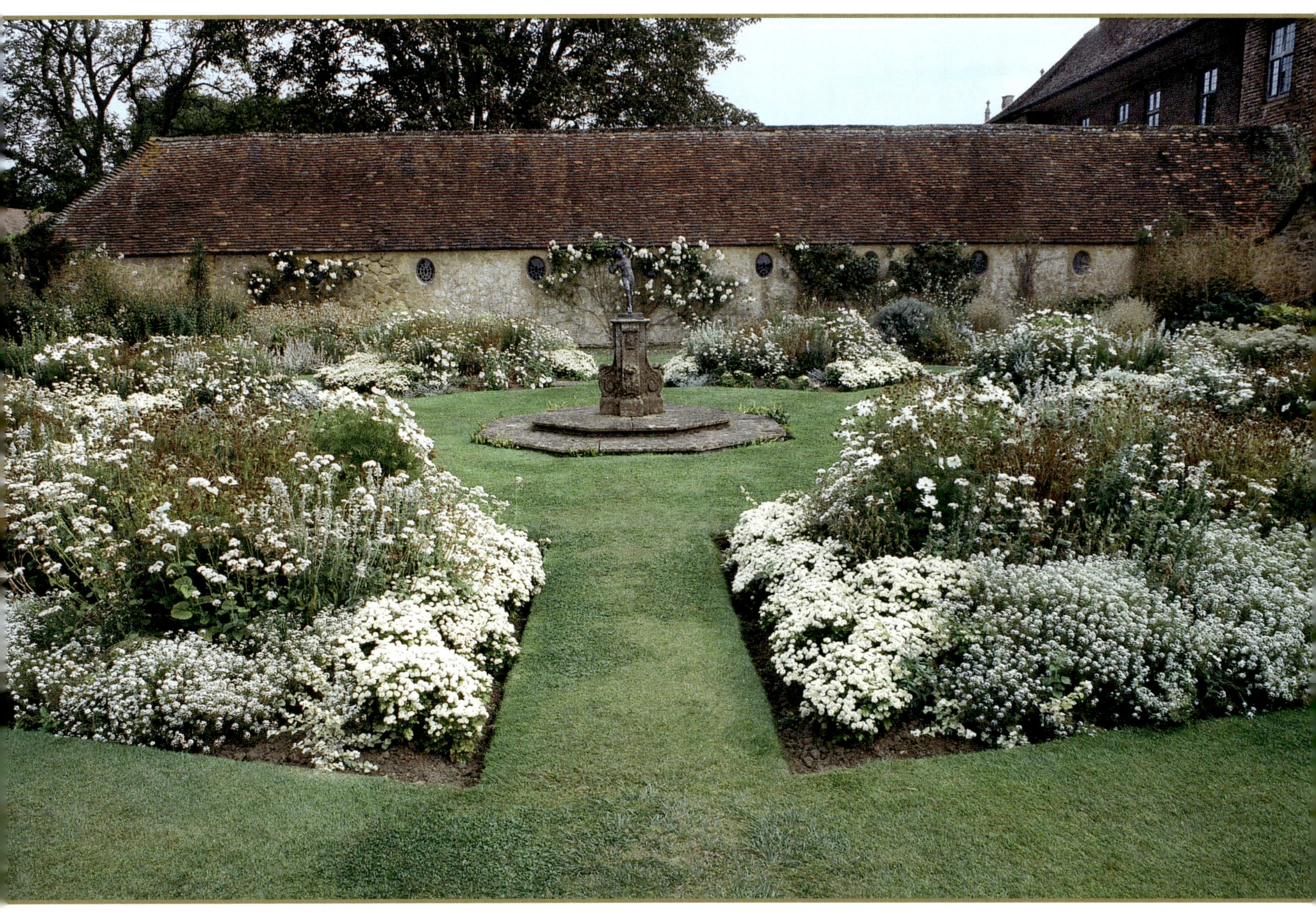

Bosvigo House 16

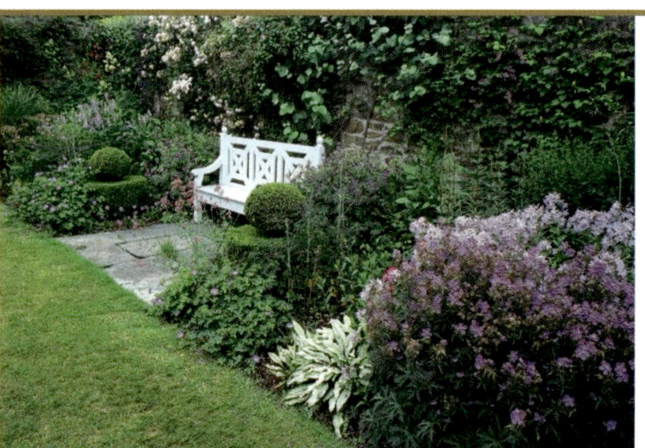

Name des Gartens
Bosvigo House

Grafschaft
Cornwall

Lage
Bosvigo Lane in Truro, Cornwall TR1 3NH

Besitzer
Michael & Wendy Perry

Öffnungszeiten
März bis Ende September, Mittwoch, Donnerstag und Freitag 11.00–18.00 Uhr und nach Vereinbarung

Besuchsdauer
ca. 1 Stunde

Telefon
+44 (0) 1872 275774

E-Mail
info@bosvigo.com

Website
www.bosvigo.com

In der Nähe
Glendurgan Garden, Trebah Gardens, Trerice, Lost Gardens of Heligan

Der Garten von Bosvigo House zeugt von der großen Gartenleidenschaft der Briten. Im Zentrum des etwa 8 000 Quadratmeter großen Anwesens steht ein relativ bescheidenes, aber stilvolles Wohnhaus aus georgianischer Zeit. Der Garten gliedert sich in unterschiedliche Zonen und Räume, die jeweils thematisch konzipiert und in einem bestimmten Farbschema bepflanzt sind. Es gibt einen waldartigen Bereich mit vielen Arten von Frühlingszwiebeln, einer großen Sammlung von Christrosen, Anemonen, Elfenblumen und Schatten liebenden Storchschnabelgewächsen, einen Azaleengarten, zwei mit Stauden bepflanzte Gartenräume und nördlich des Wohnhauses zwei kleine gepflasterte Höfe mit Schattenbeeten und schönen Kübelpflanzen. Hinsichtlich seiner Gesamtkonzeption hat der Garten zwar Schwachstellen, die zum Teil durch den problematischen Grundstückszuschnitt und die Hanglage bedingt sind, doch es gibt auch einige Bereiche, deren Gestaltung größtes Lob verdient.

Vor der Ostfassade eines kleinen Nebengebäudes, das als Bosvigo Vean bezeichnet wird, liegt der von Mauern und Hecken umschlossene Vean Garden. Obwohl er nur 7,5 mal 9 Meter misst, ist dieser Gartenraum ein gestalterisches Meisterwerk. Er ist durch ein Wegekreuz in vier einheitlich und symmetrisch bepflanzte Beetflächen geteilt, die in raffinierter Weise nach dem Farbschema Grün in Grün, Gold und Silber bepflanzt sind. Mit Buchsbaum und goldpanaschiertem Efeu, Frauenmantel (Alchemilla mollis), Geißbart (Aruncus dioicus), Kaukasusvergissmeinnicht (Brunnera macrophylla), Funkien (Hosta), Goldhopfen (Humulus lupulus »Aureus«) Goldliguster (Ligustrum ovalifolium »Aureum«), Lungenkraut (Pulmonaria saccharata »Argentea«), Mädesüß (Filipendula ulmaria »Aurea«) und anderen Stauden präsentiert sich hier eine schöne Pflanzenkomposition.

Vor der Ostfassade des Haupthauses liegt der *walled garden*, der ummauerte Garten, der wegen seiner Atmosphäre und seiner in Purpur-, Rosa- und Blautönen arrangierten Bepflanzung ebenfalls ein gartengestalterisches Meisterwerk ist. Mit Wiesenraute (Thalictrum aquilegifolium), alten Rosen, Glockenblumen, Storchschnabelgewächsen (Geranium magnificum), Astern, Argentinischem Eisenkraut (Verbena bonariensis), Blutweiderich (Lythrum salicaria), Funkien (Hosta), Wollziest (Stachys byzantina) und Gehölzraritäten wie einem rotlaubigen Holunder (Sambucus nigra atropurpurea) wurde eine großartige Komposition geschaffen. An der Südseite des *walled garden* schließt sich ein *conservatory* an, ein als Wintergarten genutztes viktorianisches Gewächshaus.

Der im südlichen Grundstücksbereich gelegene, in Orange- und Rottönen gehaltene Hot Garden ist der besondere Stolz der Eigentümer. Im Hochsommer blühen hier Montbretien (Crocosmia), Sonnenbraut (Helenium), Blutsalbei (Salvia coccinea), Purpurfarbene Lobelien (Lobelia x gerardii), Canna und ausgesucht schöne Dahlien.

Purpur-, Rosa- und Blautöne bestimmen die Bepflanzung des *walled garden* vor der Ostfassade des Wohnhauses.
Seite 55: Der knapp 70 Quadratmeter große Vean Garden ist raffiniert nach dem Farbschema Grün in Grün, Gold und Silber gestaltet.

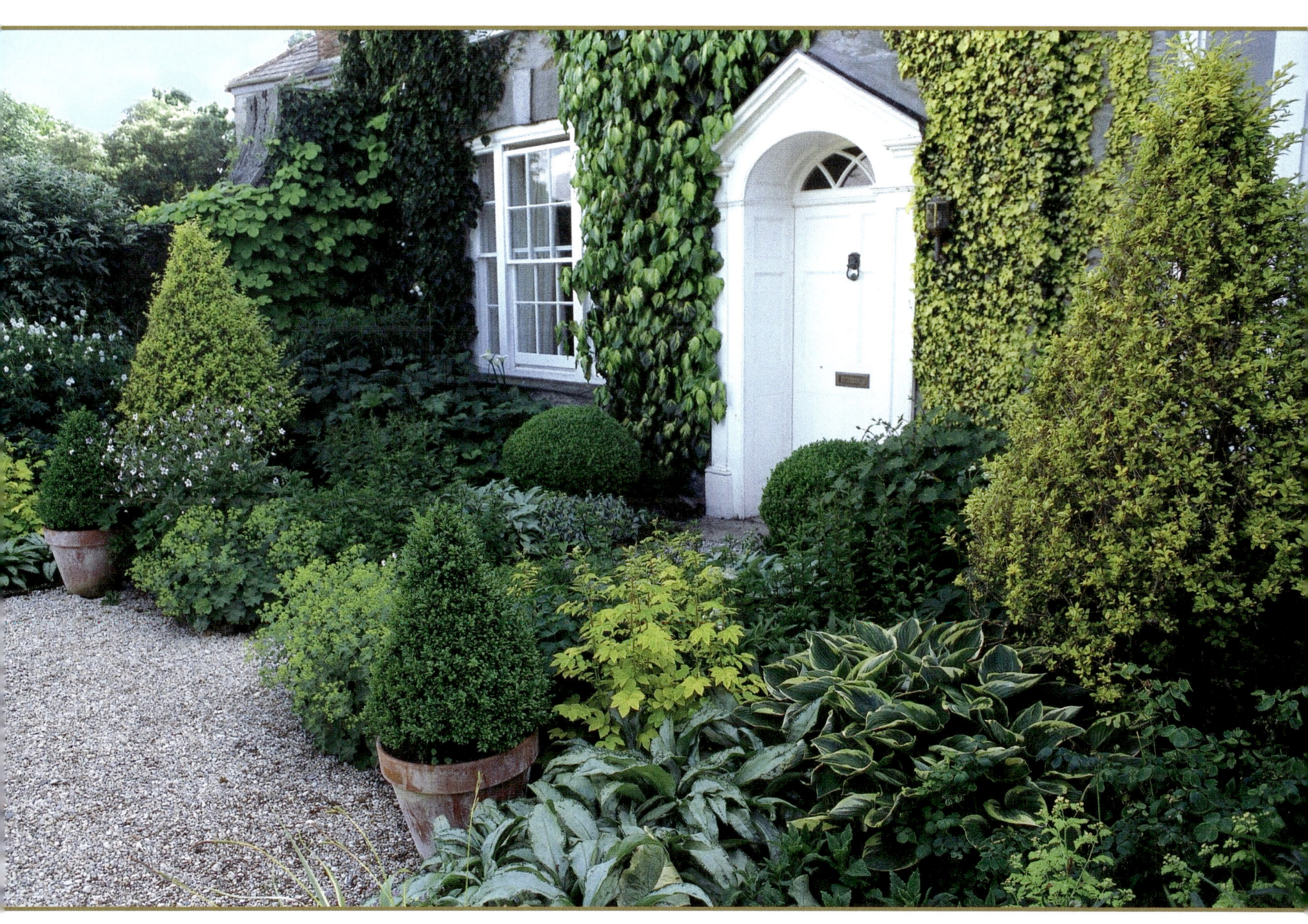

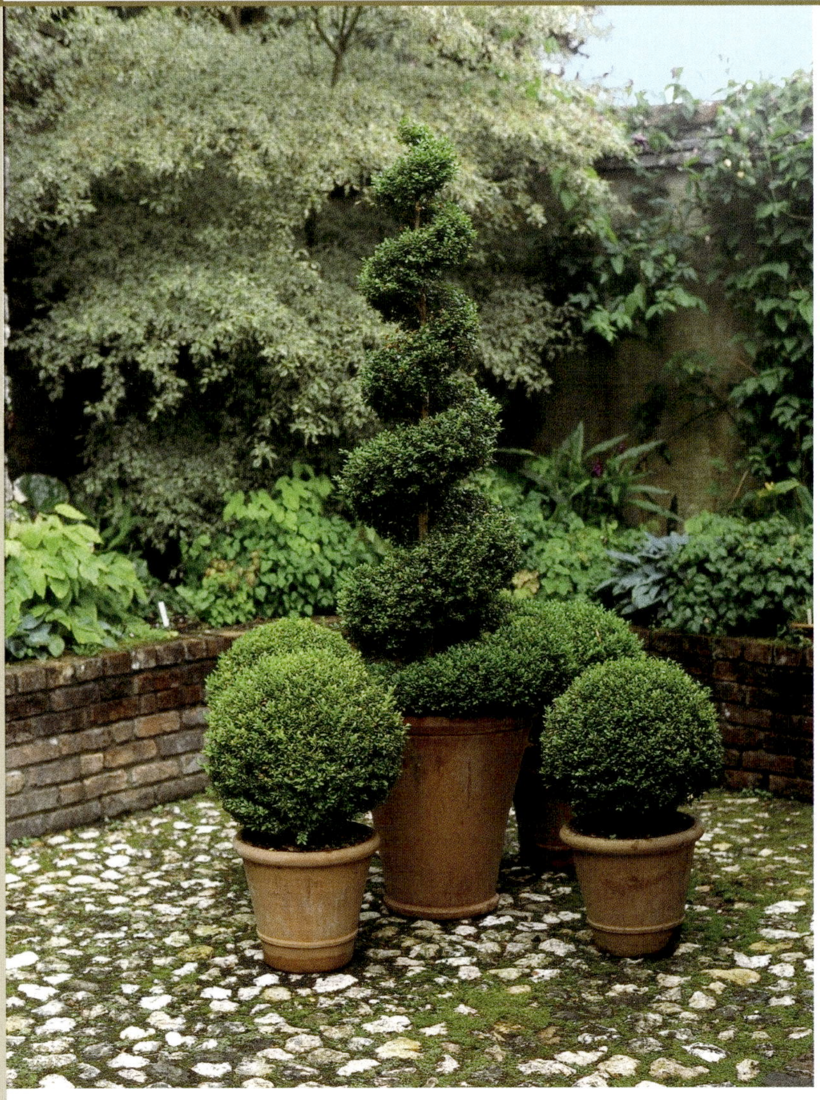

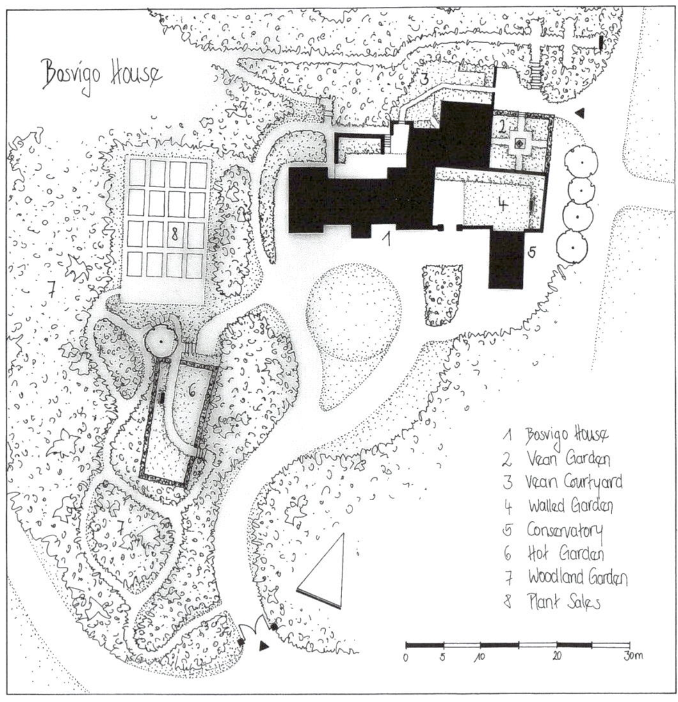

An der Nordseite liegt ein kleiner, charmanter Hof mit Schattenbeeten und Kübelpflanzen.
Seite 57: Den von Mauern umschlossene Vean Garden teilt ein Wegekreuz in vier einheitlich und symmetrisch bepflanzte Beetflächen.

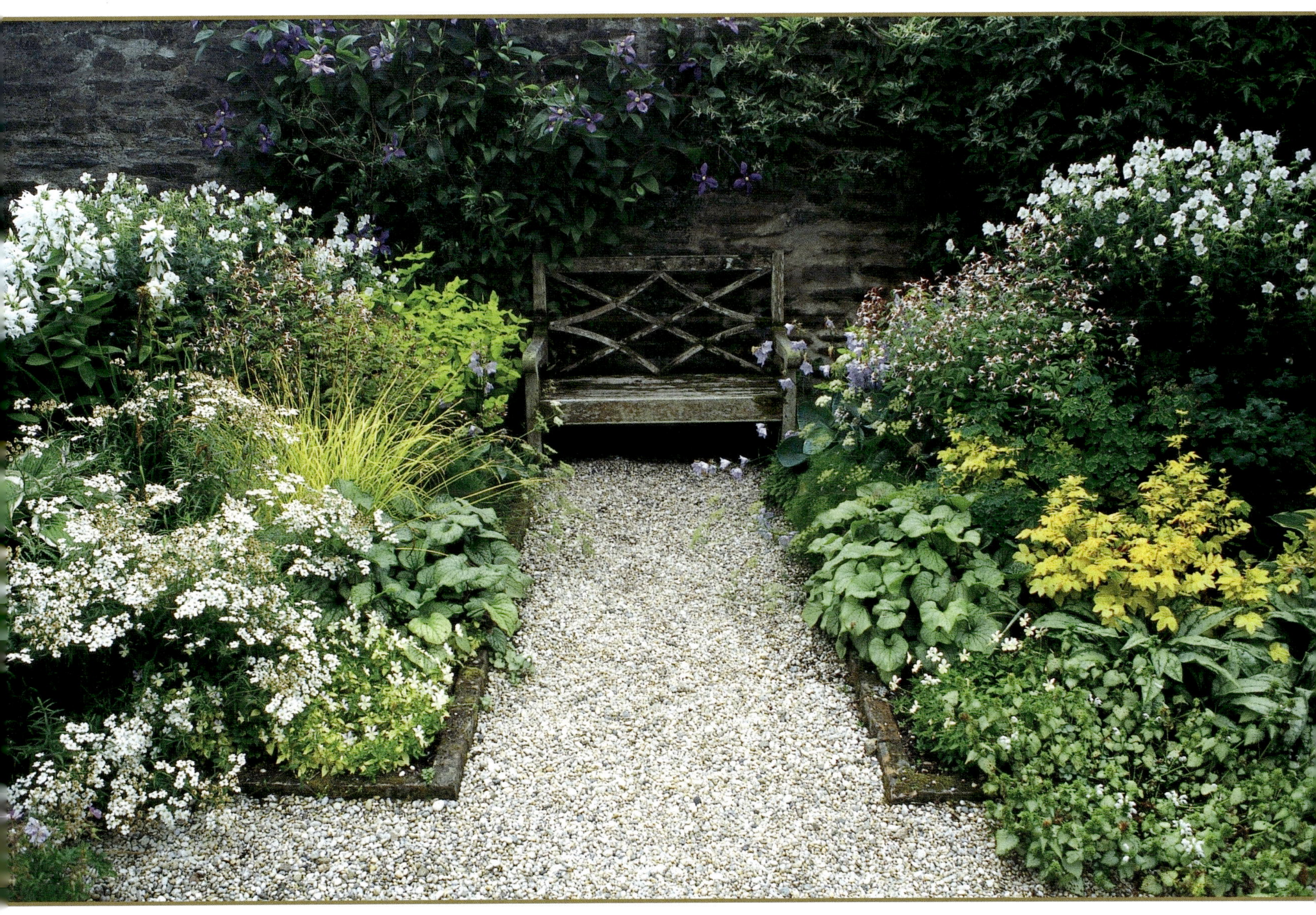

Dartington Hall 17

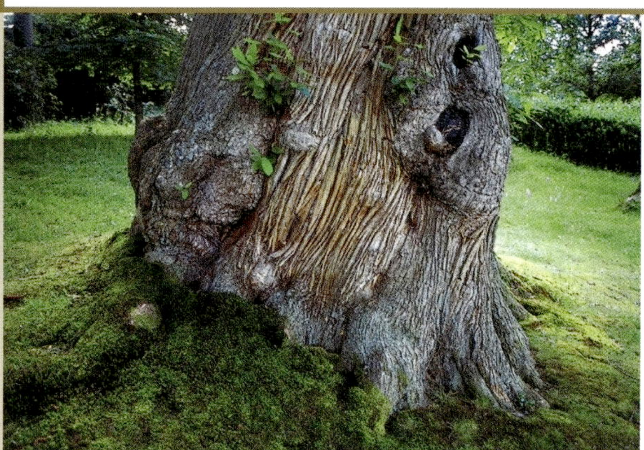

Name des Gartens
Dartington Hall

Grafschaft
South Devon

Lage
2 km nordwestlich von Totnes,
15 km südwestlich von Torquay,
Devon TQ9 6EL

Tearoom
(Hotel und Restaurant)

Besitzer
Dartington Hall Trust

Öffnungszeiten
täglich 9.00–17.00 Uhr

Besuchsdauer
ca. 2 Stunden

Telefon
+44 (0) 1803 847 000

E-Mail
bookings@dartingtonhall.com

Website
www.dartingtonhall.com

In der Nähe
Killerton House and Gardens,
Cadhay House

Man betritt das 32 Hektar umfassende Anwesen Dartington Hall über einen großen Eingangshof, der von einer mächtigen alten Sumpfzypresse beherrscht wird. Eine perfekte Rasenfläche mit messerscharf abgestochenen Kanten stimmt auf den Gartenbesuch ein. Wer ein Auge für gartengestalterische Details hat, dem werden die mit Natursteinplatten und Flusskieseln hervorragend ausgeführten Wegebeläge auffallen. An der Südseite des Eingangshofs liegt das älteste Gebäude, das dem Anwesen seinen Namen gab: eine aus dem 14. Jahrhundert stammende herrschaftliche Wohnhalle.

1925 erwarben Leonard Elmhirst und seine aus Amerika stammende Frau Dorothy das Anwesen, das sich in vollkommen ruinösem Zustand befand. Das Ehepaar verfügte über sehr große finanzielle Mittel und hatte viele idealistische Pläne für die Wiederherstellung des Landguts, einschließlich der Reaktivierung der Landwirtschaft und der Einrichtung von Werk- und Ausbildungsstätten. Die beiden restaurierten die historischen Gebäude in bestem denkmalpflegerischen Sinne, waren aber auch allen modernen Bestrebungen zugewandt. 1932 ließen sie von dem Avantgardearchitekten William Lescaze ein Wohnhaus im Internationalen Stil erbauen – das etwas abseits gelegene, heute vorbildlich restaurierte High Cross House, eines der wenigen Beispiele von Bauhaus-Architektur auf britischem Boden.

Dartington Hall beeindruckt den garteninteressierten Besucher besonders mit seinen außergewöhnlich schönen alten Bäumen, darunter eine zweitausend Jahre alte Eibe. Es gibt viele faszinierende alte Eichen, Steineichen, Zedern, Esskastanien sowie die »Zwölf Apostel«, eine Reihe von zwölf aus dem 18. Jahrhundert stammenden, in Form geschnittenen Irischen Säuleneiben.

Das Zentrum des Gartens von Dartington Hall bildet das sehr markant profilierte Gelände mit einer trapezförmigen ebenen Fläche, der Tournament Ground. Zu drei Seiten steigen dramatisch inszenierte Rasenterrassen an, während sich die vierte Seite mit einer wunderbaren Aussicht zur Landschaft öffnet. Die Ursprünge dieses Tournament Ground liegen etwas im Dunklen. Er wird zwar gelegentlich als mittelalterlicher Turnierplatz gedeutet, wesentlich naheliegender ist aber, dass er erst im frühen 18. Jahrhundert entstanden ist, als auch in anderen Gärten Rasenterrassen angelegt wurden.

Bei der Neugestaltung der Gartenanlagen in den zwanziger Jahren hat sich das Ehepaar Elmhirst vor allem von der Amerikanerin Beatrix Farrand und später von Percy Cane beraten lassen. Beatrix Farrand gestaltete den Eingangshof und ausgedehnte, von Gehölzpflanzungen begleitete Spazierwege, die den Geländekonturen folgen. Percy Cane ergänzte den Tournament Ground in den fünfziger Jahren um spektakuläre Freitreppen.

Zu den Baumpatriarchen von Dartington Hall zählen vierhundert Jahre alte Esskastanien.
Seite 59: Der Tournament Ground mit seiner charakteristischen Geländeform und den breiten, großzügigen Treppen wird von einer höchst beeindruckenden Baumkulisse gerahmt.

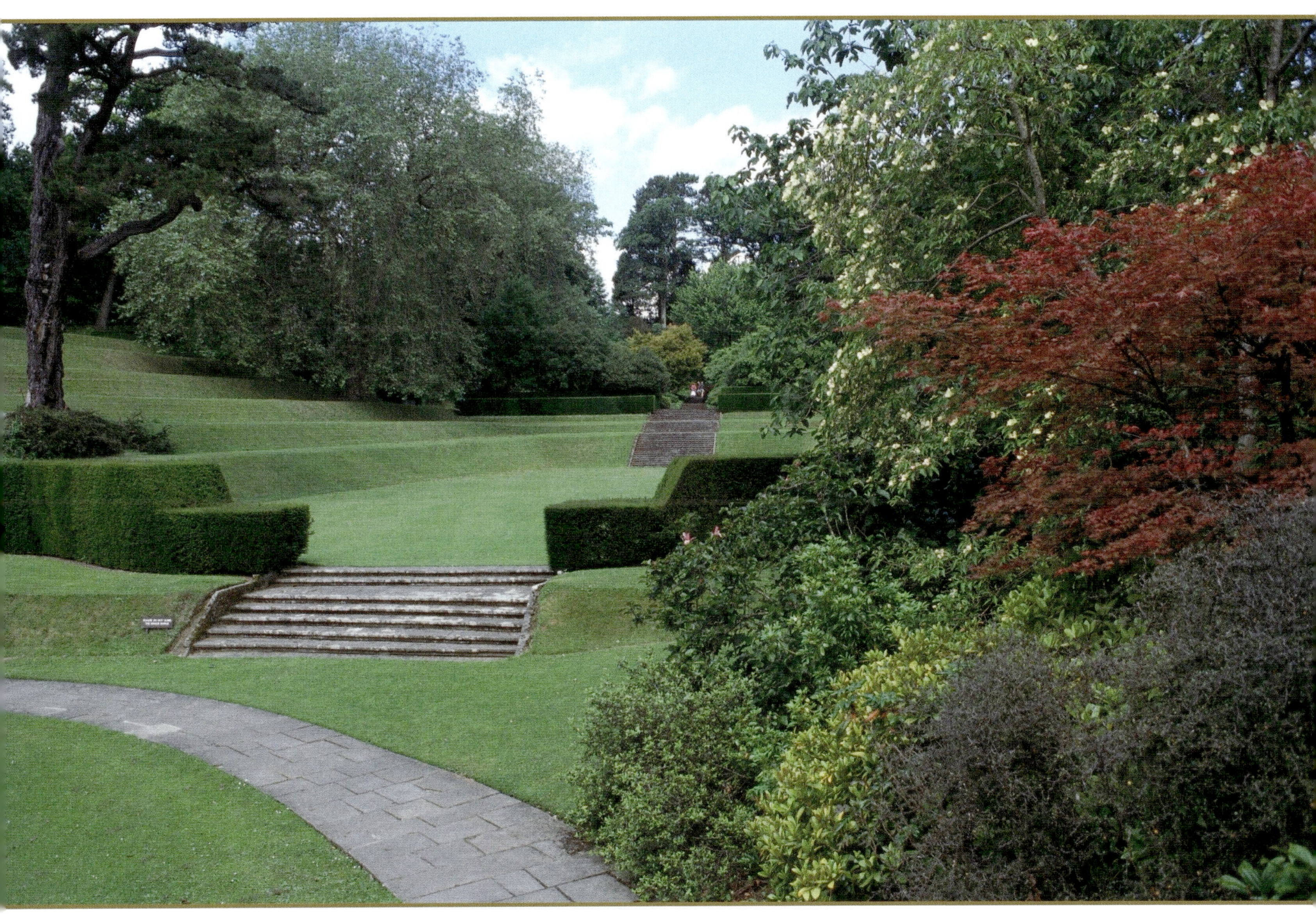

Forde Abbey Gardens 18

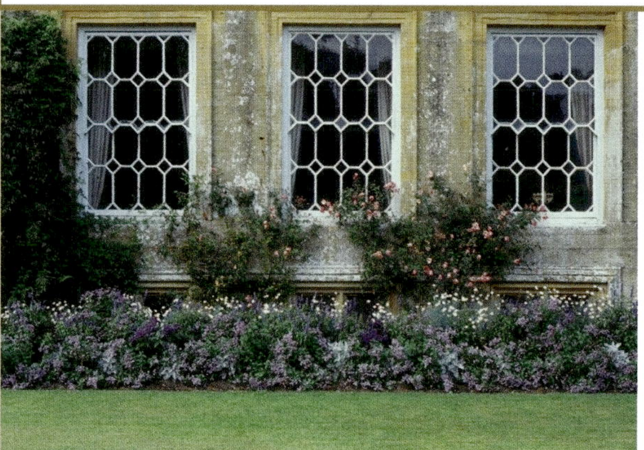

Name des Gartens
Forde Abbey & Gardens

Grafschaft
Somerset

Lage
an B 3167 6 km südöstlich von Chard, Somerset TA20 4LU

Tearoom

Shop

Besitzer
Mark Roper Esq.

Öffnungszeiten
von März bis Oktober täglich 10.30–17.00 Uhr

Besuchsdauer
ca. 3 Stunden

Telefon
+44 (0) 1460 221290

E-Mail
info@fordeabbey.co.uk

Website
www.fordeabbey.co.uk

In der Nähe
Athelhampton, Abbotsbury Subtropical Gardens

Forde Abbey, eine Zisterziensergründung aus dem 12. Jahrhundert, wurde, wie alle größeren Klosteranlagen, unter Heinrich VIII. säkularisiert und ging in den Besitz der Krone über. In der Folgezeit wurde das Anwesen vernachlässigt. Erst Mitte des 17. Jahrhunderts restaurierten neue Besitzer das Klostergebäude und bauten es zum Wohnhaus um. Die Ursprünge der 12 Hektar großen Gartenanlagen, die am Nordrand vom Wasserlauf des Flusses Axe begrenzt werden, datieren aus dem 18. Jahrhundert und wurden in ihren Grundzügen von Guillaume Beaumont angelegt. Beaumont pflanzte die heute noch erhaltene Lindenallee, plante Sichtachsen, profilierte das Gelände, schuf weite Rasenflächen und baute an der Nordseite des Gebäudes einen großen, mauerumschlossenen Küchengarten. Zur gleichen Zeit entstand im westlichen Bereich des Gartens ein über Kaskaden geführter Wasserlauf, der vom Great Pond über den Canal Pond in den Mermaid Pond fließt und schließlich im Long Pond endet. Der oberste Teich, der Great Pond, war im Mittelalter der Fischteich des Klosters.

Der Garten, wie er sich heute präsentiert, ist vor allem durch die in der Mitte des 20. Jahrhunderts vorgenommenen Veränderungen geprägt. Geoffrey Roper, der Vater des heutigen Besitzers, legte in den vierziger Jahren in den östlichen Bereichen des Grundstücks ein Arboretum an und gestaltete neben dem Great Pond einen *bog garden*, einen dschungelhaft anmutenden Bereich mit zahlreichen Primelarten, Baumfarnen, Mammutblatt (Gunnera manicata), Amerikanischem Stinktierkohl (Lysichiton americanus) und vielen anderen Sumpfstauden. Parallel zum Long Pond pflanzte er das höchst beeindruckende Great Border, eine gemischte und mit einigen Formschnittgehölzen akzentuierte Rabatte, die mit ihren zahlreichen Astern, Dahlien, Staudensonnenblumen, Phloxen und Sonnenbraut im Spätsommer ihre volle Pracht entfaltet und heute zu den Hauptsehenswürdigkeiten von Forde Abbey gehört. Im Zusammenspiel mit der Wasserfläche und dem Gebäude aus goldgelbem Stein ist es ein faszinierendes und unvergleichliches Ensemble.

Der Garten von Forde Abbey ist auch im Frühling und Vorfrühling sehr attraktiv, wenn die Rasenflächen mit einem Meer von Schneeglöckchen und später mit Krokusteppichen bedeckt sind. Es folgen die Narzissen und Bluebells, die zur gleichen Zeit wie die Magnolien und Kamelien im Arboretum blühen. Im Mai bieten dann die Azaleen und Rhododendren einen wahren Farbenrausch.

Im Sommer und Spätsommer besitzt auch der mit vielerlei Sommerblumen, Gemüse und Kräutern bepflanzte, intensiv bewirtschaftete Küchengarten, über den man die Forde Abbey Gardens betritt, große Anziehungskraft. Nicht zuletzt ist auch die zum Landgut gehörende, sehr sympathische Staudengärtnerei eine Sehenswürdigkeit für sich.

Pflanzung mit Einjährigen vor der Südfassade des Wohnhauses.
Seite 61: Das Great Border entfaltet mit Astern, Dahlien, Sonnenblumen, Phloxen, Sonnenbraut und vielen anderen Stauden im Spätsommer seine ganze Pracht.

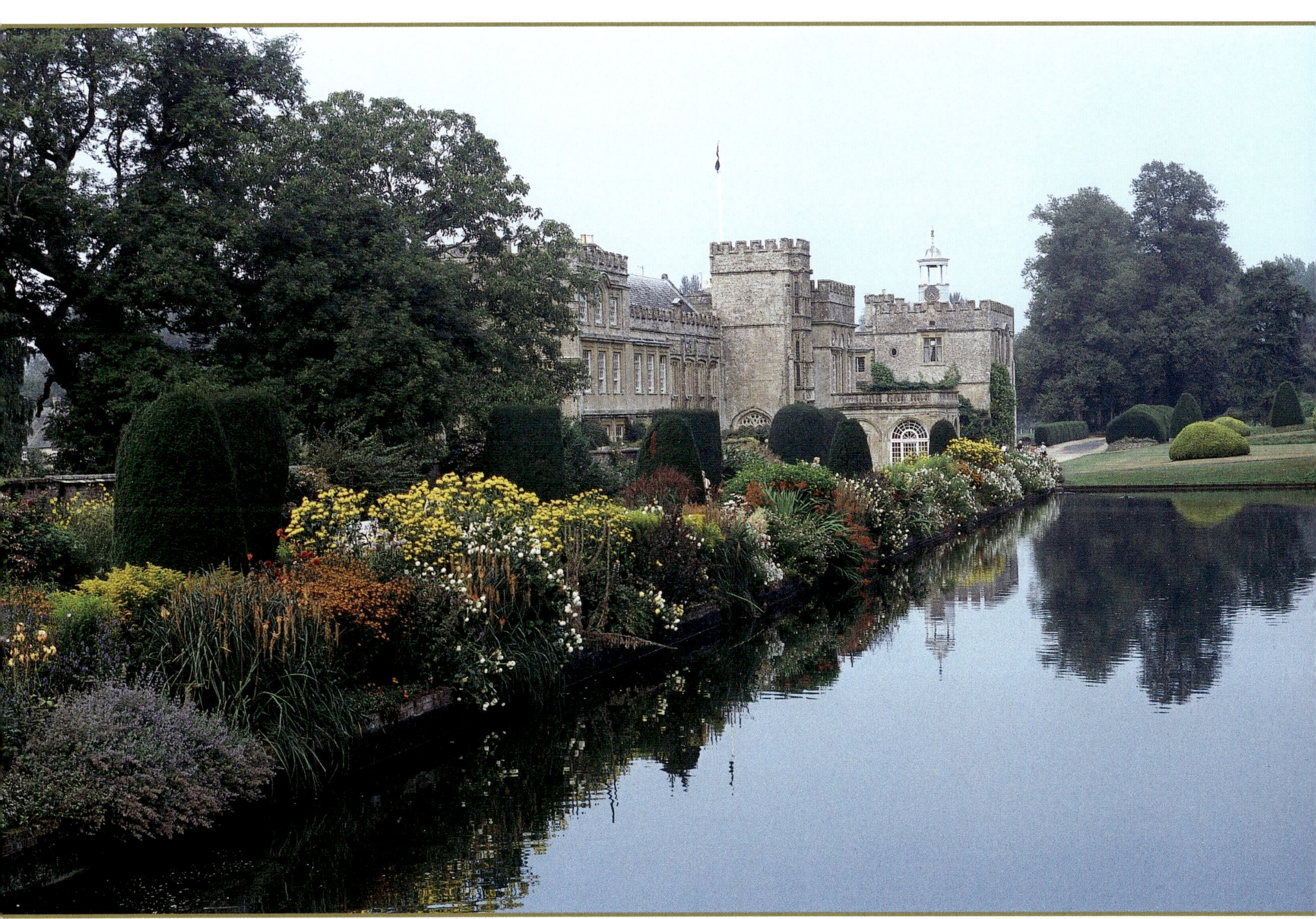

Glendurgan Garden 19

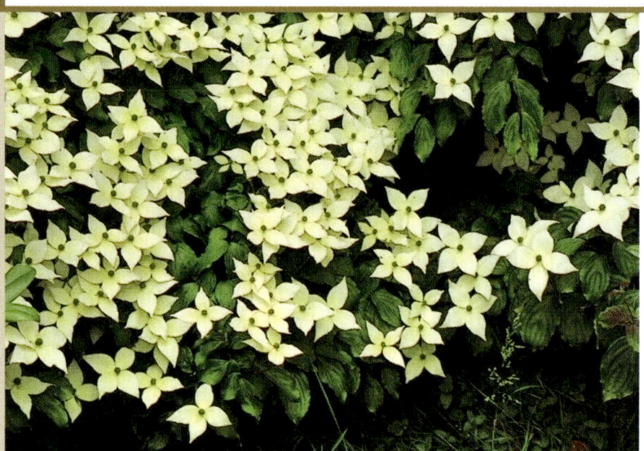

Name des Gartens
Glendurgan Garden

Grafschaft
Cornwall

Lage
Mawnan Smith, bei Falmouth, Cornwall TR11 5JZ

Tearoom

Shop

Besitzer
The National Trust

Öffnungszeiten
täglich, außer Montag, 10.30–17.00 Uhr; in den Wintermonaten geschlossen

Besuchsdauer
ca. 2 Stunden

Telefon
+44 (0) 1326 252 020

E-Mail
glendurgan@nationaltrust.org.uk

Website
www.nationaltrust.org.uk

In der Nähe
Trerice, Trelissick Garden, Trebah Garden, Bosvigo House, Lost Gardens of Heligan

Cornwall hat durch die Einflüsse des Golfstroms das mildeste Klima in Großbritannien, und es gibt nur sehr selten Frost. Glendurgan Garden gehört ebenso wie Heligan, Trebah, Rosehill und viele andere zu den für Cornwall typischen *valley gardens*, die in einem windgeschützten, schluchtartigen Tal angelegt sind und mit subtropischen Pflanzen ein exotisches Landschaftsbild inszenieren. Mit dem Bau des heute etwa 10 Hektar großen Gartens wurde zwischen 1820 und 1835 begonnen. Der in Falmouth ansässige Alfred Fox war während der industriellen Revolution zu Wohlstand gelangt und hatte oberhalb des Fischerortes Durgan Gelände erworben, um dort in einem windgeschützten Tal Obstbaumplantagen anzulegen und sich als Sommersitz ein bescheidenes strohgedecktes *cottage* zu bauen. Nachdem es 1837 abgebrannt war, errichte die Familie ein herrschaftliches Landhaus.

Um 1890 erbte George Fox das Anwesen. Er war, wie viele seiner Zeitgenossen, ein leidenschaftlicher Baum- und Pflanzensammler, und so verwandelte er das Tal, das von seinem Wohnhaus hinunter zu dem kleinen malerischen Fischerdorf Durgan führte, in einen *woodland garden*, eine üppige Waldlandschaft mit vielen dendrologischen Besonderheiten, Wildblumenwiesen und subtropischen Pflanzen, die das Ganze wie ein exotisches Paradies wirken lassen. Im späten Frühjahr sind es vor allem Rhododendren und Azaleen sowie Kamelien und Magnolien, die das Tal in ein Blütenmeer verwandeln. Der Garten hat auch im Sommer mit der Blüte der Taschentuchbäume (Davidia involucrata), der Japanischen Blütenhartriegel (Cornus kousa) oder der Hortensien seine Höhepunkte. Es gibt viele Palmen, seltene Koniferen, wunderbare alte Tulpenbäume (Liriodendron tulipifera) und südamerikanische Myrtengewächse (Luma apiculata). Mit seinen Bambusdickichten, Bananen, Baumfarnen und dem aus Chile stammenden Mammutblatt (Gunnera manicata) wird Glendurgan zum märchenhaften Dschungel.

Eine besondere Anziehungskraft hat auch das schon 1833 von Alfred Fox und seiner Frau Sarah mit Kirschlorbeerhecken angelegte Labyrinth mit seinen unregelmäßigen Schlängelwegen. Es liegt als Herzstück im Zentrum des Gartens und erinnert, vom gegenüberliegenden Hang betrachtet, an die Strukturen fernöstlicher Teeplantagen.

Wie viele andere Gärten in Cornwall verlor auch Glendurgan 1990 durch den verheerenden Sturm viele alte Bäume; die Lücken haben die nachgepflanzten Gehölze noch nicht wieder ganz geschlossen.

Im Jahr 1962 überschrieb Familie Fox Glendurgan Garden dem National Trust, der die Anlage gärtnerisch betreut und der Öffentlichkeit zugänglich macht. Familie Fox ist immer noch leidenschaftlich für den Erhalt von Glendurgan engagiert, und es ist nicht ungewöhnlich, dass Charles Fox persönlich Besuchergruppen fachkundig durch den Garten führt.

Cornus kousa, den japanischen Blumenhartriegel, haben im 19. Jahrhundert Pflanzenjäger nach Europa gebracht.

Seite 63: Von besonderer Anziehungskraft ist das 1833 angelegte Kirschlorbeerlabyrinth mit der kleinen strohgedeckten Hütte im Zentrum.

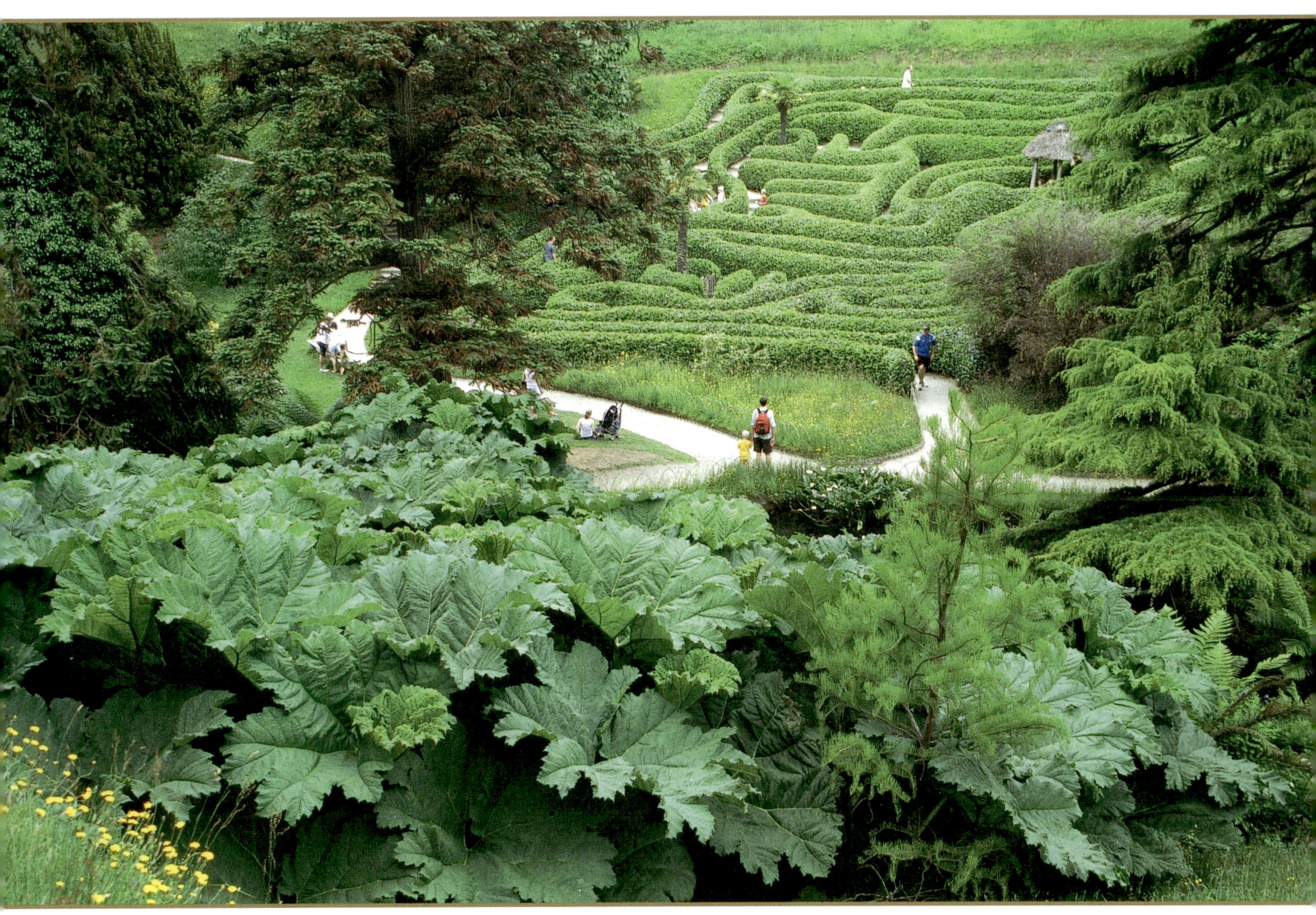

Hestercombe Gardens 20

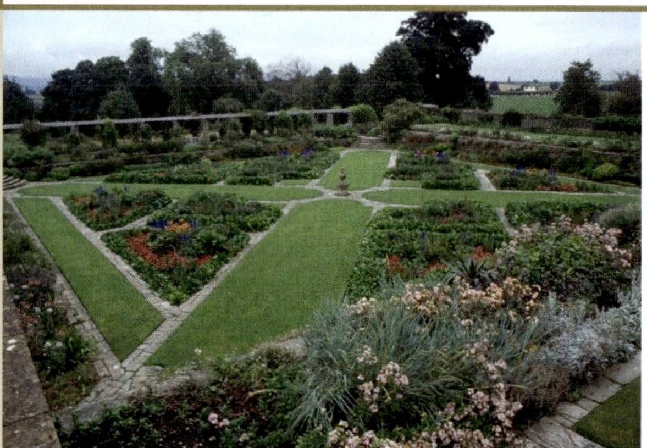

Name des Gartens
Hestercombe Gardens

Grafschaft
Somerset

Lage
7 km nordöstlich von Taunton, im Norden von Cheddon Fitzpaine, Somerset TA2 8LG

Tearoom

Shop

Besitzer
Somerset County Council & The Hestercombe Gardens Trust

Öffnungszeiten
täglich 10.00–18.00 Uhr

Besuchsdauer
2 Stunden

Telefon
+44 (0) 1823 413923

E-Mail
info@hestercombe.com

Website
www.hestercombe.com

Der Garten von Hestercombe House ist eines der wichtigsten Beispiele für die Zusammenarbeit der Künstlerin Gertrude Jekyll und des Architekten Edwin Lutyens. Der 1909 fertiggestellte Garten wurde jahrzehntelang vernachlässigt, und erst Ende der sechziger Jahre, als man zufällig die originalen Gestaltungs- und Pflanzpläne entdeckte, erkannte man die kunstgeschichtliche Bedeutung der Anlage. Zwischen 1973 und 1978 wurde der Garten hervorragend restauriert und nach den Originalplänen neu bepflanzt. Er zählt heute zu den wichtigsten denkmalgeschützten Gärten des 20. Jahrhunderts in Großbritannien.

Edwin Lutyens und Gertrude Jekyll hatten an der Südseite eines bereits bestehenden, architektonisch bedeutungslosen Landhauses als neues Herzstück einen Parterregarten konzipiert, The Great Plat, eine ebene Fläche von etwa 40 mal 40 Metern Größe. Bedingt durch die Grundstückskonturen, ergab sich östlich ein zweiter Gartenbereich; hier baute man eine Orangerie und legte einen weiteren kleinen Parterregarten an, den Dutch Garden. Da dieser Gartenteil gegenüber dem Great Plat in seiner Geometrie leicht abgedreht ist, fügte man als »Gelenk« ein drittes Element ein, die Rotunda, einen von schönen Natursteinmauern umschlossenen runden Gartenraum.

Die große quadratische Fläche, der Great Plat, ist durch ein diagonales Wegekreuz spannungsvoll gegliedert und wird auf allen vier Seiten von erhöhten Gartenpartien gerahmt. An der Ost- und an der Westseite wird The Great Plat von zwei identisch konzipierten Wassergärten begrenzt. Das Wasserspiel beginnt jeweils in einem kleinen Brunnenhof mit einem runden Becken, dann fließt das Wasser durch eine etwa 45 Meter lange Rinne und ergießt sich am Ende des Gartens in ein rechteckiges Becken. Den südlichen Abschluss der Great Plat und der beiden Wassergärten bildet eine etwa 70 Meter lange Pergola. Mit ihren üppig von Rosen und Clematis umrankten Mauerwerkspfeilern setzt sie eine kräftige Zäsur am Ende des Gartens. Zugleich rahmt sie die Ausblicke in die schöne Landschaft von Somerset.

In der Bepflanzung beschränkte sich Gertrude Jekyll auf bestimmte Farben. Ein für alle Gartenbereiche charakteristisches Thema sind Pflanzen mit silbergrauem Laub, die von zartblauen, rosafarbenen oder blassgelben Blüten ergänzt werden. So stehen Lavendel, Katzenminze, Federnelke, Pfingstrose, Seifenkraut, Heiligenkraut, Kugeldistel, Eselsdistel, Akelei, Christrose, Lerchensporn, Königskerze, Salbei und Rosmarin auf den Pflanzenlisten. Eine besondere Vorliebe hatte Gertrude Jekyll für Wollziest (Stachys byzantina) mit seinen pelzigen, silbergrauen Blättern und Bergenien (Bergenia cordifolia) mit ihren großen, dunkelgrünen glänzenden Blättern.

Die zentrale, ebene Fläche des Great Plat wird auf allen vier Seiten von erhöhten Bereichen gerahmt, sie ist das Herzstück des Gartens.

Seite 65, links: Südöstliche Verbindungstreppe zwischen dem Wassergarten und dem abgesenkten Bereich des Great Plat; rechts: Die Rotunda, ein runder, von Natursteinmauern umschlossener Gartenraum bildet das Bindeglied zwischen dem Dutch Garden und des Great Plat.

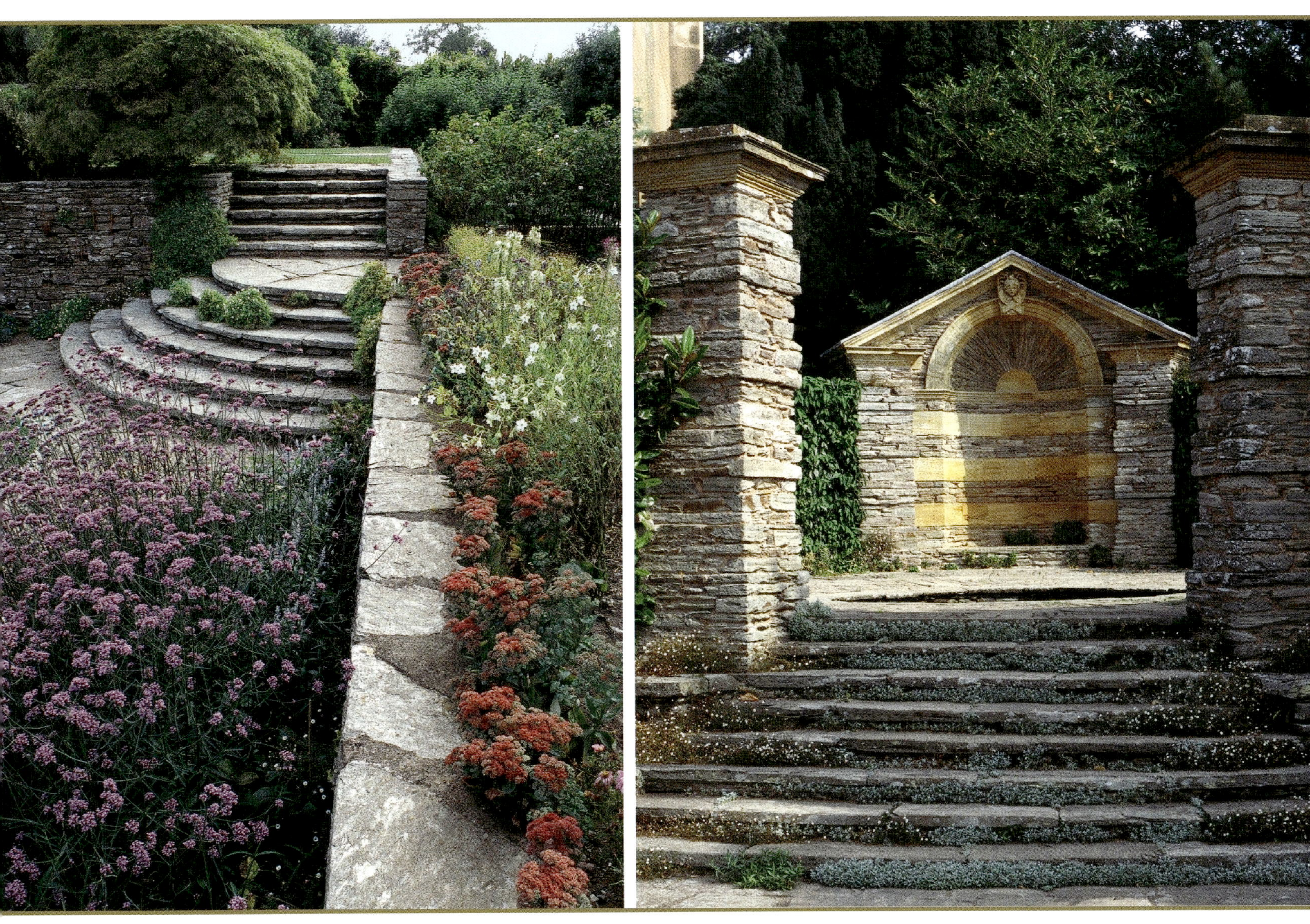

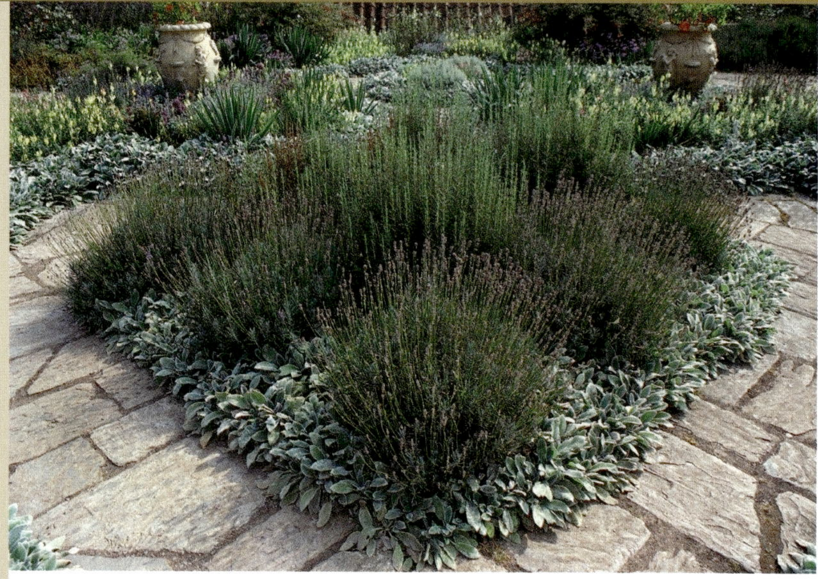

Der hier beschriebene, von Gertrude Jekyll und Edwin Lutyens geplante Garten darf zu den Meisterwerken europäischer Gartenkunst gezählt werden. Aus ihm spricht große raumgestalterische Fantasie, formale Gestaltungskraft und ein fein entwickeltes Gespür für delikate Pflanzenkombinationen. Und man vergisst fast zu erwähnen, dass all dies nur ein Teilbereich ist, denn zu Hestercombe House gehört auch ein romantischer Landschaftsgarten. Er entstand in der zweiten Hälfte des 18. Jahrhunderts und ist das Werk des Landschaftsmalers Copleston Warre Bampfylde (1720–1701), der den Landsitz Hestercombe im Jahr 1750 erbte. Bampfylde war mit Henry Hoare, dem Schöpfer des berühmten Landschaftsgartens von Stourhead, befreundet und bezog von dort viele Anregungen.

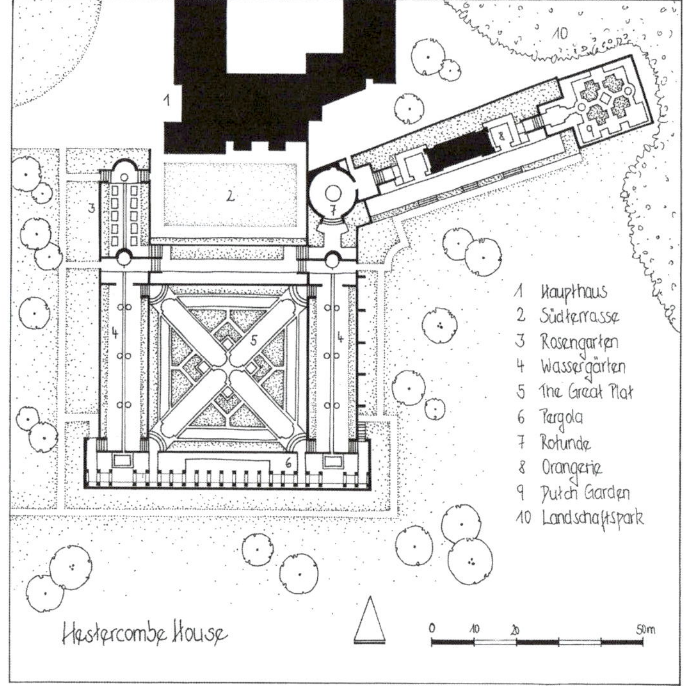

Wollziest, Lavendel und viele andere silberlaubige Gewächse gehören zum Bepflanzungsthema des Dutch Garden.
Seite 67: Die Ausgangspunkte der beiden Wasserachsen werden von handwerklich hervorragend gearbeiteten Brunnen markiert.

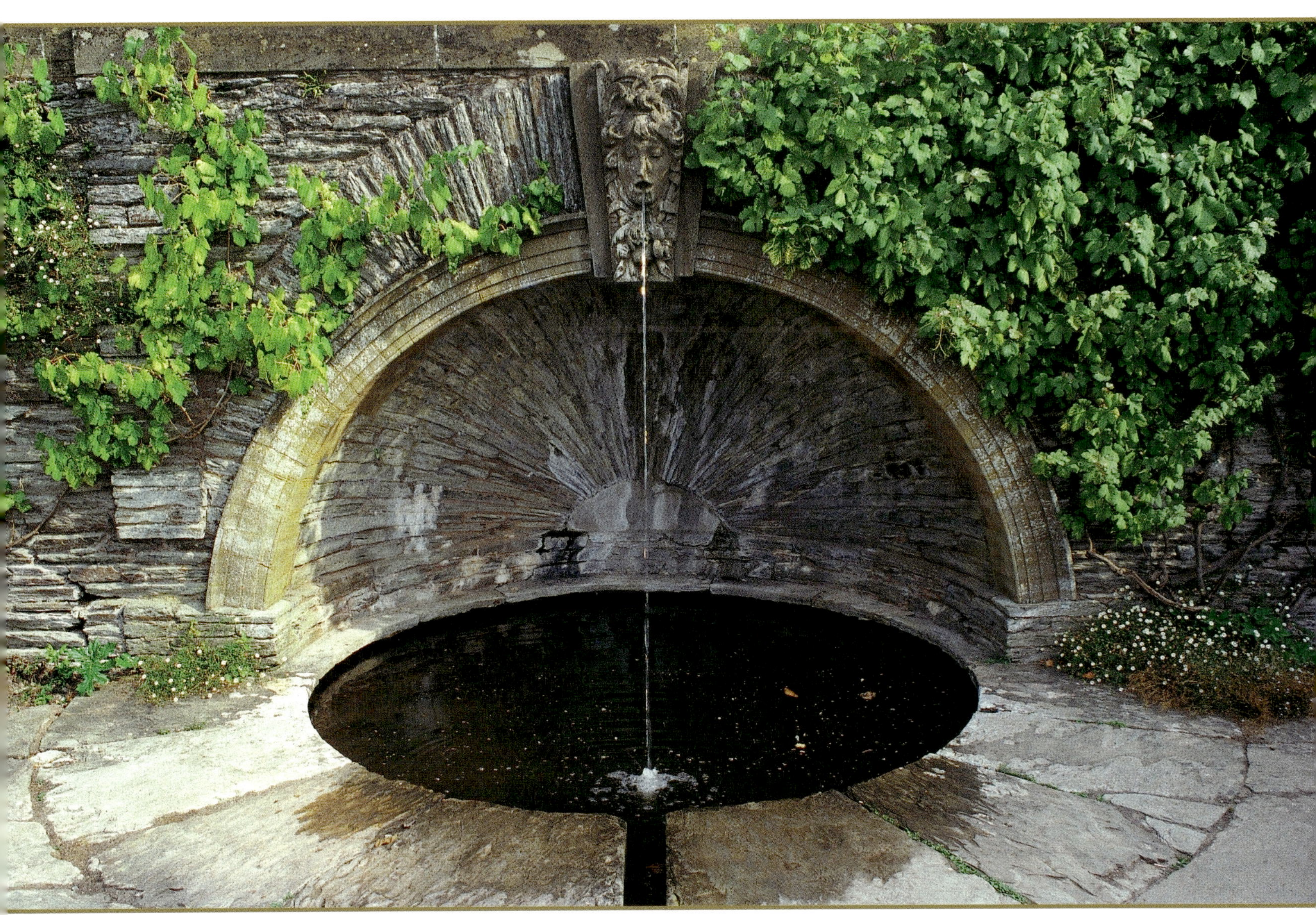

Hidcote Manor Garden 21

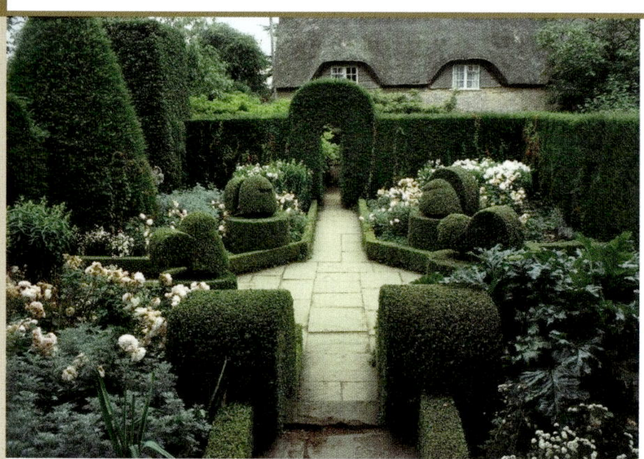

Name des Gartens
Hidcote Manor Garden

Grafschaft
Gloucestershire

Lage
Hidcote Bartrim bei Chipping Campden, Gloucestershire GL55 6LR

Tearoom

Shop

Besitzer
The National Trust

Öffnungszeiten
Ende März bis Anfang November täglich von 10.00–17.00 Uhr, ab Oktober 11.00–16.00 Uhr, in den Wintermonaten teilweise geschlossen

Besuchsdauer
ca. 2 Stunden

Telefon
+44 (0) 1386 438333

E-Mail
hidcote@nationaltrust.org.uk

Website
www.nationaltrust.org.uk

In der Nähe
Snowshill Manor, Upton House, Suddely Castle, Kiftsgate Court Garden

Der Garten von Hidcote Manor entstand innerhalb weniger Jahre, er ist das Werk von Lawrence Johnston (1871–1958), der das 120 Hektar große Landgut Hidcote 1907 mit dem dazugehörigen Ackerland, den Weideflächen, Waldstücken und einem kleinen Dorf erwarb und innerhalb von sieben Jahren alle wesentlichen Partien des Gartens anlegte. Die exponierte Lage auf einem Höhenrücken der Cotswolds war wegen des oft sehr heftigen Windes für die Anlage eines Gartens nicht gerade geeignet. Aber hier war man mitten in einer der schönsten Landschaften ganz Englands. Das herausragende Merkmal der Konzeption des Gartens von Hidcote Manor ist das lockere Gefüge von thematisch unterschiedlich ausgerichteten, heckengerahmten Einzelräumen und langen Blickachsen. Ruhe und Bewegung stehen als kontrapunktische, aber einander ergänzende Eigenschaften in einem spannungsvollen und doch fein ausbalancierten Verhältnis. Es gab nie eine Gesamtplanung. Die Konzeption ist durch die Ergänzung immer neuer Teilbereiche gewachsen. Das aus dem 17. Jahrhundert stammende Manor House steht recht unauffällig am Rand des Gartens.

Ausgangspunkt des Gartenrundgangs ist der am Haus gelegene, von einer mächtigen Libanonzeder beschirmte Old Garden. Der Weg führt weiter durch einen runden Heckenraum. Einen ersten Höhepunkt bildet das Red Border. Diese Doppelrabatte ist ausschließlich mit rotblühenden Blumen und rotblättrigen Sträuchern bepflanzt. Zwei Pavillons bilden den Abschluss des Red Border und lenken den Blick zum Stilt Garden, einer kleinen Allee von geschnittenen Hainbuchen. Einer der beiden Pavillons öffnet den Blick auf den Long Walk, einen etwa 200 Meter langen, beidseitig von Buchenhecken begleiteten Rasenweg. Östlich grenzt ein Bereich an, der von Lawrence Johnston Westonbirt genannt wurde. Dieser Name bezieht sich auf ein Arboretum bei Tetbury, das hier zum Vorbild genommen wurde. Viele Arten von Zierahorn, Magnolien, Zierkirschen, Birken, Ebereschen, Ginkgo und anderen seltenen Bäumen aus Fernost, Nord- und Südamerika sind in inselartigen Gruppen zusammengestellt. Der mit Westonbirt bezeichnete Gartenteil geht nahtlos über in den Stream Garden, eine malerisch als Dschungeltal gestaltete Zone. Doch damit ist die Vielfalt der Gartenräume von Hidcote erst zur Hälfte beschrieben. Es gibt den Pillar Garden, mit eigenartigem Topiary, den Weißen Garten, den Fuchsiengarten und einen ausgedehnten Küchengarten. Besonders schön ist auch der als Mrs. Winthrop's Garden bezeichnete Gartenraum mit seinen vielen Gelbgrüntönen.

Hidcote ist ein Markstein in der Gartenkunst des 20. Jahrhunderts. Die Abkehr vom viktorianischen Repräsentationsgarten mit seinen aufwendigen

Nahe beim Haus liegt der Weiße Garten, schön proportioniert und auf drei Seiten von hohen Eibenhecken umschlossen.
Seite 69: Mrs. Winthrop's Garden ist ein überraschendes Kleinod und bezaubert mit vielen Varianten von Gold, Gelb und Grün.

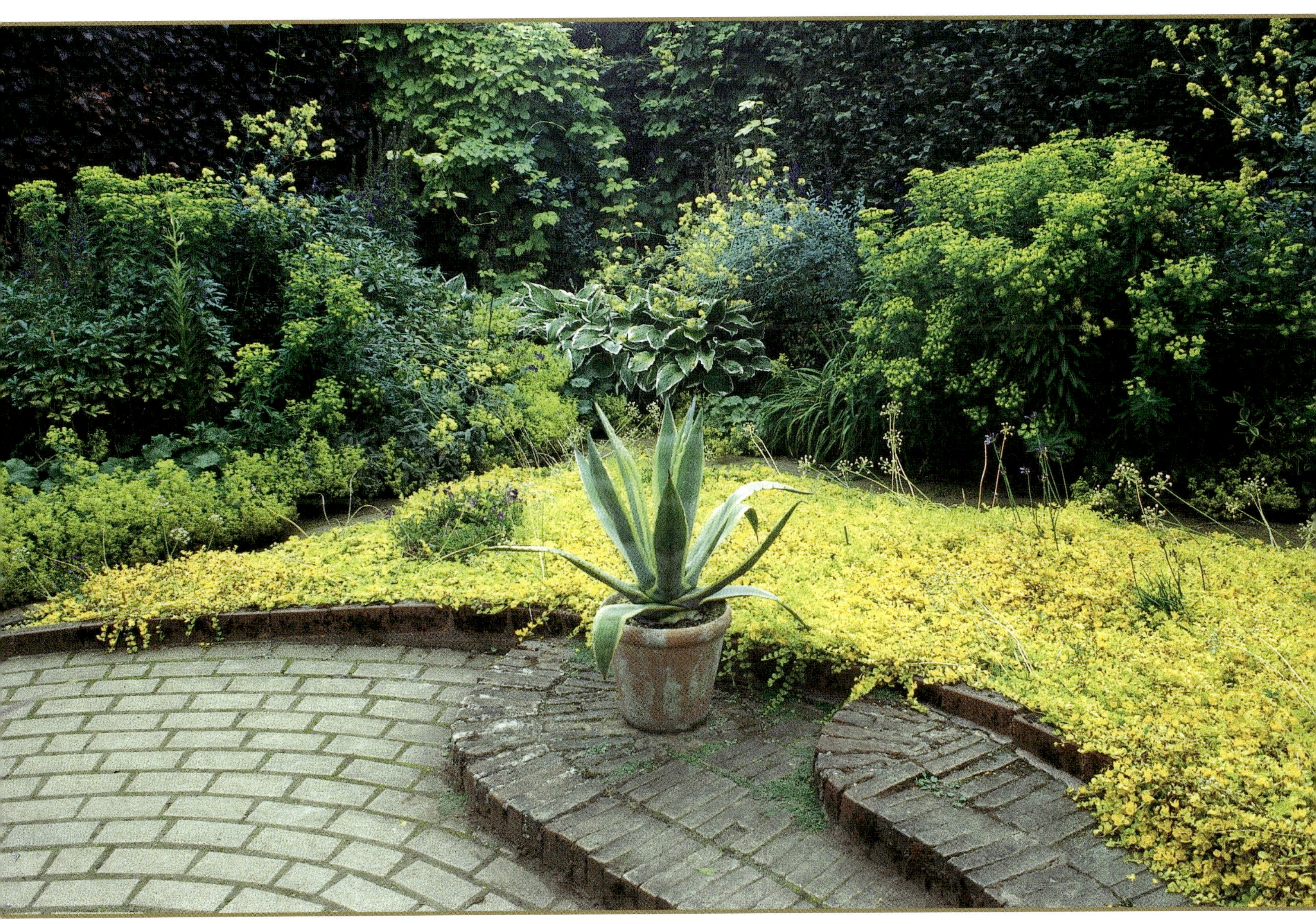

Teppichbeeten ist endgültig vollzogen, und das schwerfällige Pathos, das vielen um 1900 entstandenen Gärten anhaftet, ist hier überwunden. Die Pflanze ist das beherrschende Gestaltungsmittel von Hidcote, ohne dass dabei die strukturelle Ordnung an Klarheit verliert. Das Architektonische und das Natürliche verschmelzen zur Einheit, der scheinbar unüberwindliche Widerspruch wird zur besonderen Kompositionsqualität.

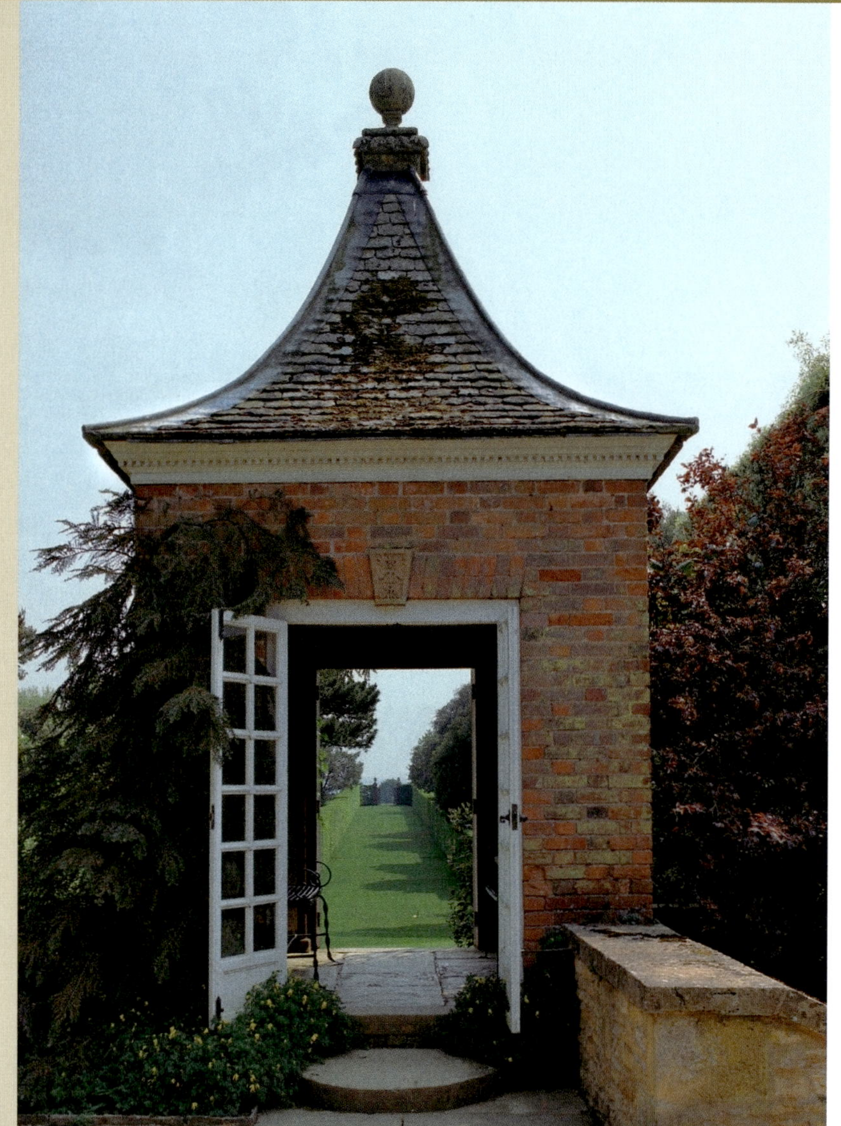

Einer der beiden identischen Pavillons öffnet den Blick auf den 200 Meter langen, von Buchenhecken gesäumten Long Walk

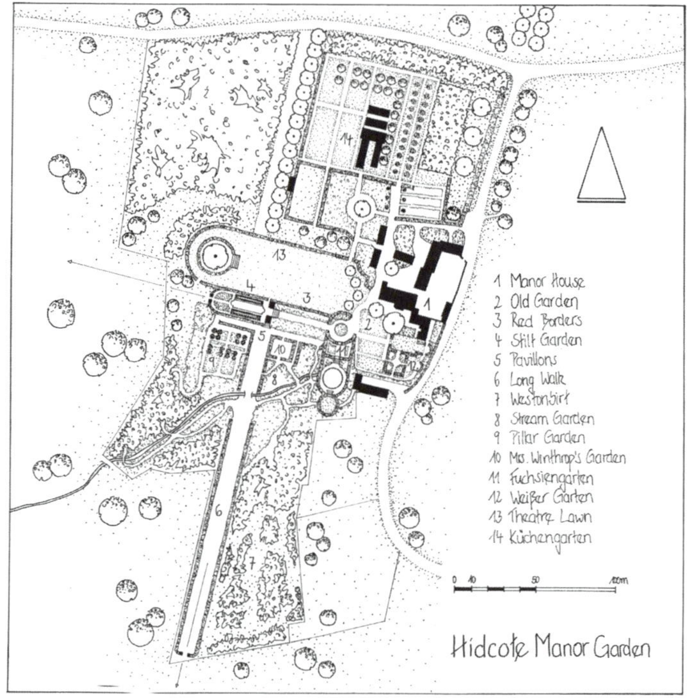

Seite 71: Der Stilt Garden mit seiner kleinen Allee von geschnittenen Hainbuchen ist der letzte Wegabschnitt einer langen Achse und führt zu einem Aussichtspunkt mit wunderbarem Blick in die Landschaft.

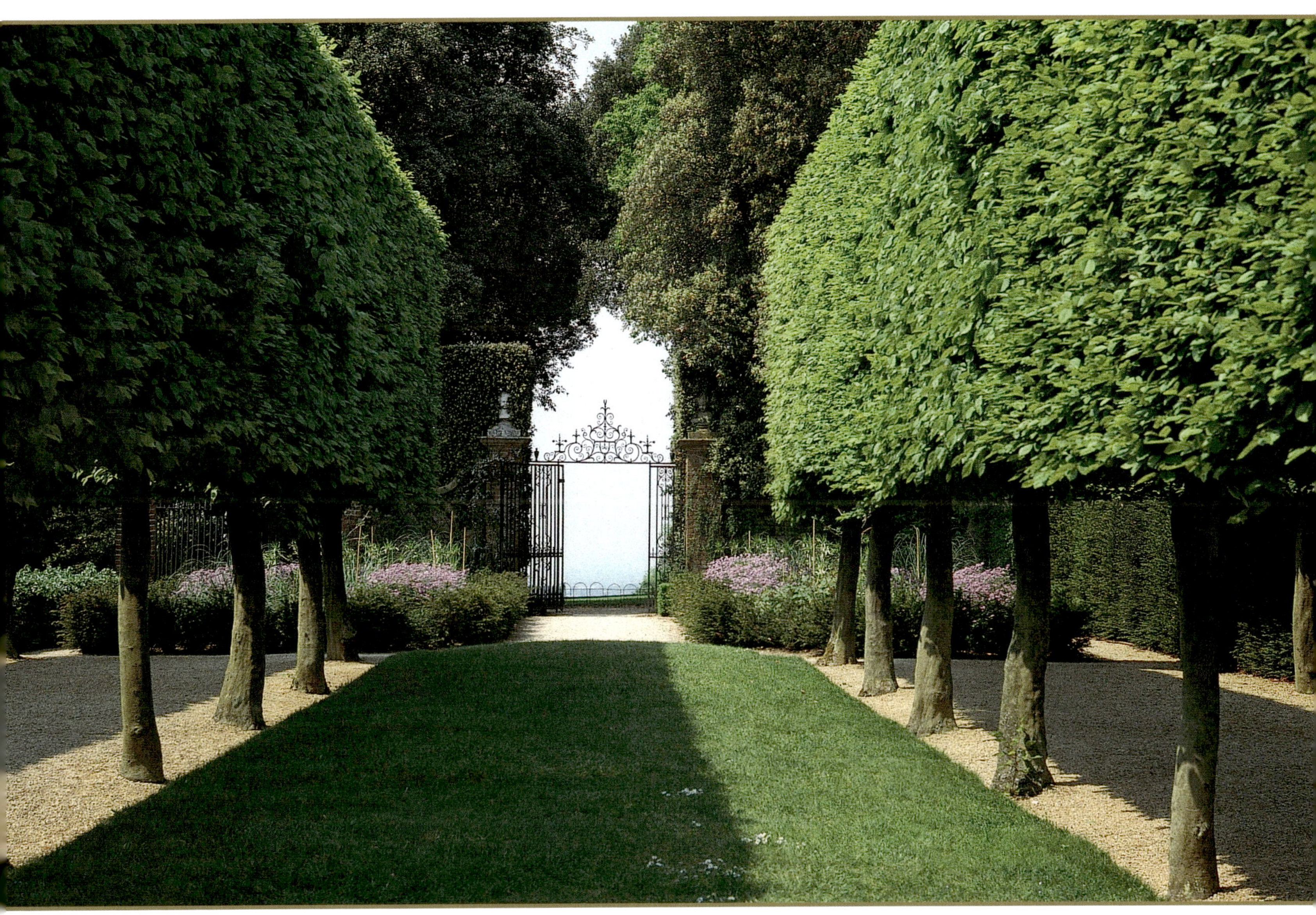

Kiftsgate Court Garden 22

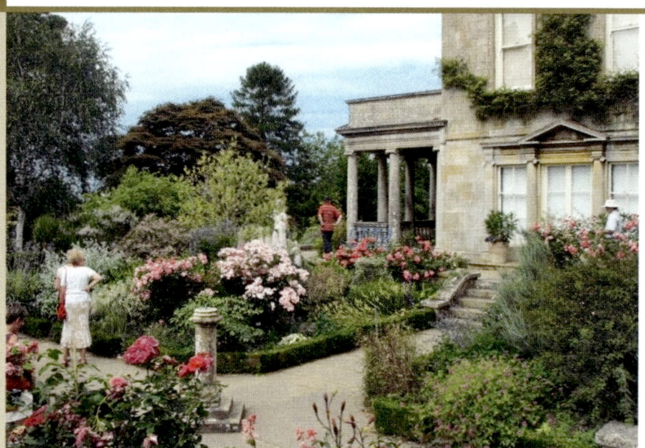

Name des Gartens
Kiftsgate Court Garden

Grafschaft
Gloucestershire

Lage
bei Chipping Campden, Gloucestershire GL55 6LN

Tearoom

Shop

Besitzer
Anne & Jonny Chambers

Öffnungszeiten
Mai bis August täglich 12.00–18.00 Uhr, außer Freitag und Samstag; April Montag, Mittwoch und Sonntag von 14.00–18.00 Uhr; September Montag, Mittwoch und Sonntag von 12.00–18.00 Uhr

Besuchsdauer
ca. 2 Stunden

Telefon
+44 (0) 1386 438777

E-Mail
info@kiftsgtgate.co.uk

Website
www.kiftsgate.co.uk

In der Nähe
Hidcote Manor, Snowshill

Kiftsgate Court ist das Werk von drei Generationen gartenbegeisterter Eigentümerinnen – Heather Muir, Diany Binny und Anne Chambers. Das Ehepaar Muir erwarb das herrschaftliche Anwesen Kiftgate Court im Jahr 1918 und baute es zu einem bequemen Landhaus um. Um 1920 begann Heather Muir mit der Gestaltung des etwa 2,5 Hektar großen Geländes. Wichtige Ratschläge erhielt sie von Lawrence Johnston, dem Schöpfer von Hidcote Manor Garden. Im Vergleich zu Hidcote ist die Lage von Kiftsgate viel dramatischer, vor allem wegen des zum Teil recht steilen Geländes und wegen der wunderbaren Ausblicke. Ein weiterer Unterschied zu Hidcote besteht in der innigeren Verbindung von Haus und Garten. In Hidcote spielt das Haus nur eine untergeordnete Rolle, wohingegen es in Kiftsgate zentraler Bezugspunkt ist. In den hausnahen Bereichen sind die Gartenräume formal konzipiert und gehen dann in naturnah gestaltete Bereiche über. Besonders charmant ist ein kleiner gepflasterter Senkgarten mit einem achteckigen Wasserbecken. Wie an vielen anderen Stellen des Gartens stehen auch hier kleine Sitzgruppen mit Tischen und Stühlen aus Metall, die in dem für Kiftsgate typischen frischen Blauton lackiert sind und originelle Akzente setzen.

Heather Muir gehörte, ebenso wie Lawrence Johnston, zu den Liebhabern alter Strauchrosen und sammelte sie in ihrem Rose Border. Zu der Rosensammlung zählt auch die heute berühmte Kiftsgate Rose (Rosa filipes »Kiftsgate«), eine ungefüllte, üppig wachsende, weiße Rankrose, die im Juni in der obersten Ecke des Rosenbeets einen höchst faszinierenden Anblick bietet.

In den dreißiger Jahren legte Heather Muir das Yellow Border an, in dem vorwiegend Blattschmuck- und Blütenstauden in Blau-, Gelb- und Orangetönen wachsen. Später kam die Anlage des Lower Garden hinzu, ein sehr geschützt liegender Gartenbereich, der durch ein terrassiertes Waldstück und über steile Treppen erschlossen wird. Auf der untersten Ebene baute Diany Binny in den sechziger Jahren einen Swimming Pool, der einerseits durch seine ungewöhnliche halbrunde Form beeindruckt, andererseits durch seine Farbe – das Becken ist schwarz gestrichen und fügt sich auf diese Weise hervorragend in das waldartige Ambiente ein.

Auf Initiative von Anne Chambers entstand 1999 ein weiterer, bemerkenswerter Gartenraum. Statt des seit vielen Jahren unbenutzten, von hohen Eibenhecken umschlossenen Tennisplatzes wurden eine perfekte Rasenfläche und ein von hellen Natursteinplatten umrahmtes Wasserbecken angelegt. Trittsteinplatten führen zu einer rechteckigen Raseninsel in der Mitte. Von hier aus blickt man frontal auf eine filigrane, sehr poesievolle Skulpturengruppe des Künstlers Simon Allison: Vierundzwanzig Philodendronblätter aus vergoldeter Bronze wiegen sich auf dünnen Edelstahlstäben und lassen Wasser in das Becken tropfen.

Hinter hohen Sandsteinmauern verbergen sich intime Gartenräume mit großer Blütenfülle.

Seite 73: 1999 entstand auf dem Gelände des ehemaligen Tennisplatzes ein sehr charakteristischer, moderner Wassergarten mit einer filigranen Skulpturengruppe.

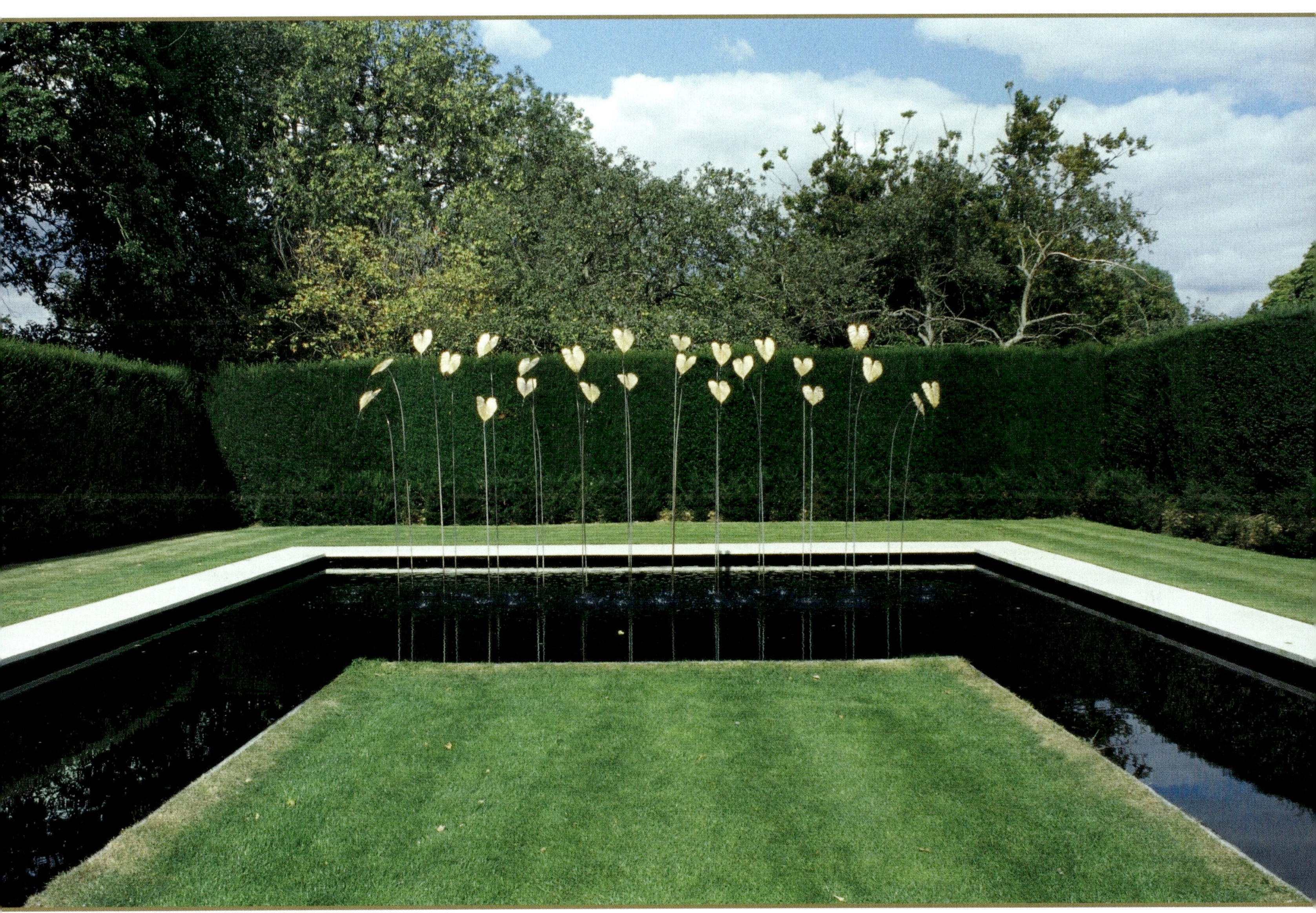

Knightshayes 23

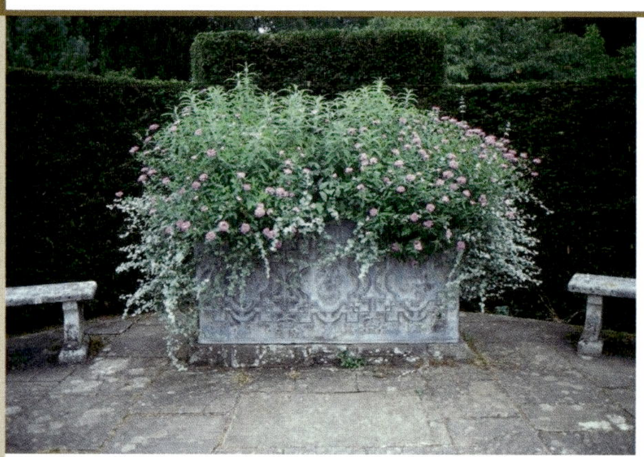

Name des Gartens
Knightshayes

Grafschaft
Devon

Lage
Bolham, Tiverton, Devon EX16 7RQ

Tearoom

Shop

Besitzer
The National Trust

Öffnungszeiten
März bis Oktober, täglich 10.00–17.00 Uhr; November und Dezember täglich 10.00–16.00 Uhr

Besuchsdauer
ca. 2 Stunden

Telefon
+44 (0) 1884 254665

E-Mail
knightshayes@nationaltrust.org.uk

Website
www.nationaltrust.org.uk

In der Nähe
Killerton

Das viktorianisch verspielte, etwas pompöse Landhaus Knightshayes Court wurde um 1870 von dem Architekten William Burges für die Familie Heathcoat Amory erbaut, die im nahegelegenen Tiverton eine Textilfabrik besaß. Der Landschaftsarchitekt Edward Kemp plante die Gartenanlagen, deren Grundstrukturen, trotz zahlreicher Veränderungen, noch heute erhalten sind. Wenn man das Torhaus und die Pforte passiert hat, wird man über eine faszinierende, leicht bergan führende kleine Straße zum Herrenhaus und zu den benachbarten Wirtschaftsgebäuden geführt. Rechts und links schweift der Blick über weite, sanft modellierte Rasenflächen und Schafweiden zu riesigen alten Eichen.

Der Rundgang durch den fast 20 Hektar großen Garten beginnt an der Südseite des Hauses. Man blickt über zwei langgezogene, schmale Terrassen und eine weite Rasenfläche in eine unerhört beeindruckende, von Feldhecken und Baumgruppen gegliederte Landschaft. Wunderbare Eibenhecken und eine prächtige Libanonzeder rahmen den Ausblick. Die Strukturen von Plattenbelägen gliedern die unterste Terrasse grafisch sehr schön – ein ebenso ungewöhnliches wie attraktives Element: Es handelt sich um die erhalten gebliebenen Wege eines Rosengartens, der sich früher an dieser Stelle befand.

Geht man auf dem von Staudenrabatten gesäumten Weg vor dem Haus weiter, gelangt man zu mehreren, von hohen Eibenhecken umschlossenen Heckenräumen. Der eindrucksvollste ist wohl der Pool Garden, der ursprünglich als *bowling green*, als perfekt ebene Fläche für Rasenspiele, angelegt worden war und 1957 nach einem Entwurf von Graham Stuart Thomas umgestaltet wurde. Man fügte ein kreisrundes, mit Seerosen und Wasseriris bepflanztes Becken ein, das, von einem breiten Plattenrand eingefasst, bodenbündig in der Rasenfläche liegt. Das Ensemble wird durch eine viktorianische Marmorskulptur vor der Eibenhecke, eine schöne ausgewachsene Silberbirne (Pyrus salcifolia) und die geschlossene Hintergrundkulisse vieler alter Bäume vollendet.

Vier Hektar des Geländes von Knightshayes wurden in den fünfziger und sechziger Jahren zum Garden in the Wood ausgebaut, einem mit Bäumen, Blütensträuchern, Farnen, Schattenstauden und Frühlingszwiebeln gärtnerisch reich gestalteten Waldstück. Im Schatten hoher alter Buchen, Kiefern, Eichen und Birken findet man eine große Arten- und Sortenvielfalt von Magnolien, Rhododendron, Azaleen, Hortensien und Hartriegel. Mit vielen unterschiedlichen Arten und Sorten von Christrosen, Pfingstrosen, Funkien, Storchschnabel- und Zwiebelgewächsen wird eine sehr abwechslungsreiche Krautschicht geschaffen.

Wie bei vielen anderen großen Landhäusern, ist auch in Knightshayes der von hohen Klinkermauern umschlossene, etwa 1,5 Hektar große Küchengarten eine besondere Sehenswürdigkeit.

Ein üppig bepflanzter alter Bleitrog bildet einen reizvollen Kontrast zu den dunklen Eibenhecken.
Seite 75: Graham Stuart Thomas entwarf 1957 den Pool Garden mit einem Seerosenbecken und der raffiniert platzierten Silberbirne.

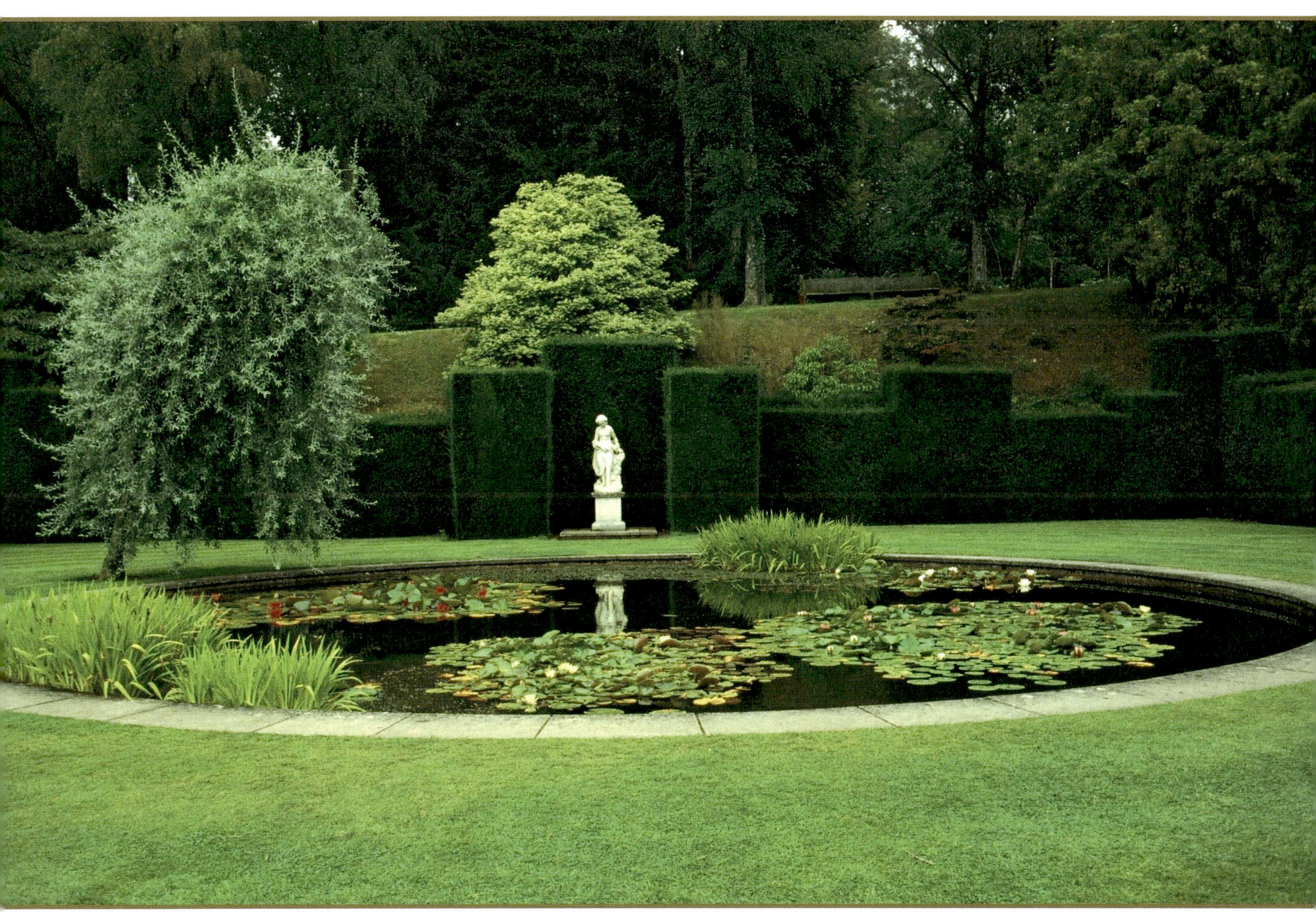

Lytes Cary Manor 24

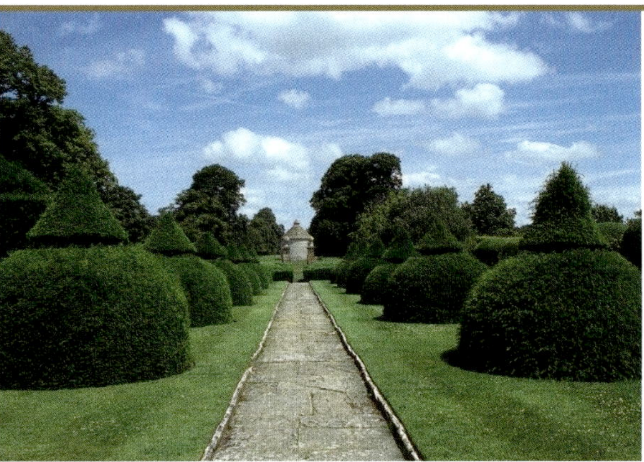

Name des Gartens
Lytes Cary Manor

Grafschaft
Somerset

Lage
bei Charlton Mackrell, Somerset TA11 7HU

Tearoom

Shop

Besitzer
The National Trust

Öffnungszeiten
täglich 10.00–17.00 Uhr, in den Wintermonaten geschlossen

Besuchsdauer
ca. 2 Stunden

Telefon
+44 (0) 1458 224471

E-Mail
lytescarymanor@nationaltrust.org.uk

Website
www.nationaltrust.org.uk

In der Nähe
Montacute, Barrington Court, Tintinhull

Lytes Cary Manor war über fünfhundert Jahre Landsitz der Familie Lyte, seine Geschichte lässt sich bis ins 13. Jahrhundert zurückverfolgen. Obgleich das Gebäudeensemble wegen des überall verwendeten Natursteinmaterials sehr einheitlich wirkt, haben die einzelnen Gebäudeteile doch ein recht unterschiedliches Alter. Die kleine Kapelle aus dem 14. Jahrhundert an der Ostseite des Herrenhauses ist der älteste Teil, die angrenzenden Trakte stammen aus dem 15. und 16. Jahrhundert.

Henry Lyte, der das Anwesen in der zweiten Hälfte des 16. Jahrhunderts bewohnte, war ein bekannter Botaniker und richtete hier einen botanischen Garten ein, von dem heute jedoch nichts mehr erhalten ist. 1578 veröffentliche Henry Lyte die Übersetzung eines flämischen Kräuterbuchs, das als »Lyte's Herball« bekannt wurde und in Großbritannien weite Verbreitung fand. In der zweiten Hälfte des 18. Jahrhunderts verfiel Lytes Cary Manor und erwachte erst 1907 wieder zu neuem Leben, als es von Sir Walter Jenner erworben und restauriert wurde. Nach dem Tod von Walter Jenner kam Lytes Cary Manor 1949 in den Besitz des National Trust.

Die Gartengestaltung von Lytes Cary Manor ist ein Lehrstück ersten Ranges. Die heutige Form des Gartens ist das Ergebnis der um 1910 durchgeführten Umgestaltungsmaßnahmen und der in den sechziger Jahren im Auftrag des National Trust von Graham Stuart Thomas vorgenommenen Ergänzungen.

Der Besucher kommt heute über einen kleinen Wirtschaftshof, quert eine Allee mit geschnittenen Linden und betritt dann den von mächtigen Buchshecken umschlossenen Apostle Garden (Garten der zwölf Apostel). Zwölf zu geometrischen Figuren geschnittene Eiben säumen alleeartig die Sichtachse zwischen dem Hauseingang und einem etwa 100 Meter entfernten sehr schönem Taubenturm.

Als nächstes betritt man einen langgezogenen, schmalen Gartenraum, der zur Rechten von einer hohen Eibenhecke und zur Linken von einer Bruchsteinmauer begrenzt wird. Vor der Mauer liegt ein von Graham Stuart Thomas geplantes, farblich sehr dezent zusammengestelltes *mixed border*. Der Weg führt dann in den kleinen, von hohen Eibenhecken gerahmten White Garden, der nur mit weiß blühenden Stauden und Gehölzen bepflanzt ist. Über eine Treppe kommt man zum *raised walk*, einem etwa 1,25 Meter erhöhten Weg, der von Säuleneiben und einem auf der gesamten Länge durchgehenden Streifen Johanniskraut begleitet wird. Zur einen Seite wird der Blick auf den *orchard*, eine Blumenwiese mit vielerlei Obstbäumen, gelenkt. Am Ende des *raised walk* wendet man sich um neunzig Grad und betritt den *long walk*, einen sehr strengen und schlichten, von Eibenhecken begrenzten, breiten Rasenweg, der zugleich die nördliche Begrenzung des Obstbaumgartens bildet. Der *long walk* endet beim Pond Garden, von dort führt der Weg weiter durch den

Den Apostle Garden mit zwölf zu geometrischen Figuren geschnittenen Eiben verbindet eine großartige Blickachse mit der Landschaft.
Seite 77, links: Zur einen Seite begleiten rhythmisierende Säuleneiben und ein langes Band von Johanniskraut den *raised walk*, zur anderen Seite eine Buchenhecke.

Rechts: Sehr dezente Farbtöne charakterisieren die gemischte Rabatte, die Graham Stuart Thomas in den sechziger Jahren des 20. Jahrhunderts geplant hat.

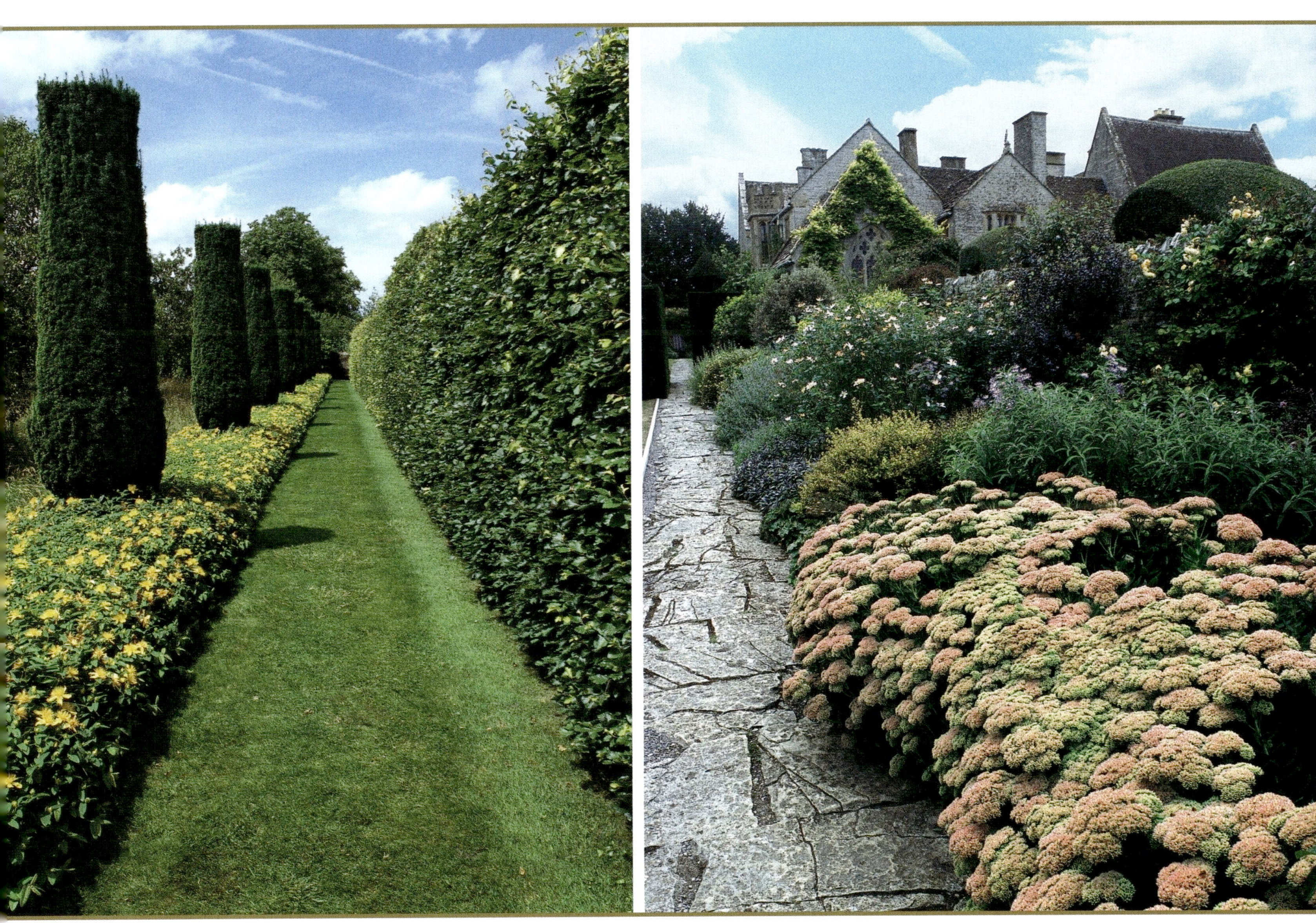

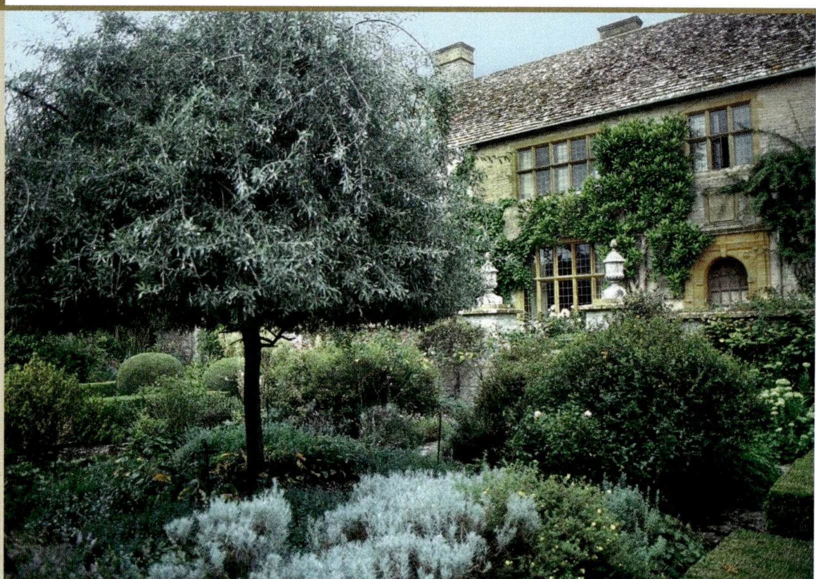

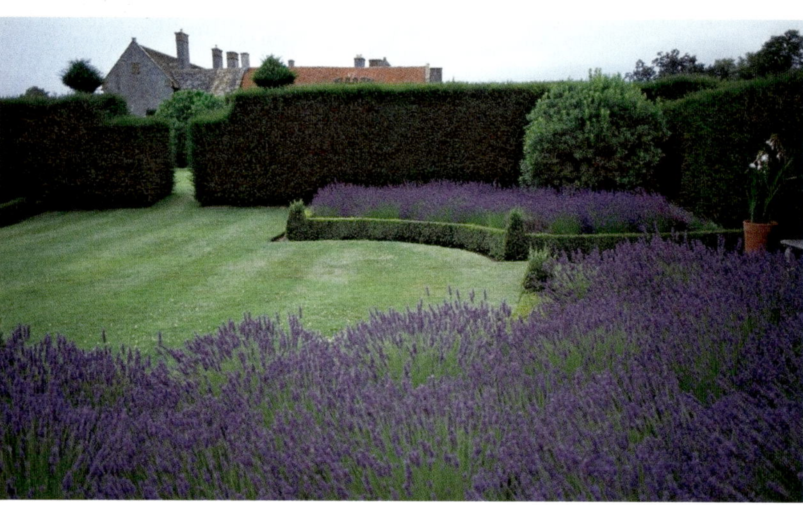

Lavendelgarten und über den *croquet lawn* zurück zum Herrenhaus, vor dessen Südfassade der National Trust eine Staudenrabatte mit Pflanzen angelegt hat, die im 16. Jahrhundert, zur Zeit von Henry Lytes, allgemein verbreitet waren. Die einzelnen Gartenräume sind schön proportioniert, in ihrer Bepflanzung klar thematisiert, nie überladen und reihen sich zu einer abwechslungsreichen wunderbaren Raumfolge.

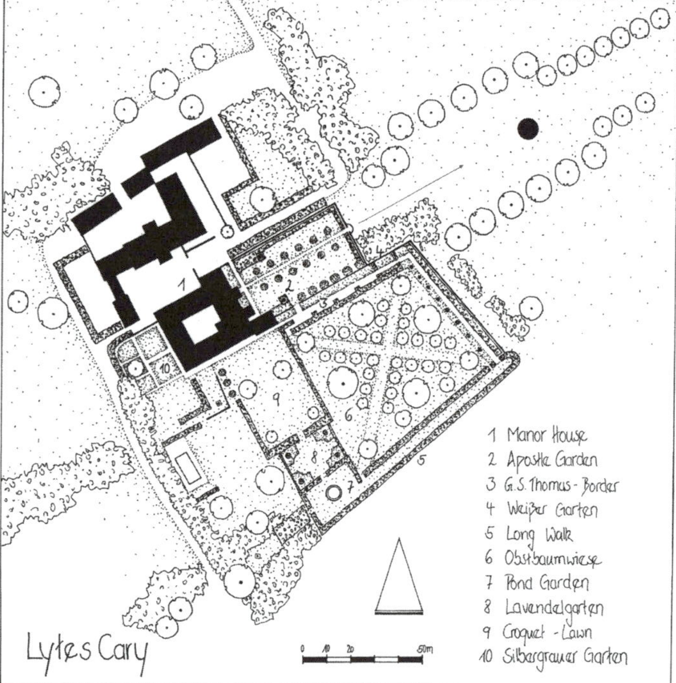

Oben: Im silbergrauen Garten steht eine wunderschöne Silberbirne. Unten: Der heckenumschlossene Lavendelgarten ist von schlichter, klarer Konzeption. Seite 79: Auch der Pond Garden ist ein streng architektonischer, klar thematisierter Gartenraum.

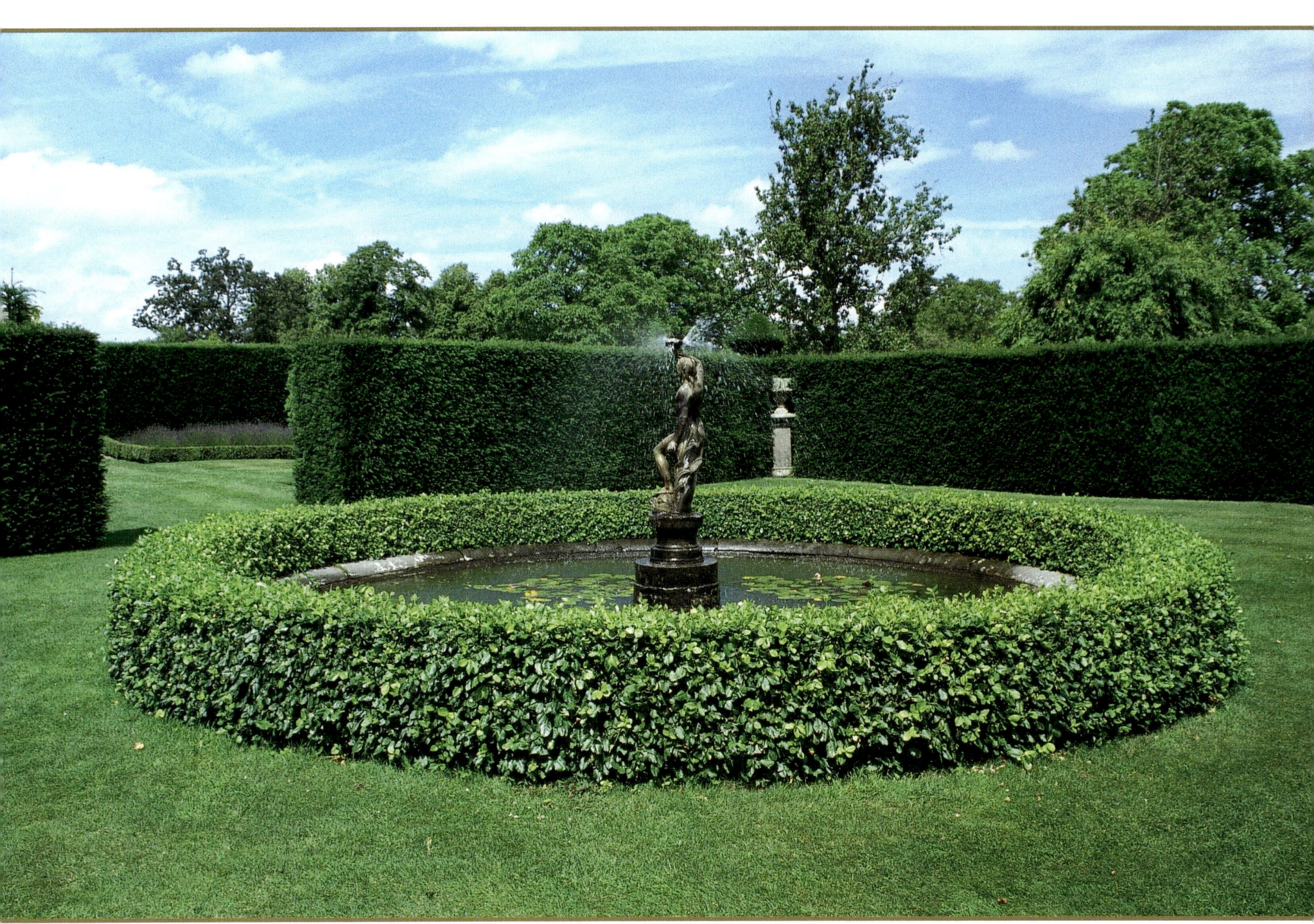

Montacute House 25

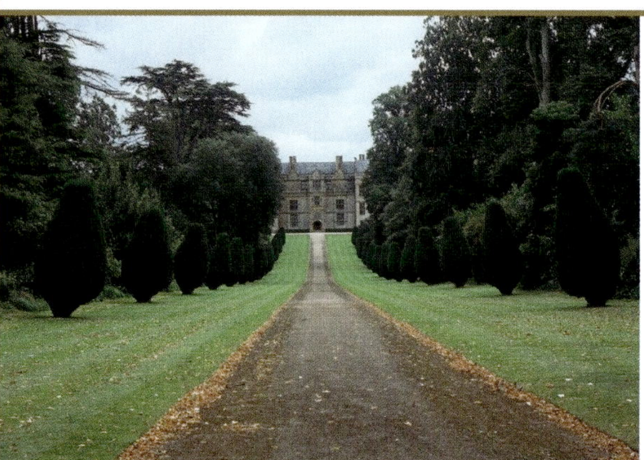

Name des Gartens
Montacute House

Grafschaft
Somerset

Lage
in Montacute, Somerset TA15 6XP

Tearoom

Shop

Besitzer
The National Trust

Öffnungszeiten
täglich 10.00–17.00 Uhr, in den Wintermonaten 10.00–16.00 Uhr

Besuchsdauer
ca. 2 Stunden

Telefon
+44 (0) 1935 823289

E-Mail
montacute@nationaltrust.org.uk

Website
www.nationaltrust.org.uk

In der Nähe
Barrington Court, Tintinhull, Lytes Cary Manor

Das um 1600 erbaute Montacute House ist ein Meisterwerk des Architekten William Arnold. Die eleganten Proportionen, die lichten Innenräume, das in warmen Goldockertönen leuchtende Sandsteinmauerwerk und der mit Obelisken, Balustern, dekorativen Kaminen und schön geschwungenen flämischen Giebeln reich gestaltete Dachrand schaffen vollendete Harmonie. Montacute gilt als das besterhaltene Herrenhaus aus elisabethanischer Zeit. Der Garten, der in seinen Grundzügen eine Schöpfung des frühen 17. Jahrhunderts ist, zählt zu den herausragenden Beispielen britischer Gartenkunst. Montacute House wurde von Sir Edward Phelips erbaut, einem erfolgreichen Anwalt und einflussreichen Politiker, der 1611 zum »Master of the Rolls« ernannt wurde. Als dritthöchster Richter gehörte er zu den mächtigsten Männern des Königreichs. Das Anwesen blieb über mehr als dreihundert Jahre im Besitz der Familie Phelips, bis sich deren wirtschaftliche Verhältnisse Anfang des 20. Jahrhunderts dramatisch verschlechterten, der Besitz nicht mehr zu halten war und 1931 verkauft werden musste. Die Society for Protection of Ancient Buildings (Gesellschaft für Denkmalschutz) erwarb das Haus und überschrieb es noch im gleichen Jahr dem National Trust.

Das Herzstück des Gartens ist der East Court, der ursprünglich als Vor- und Eingangshof diente. Der etwa 45 mal 45 Meter große Hof wird auf der einen Seite durch die Ostfassade des Gebäudes begrenzt und auf den anderen drei Seiten von etwa 1,5 Meter hohen Umfassungsmauern. Zusammen mit den beiden kostbar gestalteten Pavillons (hier *gazebos* genannt) an den Außenecken des Hofs und dem Herrenhaus bilden sie eine höchst eindrucksvolle, harmonische Gesamtkomposition. Die Umfassungsmauern werden auf allen drei Seiten von breiten Blumenrabatten (*mixed borders*) begleitet, einer Hinzufügung des 20. Jahrhunderts. Sie wurden in den dreißiger Jahren nach Pflanzplänen von Phyllis Reis angelegt und in den fünfziger Jahren von Vita Sackville-West weiterentwickelt, die den Garten im Auftrag des National Trust betreute. Die Blatt- und Blütenfarben der Rabatten sind entweder in warmen Goldtönen gehalten und harmonieren mit der Farbe des Mauerwerks, oder sie setzen mit Purpur-, Violett- und Indigotönen gezielte Komplementärkontraste. Ein Tor in der Mitte der Mauer zwischen den beiden Pavillons bietet Ausblicke in die angrenzende Parklandschaft. Eine breite, rechts und links von Doppelreihen riesiger Linden gesäumte Achse, die frühere Zufahrtsachse, zieht sich bis zum Horizont. Hier weiden Schafe und Kühe und werden zum Bestandteil eines wunderbaren pastoralen Gemäldes.

Südlich des East Court befindet sich die rechteckige Rasenfläche des Cedar Lawn, die nach Westen von einer mächtigen Eibenhecke abgeschlossen wird, nach Osten durch eine Doppelreihe von Säuleneiben und nach Süden durch zwei mächtige alte Zedern.

Von Rasenflächen, Säuleneiben und altem Baumbestand begleitet, bildet der West Drive einen großartigen Auftakt der Gartenchoreografie.

Seite 81: Der an der Nordseite des Hauses gelegene Gartenbereich mit abgesenkter Rasenfläche, strengem Wegekreuz, zentralem Wasserbecken und rahmenden Säuleneiben wurde erst um 1860 angelegt.

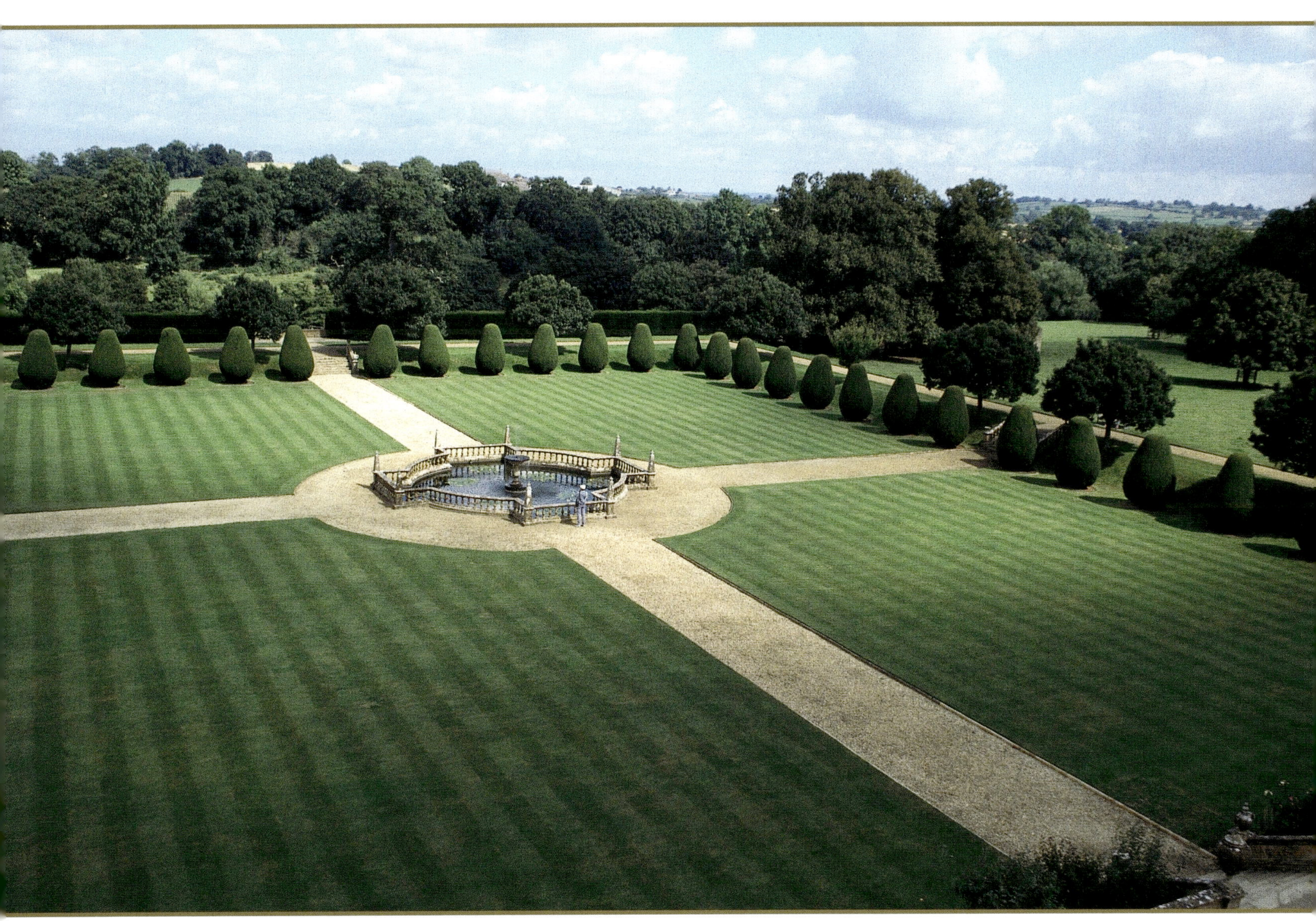

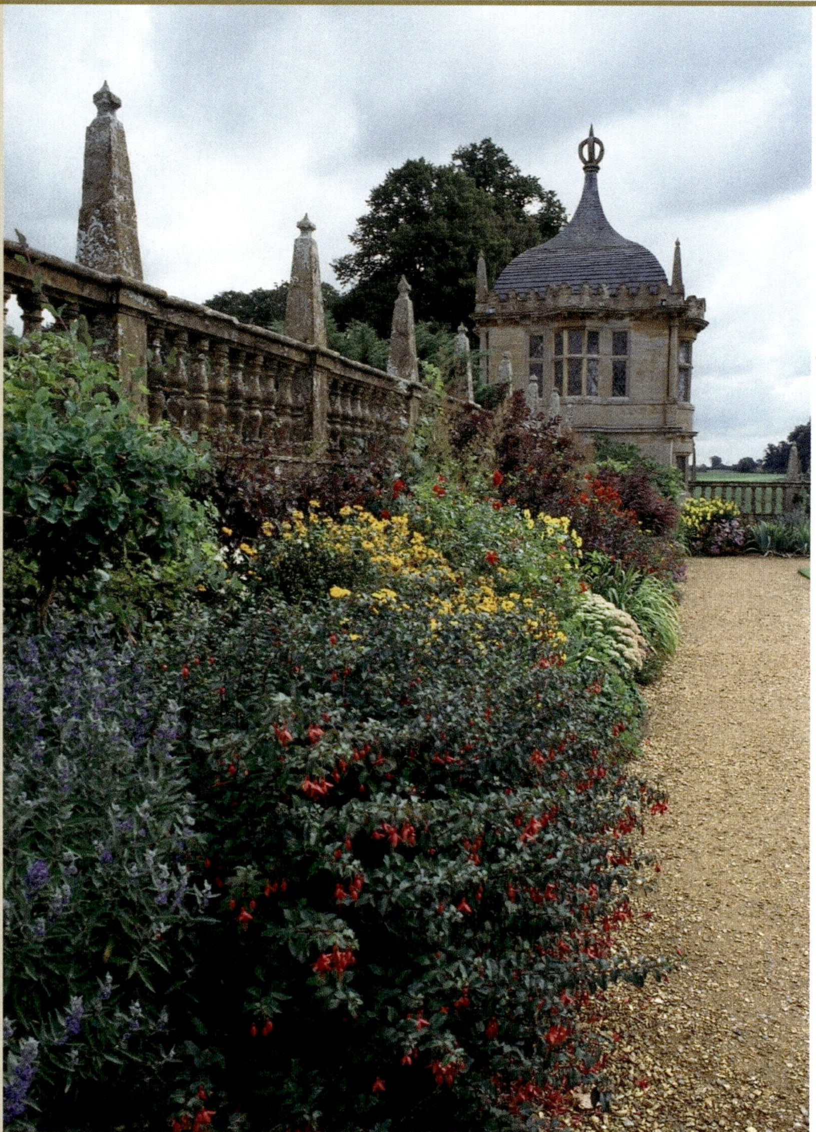

An der Nordseite des Herrenhauses liegt ein Bereich, der an Schönheit dem East Court nicht nachsteht. In seiner einfachen klaren Gestaltung entspricht er vollkommen den Idealen der elisabethanischen Gartenkunst. Der fast quadratische Gartenraum wird durch regelmäßig gereihte Säuleneiben und einen um etwa 1,5 Meter höher gelegenen, umlaufenden, breiten Weg gerahmt. Die so umschlossene Fläche ist nur als Rasen angelegt, durch ein Wegekreuz in vier gleiche Felder geteilt und im Mittelpunkt durch ein von Balustraden gesäumtes Wasserbecken akzentuiert.

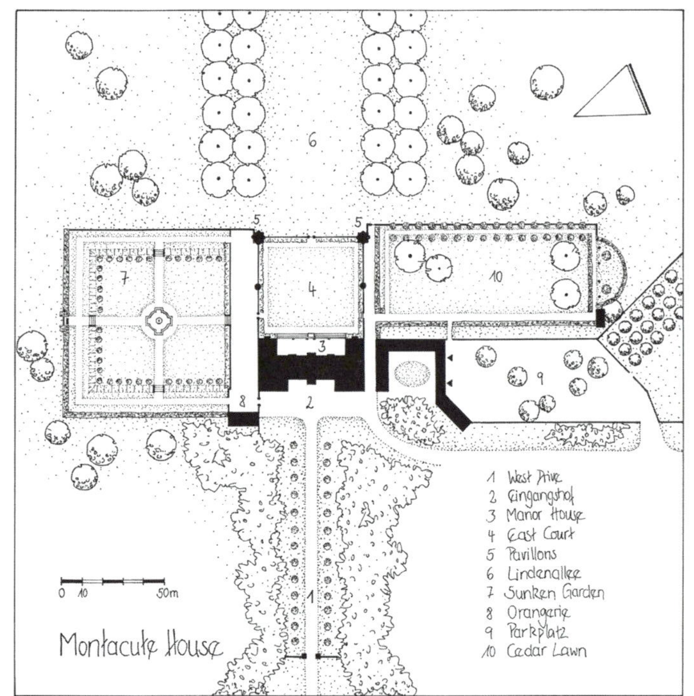

Ursprünglich war der East Court mit seinen charakteristischen Eckpavillons der Eingangshof des Herrenhauses; in den dreißiger Jahren des 20. Jahrhunderts kamen die Staudenbeete hinzu.

Seite 83: Die Eibenhecke hat ein Alter von etwa 140 Jahren und ist in unvergleichlich expressiver Weise zu plastischen Formen geschnitten.

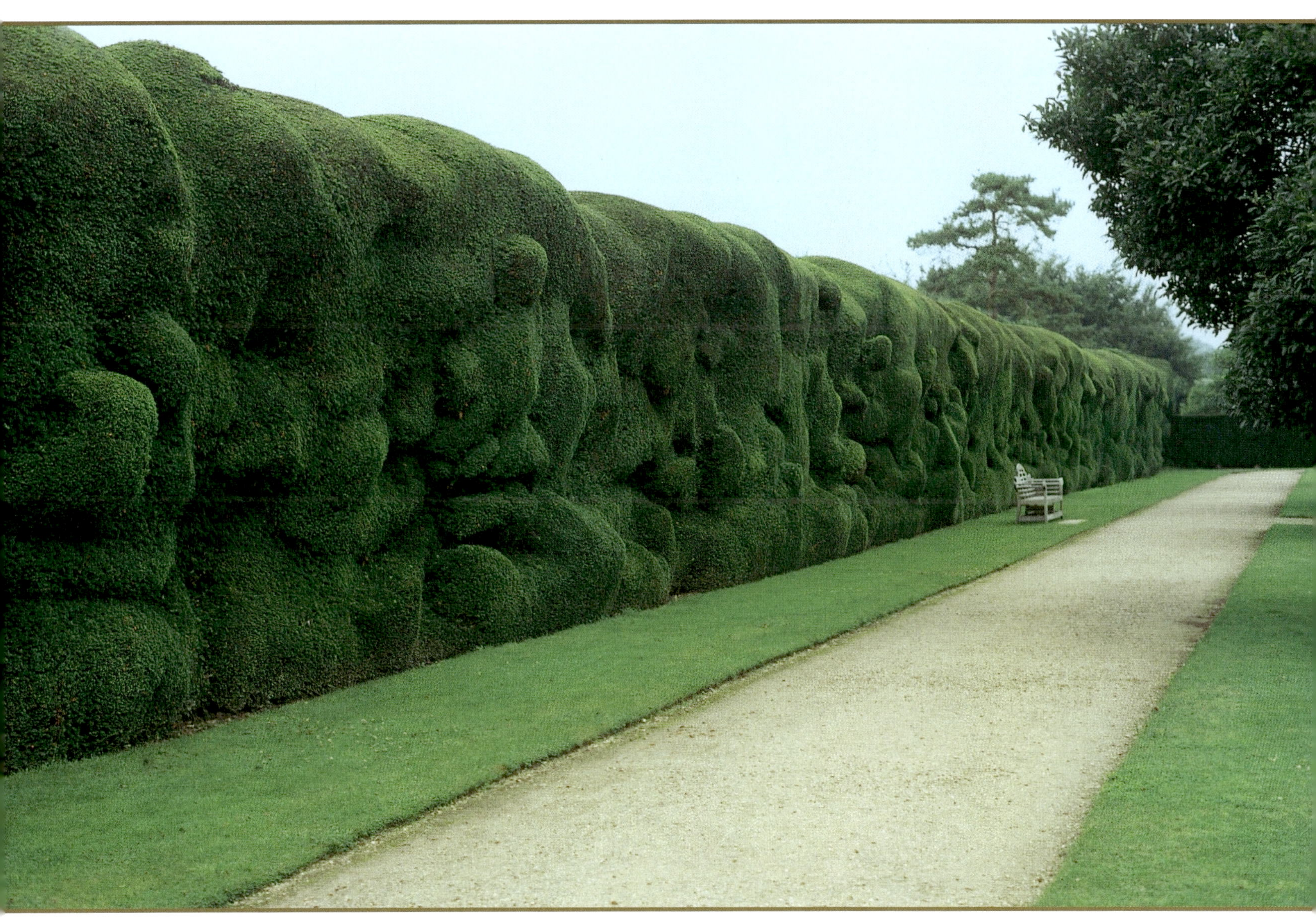

Rodmarton Manor 26

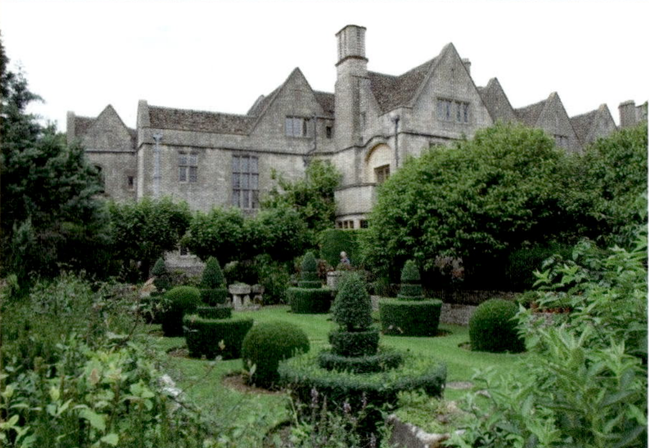

Name des Gartens
Rodmarton Manor

Grafschaft
Gloucestershire

Lage
A 433 zwischen Cirencester und Tetbury, Gloucestershire GL7 6PF

Tearoom
für Gruppen nach Vereinbarung

Besitzer
John und Sarah Biddulph

Öffnungszeiten
Mittwoch, Samstag und Bank Holidays von Mai bis September 14.00–17.00 Uhr

Besuchsdauer
ca. 2 Stunden

Telefon
+44 (0) 1285 841 442

E-Mail
enquiries@rodmarton-manor.co.uk

Website
www.rodmarton-manor.co.uk

In der Nähe
Misarden Park

Das am Rande der Cotswolds, einer der schönsten Landschaften in England, gelegene Landhaus Rodmarton Manor und der dazugehörige, etwa 3,5 Hektar große Garten wurden um 1909 von dem Architekten Ernest Barnsley (1863–1926) geplant. Bauherr war der Börsenmakler Claud Biddulph, dessen Frau gelernte Gärtnerin war. Die Bauarbeiten wurden erst 1929 abgeschlossen. Als Barnsley 1926 starb, übernahm sein Schwiegersohn, der Architekt Norman Jewson (1884–1975) die Ausführungsplanungen und Bauleitungsaufgaben.

Man nähert sich dem Landhaus über eine heckengesäumte Zufahrt, quert einen Wirtschaftshof und kommt dann in einen repräsentativen Eingangshof, der halbkreisförmig vom Manorhouse mit seinen vielen Giebeln umschlossen wird. Über das Gebäude, dessen Architektur und Innenarchitektur ganz den Geist der Arts-and-Crafts-Bewegung verkörpert, gelangt man in den *terrace garden* an der Südseite des Hauses. Zwischen den Natursteinplatten des Bodenbelags wachsen alpine Polsterstauden und in alten Steintrögen werden Sukkulenten gezogen. Wenn das Haus nicht besichtigt werden kann, wird man seitlich durch den Küchengarten mit seinen schönen Apfelspalieren und duftenden alten Rosen in die Gartenanlage geführt.

Unterhalb des Terrassengartens zieht sich in Ost-West-Richtung ein langer, geradliniger, von einer Rabatte begleiteter Weg wie ein Korridor über das ganze Grundstück. Über diesen Weg, der am Westrand des Grundstücks im *wild garden* endet, werden verschiedene, immer von Hecken begrenzte, Gartenräume erschlossen: die *meadow*, eine Blumenwiese, die im Februar mit Schneeglöckchen in voller Blüte steht, der *cherry orchard* (Kirschbaumhain), der windgeschützte *leisure garden* (Garten für Mußestunden) und der *tennis court*, der Tennisplatz, der stets zu einem Landhausgarten gehört.

Neben der Architektur des Landhauses, der strengen Grundrissordnung des Gartens und der langen Sichtachsen beeindrucken in Rodmarton Manor vor allem die Eibenhecken und das vielfältige Eibentopiary.

Der faszinierendste Gartenraum von Rodmarton Manor ist zweifelsohne der Long Garden, der zwischen dem Gemüsegarten und dem durchlaufenden Ost-West-Weg eingefügt ist. Es ist ein lang gestreckter Staudengarten mit einem im Stil von Gertrude Jekyll angelegten, hervorragend komponierten *double border*, der zur einen Seite von einer Eibenhecke, zur anderen Seite von einer berankten Mauer begrenzt ist. Am Ende des von schmalen Rasenstreifen flankierten Mittelwegs befindet sich als Zielpunkt und Blickfang das *summer house*, ein schöner gemauerter Pavillon mit einem steilen Pyramidendach, das mit Natursteinplatten eingedeckt ist und von einer Steinkugel gekrönt wird.

Auch in Rodmarton Manor gibt es beeindruckende Eibenhecken und Eibentopiary.
Seite 85: Das hervorragend komponierte *double border* im Long Garden wird von schmalen Rasenstreifen flankiert und endet an einem Gartenpavillon mit Pyramidendach.

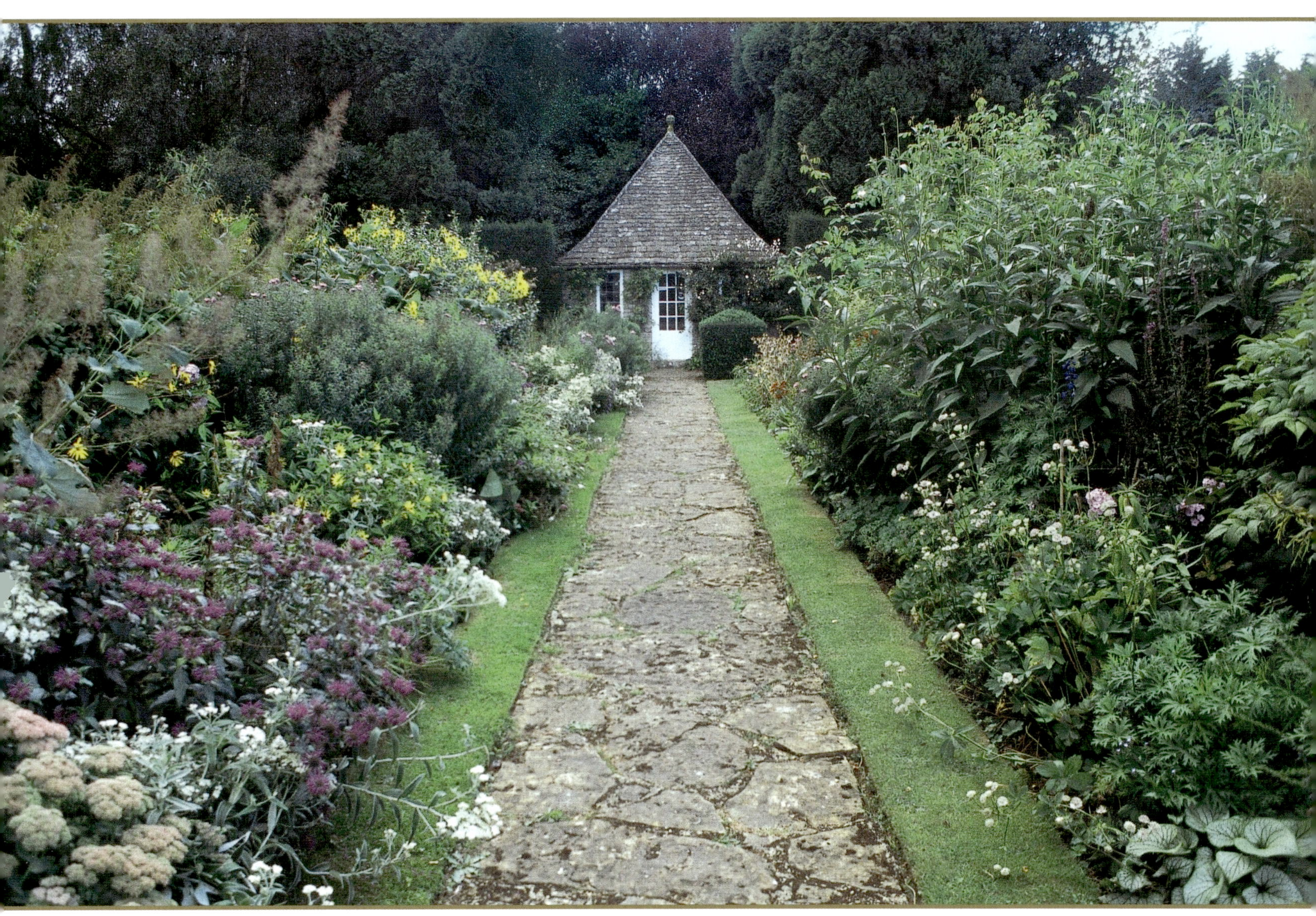

Rousham House 27

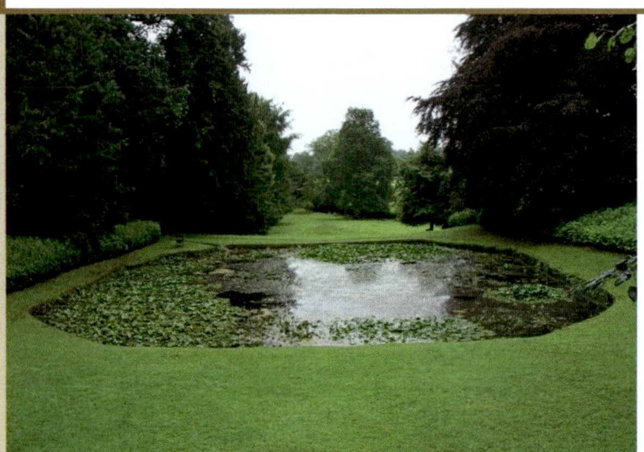

Name des Gartens
Rousham House & Gardens

Grafschaft
Oxfordshire

Lage
bei Steeple Aston, 18 km nördlich von Oxford, Oxfordshire OX5 3QX

Besitzer
Familie Cottrell-Dormer

Öffnungszeiten
ganzjährig, 10.00–16.30

Besuchsdauer
ca. 2 Stunden

Telefon
+44 (0) 1869 347 110

E-Mail
ccd@rousham.org

Website
www.rousham.org

In der Nähe
Blenheim Palace, Stowe

Der Garten von Rousham House, entstanden um 1740, ist von herausragender kulturgeschichtlicher Bedeutung, denn er ist das einzige original erhaltene Werk von William Kent (1685–1748) und dokumentiert auf sehr eindrucksvolle Weise die Anfänge des Landschaftsgartens mit all seinen Bezügen zur Mythologie der Antike.

Man erschließt sich die sehr stimmungsvolle Anlage am besten, wenn man den Rundgang an der Gartenseite des Gebäudes, bei der großen, ebenen Rasenfläche beginnt, an deren Ende eine Skulpturengruppe den Blick in die Landschaft lenkt. Es ist sehr charakteristisch für William Kent, wie er die umgebende Landschaft in seine Gestaltung einbezogen hat. So errichtete er zum Beispiel ein Mühlengebäude am anderen Ufer des sich gemächlich windenden River Cherwell, der die natürliche Grenze des Gartens bildet. Am Ende des Bowling Green fällt das Gelände zum Tal hin relativ steil ab. Rechts und links, mit dem Rücken zu einem dichten Wäldchen, stehen zwei von William Kent entworfene, aus Holz konstruierte kleine Pavillons, die jeweils von einer Herme bewacht werden. Der weitere Weg führt nun durch das Wäldchen, und man kommt zu einer Terrasse mit der Skulptur eines sterbenden Gladiators, von der man erneut Ausblicke in die romantisch anmutende Landschaft hat. Unterhalb dieser Terrasse befindet sich ein wohl proportionierter, etwas monumental wirkender Arkadengang. Mit den hier früher aufgestellten Büsten war er als Inszenierung des antiken Praeneste-Heiligtums südlich von Rom gedacht. Geht man weiter, kommt man in das liebliche, weite Venus's Vale – mit Brunnenanlagen aus grob behauenen moosbewachsenen Steinen, einer Venusfigur und im Gebüsch versteckten Faunskulpturen. Folgt man von dem schlichten achteckigen Teich am Fuß des Venustals einem Weg, der sich durch das Waldstück schlängelt und in dessen Mitte eine gemauerte Wasserrinne verläuft, erreicht man eine Lichtung. Dort bietet sich eine neue Ansicht der Flusslandschaft, die auch ein Apoll an dieser Stelle zu betrachten scheint. Links auf der Anhöhe thront der Tempel des Echos, und vor ihm liegt eine Rasenfläche, die sich zum Fluss hinunterschwingt und von mächtigen Bäumen bestanden ist. Im Hintergrund erkennt man eine mittelalterliche Brücke, die Kent als geborgte Landschaft in die Parkgestaltung einbezogen hat. Der Weg führt nun am Flussufer entlang, man sieht das Tal der Venus und auch Praeneste noch einmal aus einer anderen Richtung. Im Wald begegnet man weiteren Skulpturen aus der römischen Mythologie. Man passiert einen Pavillon und kommt schließlich zu einer Sitznische, dem Classic Seat, die dazu einlädt, die Flussaue aus unmittelbarer Ufernähe zu betrachten. Von hier aus steigt man über Waldwege wieder hinauf und kommt in einen ummauerten Küchen- und einen formalen Parterregarten mit ihren ganz anderen Stimmungsbildern.

Am Fuß des Venustals liegt ein achteckiger Teich mit Seerosen, in den eine gemauerte Wasserrinne mündet.

Seite 87: Die aus grob behauenen Steinen errichtete, moosbewachsene Brunnenanlage im Venustal schafft einen stimmungsvollen, etwas verwunschen wirkenden Ort.

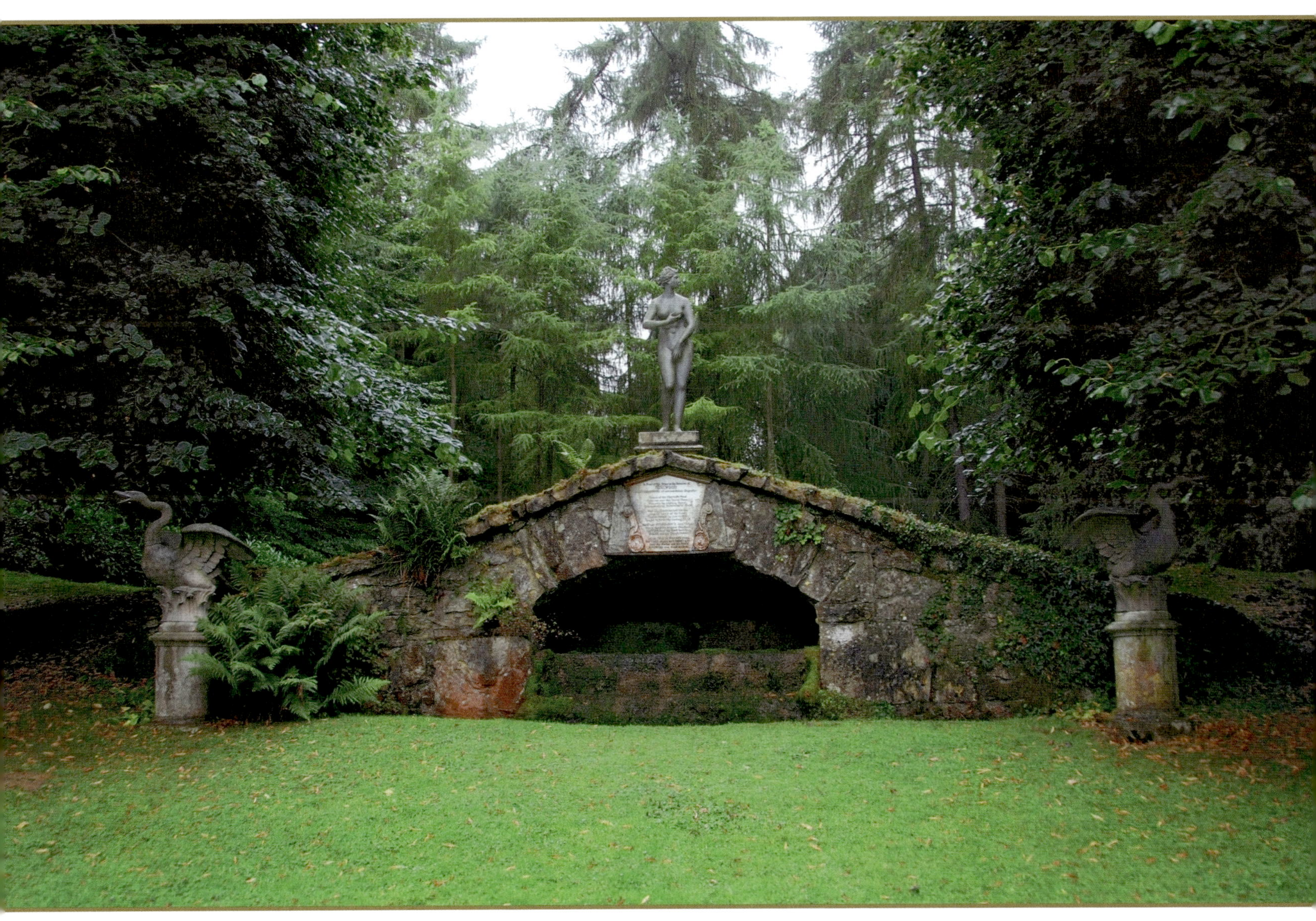

Westwell Manor 28

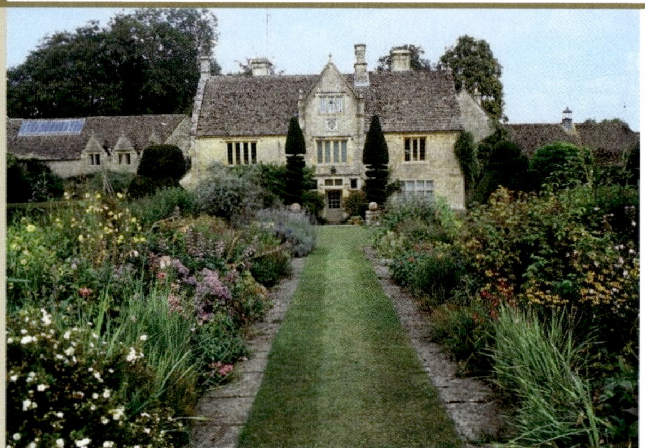

Name des Gartens
Westwell Manor

Grafschaft
Oxfordshire

Lage
bei Burford, Oxfordshire OX18 4 JT

Besitzer
Anthea Gibson

Öffnungszeiten
nur nach Vereinbarung

Besuchsdauer
ca. 2 Stunden

In der Nähe
Buscot Park, Rousham House, Blenheim Palace

Das kleine Dorf Westwell ist nach einem Brunnen aus der Römerzeit (engl. *well*) benannt, es liegt sehr versteckt und schwer auffindbar in einem Waldgebiet am Rand der Cotswolds, einer der reizvollsten Landschaften in ganz England. Das Herrenhaus Westwell Manor stammt in seiner Grundsubstanz aus dem 16. Jahrhundert und wurde im frühen 18. Jahrhundert um einen Gebäudeflügel erweitert. Der knapp 3 Hektar große Garten wurde in den zwanziger Jahren des 20. Jahrhunderts von Sir Sothern und Lady Holland angelegt, die ihm mit schönen Hecken, Formschnittgehölzen, Mauern, Natursteinbelägen und Toren eine klare Struktur gaben. Westwell Manor gehörte bis 1975 der Familie Holland, 1979 erwarben Thomas und Anthea Gibson das Anwesen. Die neuen Besitzer haben das Bestehende respektiert und an vielen Stellen auf sehr dezente Weise verfeinert. Anthea Gibson, die als Gartendesignerin arbeitet, hat die überlieferten Strukturen wunderbar zu einem neuen Gesamtkonzept mit über zwanzig unterschiedlichen Bereichen gefügt.

An der Südseite des Hauses gibt es nicht nur bemerkenswerte Formschnittgehölze, sondern auch ein prächtiges *double border*, Staudenrabatten zu beiden Seiten eines breiten Rasenwegs. Es gibt einen Küchengarten, einen Haselnusshain, einen Sonnenuhr-Garten, einen Obstbaumgarten, einen Poolgarten mit zwei sehr dekorativen Pavillons, einen Gartenraum mit einem Seerosenbecken, einen Rosengarten, in dem wunderbar duftende alte englische Rosen blühen, und viele andere grüne Zimmer. In einem Wiesengelände jenseits des Küchengartens hat Anthea Gibson einen auf einem spiralförmigen Weg zu erklimmenden *mound* (Hügel) angelegt, Zitat eines im 17. Jahrhundert sehr verbreiteten Gartenmotivs, und ein Stück weiter ein kleines Freilichttheater.

Die Grenzen zwischen den einzelnen Gartenräumen sind hervorragend gestaltet, sie bilden geradezu eine Beispielsammlung oder einen Musterkatalog: von Flechtzäunen über ganz normale Eiben- und Buchenhecken sowie Trockenmauern bis zu geschnittenen Linden, die hier als *flying hedges* bezeichnet werden, was mit Hochhecken übersetzt werden könnte, eine Bezeichnung, die auch im Deutschen gelegentlich verwendet wird. Jenseits der bepflanzten Zonen, im Obstbaumgarten, geht man im Sommer auf gemähten Rasenwegen im hohen Gras, im Frühjahr wächst hier ein Meer von Narzissen.

Der Moonlight Garden ist der neueste Gartenraum von Anthea Gibson. Er soll seine besondere Schönheit in Vollmondnächten entfalten. Man kann es sich schon jetzt gut vorstellen angesichts der grau- und silberblättrigen Pflanzen, die um das kreisrunde Becken gruppiert sind, dessen tintenschwarzes Wasser bei Tag sehr geheimnisvoll wirkt.

Eine lange, als *double border* konzipierte Staudenrabatte gehört zu den repräsentativsten Bereichen des Gartens.
Seite 89: Ein märchenhaftes Gesamtbild ergeben die Formschnittgehölze in überaus reizvollem Kontrast zu frei wachsenden Gehölzen.

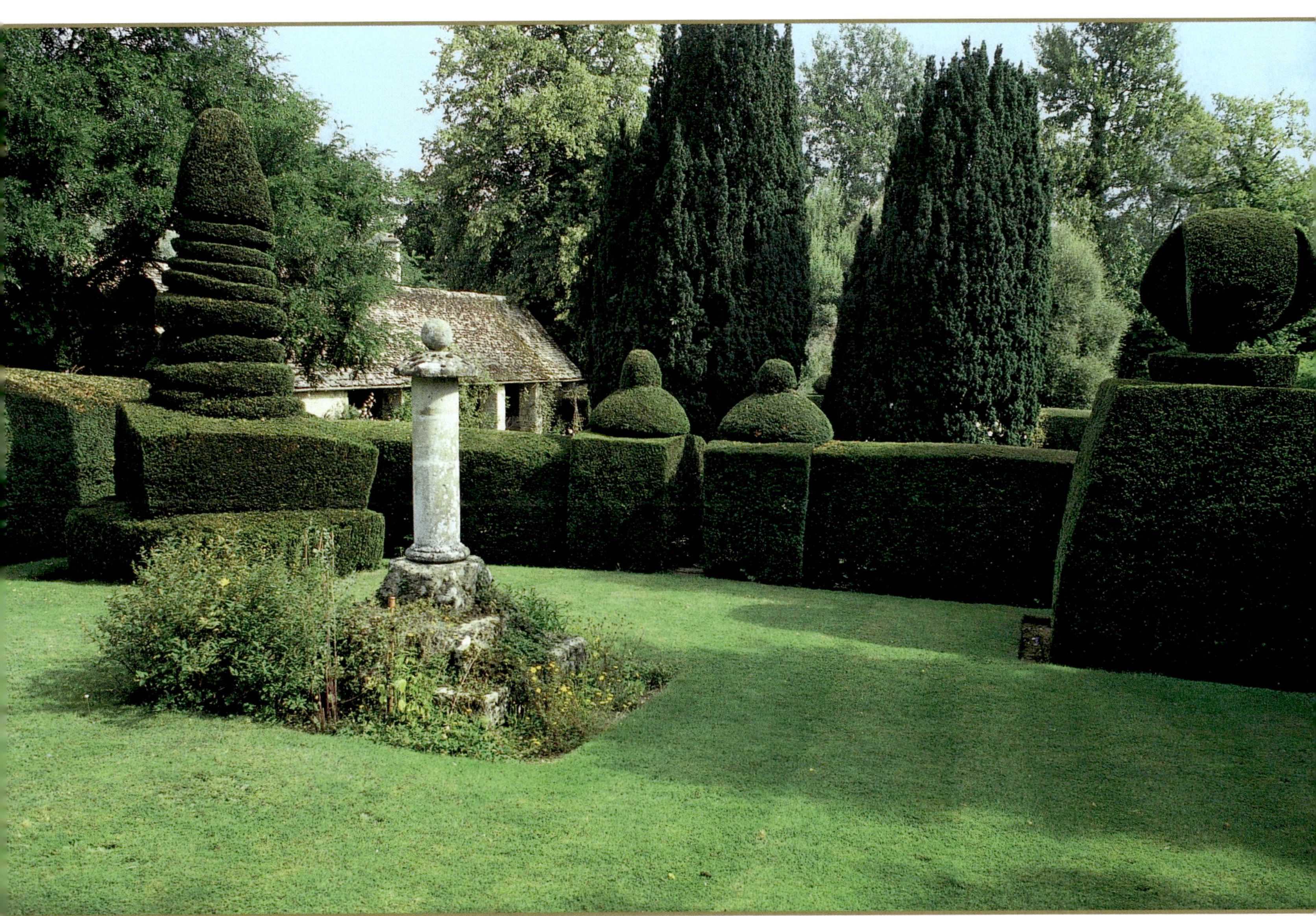

Stourhead 29

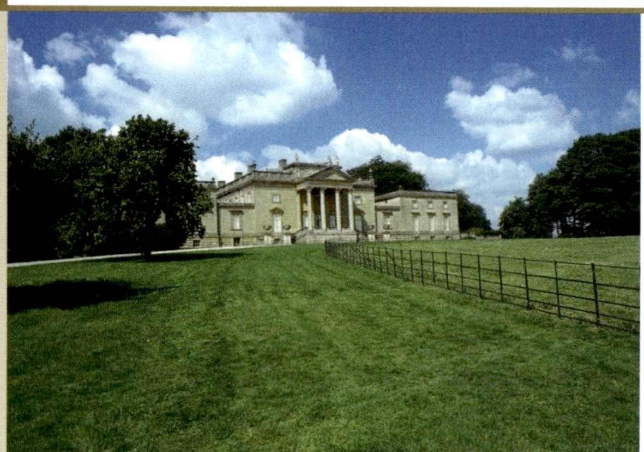

Name des Gartens
Stourhead

Grafschaft
Wiltshire

Lage
bei Stourton, Warminster, Wiltshire BA12 6QD

Tearoom

Shop

Besitzer
National Trust

Öffnungszeiten
täglich 9.00–16.30 Uhr, in den Wintermonaten 9.00–15.00 Uhr

Besuchsdauer
ca. 3 Stunden

Telefon
+44 (0)1747 841152

E-Mail
stourhead@nationaltrust.org.uk

Website
www.nationaltrust.org.uk

Stourhead ist einer der beeindruckendsten englischen Landschaftsgärten. Die Geschichte des Gartens begann im Jahr 1717, als der Bankier Henry Hoare das Gelände erwarb und mit dem Bau eines Landhauses im palladianischen Stil begann. 1725 starb der Bauherr, sein zwanzigjähriger Sohn Henry Hoare II erbte den Besitz. Von 1738 bis 1741 ließ der Erbe seine beruflichen Verpflichtungen ruhen und begab sich auf die Grand Tour nach Italien. Nach der Rückkehr begann er mit weitreichenden Umgestaltungen seines Landsitzes, konzentriert auf die Talsenke südwestlich des Landhauses. Hier gab es einige kleine Teiche, die erweitert und zu einem idyllischen See zusammengefasst wurden.

Nach Entwürfen des Architekten Henry Flitcroft entstanden zahlreiche Staffagebauten, die den Garten von Stourhead so unverwechselbar machen. Als erstes wurde 1745 der Floratempel fertiggestellt, im gleichen Jahr am gegenüberliegenden Seeufer über einer der sechs Quellen des Stour eine Grotte errichtet. Im Jahre 1754 folgte der Bau des Pantheons, einer Kopie des berühmten antiken Kuppelbaus in Rom im Maßstab 1 zu 2. 1765 entstand der Apollotempel, den Flitcroft nach dem Vorbild des spätrömischen Rundtempels von Baalbek ausführte. Auch das kleine Dorf Stourton wurde in das Gesamtkonzept des Gartens einbezogen. Der Blick vom Dorf über den See und die Brücke zum Pantheon und der vom Pantheon zum Floratempel und zur Dorfkirche sind so harmonische und ausdrucksvolle Kompositionen, dass man annehmen könnte, sie seien in dieser Form zusammenhängend konzipiert worden. Alle Recherchen sprechen jedoch dagegen; vielmehr ist davon auszugehen, dass das malerische Gesamtbild durch jahrzehntelange Weiterentwicklung und Verbesserung entstanden ist.

Henry Hoare starb 1785 und vererbte Stourhead seinem Enkel Richard Colt Hoare, der den Garten zwar in seinen Grundstrukturen beließ, doch in den ersten Jahrzehnten des 19. Jahrhunderts wesentliche Veränderungen an der Bepflanzung vornahm. Dem Zeitgeschmack entsprechend pflanzte er Rhododendron und viele andere Blütensträucher, Bäume mit auffälligen Blattfarben wie Blutbuchen und Goldulmen oder exotische Bäume mit interessanten Blattformen und spektakulärer Herbstfärbung.

Stourhead blieb im Besitz der Familie Hoare bis das Anwesen 1947 dem National Trust vermacht wurde. Mit über zweihundertfünfzigtausend Besuchern pro Jahr ist Stourhead einer der meistbesuchten historischen Gärten des National Trust und wird gartendenkmalpflegerisch hervorragend betreut.

Etwas abseits des berühmten Landschaftsgartens liegt das um 1720 erbaute klassizistische Landhaus.
Seite 91: Der einzigartige Blick über den See auf die Nachbildung des römischen Pantheons hat Stourhead zu einer Ikone der europäischen Gartenkunst gemacht.

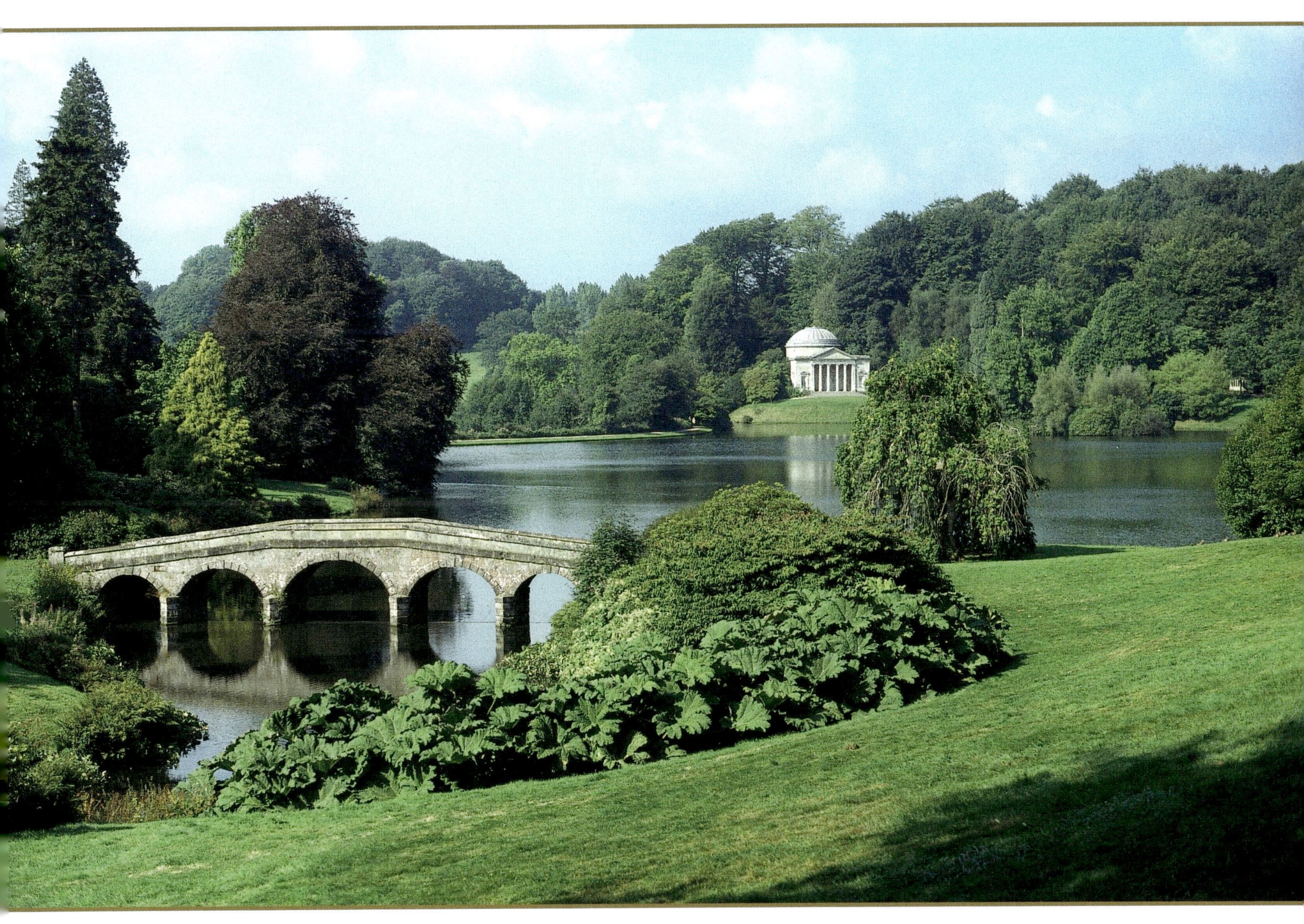

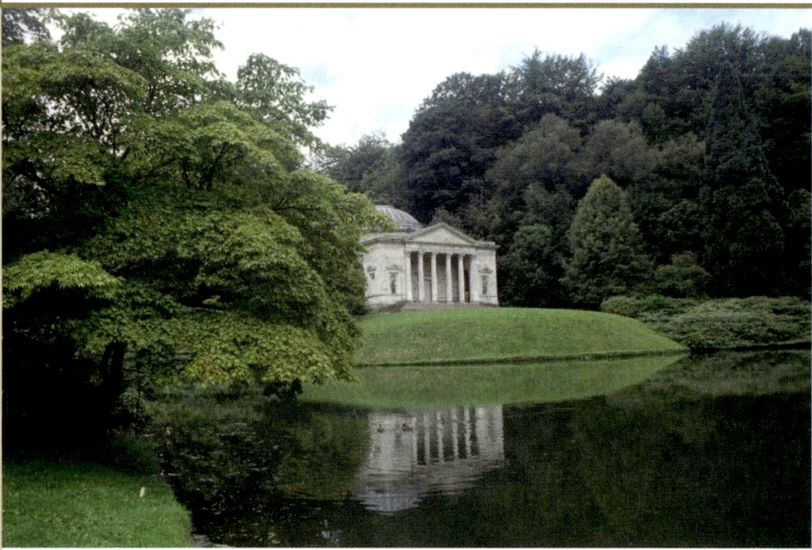

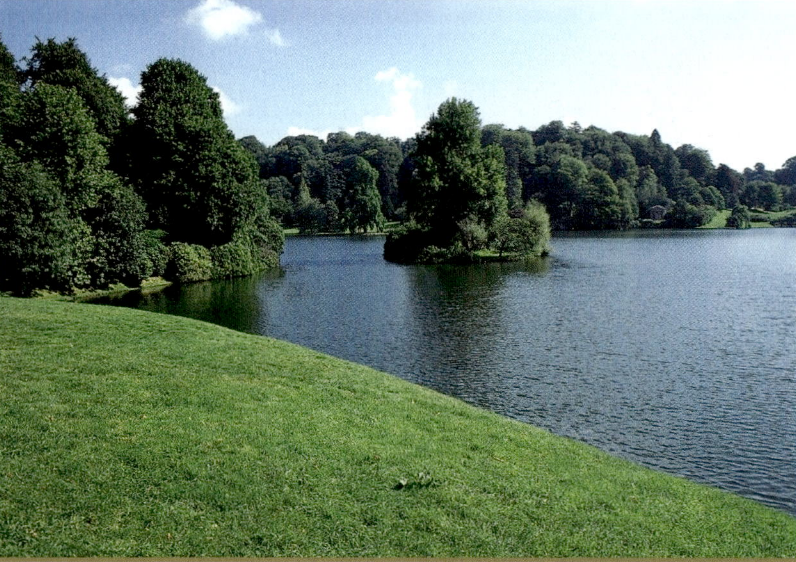

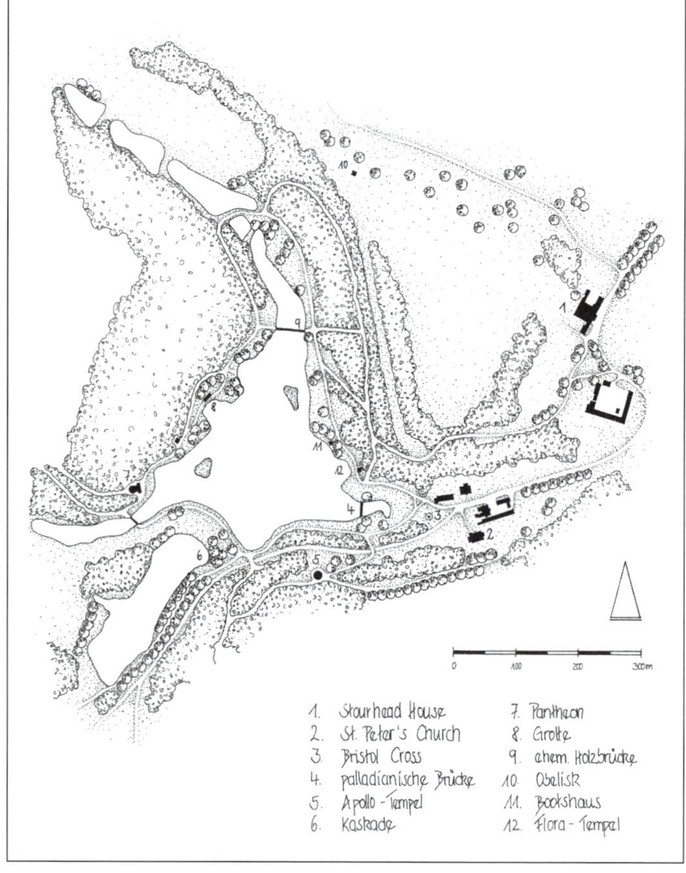

Oben: Nachbildung des römischen Pantheons im Maßstab 1:2; unten: Zu den künstlichen Seen in Landschaftsgärten gehören meist auch künstliche Inseln. Seite 93: Nordwestlich des großen Sees laden einige kleinere Teiche zu Spaziergängen etwas abseits der Hauptwege ein.

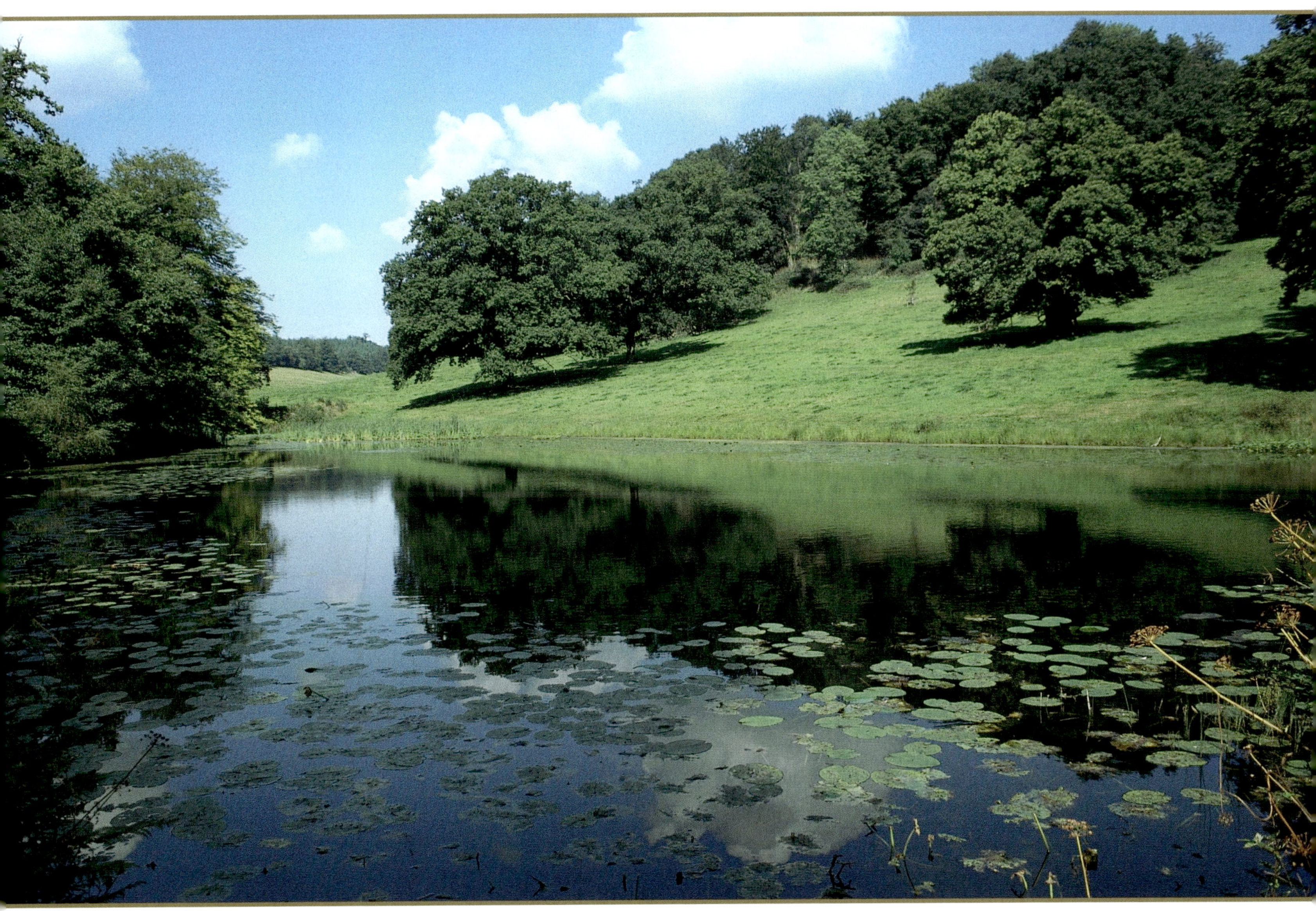

Sudeley Castle 30

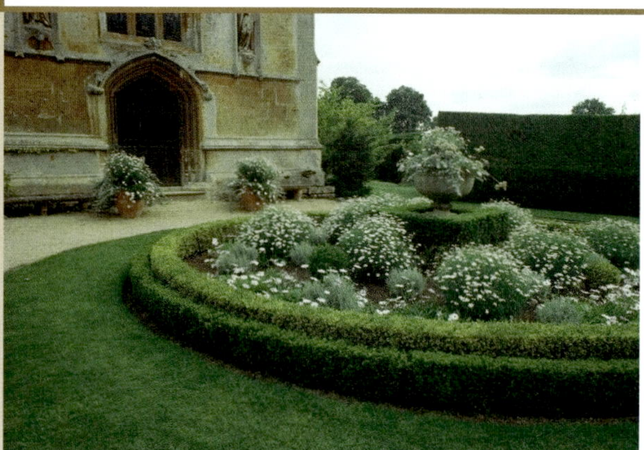

Name des Gartens
Sudeley Castle

Grafschaft
Gloucesteshire

Lage
Winchcombe,
Gloucestershire GL54 5JD

Tearoom

Besitzer
Henry & Mollie Dent-Brocklehurst

Öffnungszeiten
täglich 10.00–17.00 Uhr

Besuchsdauer
ca. 2 Stunden

Telefon
+44 (0) 1242 604244

E-Mail
enquiries@sudeley.org.uk

Website
www.sudeleycastle.co.uk/

In der Nähe
Hidcote Manor, Snowshill Manor

Sudeley Castle ist geschichtlich von besonderer Bedeutung, denn hier lebte die letzte Frau Heinrichs VIII., Katherine Parr. Im 17. Jahrhundert wurde das Schloss zerstört und erst im 19. Jahrhundert von der Fabrikantenfamilie Dent wieder neu aufgebaut. Dem romantischen Zeitgeist entsprechend ließ man einige Bauteile als Ruinen bestehen und integrierte diese in ein Gesamtkonzept. Von den einstigen Gartenanlagen gab es keinerlei Relikte, und so wurde eine völlige Neukonzeption entwickelt. Emma Dent gab dem Garten die Grundstrukturen, die noch heute bestimmend sind. Als Herzstück des Gartens legte sie 1859 den Queens Garden an, einen leicht abgesenkten, als formales Parterre konzipierten Gartenraum, den auf zwei Seiten mächtige Eibendoppelhecken flankieren. In der Mitte befindet sich ein von grazilen Steinbalustraden gerahmtes achteckiges Wasserbecken. Die buchsgesäumten Beete, die zunächst nur mit Rosen bepflanzt waren, wurden in den achtziger Jahren des 20. Jahrhunderts mit Allium, Iris, Geranium, Lavendel und Salbei sehr dekorativ unterpflanzt, so dass der Bereich nun den ganzen Sommer über in Blüte steht. Von den umlaufenden, etwas erhöht angelegten Rasenterrassen, die abwechselnd mit grünen und goldnadligen Formschnitteiben gesäumt sind, hat man einen sehr schönen Blick über das Parterre hinweg zum Castle. In die anderen Richtungen bieten sich sehr reizvolle Ausblicke in die umgebende sanft hügelige Landschaft der Cotswolds. Ein besonders liebenswerter Bereich findet sich in der Nähe der kleinen Kirche St. Mary's – eine schlichte Rasenfläche und neben dem Eingang üppige Bestände der weißblühenden Hortensie »Annabelle«.
Auf der gegenüberliegenden Seite betritt man durch eine Öffnung in der Eibenhecke den Chapel Garden oder Secret Garden: ein lang gestreckter, schmaler Gartenraum, verborgen hinter hohen alten Mauern und einer Eibenhecke, mit einer Rasenfläche in der Mitte, die umlaufend von etwas erhöht angelegten Staudenbeeten gerahmt wird. Diese wurden im Jahr 1979 von der bekannten Gartengestalterin Rosemary Verey (1918–2001) neu angelegt.
Als Reverenz an die Gartenkunst der Tudor-Zeit wurde 1995 in einem der Innenhöfe des Castle ein Knotengarten angelegt, der leider durch einen farblich und gestalterisch sehr aufdringlichen Springbrunnen viel von seinem Charme verliert.
Gegen Ende des Rundgangs gelangt man zu einem Karpfenteich und zur Ruine einer ehemaligen Zehntscheuer, die heute als eindrucksvoller mauerumschlossener Staudengarten angelegt ist.
Sudeley Castle beeindruckt durch eine sehr gelungen Kombination von schönen alten Gebäuden und prächtigen Gartenanlagen sowie nicht zuletzt durch die Einbettung in einen außergewöhnlichen Landschaftsraum.

Die Beschränkung auf weißblühende und graulaubige Pflanzen macht den Charme des Beets vor der Kapelle aus.
Seite 95: Eine Doppelreihe mächtiger Eibenhecken rahmt den Queens Garden auf beiden Längsseiten.

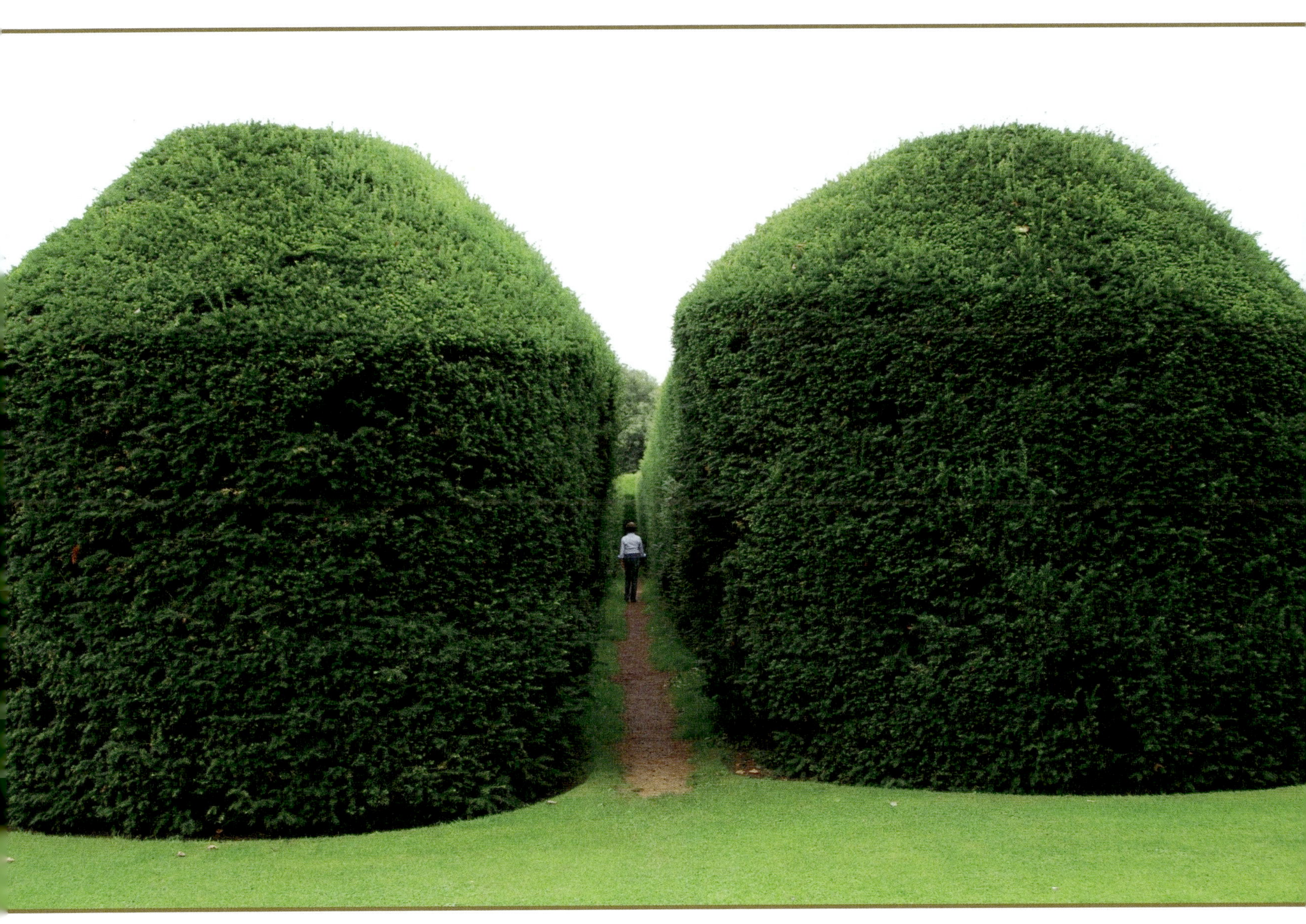

The Courts 31

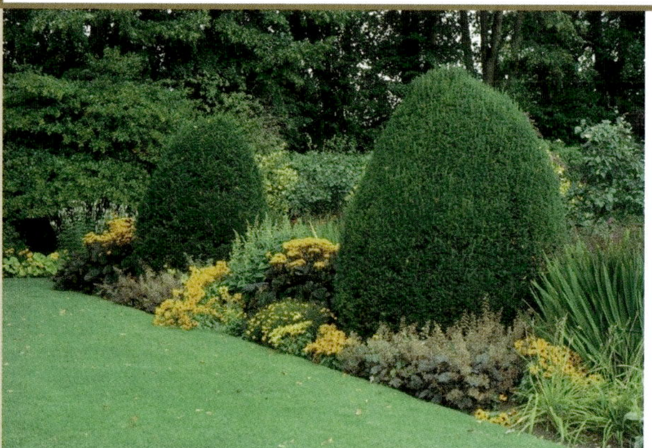

Name des Gartens
The Courts Garden

Grafschaft
Wiltshire

Lage
Holt bei Bradford-on-Avon, Wiltshire BA14 6RR

Tearoom

Shop

Besitzer
The National Trust

Öffnungszeiten
täglich, außer Mittwoch, 10.30–17.00 Uhr, in den Wintermonaten geschlossen

Besuchsdauer
ca. 2 Stunden

Telefon
+44 (0) 1225 782875

E-Mail
courtsgarden@nationaltrust.org.uk

Website
www.nationaltrust.org.uk

Die Geschichte von The Courts lässt sich bis ins 16. Jahrhundert zurückverfolgen, als hier in Wiltshire viele Manufakturen entstanden, die auf die Herstellung von schweren Wollstoffen spezialisiert waren. Auch The Courts war ursprünglich eine solche Produktionsstätte; der kleine Bach am Rand des Grundstücks lieferte Wasser und betrieb mit einer Mühle die Webstühle.

Zwischen 1900 und 1910 wurde das Anwesen von dem Architekten Sir George Hastings zum Wohnhaus umgebaut. Im Garten legte er mit Buchs-, Eiben- und Ilexhecken formale Grundstrukturen. Er ließ auch den heute noch erhaltenen Pavillon bauen und stattete den Garten mit verschiedenen Dekorelementen aus. 1921 wurde The Courts von Major Goff erworben, dessen Frau Lady Cecilie sich dem weiteren Ausbau des Gartens widmete. Dabei orientierte sie sich sowohl an Gertrude Jekyll und ihrer vom Impressionismus beeinflussten Art der Pflanzenverwendung als auch an Lawrence Johnston und seinem berühmten Garten Hidcote Manor. Entsprechend diesen Vorbildern gliedert sich auch der Garten von The Courts in mehrere klar getrennte und unterschiedlich thematisierte Bereiche, die mit ungewöhnlichen und sehr malerischen Farb- und Pflanzenkombinationen überraschen.

Die Gartenanlage hat einen L-förmigen Grundriss, und der Besucher wird auf seinem Rundgang zunächst zu zwei Wassergärten geführt, dem formalen Lily Pond und dem naturnahen Lower Pond. Der Rundweg führt ihn dann zu mehreren schönen Staudenrabatten, dem Temple Border, dem Venetian Gate Border und dem Blue and Yellow Border. Durch zwei perfekt ebene Rasenflächen, die Main Lawn und die House Lawn, wird Weite und Großzügigkeit geschaffen. Ein in den fünfziger Jahren angelegtes Arboretum umschließt den Südrand des Gartens. Es hat seine großen Stunden nicht nur im Herbst mit der schönen Laubfärbung, sondern auch im Frühjahr, wenn hier Schachbrettblumen (Frittilaria meleagris), Primeln und Narzissen blühen und Anfang April weite Flächen der Waldflur mit einem Teppich blauer Scilla sibirica bedeckt sind.

The Courts gilt seit einigen Jahren als neues Glanzlicht unter den Gärten des National Trust. Obgleich die fast 3 Hektar große Anlage, seit 1943 im Besitz des National Trust, nie touristisch ausgebaut wurde und unter den vielen Besichtigungszielen des National Trust zu den unauffälligeren Anlagen zählt, so ist sie doch voll charmanter, vorbildlicher Details. Mit den schönen Hecken, den geschnittenen Linden, dem ungewöhnlichen Topiary, den *mixed borders*, dem Pavillon, den formschönen Gartenbänken, Dekorelementen und dem Wasserbecken verkörpert The Courts einen klassischen Arts-and-Crafts-Garten, in den hinsichtlich der Bepflanzung auf sehr feinfühlige und fantasievolle Weise ganz aktuelle Gestaltungsideen Einzug gehalten haben.

Säuleneiben akzentuieren die in Gelb-, Gold- und Brauntönen komponierte Rabatte.
Seite 97: Eine lange Reihe von Säuleneiben bildet eine durchlässige Raumkante und einen starken Kontrast zu den silbergrauen Kissen des Heiligenkrauts.

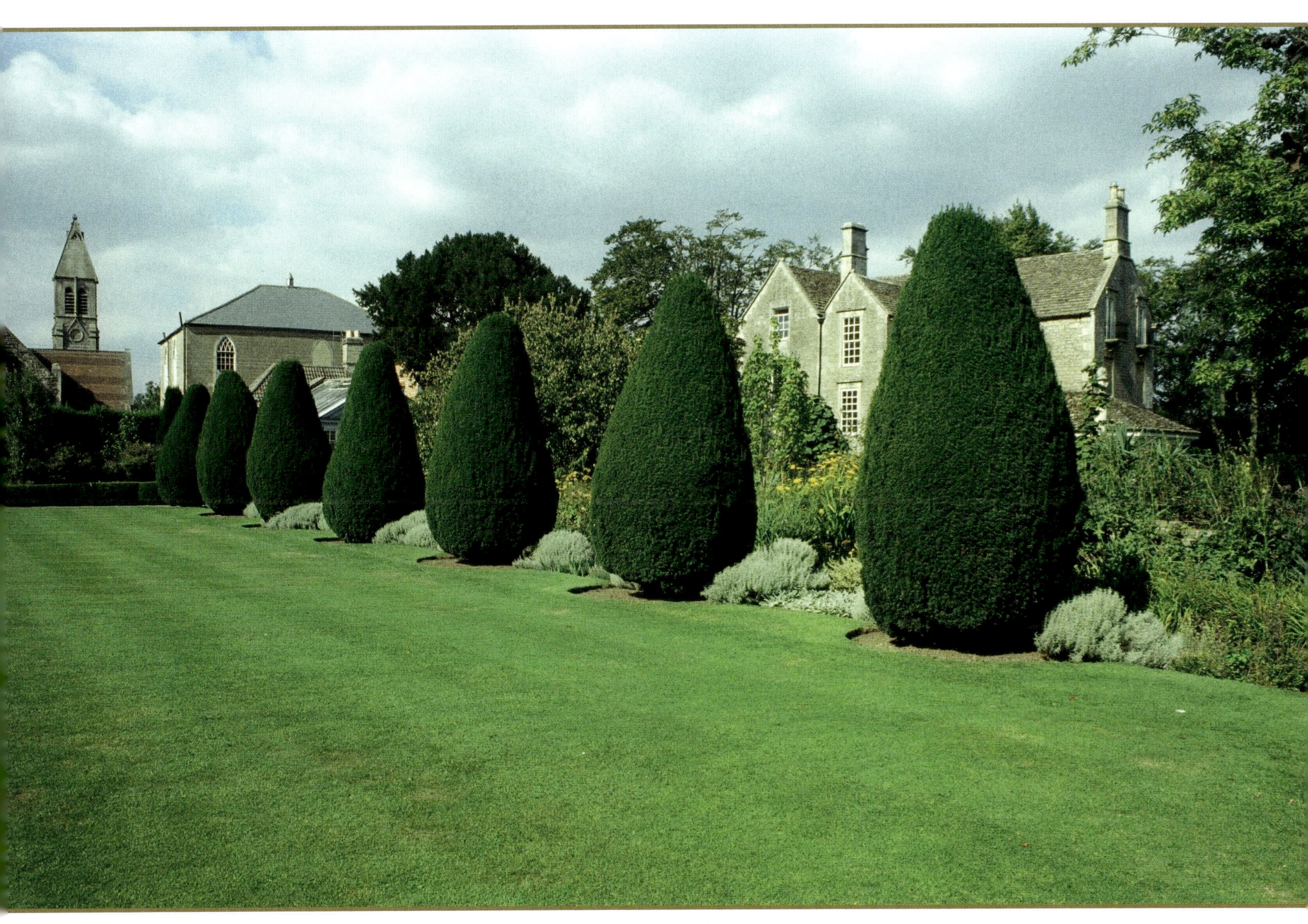

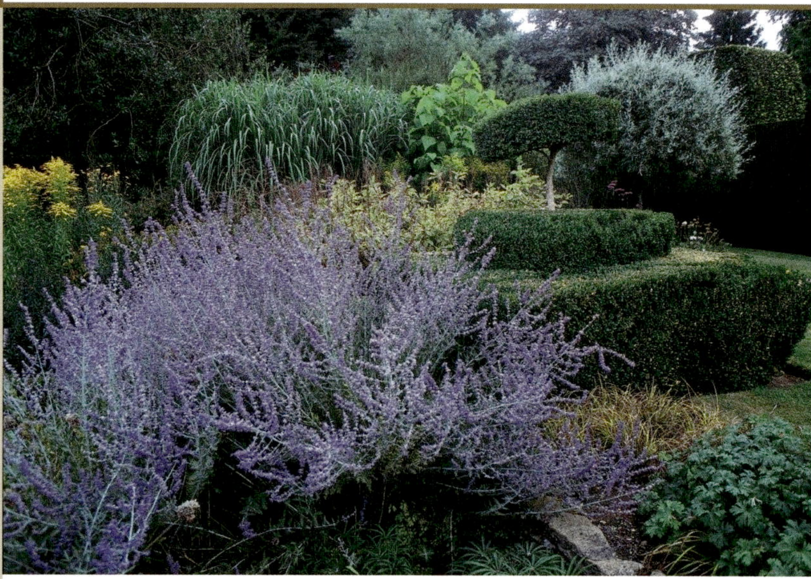

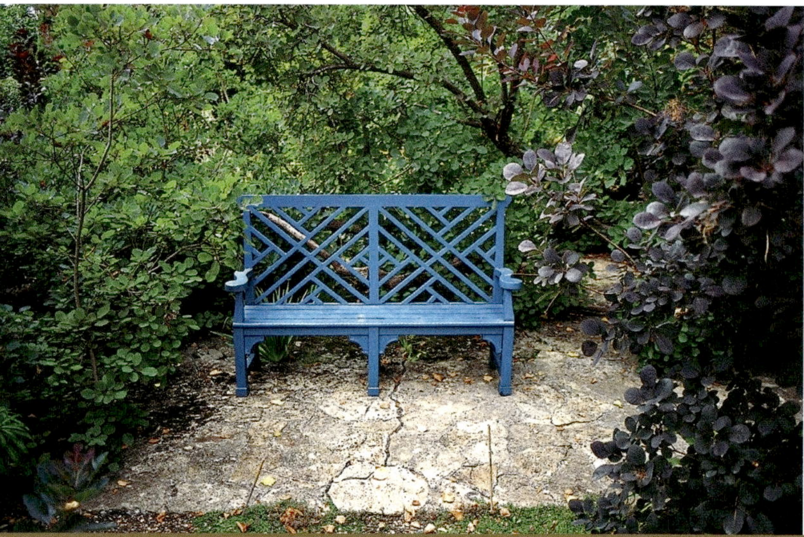

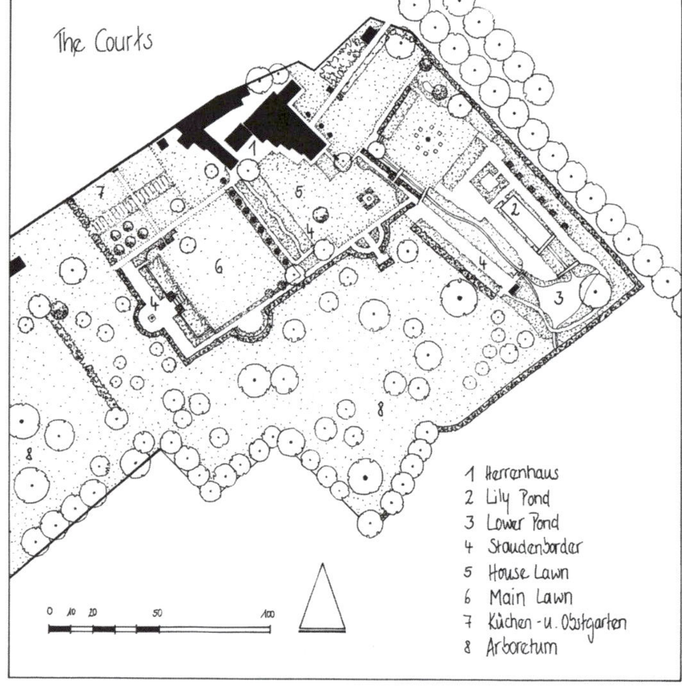

Oben: Eibentopiary, Silberbirne und blauviolett blühende Perovskien ergeben in Kombination ein stimmungsvolles Bild. Unten: Ein dekorativer Blickfang ist die blaue Bank im Stil chinesischer Tischlerarbeiten.

Seite 99, links: Blick von Süden zum nordöstlichen Eingangshof mit der Hauptfassade des Herrenhauses und einem im Winkel angeordneten Nebengebäude. Rechts: Das Beet vor der Loggia an der Südseite des Herrenhauses ist mit Bronzefenchel, Königskerzen, Argentinischem Eisenkraut und Heiligenkraut bepflanzt.

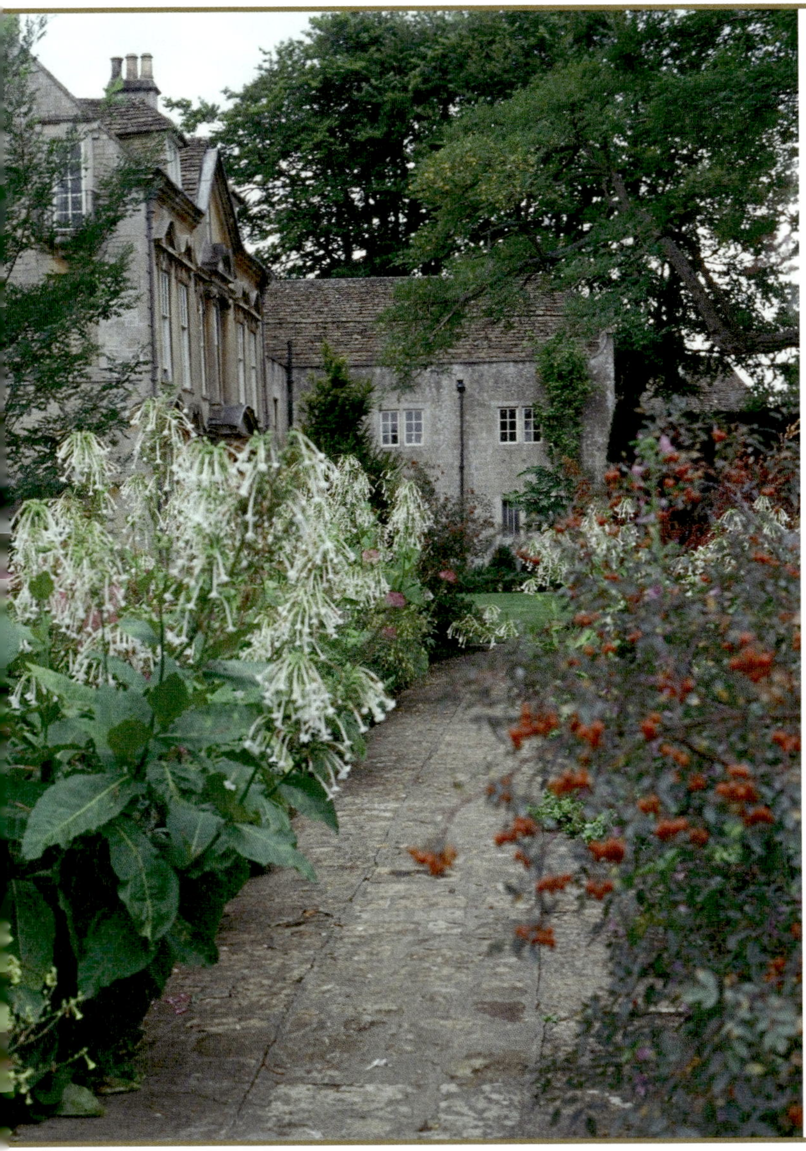

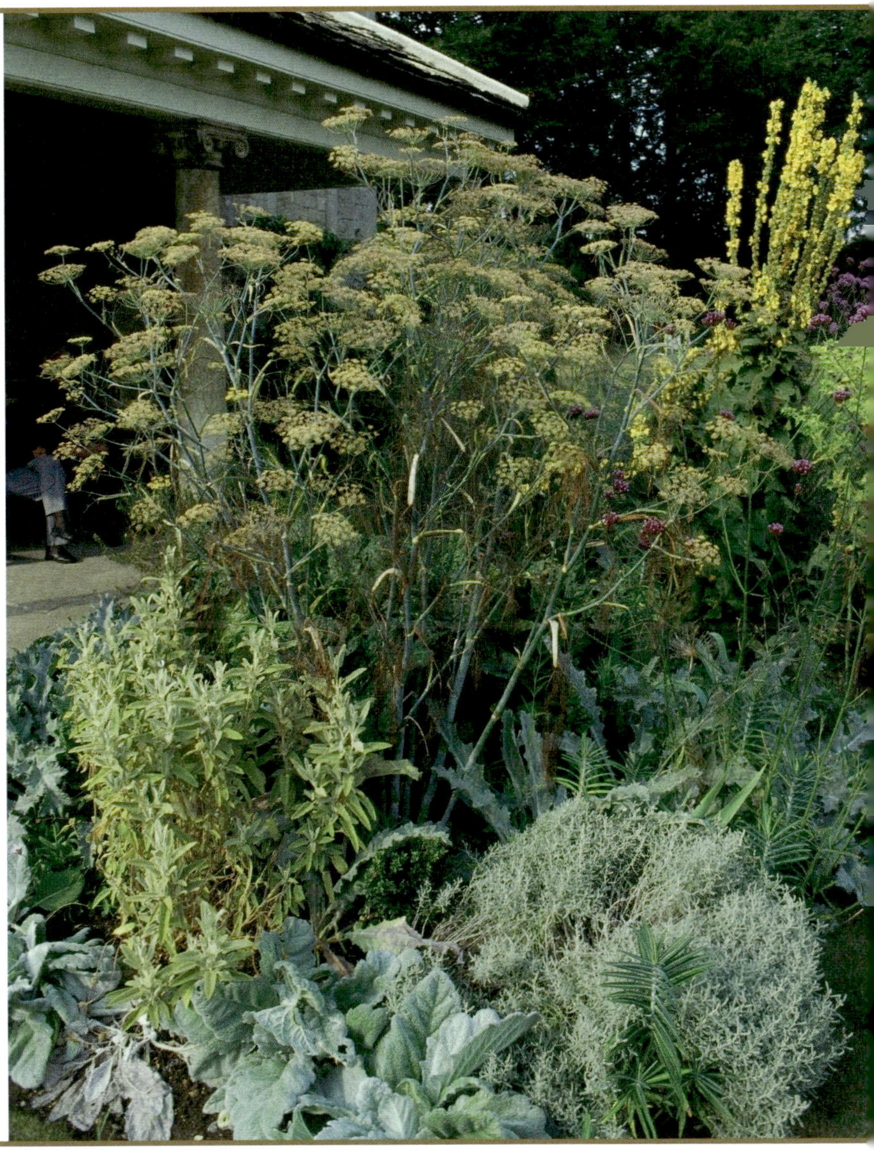

The Lost Gardens of Heligan 32

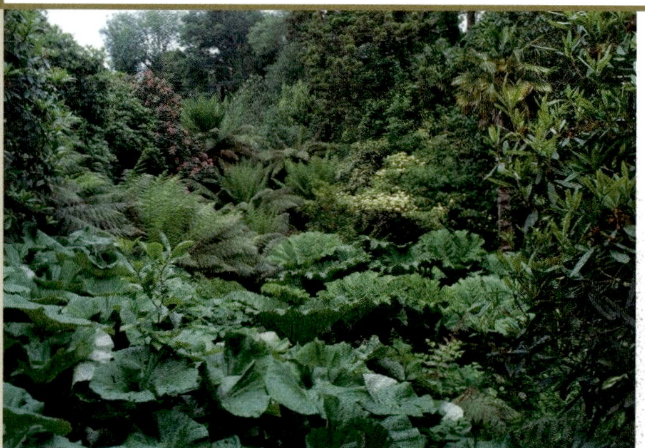

Name des Gartens
The Lost Gardens of Heligan

Grafschaft
Cornwall

Lage
Pentewan, St. Austel, Cornwall PL26 6EN

Tearoom

Shop

Besitzer
Heligan Gardens Ltd. Company

Öffnungszeiten
täglich 10.00–18.00 Uhr

Besuchsdauer
ca. 2 Stunden

Telefon
+44 (0) 1726 845 100

E-Mail
info@heligan.com

Website
www.heligan.com

In der Nähe
Glendurgan, Trebah, Trerice, Bosvigo House

Das Landgut Heligan fand 1569 zum ersten Mal urkundliche Erwähnung und war über mehr als vierhundert Jahre Stammsitz der Familie Tremayne. Im 18. Jahrhundert wurden weite Teile des Anwesens, das mit seinen land- und forstwirtschaftlichen Flächen insgesamt 400 Hektar umfasste, zum Landschaftsgarten umgestaltet. Als sich Anfang des 19. Jahrhunderts das *plant hunting*, die weltweite Suche nach neuen exotischen Pflanzen und ihre Kultivierung, im viktorianischen Großbritannien zur nationalen Leidenschaft entwickelte, hielten exotische Bäume und Sträucher Einzug in Heligan. John Hearle Tremayne (1780–1851) und auch die beiden Nachfolgegenerationen betätigten sich begeistert als Pflanzensammler. Sie bezogen Saatgut und Stecklinge direkt von Expeditionen und schufen in Heligan eine legendäre Pflanzensammlung. Mit dem Ersten Weltkrieg brach all dies zusammen, viele Gärtner kamen ums Leben, und auch nach dem Krieg erreichte das Landgut nicht wieder seine Blüte. Die Gärten fielen über Jahrzehnte in einen Dornröschenschlaf.

Der Niederländer Tim Smits (geb. 1954), studierter Archäologe, Musikproduzent und Songschreiber, der sich 1987 mit seiner Familie nach Cornwall zurückgezogen hatte, entdeckte schließlich die Relikte von Heligan, nannte sie Lost Gardens und machte sie gemeinsam mit John Willis, einem Erben und Nachkommen der Familie Tremayne, sowie seinem Freund John Nelson zum Objekt einer spektakulären und mit viel Medienrummel verbundenen Wiederherstellungsmaßnahme. 1997 waren die Arbeiten abgeschlossen, und 1999 erhielten die Lost Gardens of Heligan die begehrte Auszeichnung Garden of The Year.

Den stärksten Eindruck von Heligan hinterlässt der mit subtropischen Pflanzen bestandene Jungle Garden, eine großartig inszenierte Urwaldlandschaft in einem windgeschützten, schluchtartigen Tal. Man erschließt sich diesen Dschungel über schmale, von Palmen und Baumfarnen gesäumte Wege und bequeme Holzstege. An vier kleinen Seerosenteichen hält man inne und genießt die schönen Ausblicke auf die Vielfalt der exotischen Stauden und Gehölze. Aus Bambusdickichten und einem Gewoge von mehr als vierzig Rhododendronarten sowie zahlreichen exotischen Hartriegel- und Magnolienarten erheben sich Prachtexemplare von ungewöhnlichen Bäumen, zum Beispiel dem Chinesischen Surenbaum (Toona sinensis), der Japanischen Schwarzkiefer (Pinus thunbergii) oder der Neuseeländischen Steineibe (Podocarpus totara). Dazwischen stehen überall Baumfarne (Dicksonia antarctica), Bananen (Musa basjoo) und Mammutblatt (Gunnera manicata) und zaubern eindrucksvolle Bilder. Mit Ingwerlilien (Hedychium gardneranum), Natternkopf (Echium pininana) und Riesenaronstab (Lysichiton americanus) werden exotische Akzente gesetzt. Die Lost Gardens of Heligan haben inzwischen enorme touristische Anziehungskraft.

In einem windgeschützten Tal liegt der Jungle Garden.
Seite 101: Mit Bambus, Rhododendron, Magnolien, Mammutblatt, Baumfarnen und vielen anderen exotischen Bäumen und Stauden ist eine Urwaldlandschaft inszeniert.

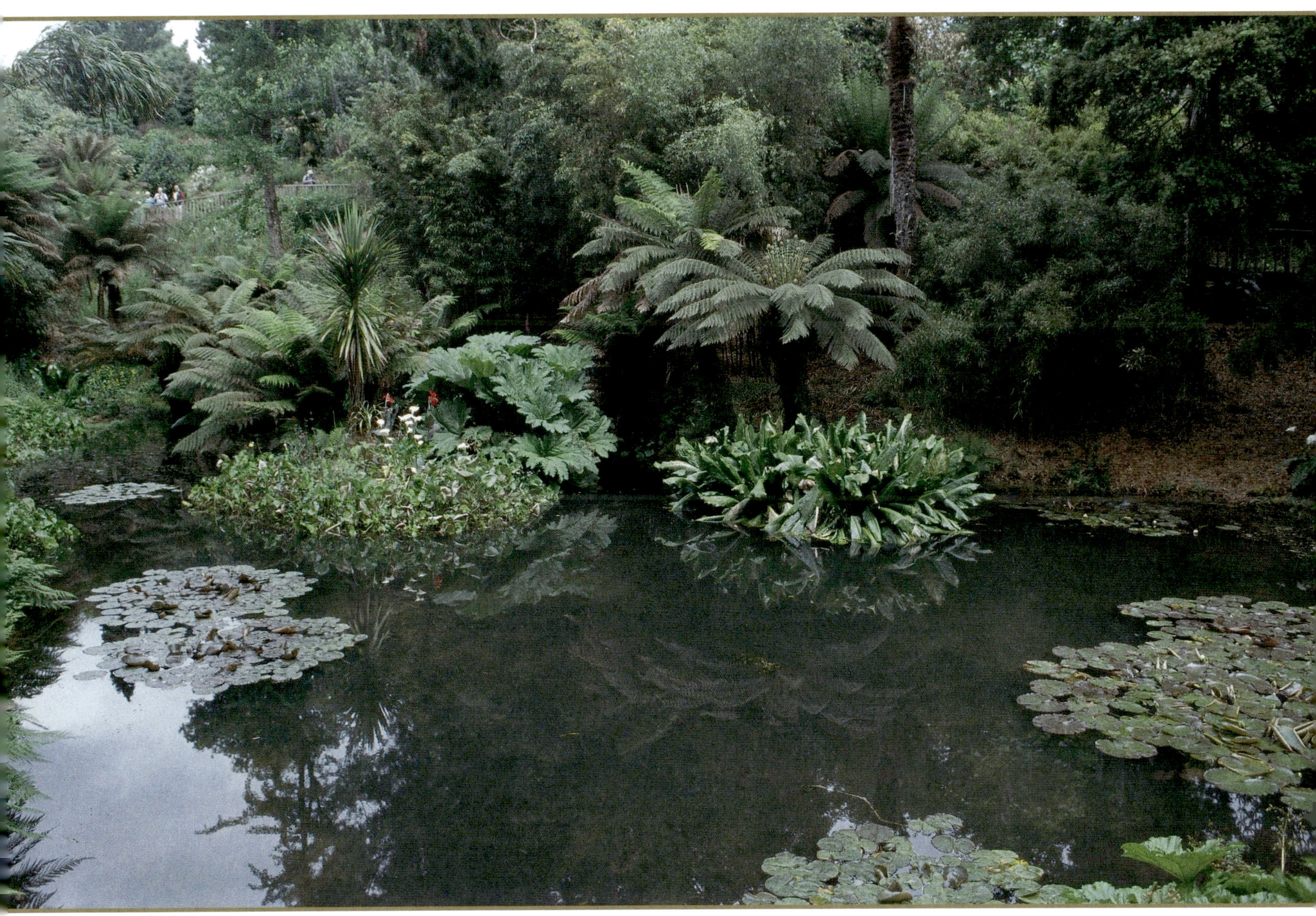

Tintinhull Garden 33

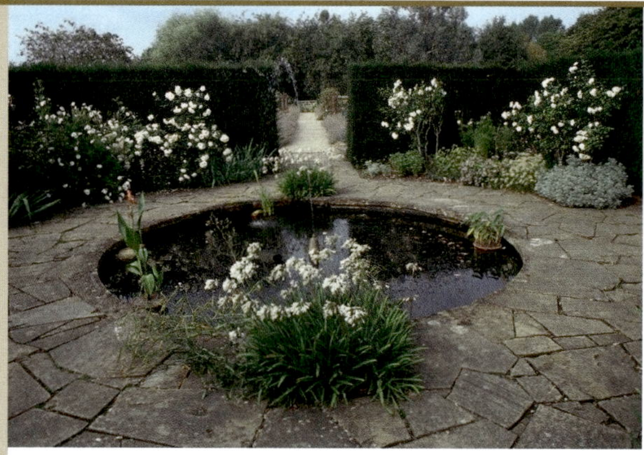

Name des Gartens
Tintinhull

Grafschaft
Somerset

Lage
Farm Street, Tintinhull bei Yeovil, Somerset BA22 8PZ

Tearoom

Besitzer
National Trust

Öffnungszeiten
täglich 11.00–16.00 Uhr, in den Wintermonaten geschlossen

Besuchsdauer
ca. 2 Stunden

Telefon
+44 (0) 1242 604244

E-Mail
tintinhull@nationaltrust.org.uk

Website
www.nationaltrust.org.uk

In der Nähe
Barrington Court, Lytes Cary Manor, Montacute House

Tintinhull House stammt aus dem 17. Jahrhundert und wurde im 18. Jahrhundert in klassizistischem Stil überformt. Der Garten mit seinen heutigen Strukturen entstand in den dreißiger Jahren des 20. Jahrhunderts; er ist das Werk von Phyllis Reiss (1886–1961), die das Haus zusammen mit ihrem Mann 1933 erwarb. Bei der streng architektonischen Gestaltung des etwa 4 000 Quadratmeter großen Gartens orientierte sich Reiss an Hidcote Manor Garden in Gloucestershire und an Sissinghurst Castle Garden in Kent. Als sie den Garten 1954 dem National Trust überschrieb, galt er als der perfekteste Landhausgarten ganz Englands. Phyllis Reiss definierte mit Mauern und Eibenhecken ein Gefüge von schön proportionierten, recht wohnlich dimensionierten Gartenräumen, die von langen Sichtachsen zu harmonischen Raumfolgen verbunden werden. Die heutige Bepflanzung der einzelnen Bereiche ist sehr stark von der großen Gärtnerin und Gartenhistorikerin Penelope Hobhouse beeinflusst, die Tintinhull House von 1980 bis 1993 bewohnte und den Garten im Auftrag des National Trust als Head Gardener betreute.

Der Besucher betritt das Anwesen über einen kleinen Vorhof und geht durch das Haus und über die Terrasse in den Garten. Eine lange, mit Natursteinplatten befestigte und beidseitig von Buchskugeln begleitete Wegachse führt durch den Eagle Court, dessen zentrale Rasenfläche von Staudenrabatten gerahmt ist, und den Middle Garden in den hinter hohen Eibenhecken versteckten Fountain Garden. In der Mitte dieses Gartenraums liegt ein rundes Seerosenbecken, und die Beete in den vier Ecken sind üppig mit weißblühenden Pflanzen und panaschierten Blattschmuckstauden bepflanzt. Im Fountain Garden kreuzen sich zwei Wegachsen, die in Ost-West-Richtung zum Haus führende Achse und die lange Mittelachse eines gepflegten, mit Gemüse und Schnittblumen bepflanzten Küchengartens. Jenseits der Eibenhecke, die ihn an der Ostseite begrenzt, schließt sich der Pool Garden an, das Herzstück der Gesamtanlage. Er wird von einem elegant proportionierten, rechteckigen Seerosenbecken geprägt, das bodenbündig in einer perfekten Rasenfläche liegt. Ein in honiggelbem Sandstein ausgeführter, der Südsonne zugewandter Sommerpavillon bildet den formalen Abschluss des Wasserbeckens und lädt zur Muße in diesem Gartenraum ein. Zu beiden Seiten bieten sich Ausblicke auf faszinierende Staudenrabatten, die sehr konsequent nach Farbschemata angelegt sind – auf der Ostseite liegt das *hot border*, ein Beet in warmen Rottönen, in das von Zeit zu Zeit ein gelber Farbtupfer eingestreut ist, und auf der gegenüberliegenden Seite das *pale border*, das von zarten Weiß-, Rosa-, Lila- und Grautönen bestimmt ist und mit einigen Tupfern von Purpur und Blau akzentuiert wird. Östlich des Pool Garden beherrschen zwei alte Zedern den Cedar Court. Hier entfaltet ein Staudenbeet in Violett- und Goldtönen seine Pracht.

In dem von Eibenhecken umschlossenen Fountain Garden treffen zwei Wegachsen im rechten Winkel aufeinander.
Seite 103: Der an der Westseite des Herrenhauses beginnende Weg wird von bienenkorbförmig geschnittenem Buchsbaum begleitet.

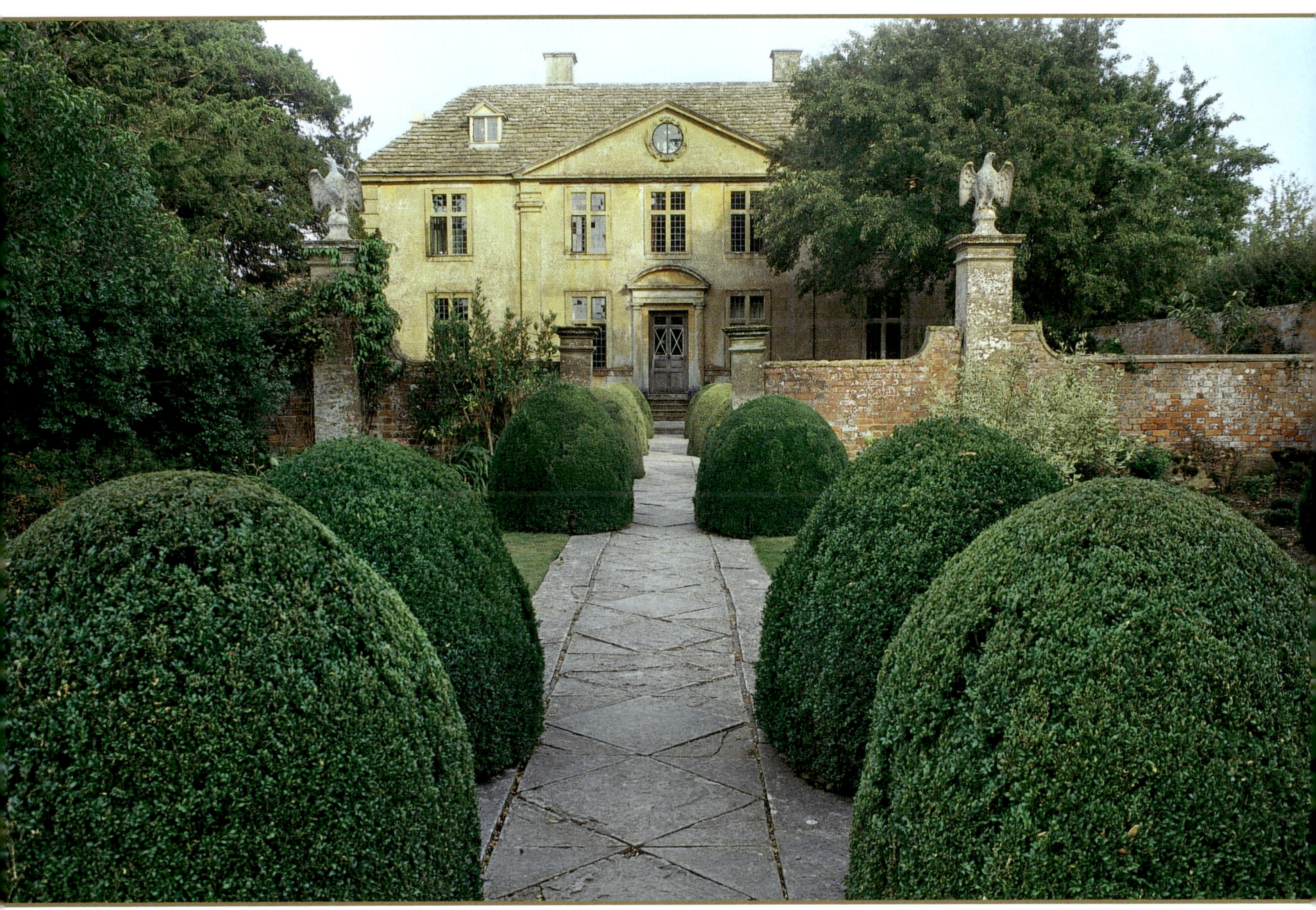

Bodnant Garden 34

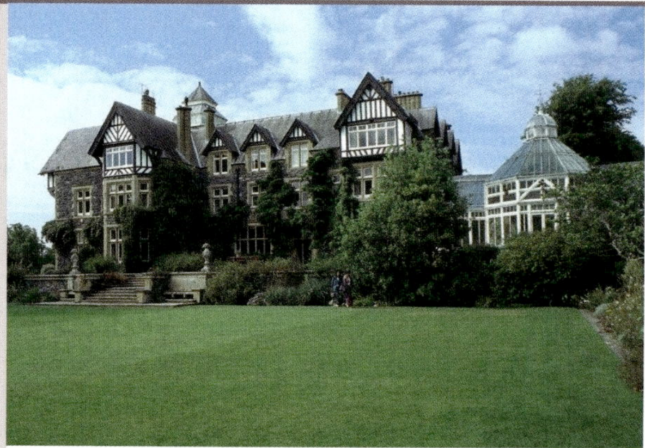

Name des Gartens
Bodnant Garden

Grafschaft
Wales

Lage
Tal-y-Cafn, Colwyn Bay, Conwy LL28 5RE

Tearoom

Shop

Besitzer
The National Trust

Öffnungszeiten
täglich von 09.30–17.00 Uhr, in den Wintermonaten von 10.00–16.00 Uhr

Besuchsdauer
ca. 3 Stunden

Telefon
+44 (0) 1492 650460

Fax
+44 (0) 1492 650448

E-Mail
bodnantgarden@nationaltrust.org.uk

Website
www.bodnantgarden.co.uk

Bodnant Garden am Rand des Snowdonia National Parks wird häufig als der schönste Garten von Wales bezeichnet. Dieses Prädikat verdankt er vor allem den weiten Ausblicken in die walisische Berglandschaft, dem gekonnten Spiel mit der geborgten Landschaft. Bodnant Garden ist mehr als 30 Hektar groß und liegt auf einem nach Südwesten abfallenden Hang. Der Garten besteht aus zwei sehr unterschiedlich gestalteten Zonen: den oberen hausnahen Bereichen mit weiten Rasenflächen und großzügigen, formalen Terrassengärten und The Dell, einem naturnahen *woodland garden*, der sich entlang einem Seitenarm des Flusses Conwy entwickelt.

Die Geschichte von Bodnant Garden beginnt im Jahr 1874, als der Industrielle Henry Pochin Lord Aberconway (1824–1895) das Gelände erwarb. Er erweiterte ein bestehendes Gebäude, überformte es im viktorianischen Stil und begann mit der Anlage eines Landschaftsgartens. Viele der vom ihm gepflanzten Bäume stehen noch heute. Pochins Enkel, Henry Duncan Lord Aberconway (1879–1953) und dessen Sohn Charles McLaren (1913–2003) waren ebenfalls passionierte Gartenliebhaber, Pflanzensammler und Züchter. Beide waren lange Jahre Präsidenten der Royal Horticultural Society, und sie prägten das heutige Erscheinungsbild von Bodnant Garden. Entsprechend seiner Entstehungsgeschichte zeigt der Garten heute viktorianische wie auch edwardianische Stilelemente.

Vom Haupteingang kommt der Besucher zunächst zum East Garden mit Staudenbeeten und einem kreisrunden Teich. Von hier aus gelangt man zum Front Lawn, einer weiten Rasenfläche vor der Südseite des stolzen, mit Feuerdorn, Clematis, Glyzinie und Magnolia grandiflora berankten Wohnhauses.

Man begibt sich dann zur Westseite des Gebäudes, wo sich fünf Terrassengärten den Hang hinab staffeln. Von der Upper Rose Terrace mit ihren wunderbaren Ausblicken gelangt man über eine geschwungene Doppeltreppe zur Croquet Terrace und kommt dann zur Lily Terrace. Der letzte Name bezieht sich auf die Seerosen (*water lilies*) eines Wasserbeckens, das hier um 1910 im Schatten um 1875 gepflanzter Himalayazedern angelegt wurde.

Über die Lower Rose Terrace führt der Weg weiter zur Canal Terrace, der untersten Ebene, die mit einem lang gestreckten Wasserbecken ausgestattet ist. Am südlichen Ende steht ein ungewöhnlicher, auffälliger Pavillon, die Pin-Mill (Nadelfabrik). Es handelt sich um das Fragment eines im Georgian Style erbauten Fabrikgebäudes, das 1938 in Gloucestershire erworben und als architektonisches Versatzstück in Bodnant Garden einer neuen Verwendung zugeführt wurde.

Unterhalb der Terrassengärten liegt ein ausgedehnter, über viele serpentinenartig gewundene Wege erschlossener *woodland garden*, die mit

Das alte Landhaus wurde etwa 1875 viktorianisch überformt und erweitert.
Seite 105: Ebenfalls 1875 wurde die Lily Terrace mit ihrem Seerosenbecken und den gigantischen Himalayazedern angelegt.

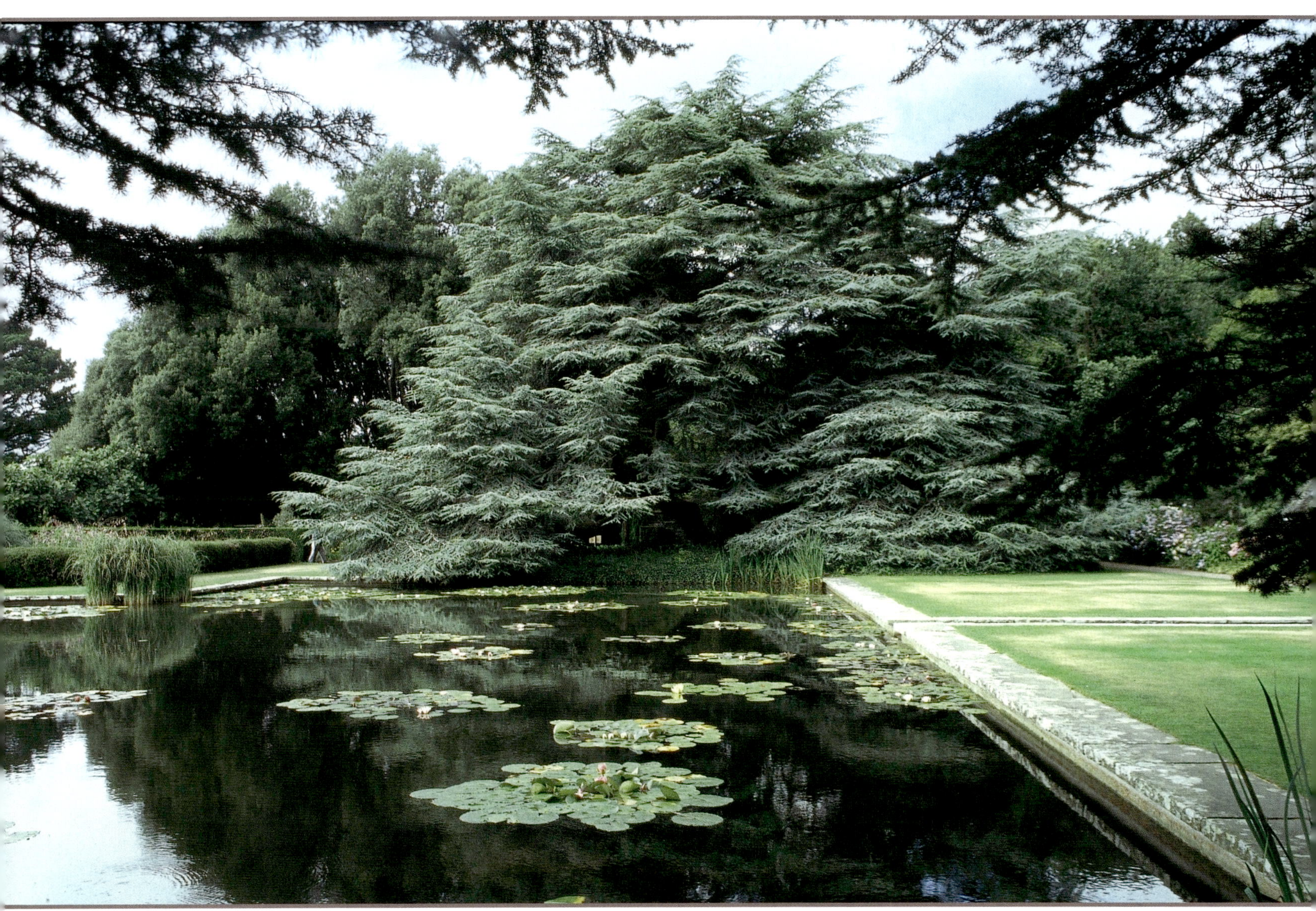

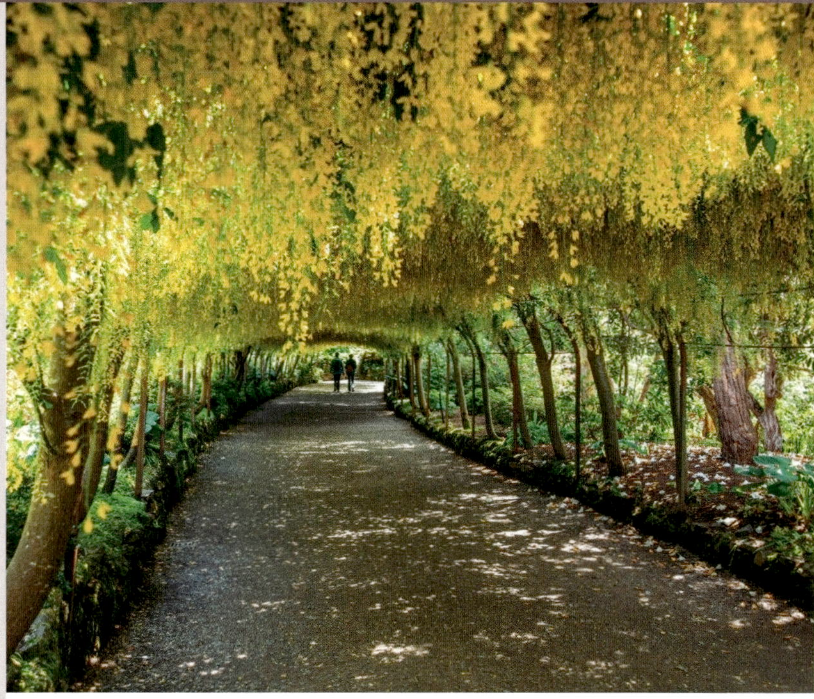

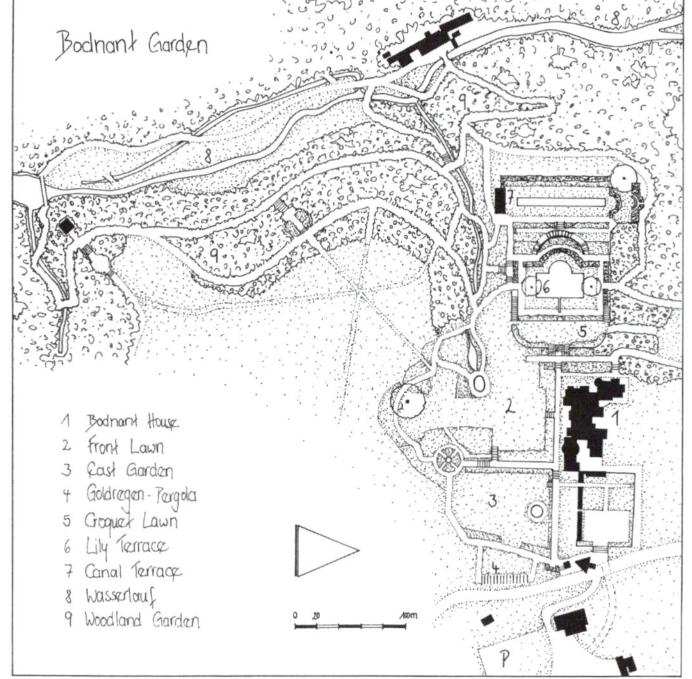

Rhododendron, Kamelien, Magnolien, Hortensien und unzähligen anderen Ziergehölzen ausgeschmückte Waldlandschaft The Dell. Mit einem angestauten kleinen See, einem Wasserfall, verschiedenen Brücken und einer vielgestaltigen Uferbepflanzung verkörpert dieser Bereich aufs schönste den Typus eines *valley garden*.
Zu den spektakulären Glanzlichtern des Gartens gehört auch der im östlichen Randbereich gelegene *laburnum walk*, eine 60 Meter lange Goldregenpergola. Wenn sie in Blüte steht, ist sie von atemberaubender Schönheit.

Die etwa 60 Meter lange Goldregenpergola wurde 1878 angelegt und bietet jedes Jahr im Mai für etwa zwei Wochen ein großartiges Schauspiel.

Seite 107: Die Canal Terrace mit einem lang gestreckten Seerosenbecken und dem als Gartenpavillon dienenden Fragment eines Fabrikgebäudes ist die unterste der fünf formal gestalteten Gartenterrassen.

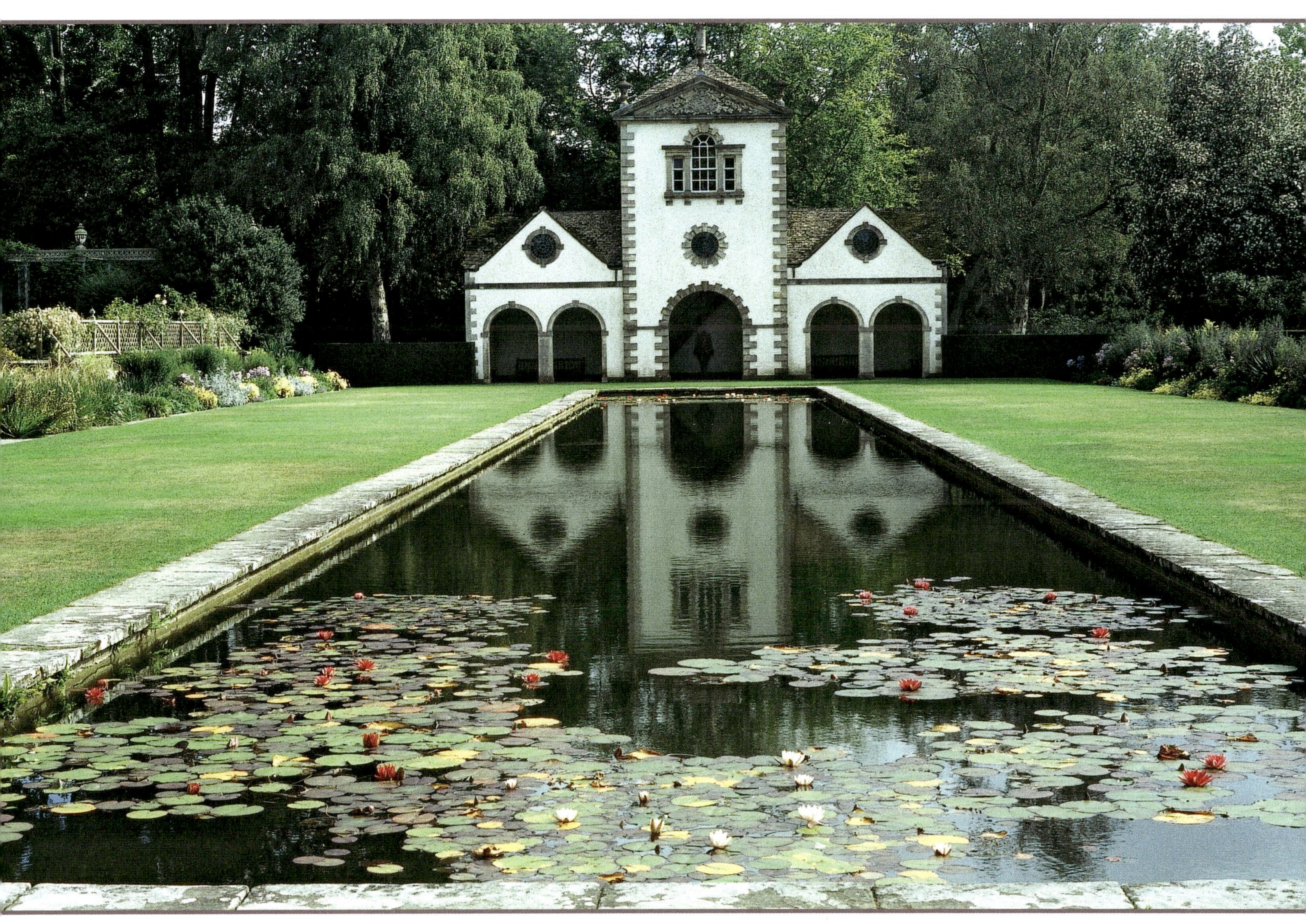

Chatsworth House 35

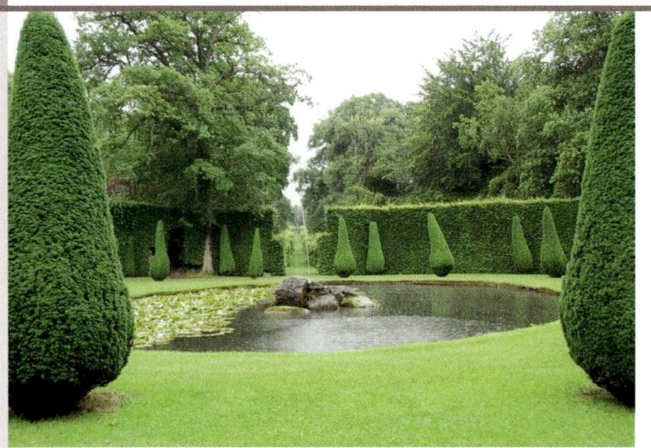

Name des Gartens
Chatsworth House

Grafschaft
Derbyshire

Lage
5 km östlich von Bakewell, 15 km westlich von Chesterfield, Derbyshire DE45 1PP

Tearoom

Shop

Besitzer
Trustees of the Chatsworth Settlement

Öffnungszeiten
täglich 10.30–17.00 Uhr

Besuchsdauer
ca. 3 Stunden

Telefon
+44 (0) 1246 565300

E-Mail
info@chatsworth.co.uk

Website
www.chatsworth.org

In der Nähe
Haddon Hall, Hardwick Hall, Kedleston Hall

Die 1707 erschienene »Britannia Illustrata« ist eines der großartigsten Dokumente zur Geschichte der englischen Gartenkunst. Das Werk enthält achtzig Kupferstiche mit vogelperspektivischen Veduten von englischen Landhäusern, darunter auch eine von Chatsworth House, dem 1686 erbauten Landsitz des 1. Duke of Devonshire. Der Garten war nach französischen Vorbildern angelegt, mit endlosen Alleen, Baumreihen und ausgedehnten Bosketten, verschlungenen Buchsparterres, Heckentheatern, Labyrinthen, Bassins und Wasserspielen.

Um 1761 erhielt Capabilty Brown vom 4. Duke of Devonshire den Auftrag für die Umgestaltung des Barockgartens zu einem Landschaftsgarten. Er ließ weite Teile des insgesamt 40 Hektar großen Geländes zu einem sanft modellierten und nur von einzelnen Baumgruppen belebten Weideland umformen. Über den Fluss Derwent ließ Brown eine neue Brücke bauen, und die gesamte Auenlandschaft wurde nun in die neue landschaftliche Gestaltung einbezogen.

Trotz der vielen Veränderungen blieben jedoch einige Bereiche des Barockgartens erhalten, zum Beispiel die Parterreterrasse an der Südseite des Palastes und das sich anschließende große rechteckige Wasserbassin. Statt der komplizierten Buchsornamente wurde eine perfekte Rasenfläche angelegt, die zu beiden Seiten von langen Reihen geschnittener Linden begrenzt wird. Auch die im späten 17. Jahrhundert angelegte Kaskade, die sich über vierundzwanzig breite Stufen an der Ostseite des Hauses den Hang hinaufzieht, ist erhalten.

In der ersten Hälfte des 19. Jahrhunderts begann mit Joseph Paxton (1804–1865), der als Verwalter und Obergärtner angestellt wurde, eine weitere Phase. Paxton legte, dem Geschmack der viktorianischen Zeit entsprechend, einen Felsengarten, ein Arboretum und ein Pinetum an. 1843 schuf er die Emperor Fountain, eine 85 Meter hoch schießende Fontäne im Wasserbassin südlich des Palastes, die rein hydraulisch betrieben wird und noch heute zu den Attraktionen von Chatsworth zählt.

Paxton machte sich vor allem mit dem Bau zweier neuer Gewächshäuser in Chatsworth einen Namen. Sie waren baukonstruktive Pionierleistungen und als solche Grundlagen für den 1851 zur Weltausstellung errichteten Crystal Palace, den Londoner Kristallpalast, dessen Stahl- und Glaskonstruktion dann überall in den Metropolen und Industriezentren Europas und Nordamerikas zum Vorbild genommen wurde.

In der zweiten Hälfte des 20. Jahrhunderts haben der 11. Duke of Devonshire und seine Frau viel zur Weiterentwicklung des Gartens beigetragen. So legten sie zum Beispiel den Serpentine Walk an, einen von hohen, in Schlangenlinien gepflanzten Rotbuchenhecken begleiteten Rasenweg, der vom Haus ansteigend zu einer Büste des 6. Duke of Devonshire (1790–1858) führt.

Säuleneiben und Eibenhecken rahmen das Seerosenbecken.
Seite 109: Der von hohen Buchenhecken gesäumte Serpentine Walk entstand 1950; mit seinen wellenförmigen Konturen gehört er zu den sehenswertesten Heckenräumen in britischen Gärten.

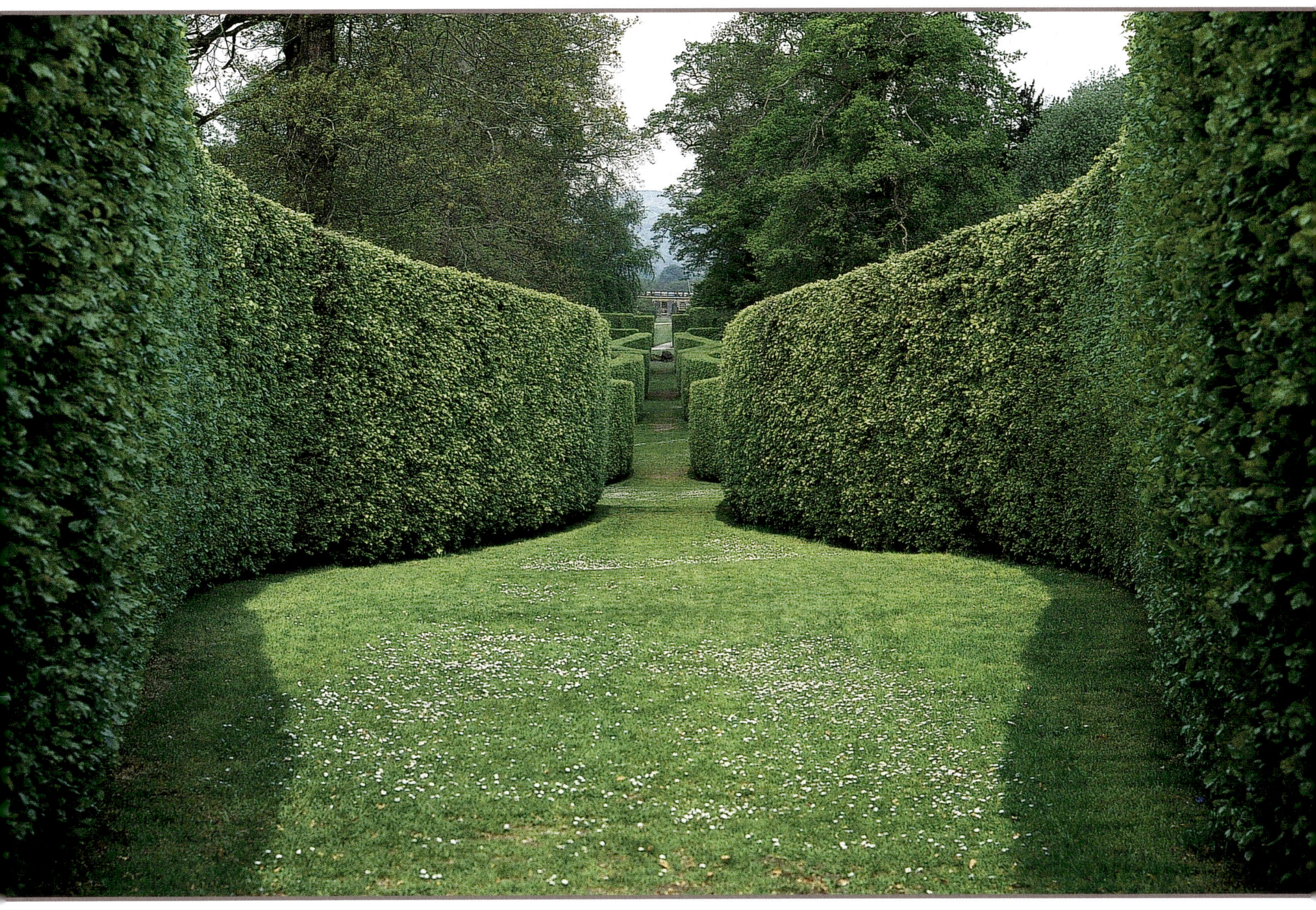

Chirk Castle 36

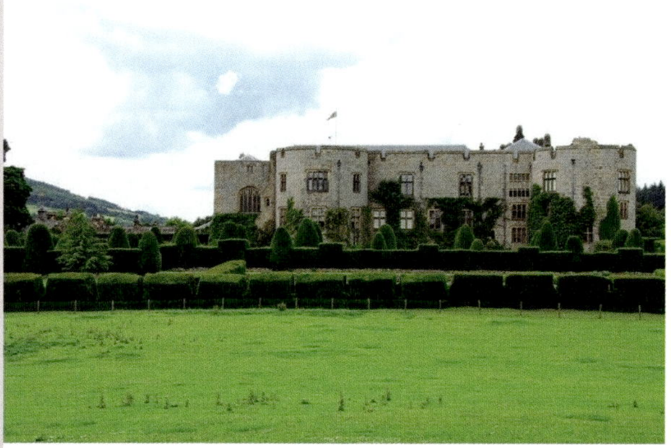

Name des Gartens
Chirk Castle

Grafschaft
Wales

Lage
Chirk, Wrexham, Chwyd LL14 5AF

Tearoom

Shop

Besitzer
Trustees of the Chatsworth Settlement

Öffnungszeiten
täglich von 10.00–17.00 Uhr, in den Wintermonaten 10.00–16.00 Uhr und teilweise geschlossen

Besuchsdauer
ca. 2 Stunden

Telefon
+44 (0) 1691 777701

E-Mail
chirkcastle@nationaltrust.org.uk

Website
www.nationaltrust.org.uk

Der Formschnitt von Eiben, im Englischen als Topiary bezeichnet, hat in der britischen Gartenkunst eine lange Tradition, und es gibt einige Dutzend Gärten mit beeindruckendem alten Topiary. Die Sammlung alter Formschnittgehölze von Chirk Castle ist außerhalb von Wales kaum bekannt, gehört aber ohne Zweifel zu den faszinierendsten in ganz Großbritannien. Man spürt sofort, welche Leidenschaft notwendig ist, um über Jahrhunderte jedes Jahr von neuem die Eiben zu schneiden, ein erheblicher Aufwand, der hier in Chirk Castle von Mitte August bis Ende Oktober zwei Gärtner voll in Anspruch nimmt.

Chirk Castle liegt auf einer Hügelkuppe und gehörte ursprünglich zu einer ganzen Reihe mittelalterlicher Grenzverteidigungsburgen an der Grenze zwischen Wales und England. Die Aussichtslage ist großartig, und es heißt, man habe vom Obergeschoss des Castle bei geeignetem Wetter eine Sicht über siebzehn verschiedene Grafschaften. Chirk Castle ist seit über siebenhundert Jahren ständig bewohnt, seit mehr als vierhundert Jahren ist es Wohnsitz der Familie Myddelton.

Anfang des 18. Jahrhunderts legte Sir Richard Myddleton in unmittelbarer Nähe der Burg auf dem Grundriss einer bourbonischen Lilie das erste Topiary an. Als gegen Ende des 18. Jahrhunderts ein Schüler von Capability Brown den Garten in einen Landschaftsgarten umwandelte, blieb das Topiary erhalten, obgleich es in dieser Zeit längst unbeliebt, sogar ausgesprochen verpönt war. Ende des 19. Jahrhunderts, als geschnittene Eiben wieder in Mode kamen, ergänzte der damalige Burgherr seine Sammlung und pflanzte vor der Südfront der Burg eine Allee von zwanzig Formschnitteiben. Durch die gigantischen Ausmaße und die klaren plastischen Volumen des Topiary entsteht ein interessantes Zusammenspiel mit der Architektur der Burg und mit der umgebenden Parklandschaft.

Die spektakuläre Allee der Eibenskulpturen wird von mächtigen alten Eibenhecken fortgesetzt, die wie zinnenbekrönte Mauern wirken und als Nachklang auf die Zinnen der Burg empfunden werden. An manchen Punkten sind in diese Hecken intime kleine Sitznischen eingeschnitten, an anderen Stellen sind sie breiter geschnitten und wirken wie Strebepfeiler.

Chirk Castle hat aber nicht nur eine Sammlung von Eibenskulpturen zu bieten, sondern auch viele andere vorbildlich gestaltete Bereiche. Lady Margaret Myddleton, die den Garten nach dem Zweiten Weltkrieg gründlich restaurierte, verlieh ihm mit der Anlage von Staudenrabatten und der Anpflanzung von Zierkirschen, Magnolien, Hartriegelarten, Eucryphien, Hortensien, Rhododendron und vielen dekorativen Bäumen zusätzliche Attraktivität.

Chirk Castle liegt auf einer Hügelkuppe und gehörte ursprünglich zu einer Reihe mittelalterlicher Grenzverteidigungsburgen.
Seite 111: Mit seinen gigantischen Ausmaßen und den klaren plastischen Volumen wirkt das jahrhundertealte Topiary wie eine moderne Skulpturengruppe.

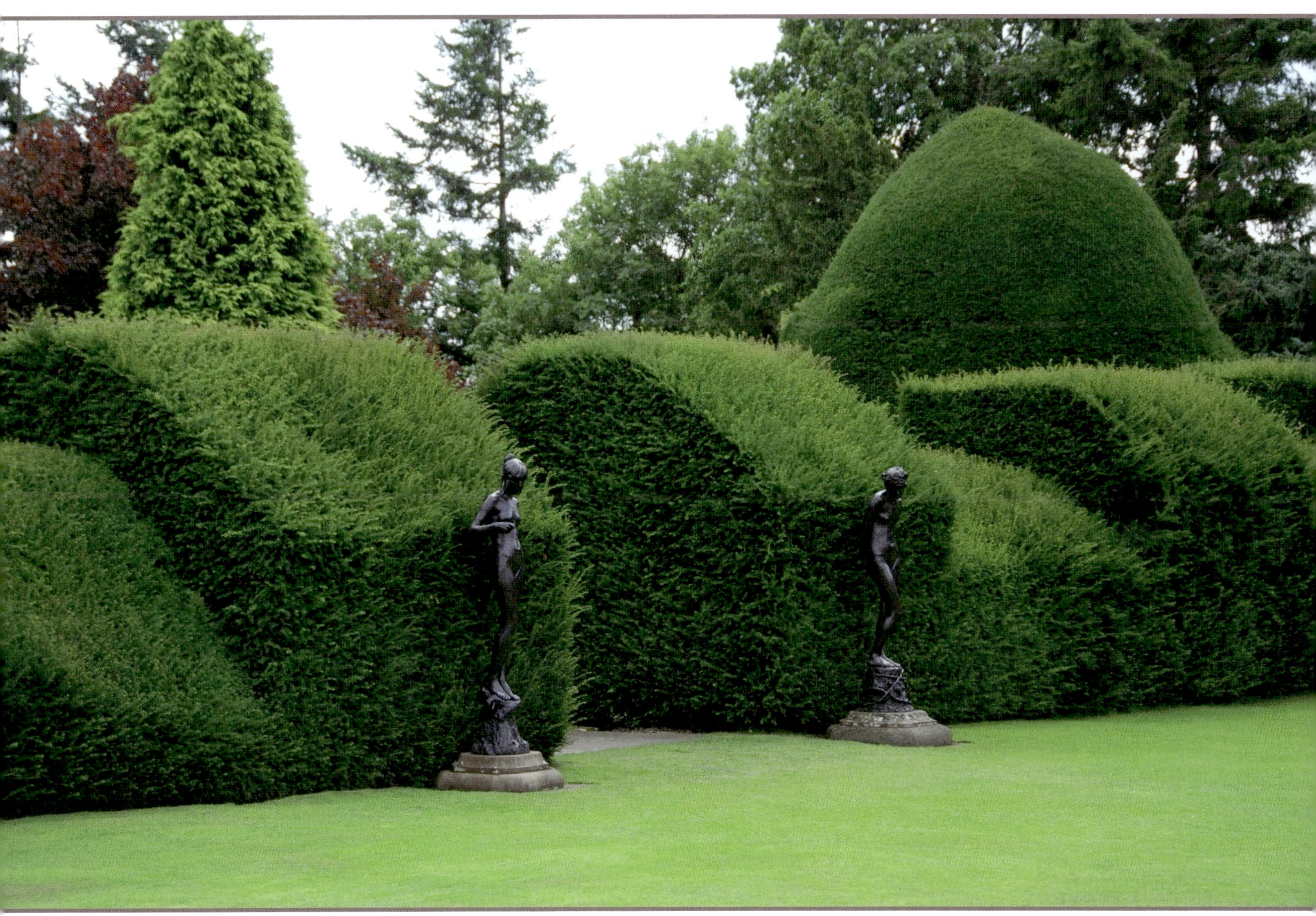

Kedleston Hall 37

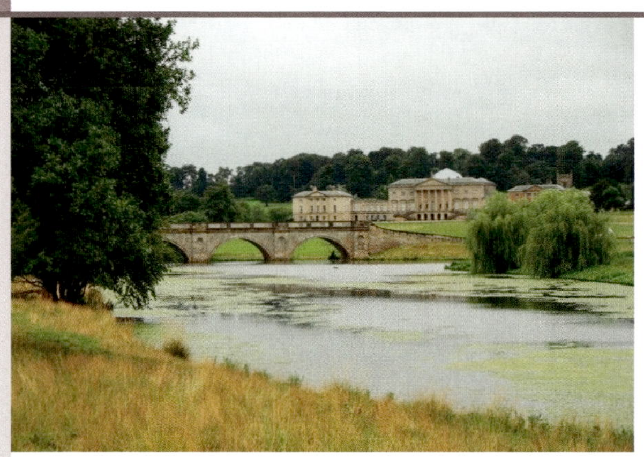

Name des Gartens
Kedleston Hall

Grafschaft
Derbyshire

Lage
8 km nordwestlich von Derby, Derbyshire DE6 4JN

Tearoom

Shop

Besitzer
The National Trust

Öffnungszeiten
täglich 09.00–17.30 Uhr, in den Wintermonaten 09.00–16.00 Uhr

Besuchsdauer
ca. 2 Stunden

Telefon
+44 (0) 1332 842191

E-Mail
kedlestonhall@nationaltrust.org.uk

Website
www.nationaltrust.org.uk

Kedleston Hall zählt zu den bedeutendsten klassizistischen Landhäusern in Großbritannien. Der Bauherr Nathaniel Curzon, der Erste Lord Scarsdale, hatte zunächst die Architekten Matthew Brettingham und James Paine mit der Planung seines Landsitzes beauftragt und übergab das Projekt dann 1760 dem schottischen Architekten Robert Adam (1728–1792), der Kedleston Hall vollendete. Adam, der sich fünf Jahre in Rom mit der Architektur der Antike befasst und bei Piranesi studiert hatte, war durch Bauten in Edinburgh und London bekannt geworden. Seine in Rom gesammelten Erfahrungen setzte er in Architektur und Innenarchitektur um; er fand damit zu einem sehr ausgeprägten eigenen Stil. Ab 1760 war er der bedeutendste Vertreter des britischen Klassizismus, auf ihn geht der Adam Style zurück, der nicht nur in Großbritannien, sondern auch auf dem Kontinent und in der Neuen Welt große Vorbildwirkung hatte.

Noch bevor Robert Adam in Kedleston neue Entwürfe für das Gebäude schuf, befasste er sich mit der Einbindung des Landhauses in seine Umgebung. Dabei entstand eine der schönsten Parklandschaften Großbritanniens. Das Zusammenspiel von Architektur und dem 350 Hektar großen Landschaftsgarten ist hervorragend gelungen. Vor allem die choreografisch kunstvoll inszenierte Zufahrt sucht ihresgleichen. Auch wenn in den letzten Jahren gerade in diesem Bereich immer wieder wunderbare alte Bäume Stürmen zum Opfer gefallen sind, hat der von Robert Adam gestaltete Landschaftsgarten nach wie vor enormen Reiz. Die malerisch platzierten Baumgruppen, die kleinen klassizistischen Staffagebauten, der zu zwei sichelförmigen Seen angestaute Bachlauf und die von einer Pappelgruppe überragte künstliche Insel fügen sich zu einer bezaubernden Komposition.

Wenn man, von Norden kommend, die ebenfalls von Robert Adams geplante Brücke mit drei Bögen überquert hat, konzentriert sich der Blick auf das Herrenhaus, das auf einer leichten Anhöhe liegt und im Hintergrund durch einen *green belt*, einen Grüngürtel, gerahmt wird.

Die südlich des Hauses, also auf der Rückseite des Gebäudes, gelegenen Partien sind nicht so abwechslungsreich gestaltet, repräsentieren aber mit ihren riesigen alten Solitärbäumen, Baumgruppen, Schafweiden und klassizistischen Staffagebauten ebenfalls eine arkadische Idylle, die heute für den Besucher durch markierte Spazier- und Wanderwege erschlossen ist. Ende April, Anfang Mai blühen hier auf weiten Flächen die Bluebells (Hyacinthoides non-scripta, Hasenglöckchen, Waldhyazinthen) und verzaubern die Waldfluren mit ihrem strahlenden Blau.

Ein Besuch der Innenräume von Kedleston Hall empfiehlt sich nicht nur wegen der Gemäldesammlung und der original erhaltenen Interieurs, sondern auch wegen der großartigen Ausblicke in den Landschaftsgarten.

Blick auf die Brücke und das prachtvolle klassizistische Landhaus, beide nach Entwürfen von Robert Adam errichtet.

Seite 113: Der zum See angestaute Wasserlauf, die kleine Insel, die Baumgruppen und der rahmende *green belt* sind typische Elemente eines Landschaftsgartens; sie fügen sich hier zu einem wahrhaft arkadischen Gesamtbild.

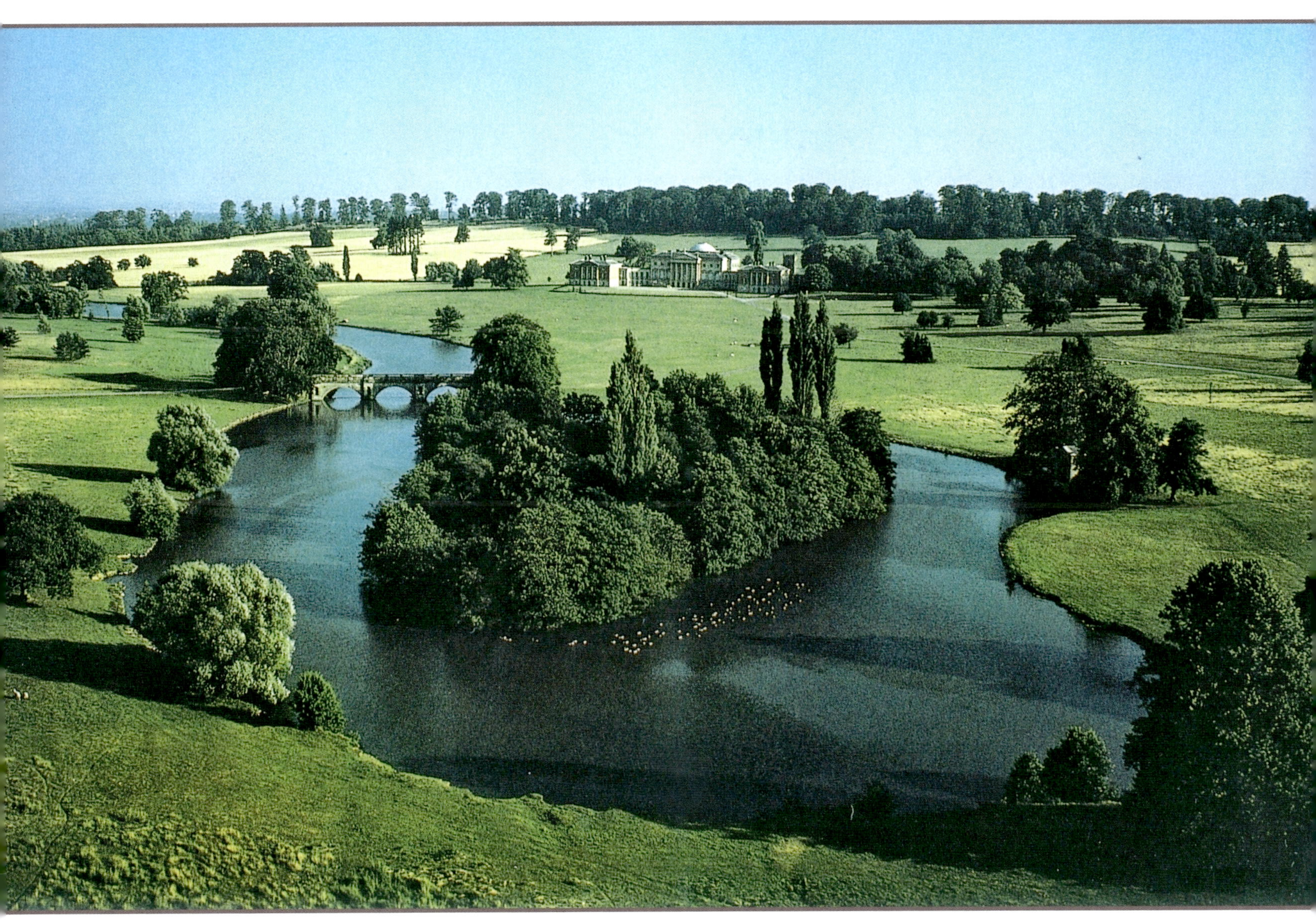

Levens Hall 38

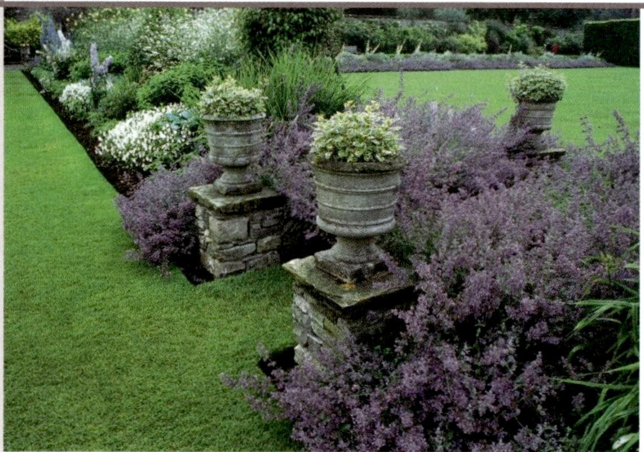

Name des Gartens
Levens Hall

Grafschaft
Cumbria

Lage
7,5 km südlich von Kendal, Cumbria LA8 oPD

Tearoom

Shop

Besitzer
C. H. Bagot

Öffnungszeiten
April bis Oktober täglich von 10.00–17.00 Uhr; Samstag geschlossen

Besuchsdauer
ca. 2 Stunden

Telefon
+44 (0) 1539 560321

E-Mail
houseopening@levenshall.co.ukk

Website
www.levenshall.co.uk

In der Nähe
Blackwall

Wer sich mit britischer Gartenkunst befasst, wird schon recht bald dem ungewöhnlichen Begriff Topiary begegnen. Formschnittgehölze lautet die korrekte Übersetzung dieses Begriffs, der vom Lateinischen *ars topiaria* abgeleitet ist. Schon die Römer hatten höchstes Vergnügen daran, einzelne Pflanzen zu immergrünen Skulpturen zu formen. Topiary war im 17. Jahrhundert auf den britischen Inseln große Mode. Überall wurden Heckengehölze, vor allem Eiben, zu fantastischen Formen und Figuren geschnitten. Dem neuen Naturverständnis des 18. Jahrhunderts war dies zutiefst zuwider, und noch heute erhitzen sich beim Thema Topiary sehr schnell die Gemüter, sind Schlagwörter wie vergewaltigte Natur oder Kitsch zur Hand. In der britischen Gartenkunst des späten 19. Jahrhunderts wurde Topiary rehabilitiert, und in klugen Abhandlungen argumentierte man, dass es doch ebenso legitim sei, ein Gehölz der Form wegen zu beschneiden wie einen Obstbaum wegen seines Ertrages. Erneut kamen Formschnittgehölze in Mode, in Gestalt von Kegeln, Kugeln, Spindeln, Pyramiden, Schachfiguren, Pfauen, Katzen, Bären oder brütenden Glucken. Topiary gehört zur Ikonografie der britischen Gartenkunst, und der Besucher vom Kontinent wird dieses Element recht bald als eine etwas exzentrische britische Eigenart tolerieren, vielleicht sogar ganz reizvoll finden. Ist das Interesse für dieses Thema geweckt, wird irgendwann der Garten von Levens Hall auf der Liste der Reiseziele stehen. Es gibt ein gutes Dutzend von Topiary-Gärten des 17. Jahrhunderts, die von der Vernichtung des 18. Jahrhunderts verschont blieben, und Levens Hall ist wohl der prominenteste. In kaum einem anderen Garten ist das Topiary so vielfältig, so bizarr und so gut gepflegt wie hier. Von den mehr als neunzig in Form geschnittenen Eiben sind mehrere mehr als 8 Meter hoch und viele sind über dreihundert Jahre alt. Der Garten wurde 1694 von dem französischen Gärtner Guillaume Beaumont angelegt, der bei André Le Nôtre in Versailles gelernt hatte. Zwischen 1810 und 1862 baute der Gärtner Alexander Forbes den Topiary-Garten weiter aus und schuf durch etliche gelbgrüne Eiben der Sorte Summergold zusätzliche Akzente. Dank der Geduld und Hingabe der Heckenschneider über die Jahrhunderte hinweg präsentieren sich die kunstvollen Topiary-Gestaltungen von Levens Hall wie ein Skulpturenpark.

Nicht nur Topiary und Herrenhaus aus dem 16. Jahrhundert machen Levens Hall sehenswert, sondern auch die begeisternd schönen Heckenräume, die unglaublich perfekten Rasenflächen sowie die Obst- und Gemüsegärten. Auch die Staudenpflanzungen sind von herausragender kompositorischer Qualität und Blütenfülle. Mit Meerkohl (syn. Riesenschleierkraut, bot. Crambe cordifilia) und langen Reihen von Katzenminze (Nepeta x fassennii »Six Hills Giant«), großen Ritterspornhorsten, Königskerzen und vielen Blattschmuckstauden wird eine unvergleichliche

Der Garten beeindruckt mit hervorragenden Staudenpflanzungen.
Seite 115: Topiary, der Formschnitt von Gehölzen, gehört zur Ikonografie der britischen Gartenkunst. In Levens Hall präsentiert sich der Topiary-Garten wie ein Skulpturenpark.

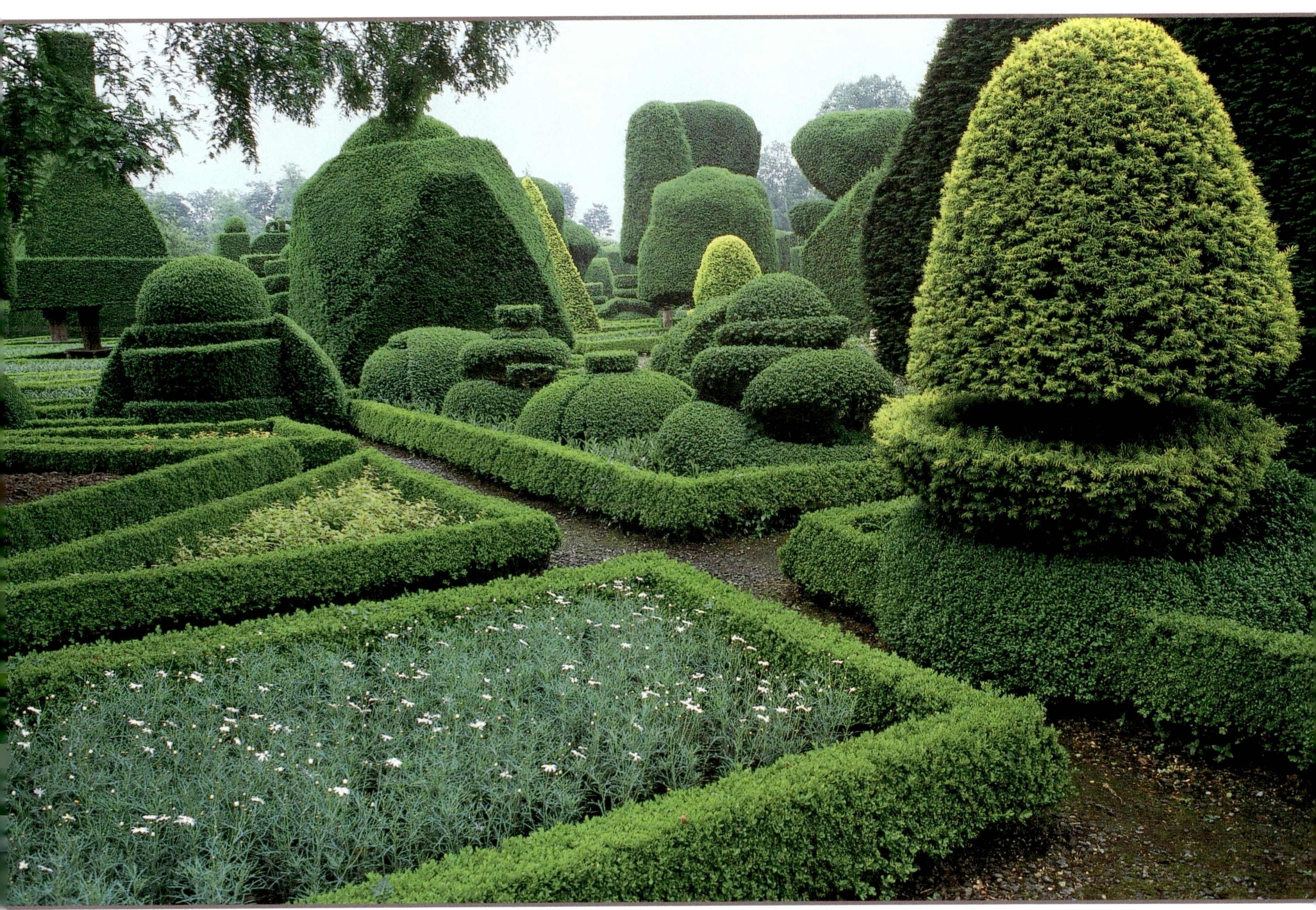

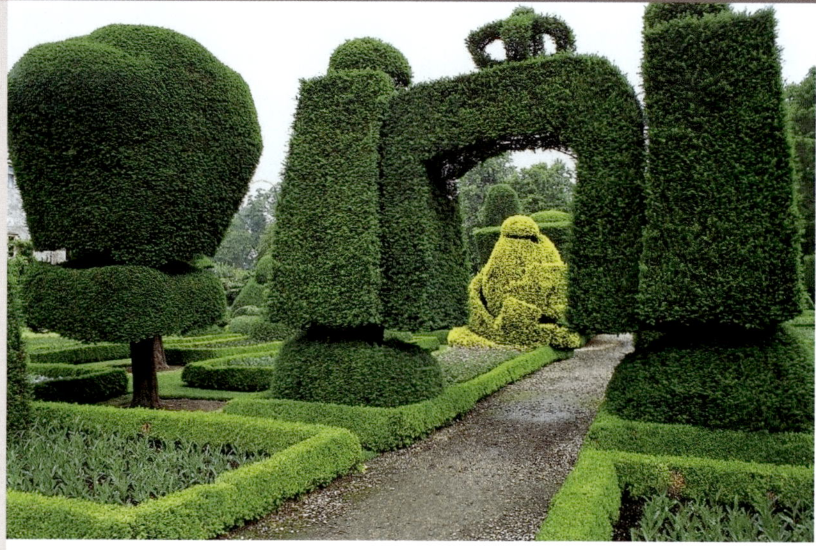

Duftigkeit und Leichtigkeit erreicht. Hohe Eibenhecken und schöne alte Sandsteinmauern liefern den idealen Hintergrund für die zarten Blütenfarben der Staudenbeete. In der äußersten südöstlichen Ecke des Gartens liegt das um 1700 erbaute Smoke House. Es diente als Refugium für jene Familienmitglieder und Gäste, die dem Laster des Tabakrauchens frönten, einer Mode, die gegen Ende des 16. Jahrhunderts von Sir Walter Raleigh aus Amerika eingeführt worden war.

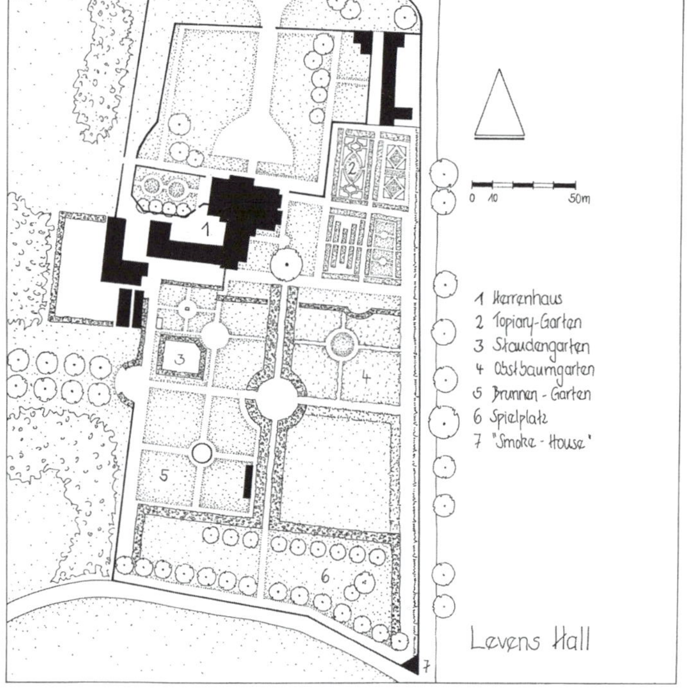

Mit der Gestaltung des Topiary Garden von Levens Hall begann man im Jahr 1694.
Seite 117: Das Riesenschleierkraut (Crambe cordifolia) entfaltet seine Schönheit besonders beeindruckend vor dunklen Eibenhecken und im Zusammenspiel mit anderen Stauden.

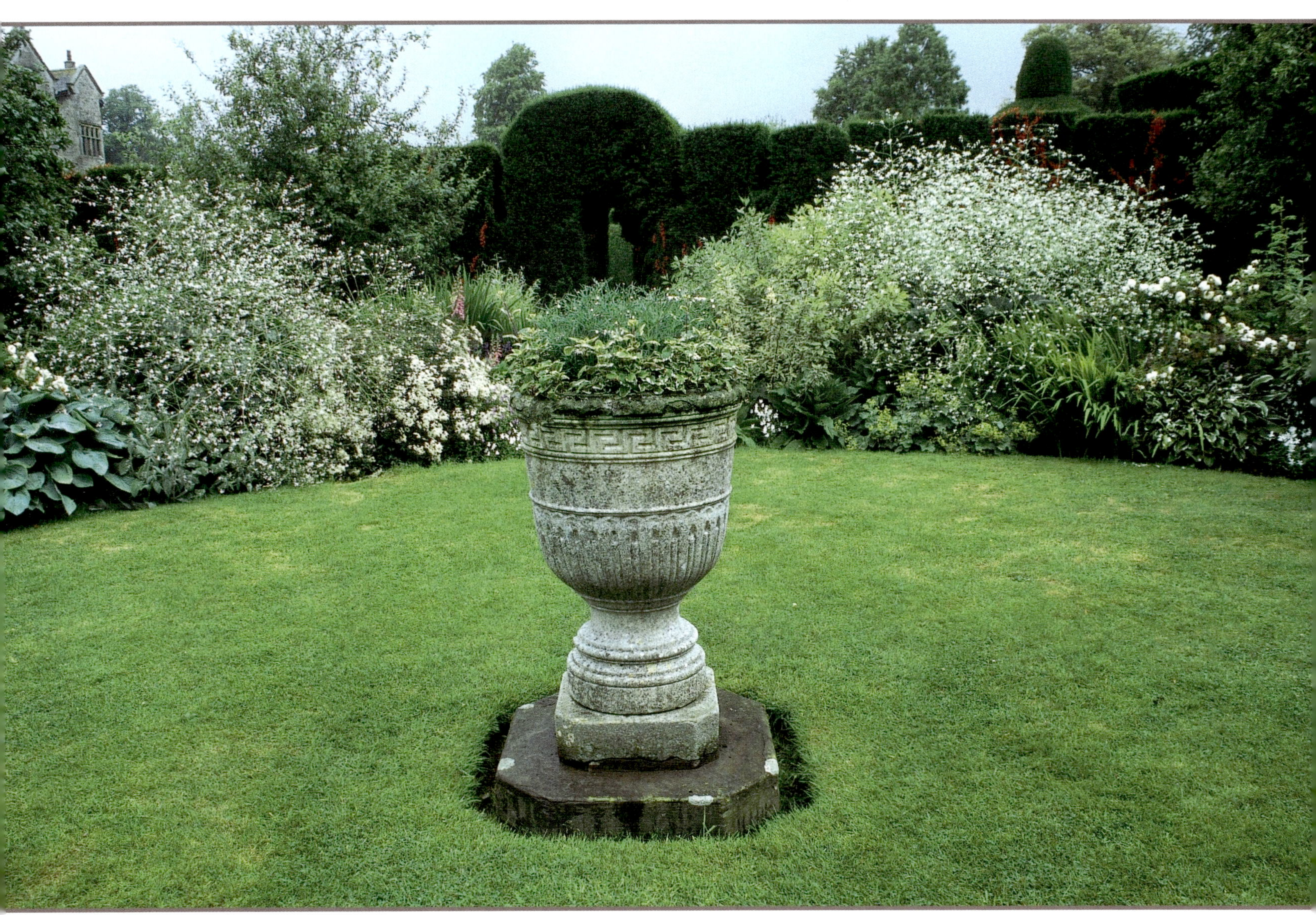

Stowe 39

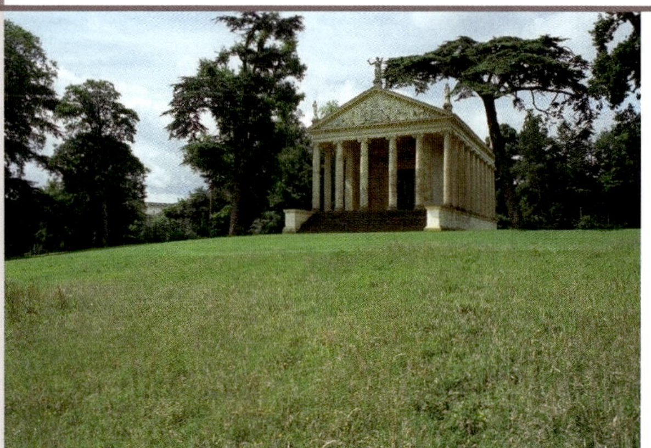

Name des Gartens
Stowe Landscape Gardens & Park

Grafschaft
Buckinghamshire

Lage
5 km nordwestlich von Buckingham, Buckinghamshire MK18 5EH

Tearoom

Shop

Besitzer
The National Trust

Öffnungszeiten
täglich 10.00–17.00 Uhr, in den Wintermonaten 10.00–16.00 Uhr

Besuchsdauer
ca. 2 Stunden

Telefon
+44 (0) 1280 817156

E-Mail
stowegarden@nationaltrust.org.uk

Website
www.nationaltrust.org.uk

Der über 100 Hektar große Landschaftsgarten Stowe entstand als Umgestaltung einer barocken Gartenanlage; er wurde in seinen wesentlichen Zügen zwischen 1715 und 1749 ausgebaut. Schon 1724 galt die Anlage als der eleganteste Landsitz in ganz England. 1739 wurde eine Sammlung von Kupferstichen veröffentlicht, die den Garten eindrucksvoll dokumentierten und ihn berühmt machten, so dass er immer wieder Reiseziel ausländischer Besucher war.

Zwischen 1715 und 1726 leiteten Charles Bridgeman und John Vanbrugh die ersten umfangreichen Veränderungen und Erweiterungen der barocken Anlage. In enger Zusammenarbeit mit dem Bauherren Richard Temple entstanden viele Staffagebauten und Blickfangobjekte, die einerseits traditionelle Themen wie Bacchustempel, Obelisk und Monopteros aufgriffen, andererseits um sehr persönliche, originelle und neue Themen wie »Tempel der Freundschaft«, ein mit Weinkeller ausgestatteter Treffpunkt der politischen Opposition, oder »Tempel des Schlafes« und »Tempel der Eitelkeit« kreisten.

Nach dem Tod Vanbrughs im Jahr 1726 arbeiteten zunächst James Gibbs und dann, ab 1730, William Kent an der Weiterentwicklung von Stowe. Unter Kent entstanden die »Elysischen Felder«, die in aller Klarheit ein völlig neues Gestaltungskonzept verkörpern: Der Garten wurde nun als Folge von einzelnen Bildern konzipiert, als Aneinanderreihung von Prospekten, die sich beim Durchwandern erschließen. Die strengen Achsen der Barockzeit verloren ihre Bedeutung. Man empfand nur noch die ondulierende Linie als schön, und alles streng Formale wurde beseitigt.

Der Garten wurde mit Staffagebauten und Inschriften ausgestattet, die unzählige polemische Anspielungen enthielten. Auf den Elysischen Feldern wurde der »Tempel der Antiken Tugend« errichtet und gegenüber der »Tempel der Modernen Tugend«, in dessen Mitte eine Statue ohne Kopf steht. Besondere Beachtung beim Rundgang über die Elysischen Felder verdient das »Monument of British Worthies«, eine Exedra mit sechzehn Büsten der vom Bauherrn verehrten Persönlichkeiten, darunter König Alfred, Prince Edward »Der Schwarze Prinz«, Elizabeth I und William III von Oranien. Die Büsten von William Shakespeare, John Milton, Francis Bacon, John Locke und Alexander Pope repräsentierten die Dichter, Schriftsteller und Philosophen. Auch Isaac Newton und der Architekt Inigo Jones kamen zu Ehren. In der Mitte der Exedra befand sich eine Merkur-Büste mit der programmatischen Inschrift »Ducit ad Campos Elysios« (Er führt in die Elysischen Felder).

1741 wurde der damals fünfundzwanzigjährige Lancelot Brown als Gärtner eingestellt, und bald schon stieg er in den Rang des Obergärtners auf. Capability Brown war zehn Jahre in Stowe tätig und nahm in dieser Zeit entscheidende Veränderungen vor. Er löste viele der immer noch vorhan-

Der klassizistische Temple of Concord and Victory beherrscht das von Capability Brown gestaltete Grecian Valley.

Seite 119: Man betritt den Landschaftsgarten über die Oxford Bridge, die einen stimmungsvollen Auftakt bildet.

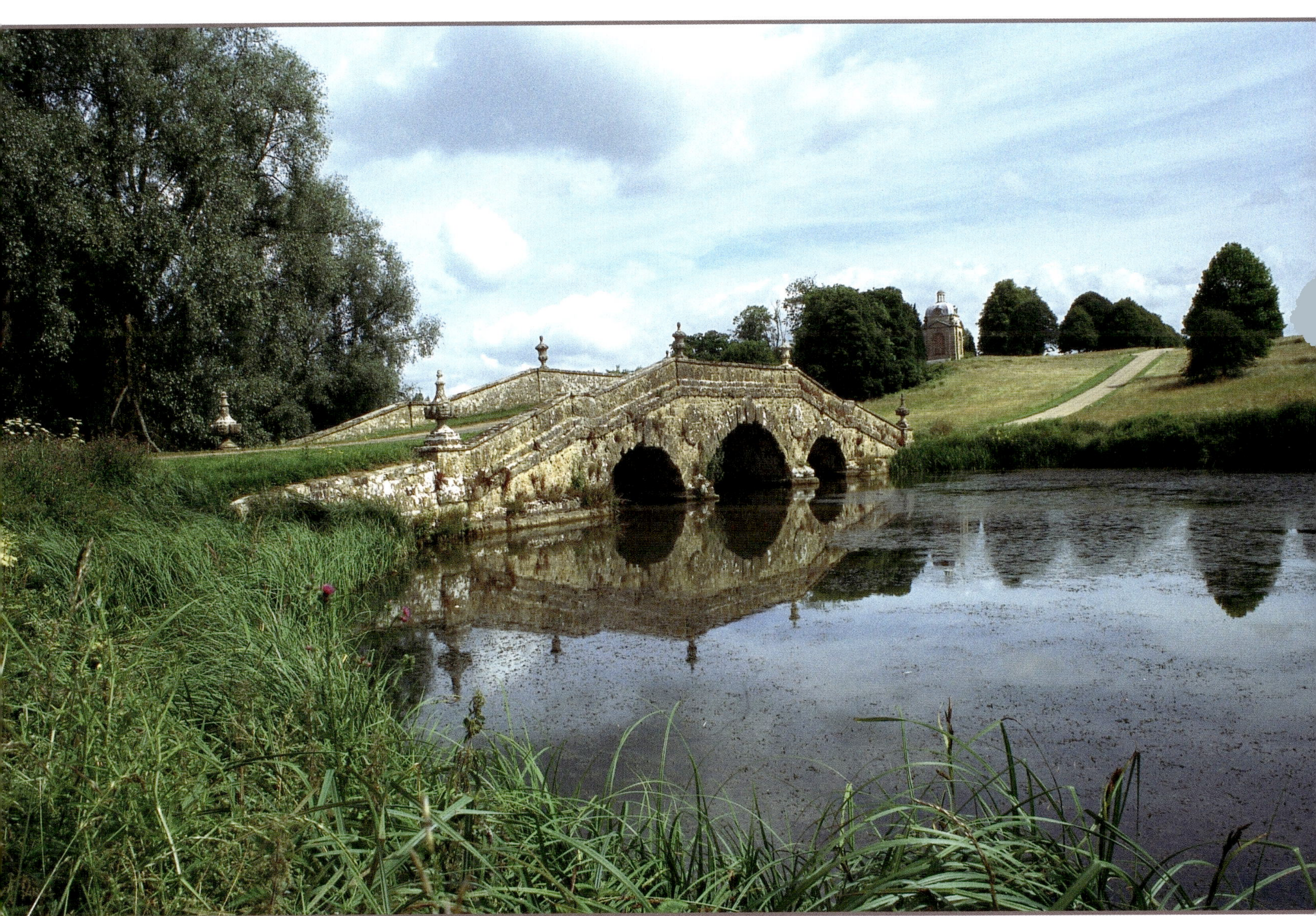

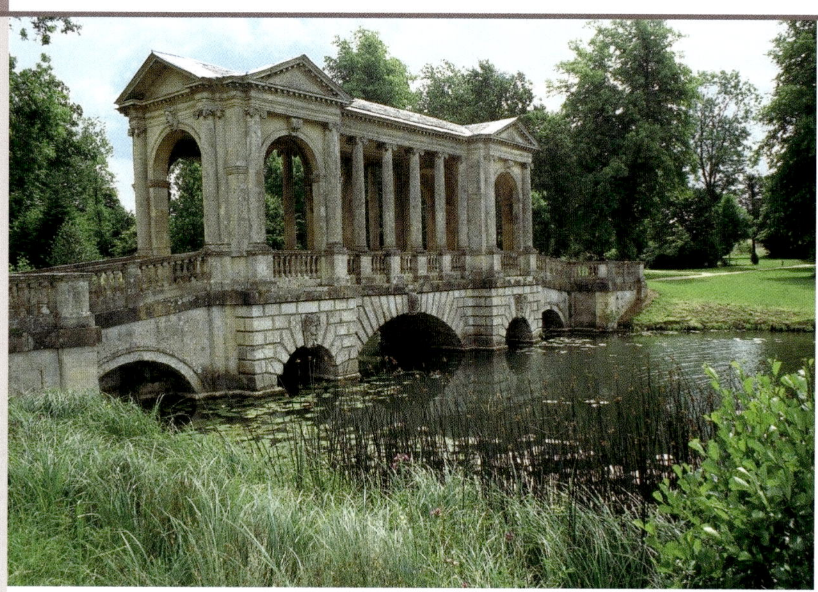

denen geometrischen Konturen in freie organische Formen auf, pflanzte Baumgruppen, legte neue Waldstücke an und gab dem Ganzen ein naturnahes Erscheinungsbild. Vor allem dem großen See im Südwesten des Gartens verlieh Capability Brown reizvolle Konturen und Uferzonen.

Neben Stourhead ist Stowe zweifelsohne der bedeutendste Landschaftsgarten in Großbritannien und eines der wichtigsten Denkmale europäischer Gartenkunst.

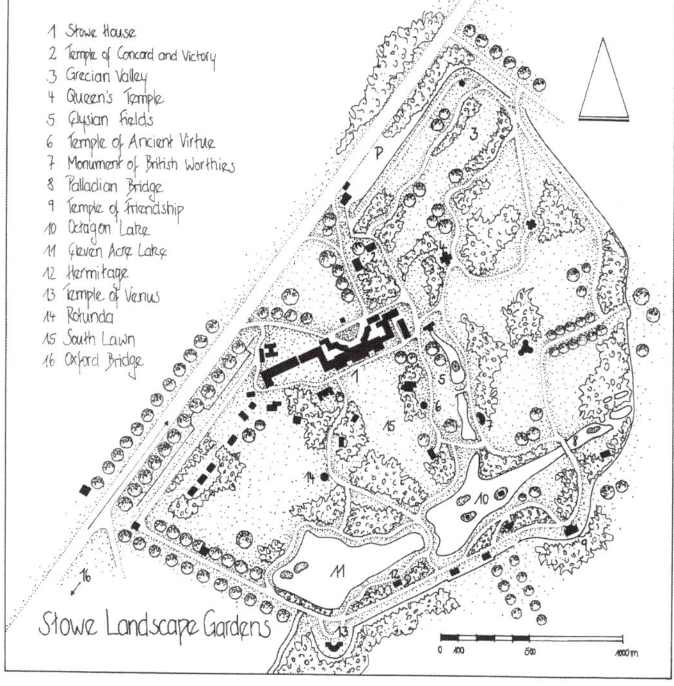

Um 1740 wurde die Brücke im Renaissancestil Andrea Palladios errichtet; sie gehört zu den bekanntesten Szenerien des Landschaftsgartens von Stowe.

Seite 121: Der Rundgang über die Elysischen Felder führt auch zum Monument of British Worthies, einer gemauerten Exedra mit 16 Büsten verehrungswürdiger Persönlichkeiten der britischen Geschichte.

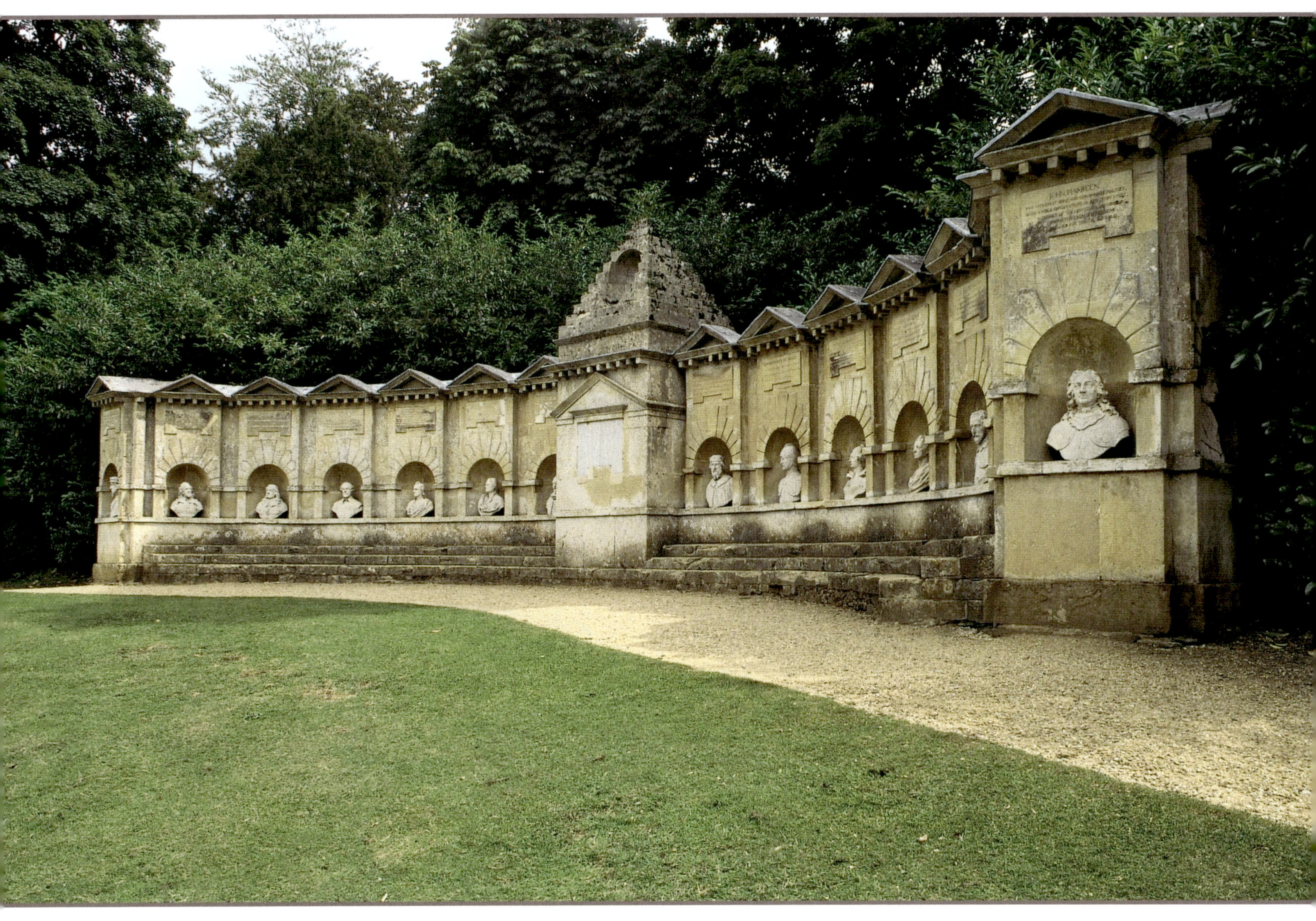

Carnell House 40

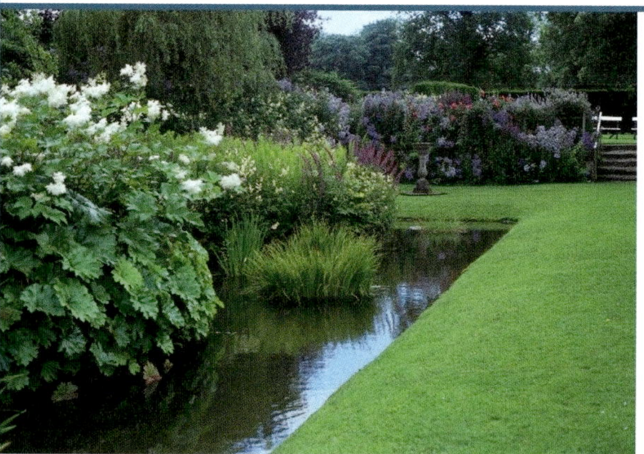

Name des Gartens
Carnell House

Grafschaft
Ayrshire

Lage
südlich von Hurlford, A 77 Glasgow/Kilmarnock, A 76 Mauchline/Dumfries, dann 2,5 km rechts auf A 719 in Richtung Ayr, Ayrshire KA1 5JS

Besitzer
Familie Findlay

Öffnungszeiten
nach Vereinbarung

Besuchsdauer
ca. 2 Stunden

Telefon
+44 (0) 1563 884236

E-Mail
info@carnellestates.com

Website
www.carnellestates.com

In der Nähe
Culzean Castle

Vielleicht sind *flower borders* das verführerischste und auffälligste Element der britischen Gartenkunst. Wer sich in Großbritannien auf eine Gartenreise begibt, wird schon sehr bald zwischen den Begriffen *herbaceous border* (Staudenrabatte), *mixed border* (gemischte Rabatte mit Stauden, Gehölzen, Einjährigen, Zwiebel- und Knollengewächsen), *shrub border* (Strauchrabatte) und *double border* (doppelseitige Rabatte) zu unterscheiden wissen. Die farblich fein komponierten Beete faszinieren ungemein, rufen geradezu ein Suchtverhalten hervor. Der Besucher vom Kontinent kann nicht genug davon bekommen, und zugleich entsteht doch irgendwann Überdruss – von der Isle of Wight im Süden bis zu den Orkneyinseln im Norden immer wieder das gleiche Gartenthema. Man wird wählerisch, sucht nach dem Exquisiten, nach den besonders feinen Nuancen und verlangt mehr als nur ein Blütenfeuerwerk. Man entdeckt die Reize eines besonders breiten, dann den Charme eines besonders schmalen *border*. Man beobachtet wie wichtig das fein geschorene Grün des Rasenweges vor dem *border* und die akkurat geschnittene Hecke oder die schöne Ziegelmauer hinter dem *border* sind, und irgendwo wird dann ein *white border* mit all seinen Weiß- und Grüntönen, Blattfarben und Blattformen zur großen gärtnerischen Offenbarung. Schließlich meint man das Repertoire der *borders* in und auswendig zu kennen – und dann kommt man nach Carnell House und stellt fest, dass es noch eine weitere Spielart gibt und zwar das Zusammenspiel eines *border* und einer Wasserfläche. Carnell House, ein Herrenhaus aus rotem Sandstein, stammt aus dem 16. Jahrhundert und wurde 1843 von dem Architekten William Burn (1789–1870) im viktorianischen Stil umgestaltet. Es ist in einen schönen landschaftlichen Rahmen eingebettet und hat vieles zu bieten: schöne alte Bäume, Eibenhecken und Eibentopiary, eine Lindenallee, einen Gemüse- und Schnittblumengarten, Heckenräume und samtweiche, kurz geschorene Rasenflächen. Doch der unvergessliche Höhepunkt und das besondere Schaustück des Gartens ist und bleibt das *border*, das Georgina Findlay-Hamilton 1904 etwas abseits vom Wohnhaus auf dem Gelände eines ehemaligen Steinbruchs anlegte. Die 5 Meter breite Staudenrabatte ist vorwiegend in zarten Hellblau-, Rosa- und Cremetönen komponiert und wirkt sehr locker und duftig. Der besondere Reiz besteht im ungewöhnlichen Gegenüber dieses *border* – eine von üppiger Ufervegetation begleitete, lang gestreckte Wasserfläche, die stellenweise wie ein Spiegel wirkt und das Gesamtensemble fast unwirklich, wie ein Traumbild erscheinen lässt. Über eine kleine Brücke gelangt man mitten durch die überschäumende Blütenfülle zu einem kleinen Buddha-Pavillon, den die Familie von einer Asienreise mitgebracht hat und der hier den Eindruck des Unwirklichen und Phantastischen noch einmal verstärkt.

Zu den Höhepunkten des Gartens gehört die von einem Kanal begleitete Staudenrabatte.

Seite 123, links: Ein kurz geschorener Rasenweg führt durch den spektakulären Staudengarten, in den ein kleiner Buddha-Pavillon eingefügt ist. Rechts: Im Garten von Carnell House findet man Dutzende Arten und Sorten von Rittersporn.

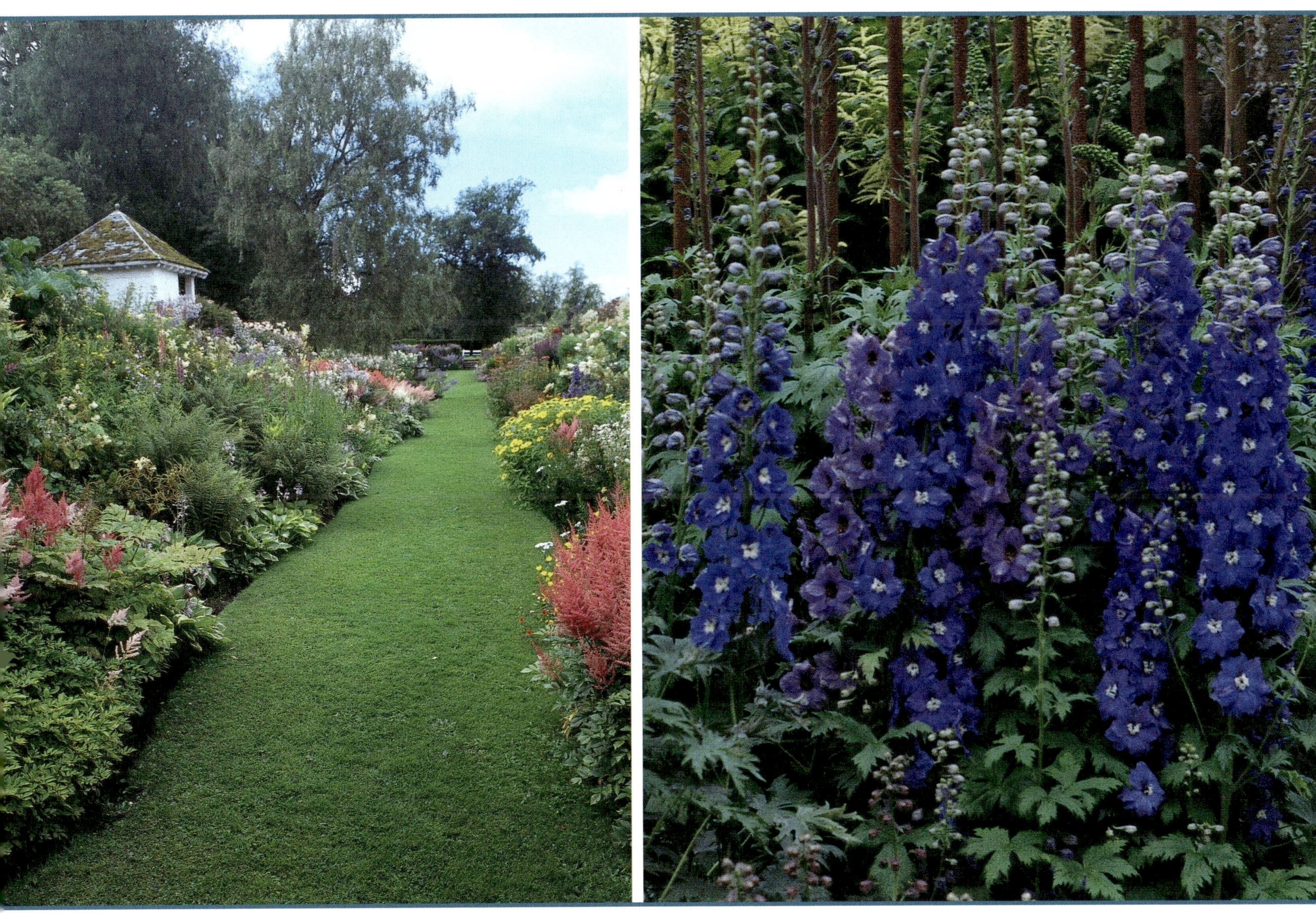

Cawdor Castle Garden 41

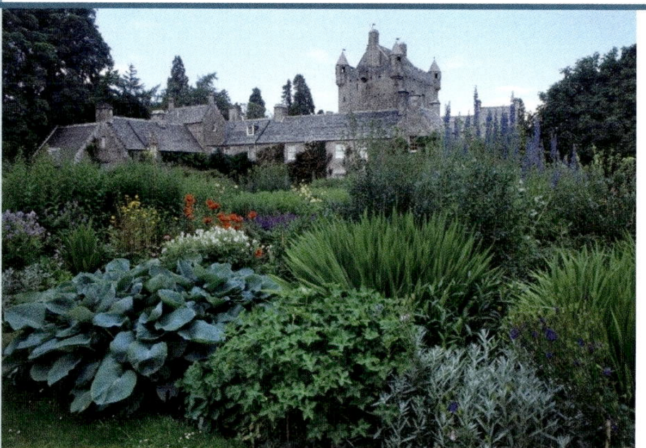

Name des Gartens
Cawdor Castle Garden

Grafschaft
Nairn, Schottland

Lage
zwischen Inverness und Nairn, von der A 96 auf die B 9090, Nairn IV12 5 RD

Tearoom

Shop

Besitzer
Countess Angelika Cawdor

Öffnungszeiten
Mai bis Anfang Oktober täglich von 10.00–17.00 Uhr

Besuchsdauer
ca. 3 Stunden

Telefon
+44 (0) 1667 404401

E-Mail
info@cawdorcastle.com

Website
www.cawdorcastle.com

Cawdor Castle liegt in einer besonders schönen und fruchtbaren Landschaft. Die Burg wurde im 14. Jahrhundert von der Familie Cawdor, den späteren Earls of Cawdor, errichtet. Im 17. und im 19. Jahrhundert wurde das Gebäude durch Um- und Anbauten stark verändert, es stellt sich heute als romantisches Gebäudeensemble inmitten schöner Park- und Gartenanlagen dar.

Der an der Südseite der Burg gelegene mauerumschlossene Blumengarten, der heute zu den gärtnerischen Höhepunkten der Anlage zählt, wurde Anfang des 18. Jahrhunderts angelegt und im 19. Jahrhundert dem viktorianischen Zeitgeschmack angepasst. In den achtziger Jahren des 20. Jahrhunderts wurden die Beete mit vielen modernen Blütenstauden neu gestaltet, zum Beispiel mit verschiedenen Arten und Sorten von Wiesenstorchschnabel (Geranium), Rittersporn (Delphinum), Sterndolden (Astrantia), Eisenhut (Aconitum), Katzenminze (Nepeta), Brandkraut (Phlomis), Skabiosen (Scabiosa), Wiesenraute (Thalictrum), Wolfsmilch (Euphorbia griffithii »Fireglow«), Dreimasterblumen (Tradescantia) und Mohn (Papaver orientale).

Die Blumenrabatten in den Gärten der schottischen Herrenhäuser sind meist so angelegt, dass sie ihren Blütenhöhepunkt in den Monaten Juli und August haben. Früher waren die Herrenhäuser zu dieser Zeit voll mit Jagdgästen, heute ist sie die touristische Hauptsaison.

Ein kleines Tor in der Mauer des Blumengartens führt in einen *woodland garden*, einen sehr ausgedehnten, von Wander- und Spazierwegen erschlossenen Waldgarten, der im 19. Jahrhundert angelegt wurde. Besonders eindrucksvoll ist der tief eingeschnittene, von einer bemerkenswerten Ufervegetation begleitete Wasserlauf des Cawdor Burn, der von mehreren kleinen Brücken überquert wird, von denen sich während der Rhododendronblüte und der Herbstfärbung der Bäume besonders schöne Ausblicke bieten.

Nordöstlich der Burg, hinter Mauern und Eibenhecken, liegen weitere formale Gartenräume. Zunächst kommt man zu einem perfekt geschnittenen Ilexlabyrinth, das auf drei Seiten von einem Goldregentunnel umgeben ist. Daran anschließend wird der Weg von einem großartigen *flower border* begleitet und führt zu dem sehr schmalen, von hohen Eibenhecken flankierten und leicht zu übersehenden Eingang zum Paradiesgarten. Dieser auf kreisförmigem Grundriss angelegte Gartenraum ist nur mit weißblühenden Stauden und Gehölzen bepflanzt und im Zentrum mit einem modernen, zylindrischen Bronzebrunnen geschmückt. Wenn man diesen Gartenraum wieder verlässt, passiert man den *orchard*, den Obstbaumgarten, und kommt zu einem buchsgesäumten Parterregarten mit duftenden Heil- und Küchenkräutern.

An der Südseite der Burg liegt ein von Mauern umschlossener Staudengarten.
Seite 125: Auf Rasenwegen durchstreift man den Staudengarten, der in den achtziger Jahren des 20. Jahrhunderts neu bepflanzt wurde.

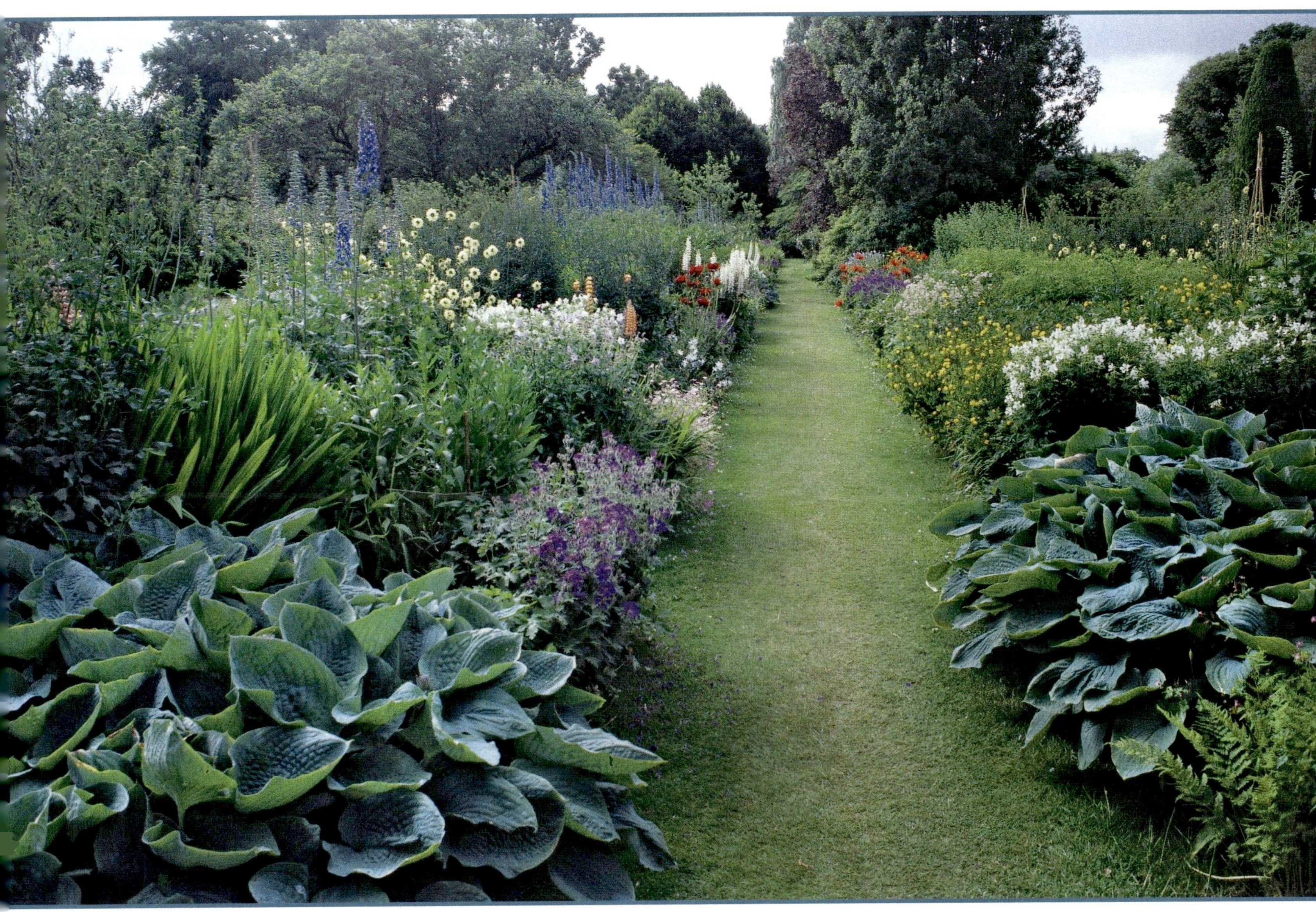

Crathes Castle Garden 42

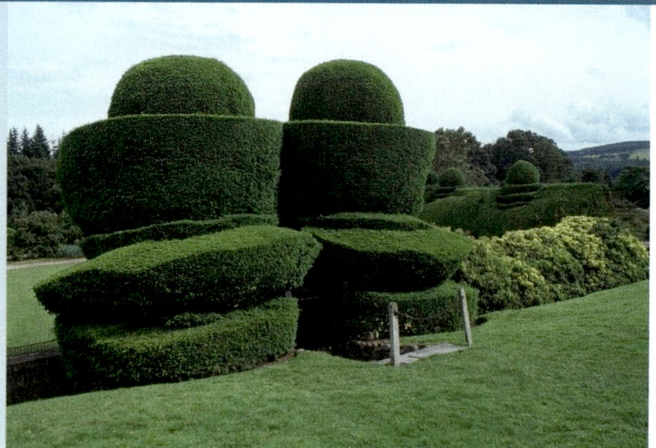

Name des Gartens
Crathes Castle Garden

Grafschaft
Grampian, Schottland

Lage
Banchory, Grampian AB31 3QJ

Tearoom

Shop

Besitzer
The National Trust for Scotland

Öffnungszeiten
März bis September von Donnerstag bis Montag sowie August täglich, 10.00–17.00 Uhr; Oktober bis Dezember von Donnerstag bis Sonntag, 10.00–16.00 Uhr

Besuchsdauer
ca. 2 Stunden

Telefon
+44 (0) 1330 844525

E-Mail
crathes@nts.org.uk

Website
www.nts.org.uk

In der Nähe
Drum Castle

Das landschaftlich sehr schön gelegene Crathes Castle empfängt den Besucher nicht mit einer abweisenden und wehrhaften Burgarchitektur, sondern wirkt trotz der kleinen Fenster mit seinen hellen Putzflächen wie ein heiteres schottisches Landhaus. Crathes Castle war über vierhundert Jahre im Besitz der Familie Burnetts of Leys, die das Anwesen 1952 dem National Trust überschrieb. Einige der Grundstrukturen des Gartens findet man schon in den überlieferten Plänen des 18. Jahrhunderts, und Dokumente des frühen 19. Jahrhunderts verweisen bereits auf das prächtige Eibentopiary, das auch heute noch ein sehr charakteristisches Element ist. Insgesamt entspricht der Garten in seinem heutigen Erscheinungsbild dem Edwardian Style. Das heißt, er verkörpert typische Stilvorstellungen aus der Zeit König Edwards VII, der von 1901 bis 1910 regierte.

Vieles, was wir heute in Crathes Castle Garden bewundern, wurde zu Beginn des 20. Jahrhunderts von Sir James Burnett of Leys und seiner Frau Sybil gestaltet. James Burnett of Leys sammelte Bäume und Ziersträucher. Er war mit Harold Hillier befreundet, der eine Baumschule in Winchester betrieb, die noch heute besteht und zu den bedeutendsten Baumschulen Großbritanniens zählt. (Hillier ist eine britische Institution, und das großformatige, 640 Seiten umfassende Buch »The Hillier« ist weltweit eines der bekanntesten Standardwerke und besten Nachschlagewerke über Bäume und Gehölze.) Sybil Burnett of Leys interessierte sich eher für Blütenpflanzen und Stauden. Sie pflegte Kontakt zu Gertrude Jekyll, die Crathes Castle 1895 besuchte und dabei Ideen zur Gartengestaltung beisteuerte. Wahrscheinlich war es auch Gertrude Jekyll, die den Maler George Elgood nach Crathes schickte, damit er den Garten in Aquarellen dokumentierte. Er hatte bereits ihren eigenen Garten in Munstead Wood gemalt; Gertrude Jekyll arbeitete damals gerade an ihrem Buch »Some English Gardens«, das 1904 erschien und Dutzende Aquarelle von Elgood enthielt, darunter auch einige, die Crathes Castle Garden zeigen.

Wie bei vielen schottischen Landsitzen ist es in Crathes vor allem der *walled garden*, der ummauerte ehemalige Wirtschaftsgarten, der die größte Anziehungskraft und gärtnerische Vielfalt besitzt. Er ist in acht unterschiedlich thematisierte Bereiche aufgeteilt, die zu ausgedehnten Entdeckungsrundgängen verlocken. Im Juni gehört das June Border zu den besonderen Höhepunkten, eine lange, mit Blick auf das Castle diagonal durch den südöstlichen Bereich des *walled garden* verlaufende Staudenrabatte, die dann in voller Blüte steht. Eine Besonderheit ist auch der Golden Garden, wo mit einer Vielzahl goldgrün belaubter Bäume und Ziersträucher sowie goldgrüner Kletterpflanzen und Blattschmuckstauden ein Gartenraum geschaffen wurde, der auch bei trübem Licht und unter dem oft bleigrauen Himmel Schottlands stets den Eindruck entstehen lässt, es schiene die Sonne. Die hellen frischen Grüntöne reflektieren das

Zu skurrilen Formen ist das fast zwei Jahrhunderte alte Topiary geschnitten, eine der Besonderheiten des Gartens.
Seite 127: Im June Border steht die Staudenkomposition in schönster Blüte, natürlich im Juni.

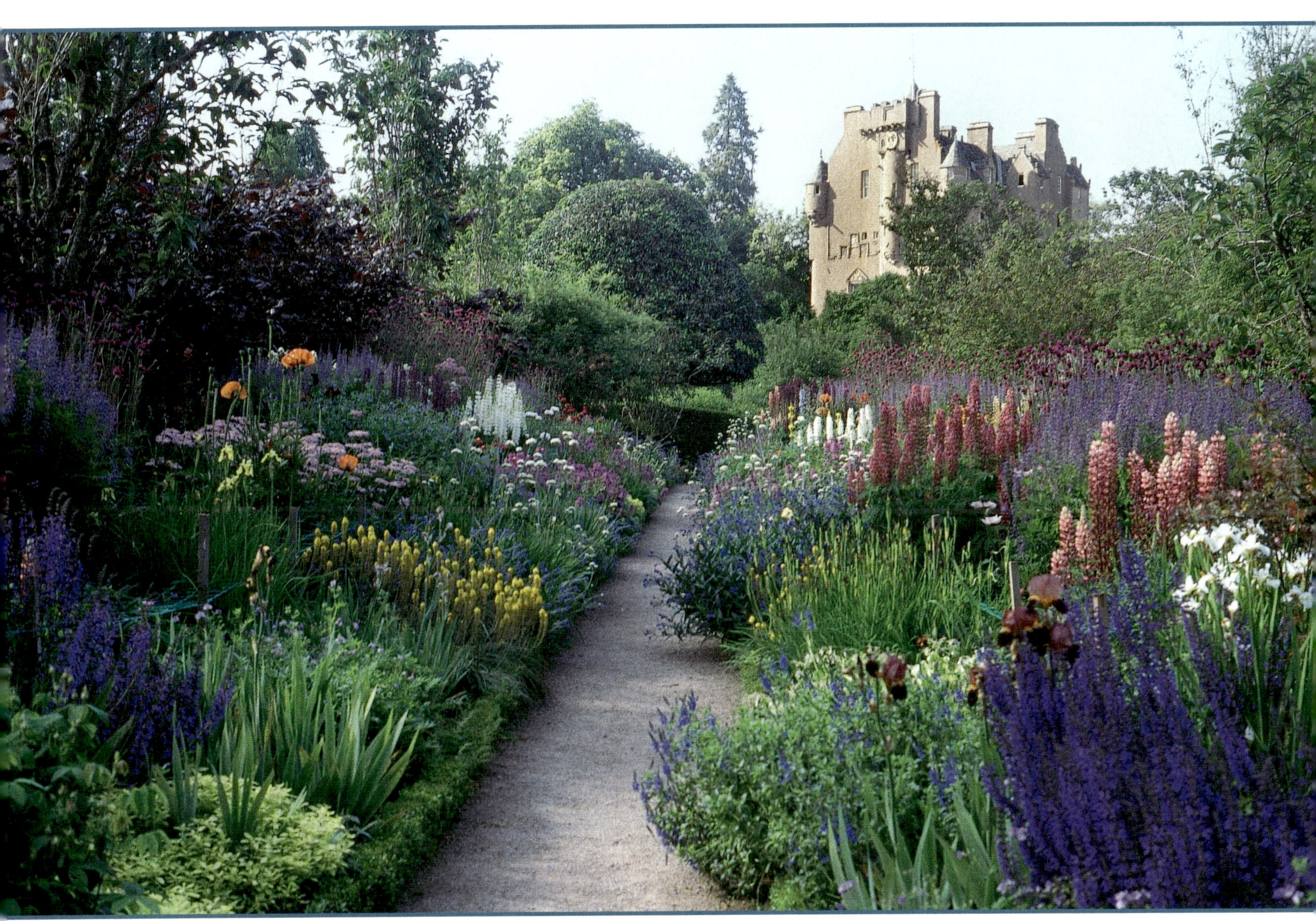

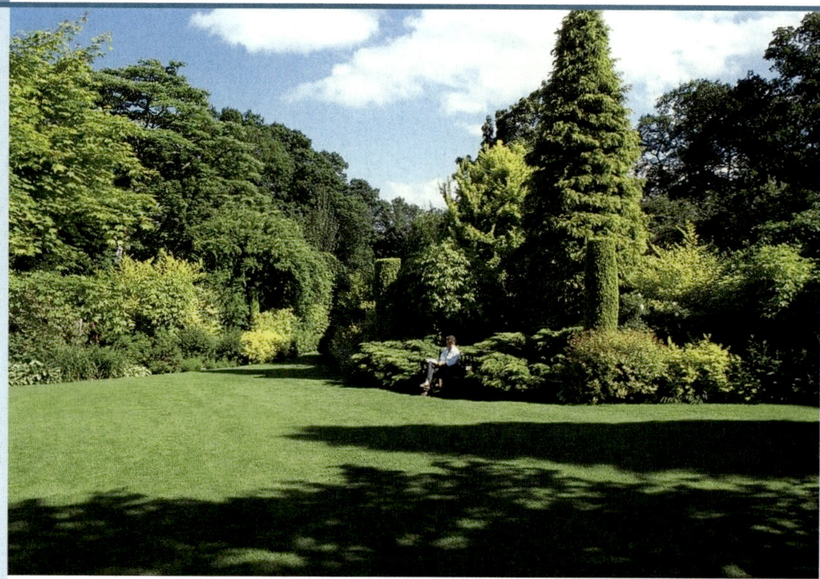

Licht, wirken als Aufheller und schaffen eine freundliche, sommerliche Atmosphäre.

Außerhalb des *walled garden* liegt ein mit Spazier- und Wanderwegen erschlossener *woodland garden*, eine Wald- und Parklandschaft mit vielen dendrologischen Besonderheiten.

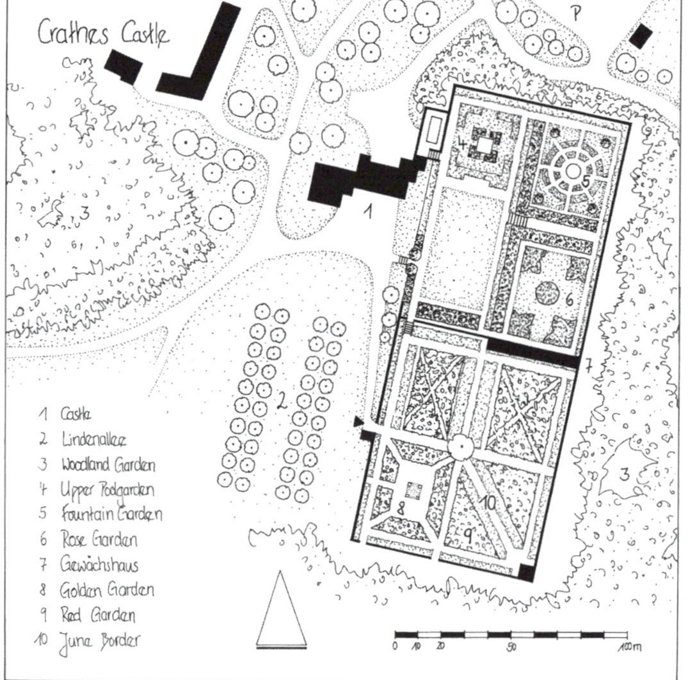

Auch bei wolkenverhangenem Himmel, selbst bei Regen wirkt der Goldene Garten heiter und sonnig.

Seite 129: Eine mit Goldhopfen berankte Pergola lenkt den Blick auf eine formvollendete Steinmetzarbeit.

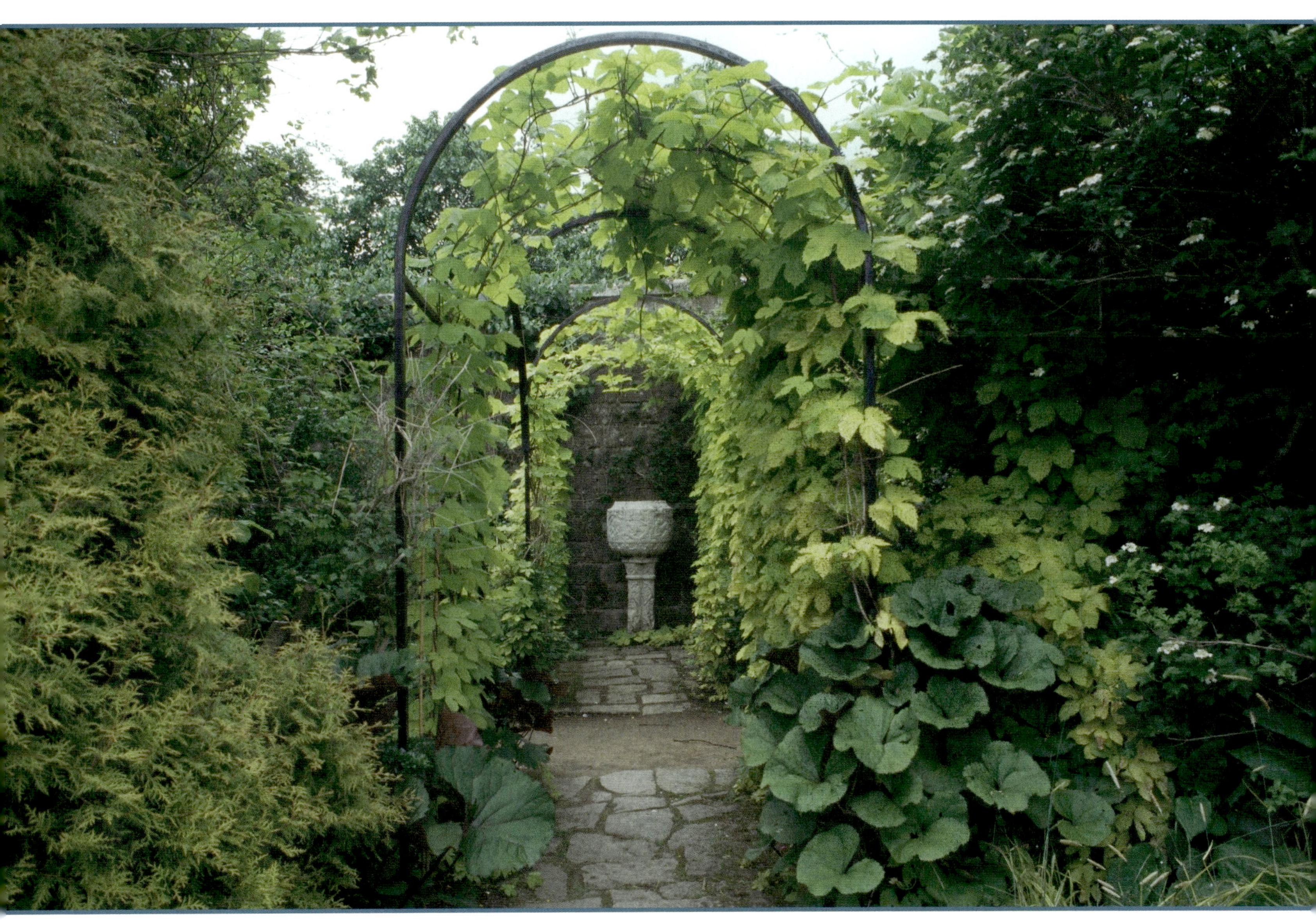

Drum Castle Garden 43

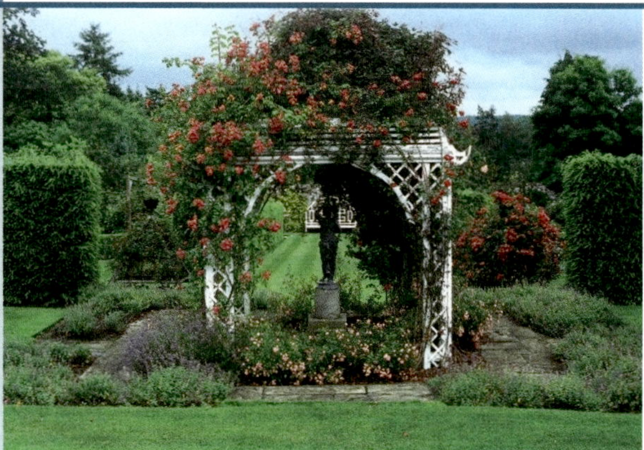

Name des Gartens
Drum Castle Garden

Grafschaft
Grampian, Schottland

Lage
in Drumoak bei Banchory,
Grampian AB31 3EY

Tearoom

Shop

Besitzer
The National Trust for Scotland

Öffnungszeiten
April bis Oktober täglich
von 10.30–16.00 Uhr

Besuchsdauer
ca. 2 Stunden

Telefon
+44 (0) 1330 700334

E-Mail
drumcastle@nts.org.uk

Website
www.nts.org.uk

In der Nähe
Crathes Castle

Drum Castle liegt in der Royal Deeside, einer Landschaft am Unterlauf des Flusses Dee, in der die königliche Familie seit Queen Victorias Zeiten regelmäßig ihren Sommeraufenthalt nimmt und die deshalb das Prädikat Royal verliehen bekam. Drum Castle wurde im 13. Jahrhundert als Jagdsitz erbaut und gehört zu den ältesten Burgen in Schottland. Im 14. Jahrhundert übertrug König Robert the Bruce das Anwesen seinem Gefolgsmann William Irvine als Lehen. Es blieb dann über mehr als 650 Jahre im Besitz der Familie Irvine, bis es 1975 dem National Trust überschrieben wurde. Die Gesamtanlage umfasst 150 Hektar und besteht aus Waldgebieten, einem Landschaftspark mit Arboretum, weiten Rasenflächen und einem großen mauerumschlossenen Küchengarten. Das Castle ist ein Turmhaus aus dem 13. Jahrhundert, das sich mit verschiedenen, später ergänzten Gebäudetrakten zu einem geschlossenen baulichen Ensemble verbindet.

Der etwa 200 Meter abseits vom Castle gelegene, fast 2 Hektar große Küchengarten entstand Ende des 18. Jahrhunderts und wurde bis 1975 bewirtschaftet. Nach der Übernahme durch den National Trust entschied man sich für die Umgestaltung zu einem Rosengarten, um einen neuen, starken Anziehungspunkt zu schaffen. Die Arbeiten wurden 1991 abgeschlossen; heute zählt der hinter den Mauern verborgene Rosengarten zu den größten gärtnerischen Sehenswürdigkeiten der Royal Deeside.

Der Rosengarten ist von einem Kreuz aus breiten Rasenwegen in vier Abteilungen unterteilt und dokumentiert mit 400 Arten und Sorten die Geschichte der Rosenzucht. Der Rundgang beginnt bei der Rosa gallica, die zu den ältesten Kultivaren gehört, und führt dann an Beeten entlang, die mit der grazilen, wohl duftenden Rosa alba und der sehr einfachen Rosa rugosa bepflanzt sind. Es folgen Beete mit der dicht gefüllten »hundertblättrigen« Rosa centifolia, mit Damaszenerrosen und Moosrosen. Den Schwerpunkt der Rosensammlung bilden die Züchtungen des 19. und 20. Jahrhunderts.

Damit der Garten auch vor und nach der Rosenblüte, die hier in Schottland Ende Juli ihren Höhepunkt erreicht, etwas zu bieten hat, sind die Rosenbeete mit Buchshecken gerahmt und um Staudenpflanzungen ergänzt. An den 4 Meter hohen Mauern werden zahlreiche Rank- und Kletterpflanzen gezogen. Es gibt einen kleinen Kräuter- und Gemüsegarten, ein Wasserbecken und einen formschönen weiß lackierten Holzpavillon im Zentrum des Wegekreuzes. Bemerkenswert sind die perfekt gepflegten Hemlockhecken (Tsuga canadensis) entlang den Hauptwegen sowie die Vielzahl und Artenvielfalt von Ilexgehölzen, deren formschöne Blätter auch im Wappen der Familie Irvine zu finden sind.

Im Zentrum des Wegekreuzes steht ein weiß lackierter von Kletterrosen überrankter Holzpavillon.
Seite 131: Niedrige Buchshecken rahmen nicht nur die Rosenbeete, sondern auch das Wasserbecken, und hohe Hemlockhecken umgeben einzelne Gartenräume.

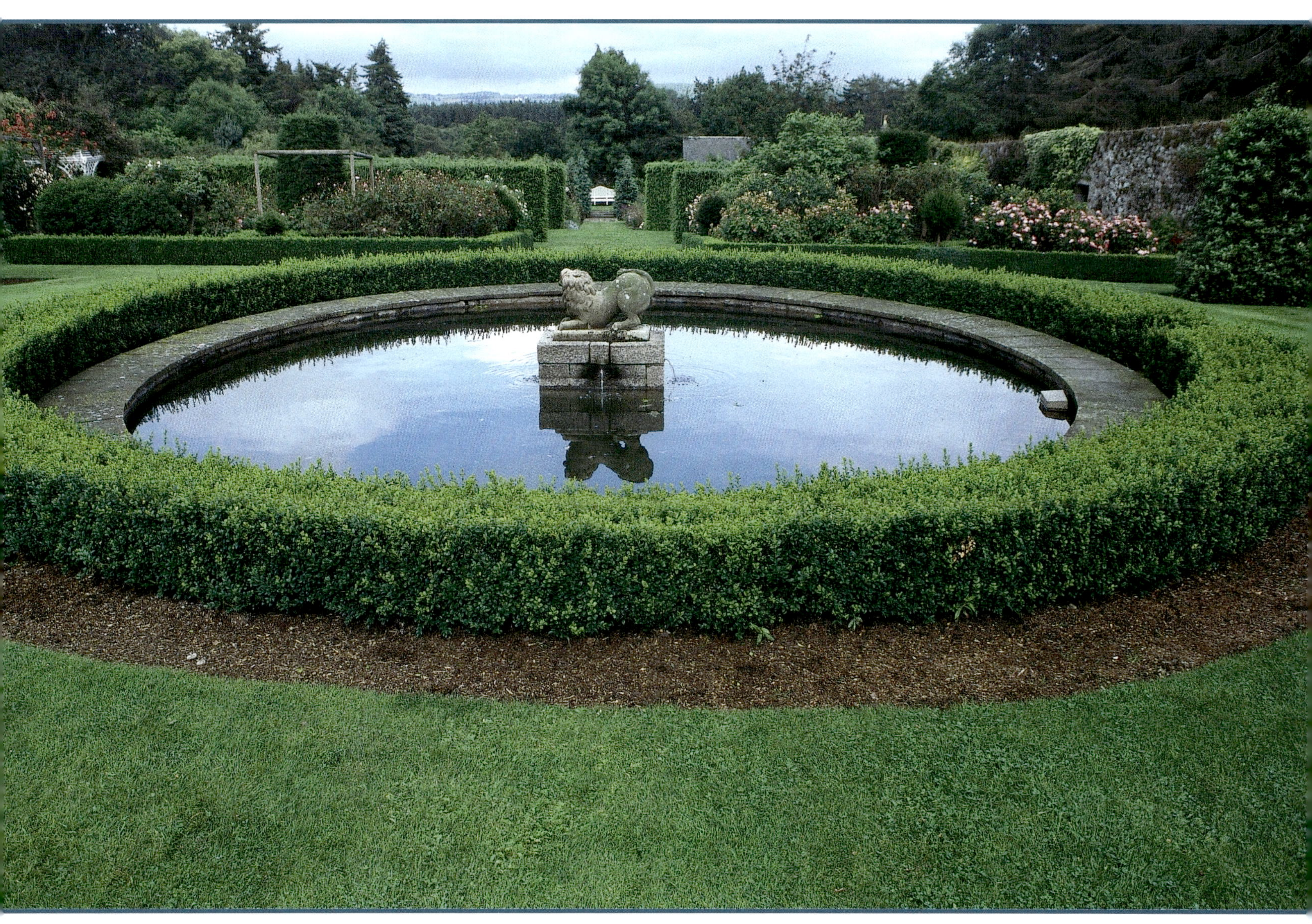

Scottish National Gallery of Modern Art 44

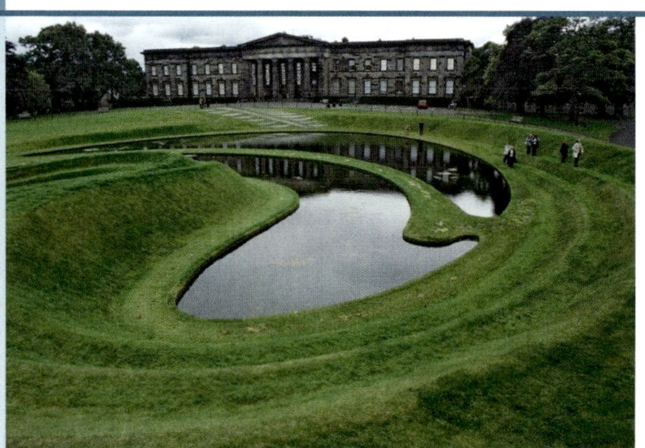

Name des Gartens
Scottish National Gallery of Modern Art

Grafschaft
Edinburgh

Lage
74 Belford Road, Edinburgh EH4 3 DR

Tearoom

Shop

Öffnungszeiten
täglich 10.00–17.00 Uhr

Besuchsdauer
ca. 1 Stunde

Telefon
+44 (0) 131 6246200

E-Mail
enquiries@nationalgalleries.org

Website
www.nationalgalleries.org.uk

In der Nähe
Inveresk Lodge, Shepherd House, Malleny Court, Greywalls

Wer an avantgardistischer Garten- und Landschaftsarchitektur interessiert ist, sollte einen Aufenthalt in Edinburgh unbedingt mit einem Besuch der Schottischen Nationalgalerie für Moderne Kunst verbinden. Im parkartigen Vorbereich des klassizistischen Gebäudes (Baujahr 1822) befindet sich das Land-Art-Objekt Ueda, das einen enormen stilistischen Kontrast zu dem Galeriegebäude riskiert und dadurch einen spannenden Dialog in Gang setzt. Das Objekt, das 7 Meter hoch ist und eine Fläche von etwa 4 000 Quadratmetern einnimmt, wurde nach mehr als zwei Jahren Planungs- und Bauzeit 2002 fertiggestellt. Der Entwurf stammt von Charles Jencks, der als Architekt und Künstler, Buchautor und Kunsthistoriker internationale Wertschätzung genießt. Die Ausführungsplanung lag in Händen der schottischen Landschaftsarchitekten Ian White Associates und dem Büro Terry Farrell und Partner.

Nach eigenem Verständnis und ganz im Sinne seiner Auftraggeber wollte Charles Jencks mit dem auffälligen Land-Art-Objekt einen attraktiven Eingangsbereich schaffen und der Galerie damit eine neue Identität geben. Sie sollte deutlich wahrnehmbar als Ort für zeitgenössische Kunst gekennzeichnet werden.

Sofern die Rasenflächen nicht zu nass und damit gefährlich rutschig sind, ist die Rasenskulptur während der Öffnungszeiten der Kunstgalerie frei zugänglich. Wie man beobachten kann, haben die sanft ansteigenden, schwingenden Wege eine geradezu suggestive Anziehungskraft. Offensichtlich empfinden nicht nur Kinder, sondern alle Besucher beim Begehen der Skulptur Freude und Lustgefühle.

Im Jahre 2004 erhielt die Schottische Nationalgalerie für das Projekt von Charles Jencks den mit umgerechnet etwa 150 000 Euro dotierten, prestigeträchtigen Gulbenkian Prize, der in Großbritannien alljährlich an Museen oder Kunstgalerien für »fantasievolle, innovative und herausragende« Projekte vergeben wird.

So faszinierend das Projekt von Charles Jencks auch ist, übertragbar auf mitteleuropäisches Klima ist die Grundidee nicht. Sonnenzugewandte Rasenböschungen mit einem Neigungswinkel von fast vierzig Grad sind in unserem Klima nicht möglich, da sie selbst mit künstlicher Beregnung kaum in ansehnlichem Zustand gehalten werden können. Dennoch verweisen die Projekte von Charles Jencks auf etwas sehr Wichtiges: Sie veranschaulichen, welch unglaubliche Ausdruckskraft Bodenreliefs haben und welch enormes Potenzial für die Gestaltung in ihnen stecken. Sie zeigen den Reiz und den Reichtum einer fließenden, dynamischen Formensprache und führen uns vor Augen, dass Gartenkunst immer wieder zu völlig neuen Ausdrucksformen findet.

Das Linienspiel der avantgardistischen Landschaftsgestaltung steht in starkem Kontrast zur Strenge der klassizistischen Kunsthalle.

Seite 133: Von geradezu suggestiver Anziehungskraft sind die sanft ansteigenden, schwingenden Wege; die Rasenskulptur ist während der Öffnungszeiten der Kunstgalerie frei zugänglich.

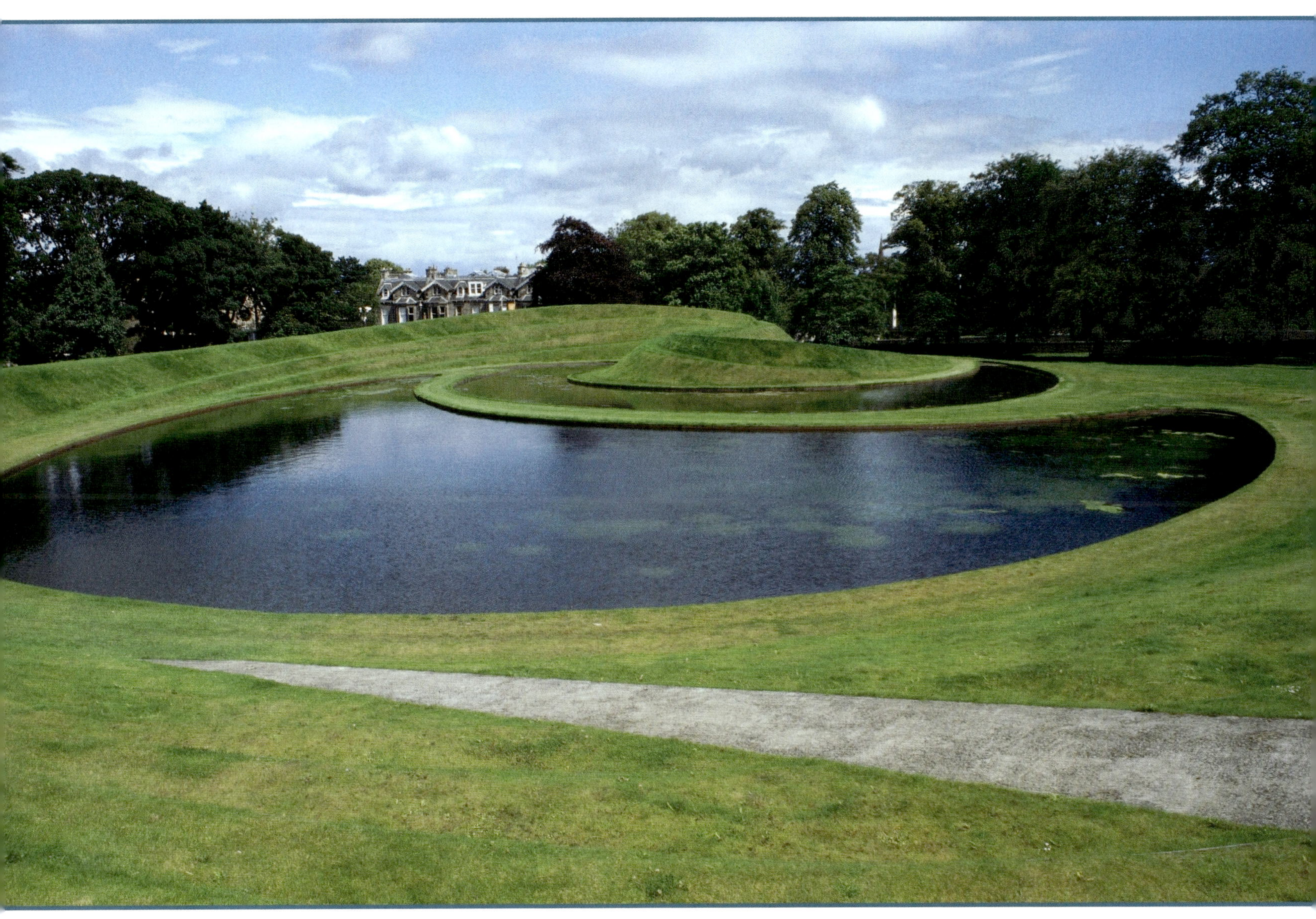

The Scottish Parliament 45

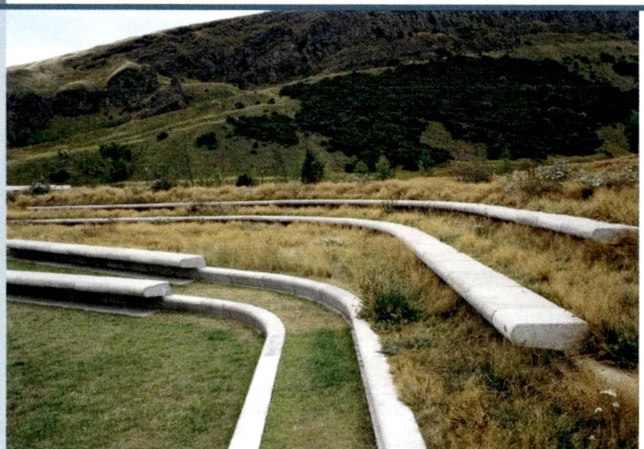

Name des Gartens
The Scottish Parliament

Lage
in Edinburgh am Ende der Royal Mile, gegenüber von Holyrood Palace

Shop

Öffnungszeiten
ganzjährig

Besuchsdauer
Außenanlagen ca. 0,5 Stunde, Gebäude 1 Stunde

Telefon
+44 (0) 131 348 5000

E-Mail
visit@parliament.scot

Website
www.parliament.scot

In der Nähe
National Gallery of Modern Art, Shepherd House, Kinross House, Malleny Court, Tyninghame House

Schottland, das etwa ein Drittel der Fläche der Britischen Inseln umfasst, gehört seit Anfang des 18. Jahrhunderts zum Vereinigten Königreich Großbritannien. In den achtziger und neunziger Jahren des 20. Jahrhunderts beklagten die Schotten zunehmend die Abhängigkeit von der Londoner Zentralregierung. Schließlich wurde 1997 aufgrund einer Initiative des aus Schottland stammenden britischen Premierministers Tony Blair ein Referendum durchgeführt, bei dem sich die Mehrheit der schottischen Bevölkerung für die Wiedererrichtung eines schottischen Parlaments mit begrenzten Autonomierechten aussprach. So erhielt Schottland 1999 ein eigenes Parlament mit den Ressorts Gesundheitswesen, Recht, Soziales, Umweltschutz, Stadtplanung, Landwirtschaft, Fischereiwesen, Sport und Kunst.

Da es kein angemessenes Gebäude gab, beschloss man den Neubau eines repräsentativen Parlamentsgebäudes mit Parteibüros und Plenarsaal. Gemäß Ausschreibung des internationalen Architekturwettbewerbs sollte der Neubau das Selbstverständnis Schottlands als Nation verkörpern, er sollte »modern, effizient, selbstbewusst, naturverbunden und einzigartig sein«. Das Preisgericht entschied sich für den Beitrag von Enric Miralles und Benedetta Tagliabue aus Barcelona; sie erhielten den Planungsauftrag und realisierten den Bau in Zusammenarbeit mit dem Büro RMJM Scotland Ltd.

Das 2004 eingeweihte Parlament steht selbstbewusst unmittelbar gegenüber von Holyrood Palace, dem Edinburgher Sitz der königlichen Familie. Die auffällige, sehr ungewöhnliche Architektur des im Inneren überaus komplexen Gebäudes ist umgeben von mutig gestalteten Außenanlagen, an deren Planung der schottische Gartenarchitekt Kenny Fraser maßgeblich beteiligt war. In ihrer angenehmen Zurückhaltung würdigen sie die Besonderheit des Ortes. Der unmittelbar gegenüberliegende, 260 Hektar große Holyrood Park rund um King Arthur's Seat, einen 250 Meter hohen Vulkankegel, der zu den Wahrzeichen Edinburghs zählt, findet eine überzeugende Antwort. Das Stück Landschaft unmittelbar am Rand der Innenstadt, das an die großartige Weite und Einsamkeit der schottischen Highlands erinnert, ist hervorragend einbezogen.

Die schlichten Fußwege aus Ortbeton, die langen Sitzbänke aus Betonfertigteilen, die dreieckigen Wasserbecken und die einfachen, naturnah gestalteten Wiesenflächen zeichnen reizvolle fächerförmige Konturen, die in den angrenzenden Landschaftsraum ausstrahlen. Mit ihrer ausdrucksstarken gestischen Formensprache lassen sie noch immer die Linienführung des weichen Entwurfsstiftes der Architekten erkennen und wirken dadurch sehr lebendig. Man spürt, wie sensibel die Entwerfer auf alle Rahmenbedingungen reagieren, wie sie die Umgebung respektieren und doch einen unverkennbar eigenen Ort schaffen.

Die sehr schlicht gehaltenen Außenanlagen verbinden sich hervorragend mit den Landschaftsformen von King Arthur's Seat, einem Stück Natur unmittelbar am Rand der Innenstadt von Edinburgh.

Seite 135: Beim Aufstieg zu King Arthur's Seat blickt man auf die reizvollen fächerförmigen Konturen der Außenanlagen; man spürt auch von hier aus die lockere Linienführung des meisterlichen Entwurfskonzeptes.

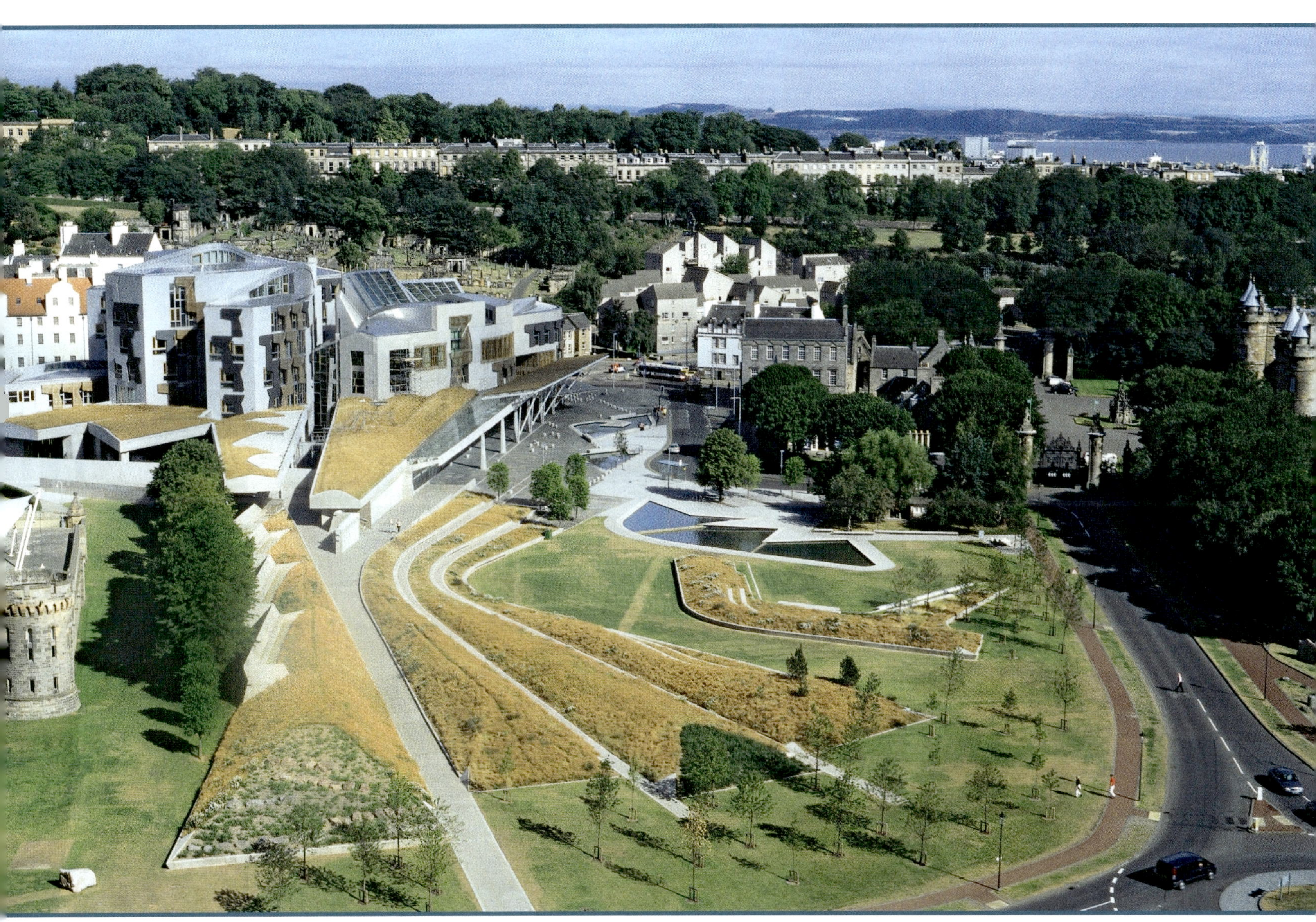

Greywalls 46

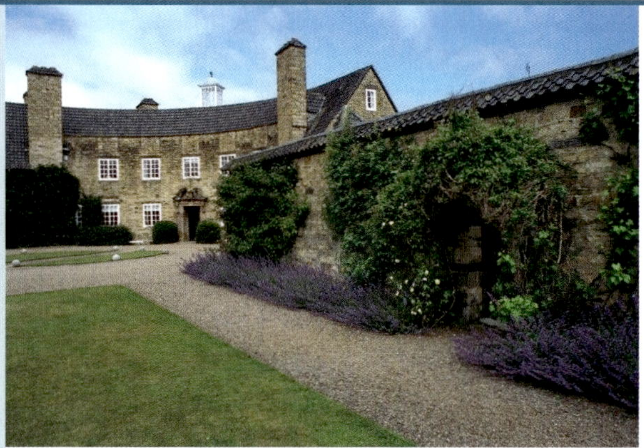

Name des Gartens
Greywalls

Grafschaft
East Lothian, Schottland

Lage
in Gullane, East Lothian EH31 2EG, letzte Straße am Ortsende links

Besitzer
Dominic Hoar

Besuchsdauer
ca. 2 Stunden

Telefon
+44 (0) 1620 842144

E-Mail
enquiries@greywalls.co.uk

Website
www.greywalls.co.uk

In der Nähe
Inveresk Lodge, Shepherd House, Tyninghame House

In Großbritannien umwerben viele Hotels ihre Gäste mit wunderbaren Gärten. Das Hotel Greywalls in dem kleinen Ort Gullane westlich von Edinburgh ist eines jener kleinen Landhotels, die mit einem atemberaubend schönen Garten verzaubern. Wie viele andere vergleichbare Country Hotels wurde auch Greywalls als privates Landhaus erbaut. Das Anwesen entstand 1901 nach Plänen von Sir Edwin Lutyens (1869–1944); seit 1948 wird es als Hotel genutzt. Nicht nur das Haus, sondern auch die gesamte formale und räumliche Ordnung des Gartens zeigt die Handschrift des Architekten.

Die bestechend schöne Bepflanzung geht zurück auf Pläne der schottischen Gartenarchitektin Laura Mackenzie, die den Garten 2001 restaurierte und in Teilbereichen völlig neu gestaltete. Laura Mackenzie entschied sich für eine Bepflanzung im Stil von Gertrude Jekyll. Sie übertrug jedoch nicht zwanghaft eines der überlieferten Pflanzschemata, sondern übernahm typische Farbkombinationen und die Vorliebe von Gertrude Jekyll für silbergraulaubige Pflanzen. Das Spektrum der Blütenfarben reicht von Weiß über Gelb bis Orange, alles Farben, die unter dem oft bleigrauen Himmel Schottlands besonders gut wirken, weil sie den Garten auch bei trübem Licht sehr schön zum Leuchten bringen. Mit Blau und Purpurviolett sind gezielt Komplementärkontraste gesetzt.

Der Garten von Greywalls ist ein höchst eindrucksvolles Gefüge von mehreren *walled gardens*, großen mauerumschlossenen Gartenräumen, die nicht nur additiv nebeneinander gestellt, sondern durch ein raffiniertes Wege- und Sichtachsensystem miteinander verbunden sind. Die wichtigste und längste Achse des Gartengrundrisses beginnt im Ostflügel des Hauses. Sie führt durch einen symmetrisch angelegtem Staudengarten, setzt sich, gerahmt von heckengesäumten Beeten, im Baumgarten fort und endet schließlich bei einem etwas erhöhten Aussichtspunkt. Eine Sichtöffnung in der Mauer bietet über Pferdekoppeln hinweg schöne Ausblicke in die umgebende Landschaft.

Wie in jedem britischen Landhausgarten ist auch in Greywalls der Küchen- und Schnittblumengarten einen Rundgang wert. Wo sonst könnte man sich an so wunderbaren langen Reihen duftender Wicken und schönen Rankgerüsten mit prächtigen Feuerbohnen erfreuen? In der Nordostecke des Küchengartens steht als Zielpunkt der Sicht- und Wegachse ein kleines Gewächshaus mit weiß lackierten Holzprofilen.

Ostflanke des Eingangshofs mit Blick auf die gekrümmte Eingangsfassade.
Seite 137: Die Gartenarchitektin Laura Mackenzie hat den ehemaligen Rosengarten 2001 völlig neu als Staudengarten bepflanzt, eine Hommage an Gertrude Jekyll.

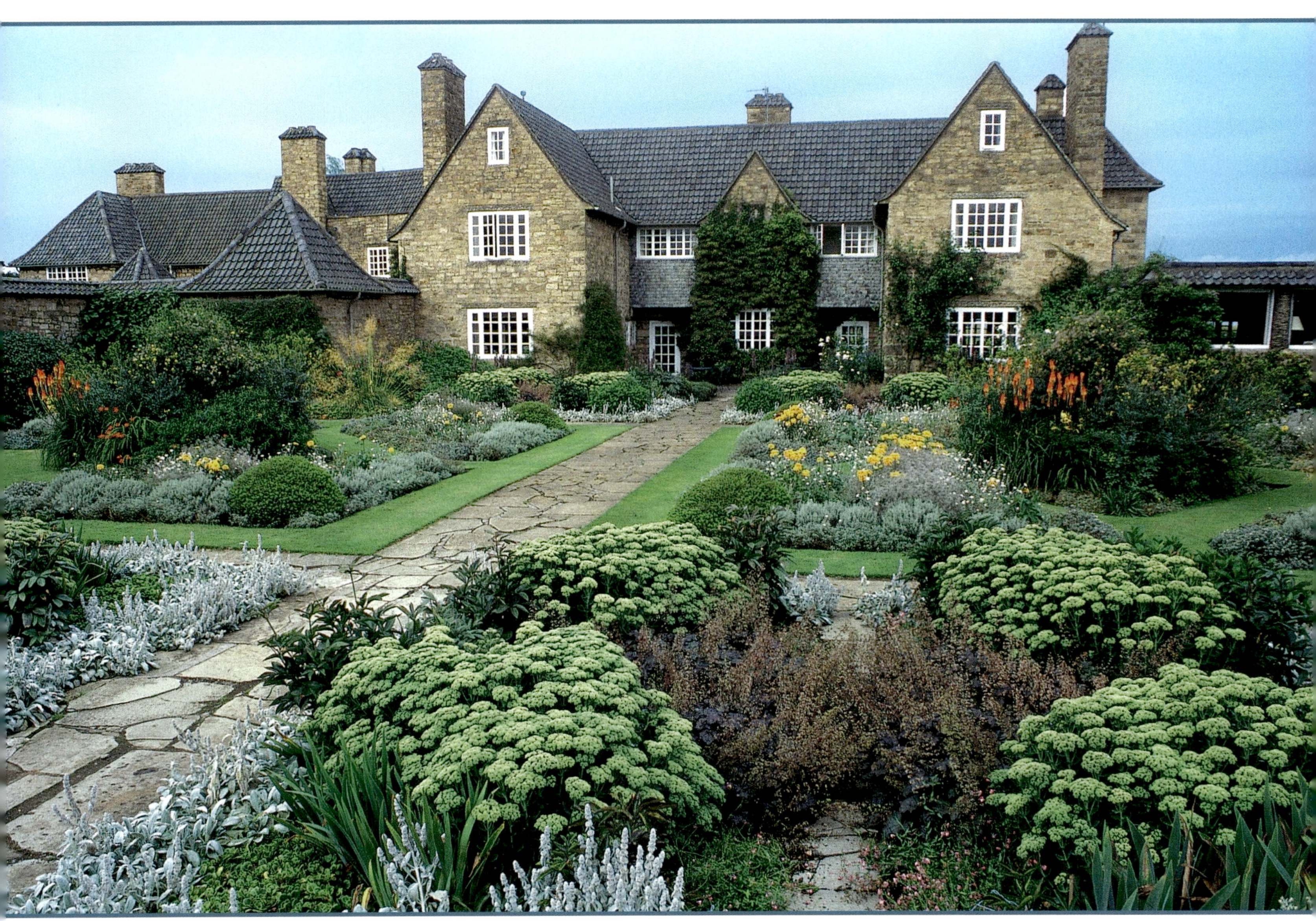

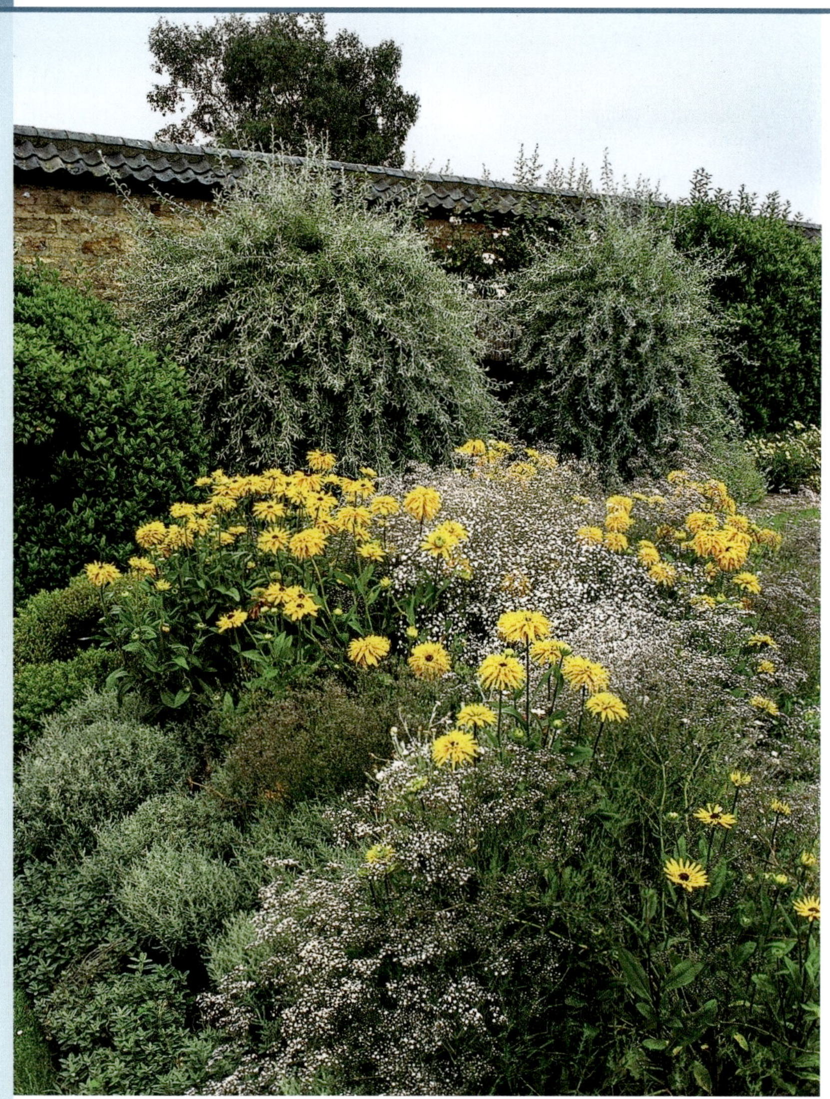

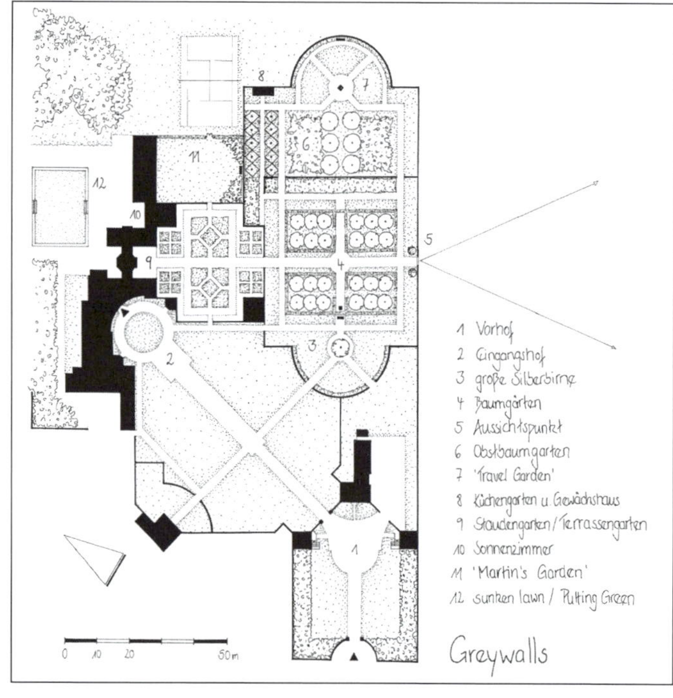

Silberbirnen und viele andere silberlaubige Gewächse steigern die Wirkung der Gelb- und Orangetöne der Blütenpflanzen.
Seite 139: In dem kleinen Kräuter- und Schnittblumengarten winden sich Feuerbohnen und einjährige Wicken um Rankgerüste aus Metall.

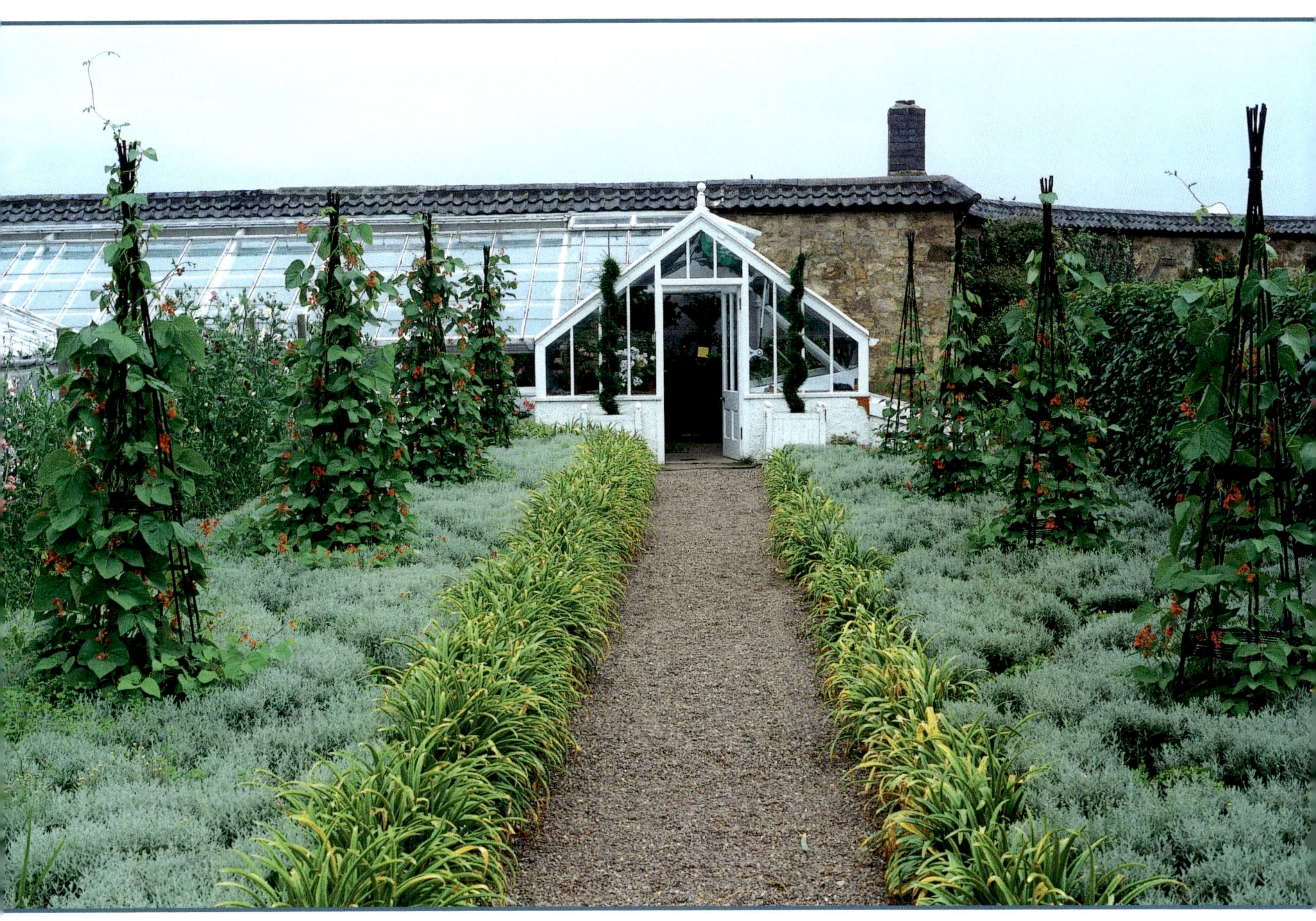

Hill of Tarvit 47

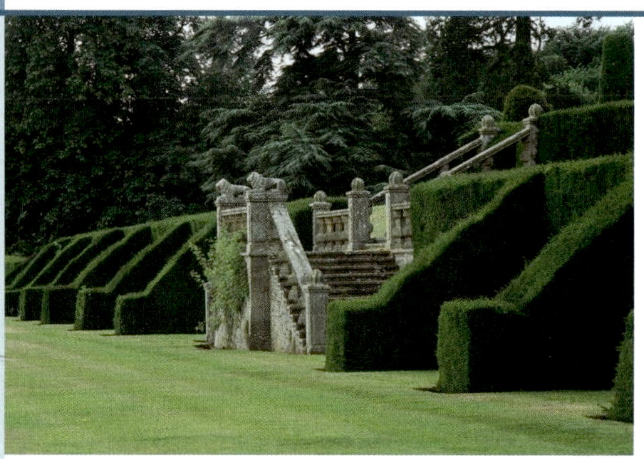

Name des Gartens
Hill of Tarvit

Grafschaft
Fife, Schottland

Lage
bei Cupar, Fife KY15 5PB

Tearoom

Shop

Besitzer
The National Trust for Scotland

Öffnungszeiten
ganzjährig geöffnet

Besuchsdauer
ca. 2 Stunden

Telefon
+44 (0) 1334 653127

E-Mail
hilloftarvit@nts.org.uk

Website
www.nts.org.uk

In der Nähe
Kellie Castle, Kinross House

Der Landsitz Hill of Tarvit wurde 1906 von dem schottischen Architekten Robert Lorimer (1864–1929) entworfen und zählt zu den schönsten Beispielen eines Edwardian Country House, eines Landhauses aus der Zeit König Edwards VII. Bauherr dieser sehr herrschaftlich konzipierten Anlage war der Kaufmann und Kunstsammler Frederick Sharp aus Dundee, der durch den wirtschaftlichen Boom in Schottland Anfang des 20. Jahrhunderts sehr vermögend geworden war. 1904 erwarb er das 4,5 Hektar große Anwesen, auf dem sich ein vermutlich von William Bruce entworfenes, im späten 17. Jahrhundert erbautes Herrenhaus befand. Da dieser Bau jedoch nicht den Wünschen der Familie Sharp entsprach, wurde er abgerissen, und Robert Lorimer erhielt den Auftrag für den Neubau und die Gartenplanung. 1932 erbte die Tochter Elisabeth Sharp das Haus, und nach ihrem Tod 1949 kam das Anwesen in den Besitz des National Trust for Scotland, der es seitdem betreut und in bestem Pflegezustand erhält.
Haus und Garten bilden eine harmonische Einheit und liegen wie ein Juwel in einer abwechslungsreichen, makellosen Kulturlandschaft. Mit seinen weiten Ausblicken, mächtigen alten Eibenhecken, großzügigen Terrassen und einer eleganten Freitreppe zählt Hill of Tarvit zu den eindrucksvollsten formalen Gärten in Schottland. Das Zusammenspiel von Architektur und Gartenarchitektur, die Raumbildungen durch Hecken, die langen Achsen und die weiten Rasenflächen sind bestechend schön. Nichts ist aufdringlich und überladen, alles wirkt durch einfache, klare Linien und durch stille Größe.
Hill of Tarvit ist aber nicht nur für Liebhaber strenger Gartenkunst einen Besuch wert, sondern auch für botanisch Interessierte. Am nördlichen Rand des Hanggrundstücks, gerahmt von einer hohen Mauer und durch den unmittelbar angrenzenden Wald zusätzlich vor dem Wind geschützt, liegt das *top border*, eine hervorragend komponierte, mit pflanzlichen Raritäten reich gefüllte Stauden- und Gehölzrabatte. Hier stehen neben ungewöhnlichen Sorten von Sommerflieder, rotlaubigen und panaschierten Holunderbüschen auch einige dendrologische Besonderheiten, zum Beispiel der aus Fernost stammende Papiermaulbeerbaum (Broussonetia papyrifera) oder eine aus Neuseeland stammende immergrüne Hoheria (Hoheria sexstylosa).
Südwestlich des Hauses liegt ein von alten Eibenhecken eingefasster Rosengarten und östlich ein kleiner Gartenraum mit einer Sammlung von Christrosen (Helleborus), die dem Garten vor einigen Jahren geschenkt wurden und nun im Frühjahr ein besonderer Anziehungspunkt sind.

Eibenhecken rhythmisieren die lange Mauer und vermitteln wunderbare Perspektiven.
S. 141: Der 1906 entstandene Bau ist eines der schönsten und wohnlichsten Landhäuser in ganz Schottland; die Treppe im italienischen Stil verbindet Haus und Garten.

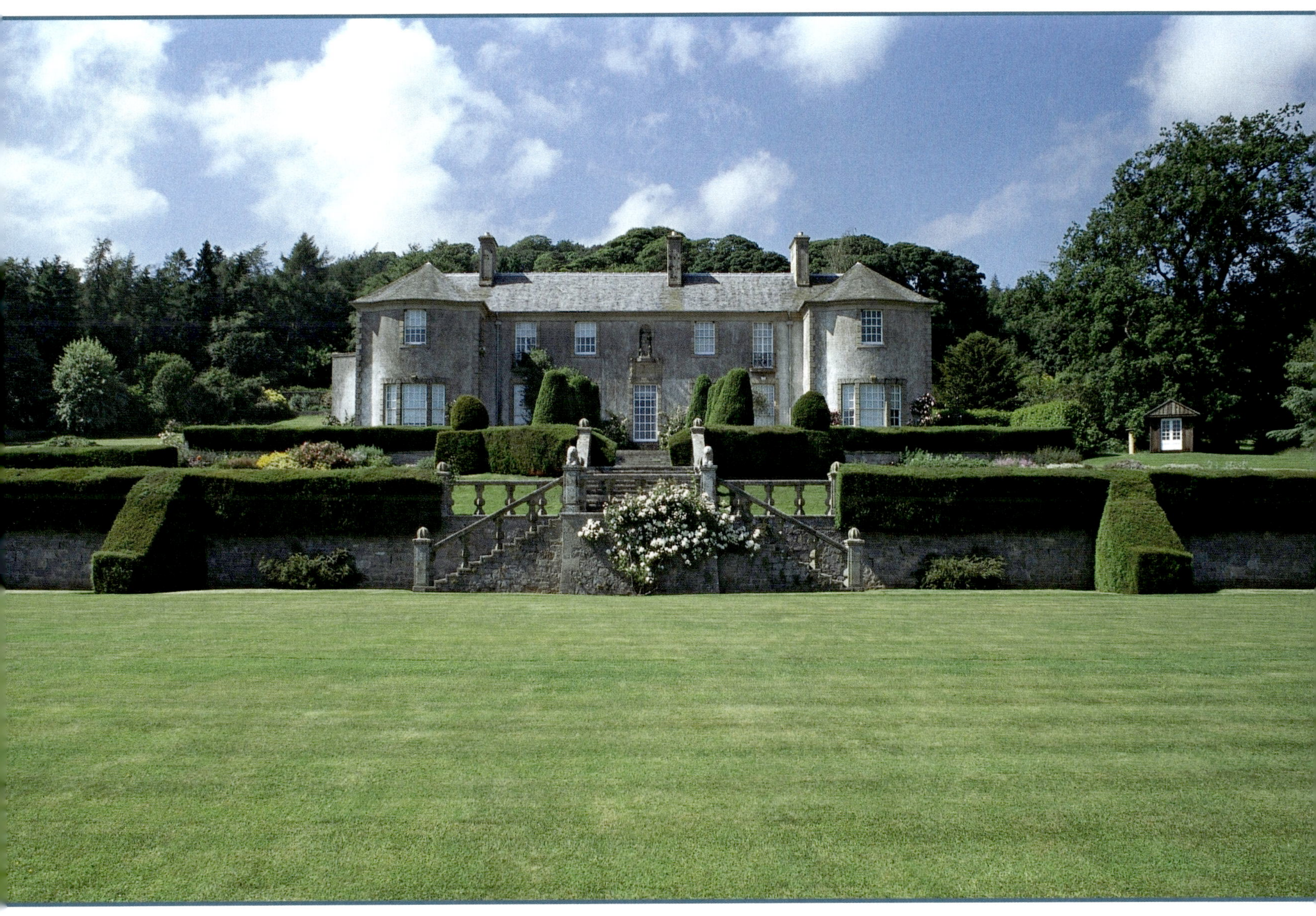

Inverewe Garden 48

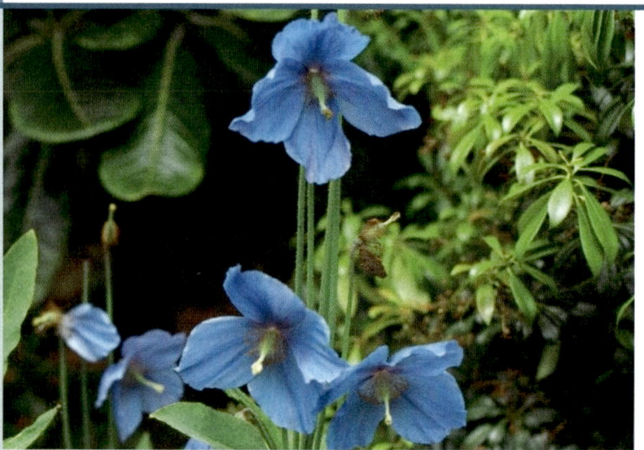

Name des Gartens
Inverewe Garden

Grafschaft
Highlands & Skye, Schottland

Lage
Poolewe, Ross-shire IV22 2LG

Tearoom

Shop

Besitzer
The National Trust for Scotland

Öffnungszeiten
April bis Oktober täglich von 9.30–16.00 Uhr

Besuchsdauer
ca. 2,5 Stunden

Telefon
+44 (0) 1445 712952

E-Mail
InvereweGarden@nts.org.uk

Website
www.nts.org.uk

Mit seiner spektakulären Lage, seinen vielfältigen Pflanzenschätzen und seiner eindrucksvollen Gesamtkonzeption gilt Inverewe Garden, der 1996 als »best garden in Scotland« ausgezeichnet wurde, als das nördlichste Mekka für Gartenliebhaber. Inverewe liegt auf 58 Grad nördlicher Breite, hat aber aufgrund der Wirkung des Golfstroms ein sehr ausgeglichenes Klima. Die höchste je gemessene Temperatur liegt bei +29 °C, die niedrigste bei -9 °C.

Inverewe Garden ist das Werk von Osgood Mackenzie, der 1862 im Alter von zwanzig Jahren ein mehrere Tausend Hektar großes Gelände in Inverewe erbte und das wertlose Ödland im Lauf von sechs Jahrzehnten in ein Gartenparadies verwandelte. Wo heute eine 25 Hektar große Parklandschaft mit unzähligen dendrologischen Besonderheiten jährlich fast 200 000 Besucher anzieht, war 1862 ein kleiner Weidenstrauch weit und breit das einzige Gehölz. Mackenzie legte mit Kiefern, Birken und Ebereschen als erstes eine mehr als 40 Hektar große Windschutzpflanzung an. Nicht nur das Pflanzgut, sondern auch ganze Schiffsladungen fruchtbaren Bodens mussten von weit her beschafft werden.

Mackenzie war, wie viele seiner Zeitgenossen, ein leidenschaftlicher *plant collector*, ein Pflanzensammler, und so legte er ein von Waldwegen durchzogenes Arboretum an. Die enorme Vielfalt der Vegetation, die lebendige Topografie, die gezielt eingefügten Aussichtspunkte und die in den Senken angelegten Feuchtgärten und Teiche gestalten die sehr schönen, mehrere Kilometer langen Rundwege abwechslungsreich.

An einer besonders windgeschützten Stelle seines Gartens baute Osgood Mackenzie ein großes Herrenhaus mit vielen Giebeln und Türmchen im schottischen Baronial-Stil; es brannte 1914 ab und wurde nicht wieder aufgebaut. Die Familie zog in das 3 Kilometer entfernte Tournaig House. Erst 1937, fünfzehn Jahre nach dem Tod von Osgood Mackenzie, errichtete seine Tochter Mairi Sawyer ein neues, allerdings recht bescheidenes Wohnhaus, das noch heute besteht. Im Verhältnis zum Garten wirkt es wenig prägnant.

Für die meisten Besucher von Inverewe Garden gehört der 1870 angelegte große Küchengarten zu den ersten Eindrücken des Rundgangs. Dieser *walled garden*, ummauerte Garten, ist mit seinem leicht sichelförmig gekrümmten Gesamtumriss und der großartigen Aussichtslage sehr eindrucksvoll. Der Küchengarten ist an einem Südhang in mehreren Terrassenstufen angelegt und führt hinunter fast bis zum Ufer des Loch Ewe, einer fjordartigen Meeresbucht. Im Sommer und Spätsommer präsentiert sich dieser Küchengarten mit üppigen Gemüse- und Kräuterbeeten, Spalierobst und Beerenobst, Stauden und Einjährigen. Er allein ist bezaubernd genug und lohnt einen Ausflug in die schottischen Highlands.

Aus dem Himalaya stammt der Scheinmohn (Meconopsis); er fühlt sich im schottischen Klima besonders wohl und beeindruckt mit seiner Üppigkeit.
Seite 143: Der 1870 angelegte, auf drei Seiten von Mauern umschlossene Gemüse- und Blumengarten gehört zu den Hauptsehenswürdigkeiten von Inverewe Garden.

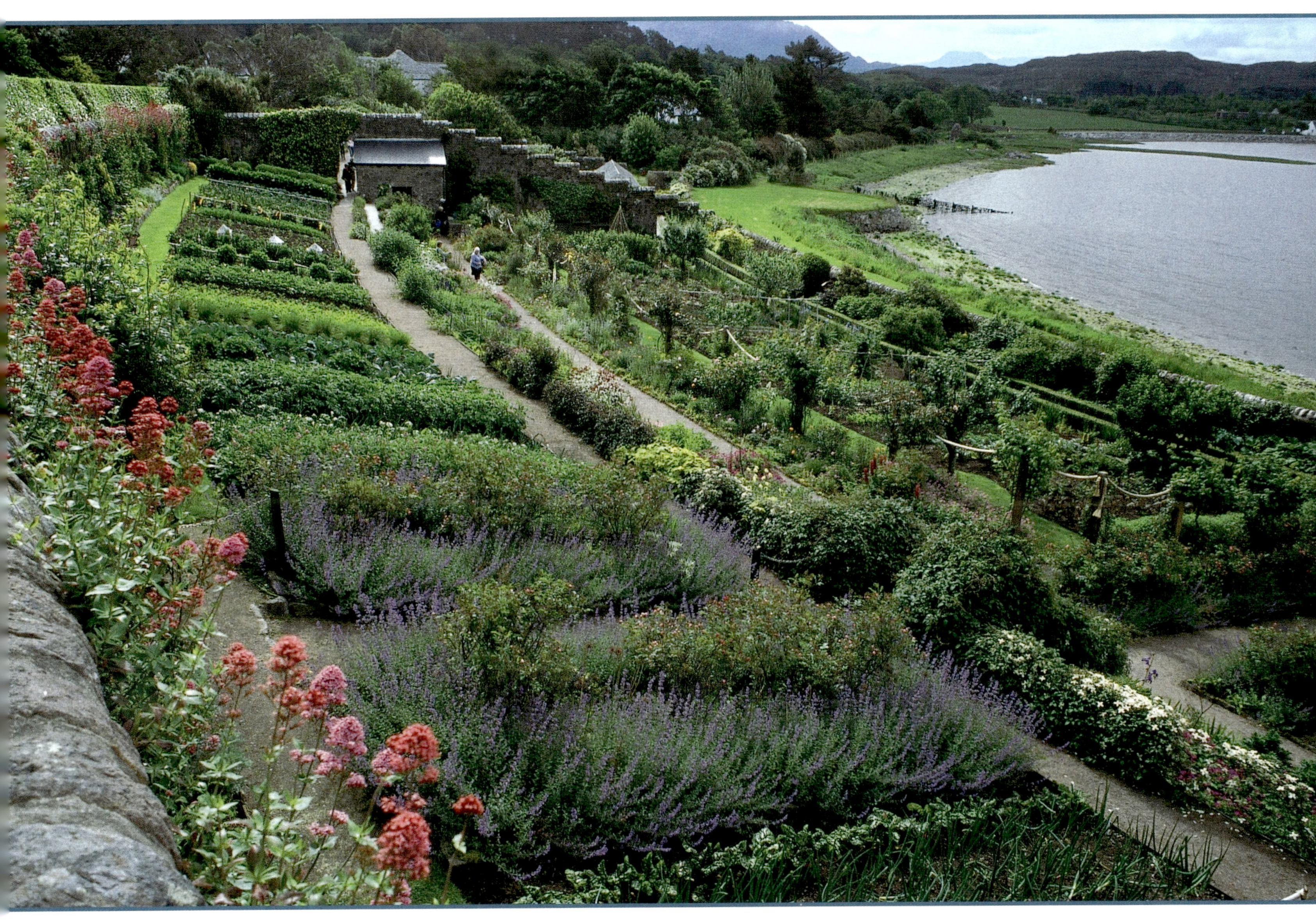

Kierfiold House 49

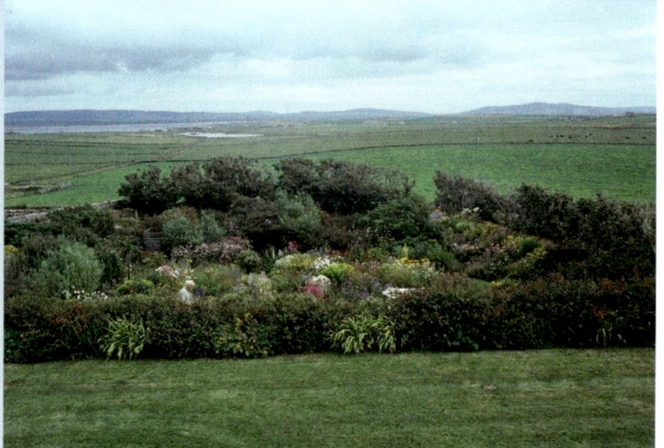

Name des Gartens
Kierfiold House

Grafschaft
Orkney, Schottland

Lage
Sandwick, Orkney KW16 3JE

Besitzer
Euan and Fiona Smith

Öffnungszeiten
auf Nachfrage

Besuchsdauer
ca. 1 Stunde

Telefon
+44 (0) 7968 596429

E-Mail
cottages@kierfiold.co.uk

Die Orkneyinseln liegen vor der sturmzerzausten Nordspitze von Schottland und sind wirklich nicht der Ort, an dem man üppige Gärten vermutet. Man kann jedoch auch hier – hinter schützenden hohen Mauern – liebevoll angelegte kleine Gärten entdecken. Der bekannteste und beeindruckendste ist der Garten von Kierfiold House. Er ist der nördlichste Gartenschatz von Großbritannien, und wahrscheinlich gibt es nirgendwo sonst so weit im Norden einen Garten, der mit ihm konkurrieren könnte.

Kierfiold House wurde Mitte des 19. Jahrhunderts im viktorianischen Stil als Witwensitz des 5 Kilometer entfernten Skaill House erbaut. Es liegt auf einer kleinen Anhöhe, bietet daher Ausblicke über die weite, baumlose Landschaft, über einige kleine Binnenseen und das Meer bis zu den Hügelketten des schottischen Festlands am Horizont. Der Garten hat eine sanfte Hanglage und ist etwas abgesenkt gegenüber der von einer langen Reihe Strauchfuchsien eingefassten Rasenterrasse vor der Hauptfassade des Gebäudes.

Als Besucher betritt man den mauerumschlossenen Garten am unteren Rand durch ein schmales Holztörchen und steht plötzlich in einer anderen Welt. Sofort empfindet man diesen Ort, mit Abmessungen von etwa 30 mal 30 Metern als kleines Paradies. Hier ist es windstill, man fühlt sich geborgen und steht inmitten einer unglaublichen, fast berauschenden Blütenfülle. Vielleicht liegt die Hauptqualität des Gartens vornehmlich in diesem enormen Überraschungseffekt. In der einsamen, baumlosen Landschaft, im rauen Klima erwartet man keine Gärten mehr und darf nun erleben, dass es auch hier noch eine ausgeprägte Gartenkultur und Gartenleidenschaft gibt. Man stellt auch sofort fest, dass viele wohlbekannte Stauden hier noch weit üppiger und farbintensiver blühen als in mitteleuropäischen Gärten.

In seiner bunten Vielfalt, seiner einfachen Grundrissstruktur und seiner unbekümmerten Pflanzenzusammenstellung lässt der Garten an einen Bauerngarten denken. Parallel zu den Umfassungsmauern, in deren Schutz auch einige kleine Bäume und Ziersträucher gedeihen, gibt es vier geradlinige breite Rasenwege und in der Mitte einige gewundene Pfade, die zu geschützten Sitzplätzen führen und zu einem kleinen Alpinum, einem Steingarten mit Polsterstauden. Der Garten hat trotz seiner geringen Größe und der geraden Hauptwege etwas Labyrinthisches, und man wird nicht müde, immer wieder staunend auf und ab, vor und zurück zu laufen. Wer das Glück hat, zum Ende des Besuchs beim Kaminfeuer im Haus eine Tasse Tee und Ingwerkekse genießen zu dürfen, wird diesen Garten in bester Erinnerung behalten.

Hinter Mauern und Windschutzhecken liegt ein gärtnerisches Kleinod.
Seite 145: Niemand erwartet solch üppige Staudenrabatten in der von Stürmen geprägten, baumlosen Landschaft der Orkneyinseln.

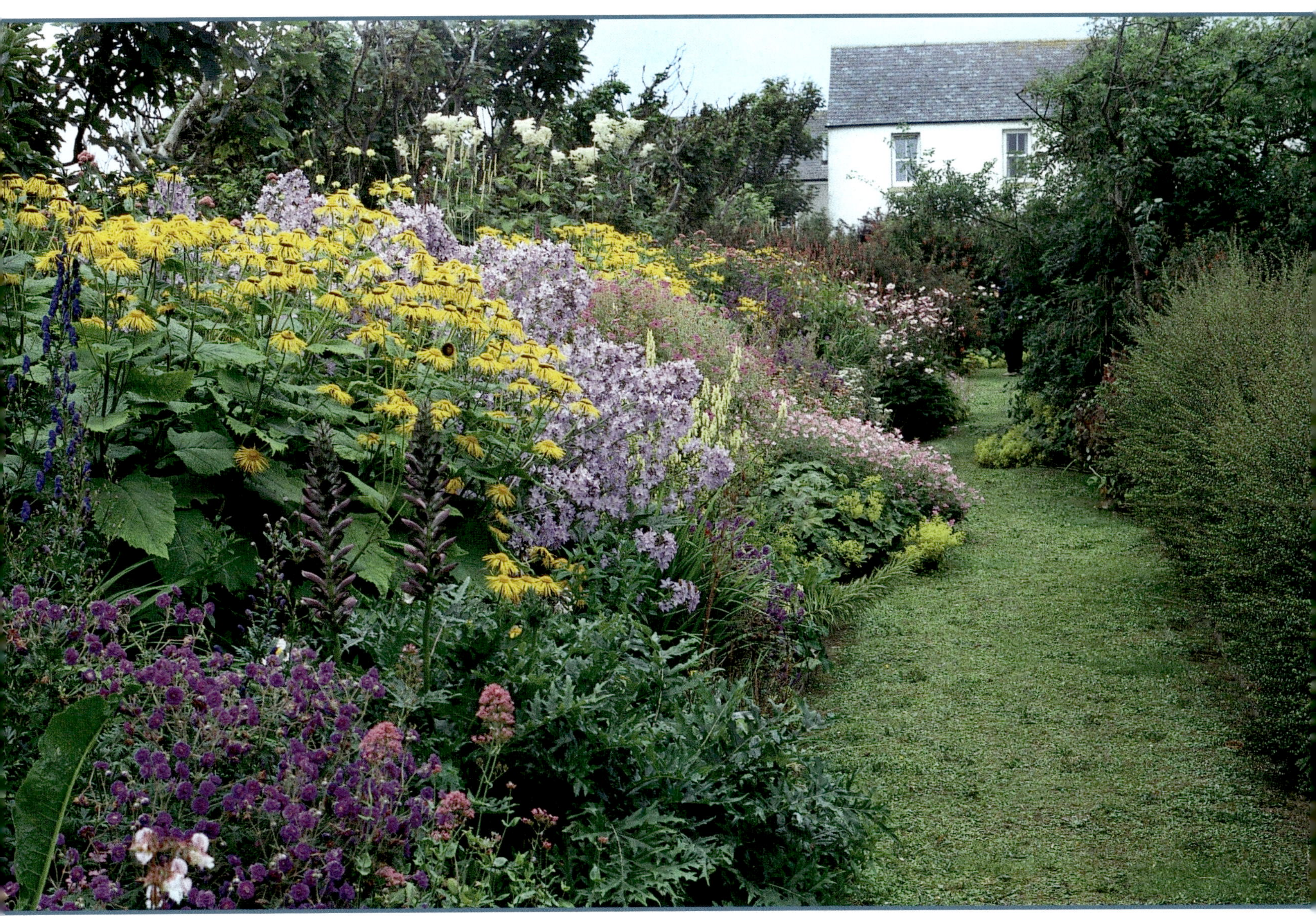

Kinross House 50

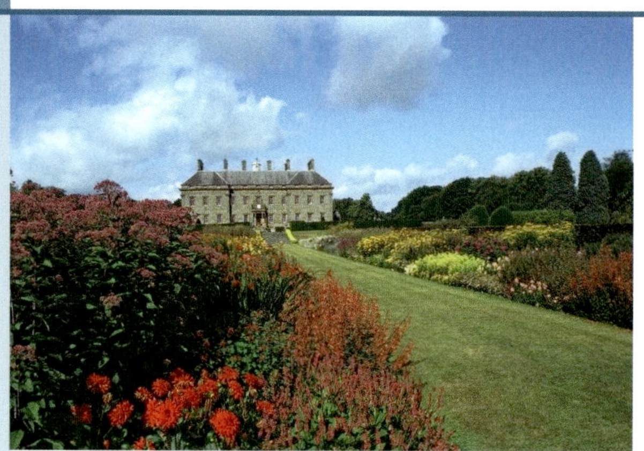

Name des Gartens
Kinross House

Grafschaft
Perth & Kinross, Schottland

Lage
in Kinross, Kinrosshire KY13 7ET

Tearoom
im Green Hotel in Kinross

Besitzer
Donald Fothergill

Öffnungszeiten
auf Nachfrage

Besuchsdauer
ca. 2 Stunden

E-Mail
info@firstsightestates.com

Website
www.kinrosshouse.com

In der Nähe
Hill of Tarvit, Malleny Court, Greywalls, Inveresk Lodge, Kellie Castle

1685 baute sich der bekannte schottische Architekt Sir William Bruce of Balcaskie (1630–1710) den Landsitz Kinross House. Das Anwesen liegt am Ufer von Loch Leven; zu ihm gehört einer der schönsten und bemerkenswertesten Gärten Schottlands. Die Anlage zeigt die faszinierende Einheit von Architektur und Gartenarchitektur sowie die gelungene Einbindung in die Landschaft, sie ist darüber hinaus eine harmonische Verbindung von Gartenstilelementen des 17. und des 20. Jahrhunderts. Die Konzeption ist streng klassisch mit einer repräsentativen Zufahrt, weiten Rasenflächen, altem Baumbestand, prächtigen hohen Eibenhecken und Staudenrabatten von großer Schönheit.

Das Hauptmerkmal der Gesamtanlage ist die durchgehende Achse, die nur wenige Schritte von der Hauptstraße der Ortschaft Kinross entfernt, bei dem herrschaftlichen Eingangsportal zwischen zwei *gate houses*, den Pförtnerhäuschen, beginnt. Am Ende der etwa 200 Meter langen Zufahrtsstraße und jenseits einer perfekt ebenen Rasenfläche erblickt man das Herrenhaus, das sich mit seinem grauen Stein sehr ernst und etwas abweisend präsentiert.

Die Achse setzt sich hinter dem Gebäude als Längsachse des Gartens fort und lenkt den Blick über mehr als 1,5 Kilometer hin zur geschichtsträchtigen Ruine von Loch Leven Castle. Die Ruine liegt sehr malerisch auf einer kleinen Insel im Loch Leven: Hier wurde Maria Stuart 1567/68 über ein Jahr lang gefangen gehalten.

Nachdem Kinross House mehr als achtzig Jahre leer gestanden hatte und dem Verfall preisgegeben war, gelangte es zu Anfang des 20. Jahrhunderts in den Besitz der Familie Montgomery. Haus und Garten ließ Sir Basil Montgomery im Jahr 1902 restaurieren. Die Grundstruktur des Gartens mit seinen hohen Umfassungsmauern und Achsen, den schönen Portalen, dem Skulpturenschmuck und dem Wasserbecken blieb erhalten, jedoch harmonisch ergänzt um neue gartengestalterische Elemente. Eibenhecken wurden als Gliederungselemente eingefügt, mit Gehölzpflanzungen schuf man eine neue Querachse, und durch die *flower borders* erhielt der in seiner Konzeption sehr streng und geometrisch angelegte Garten eine malerische zweite Schicht mit vielen ungewöhnlichen, delikaten Farbakzenten.

Die üppigen Staudenrabatten, die heute die meisten Besucher als eines der prägenden Elemente des Gartens wahrnehmen, beanspruchen zwar nur eine sehr geringe Fläche der Gesamtanlage, hinterlassen aber einen überaus starken Eindruck. Die Beete sind geschützt entlang den Umfassungsmauern und als zentraler Blickfang im letzten Abschnitt der Mittelachse angelegt.

Die meisten Besucher empfinden die atemberaubend schönen Staudenrabatten als die eindruckvollsten Elemente des Gartens.
Seite 147: Den gesamten Garten durchzieht eine Achse, ausgerichtet auf die kleine Insel mit der geschichtsträchtigen Ruine von Loch Leven Castle.

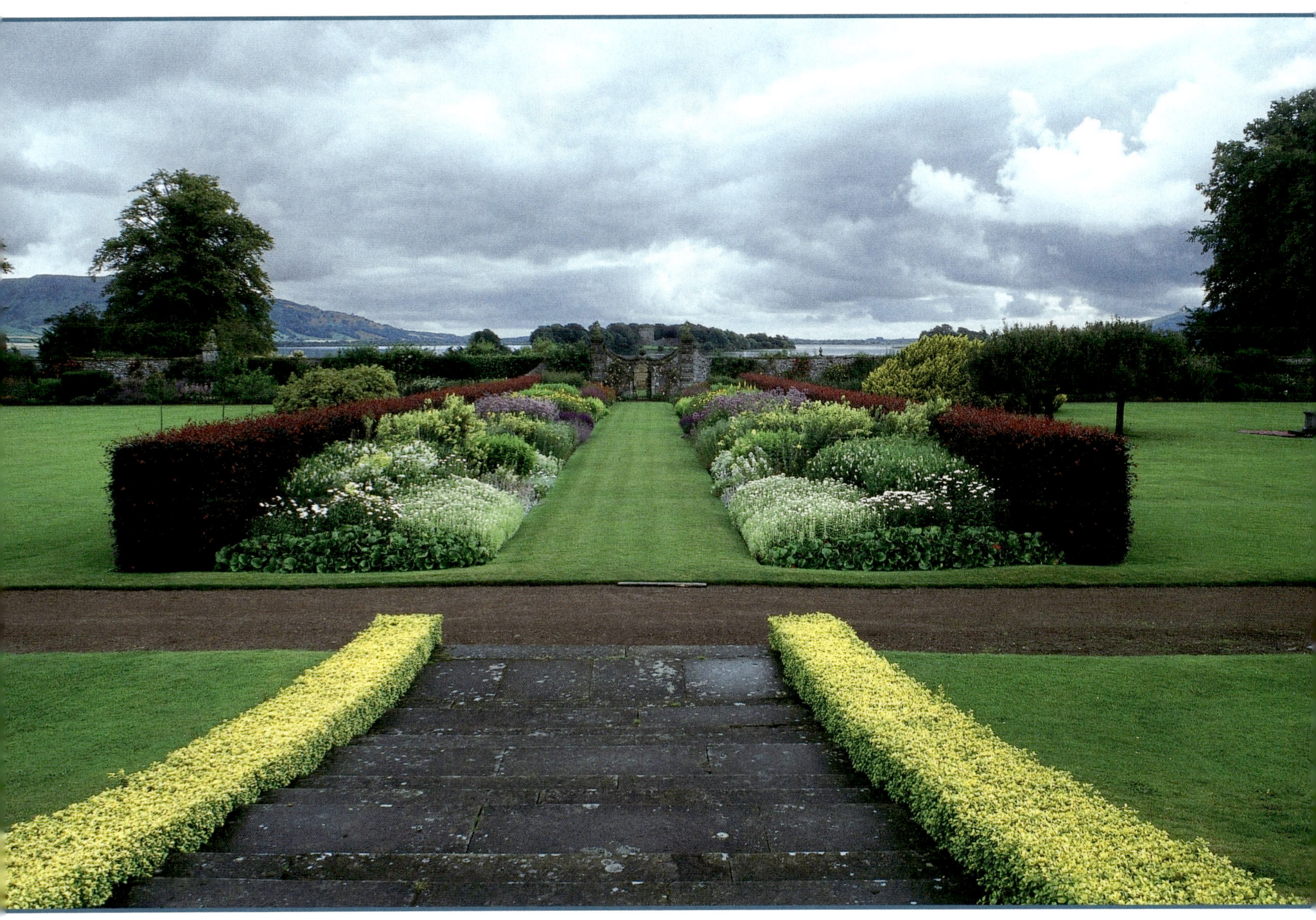

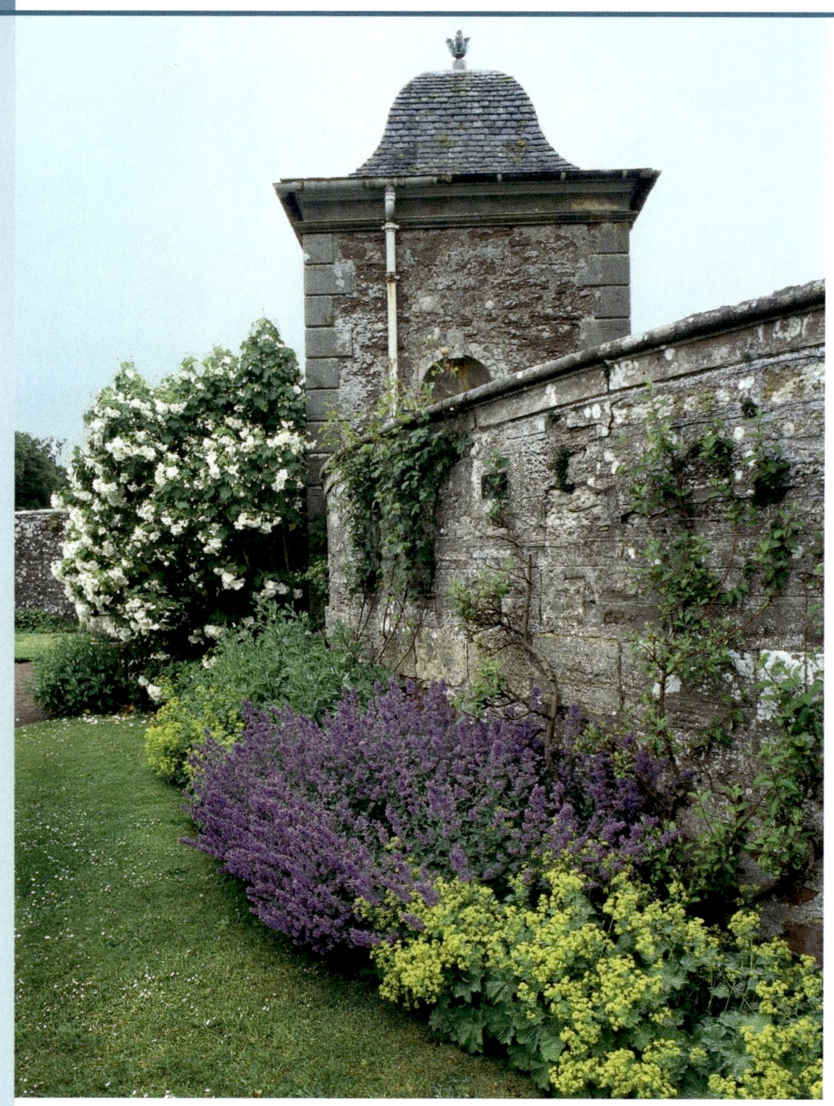

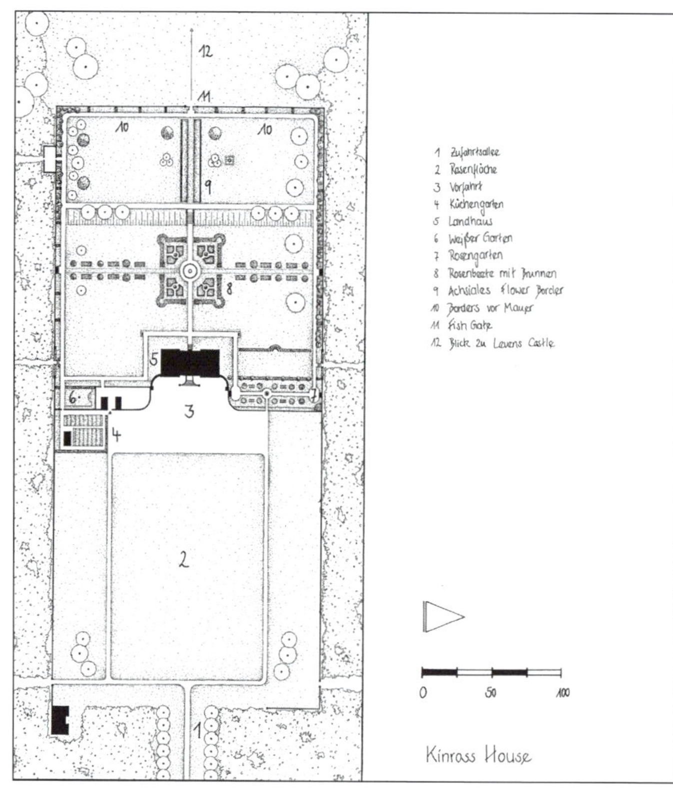

Katzenminze und Frauenmantel bilden die Saumbepflanzung vor den hohen Mauern des Rosengartens an der Südseite des Herrenhauses.
Seite 149: Das Herrenhaus, beherrschender Mittelpunkt des Gartens, ist mit Mauern und mächtigen Eibenhecken fest im Gesamtentwurf der Anlage verankert.

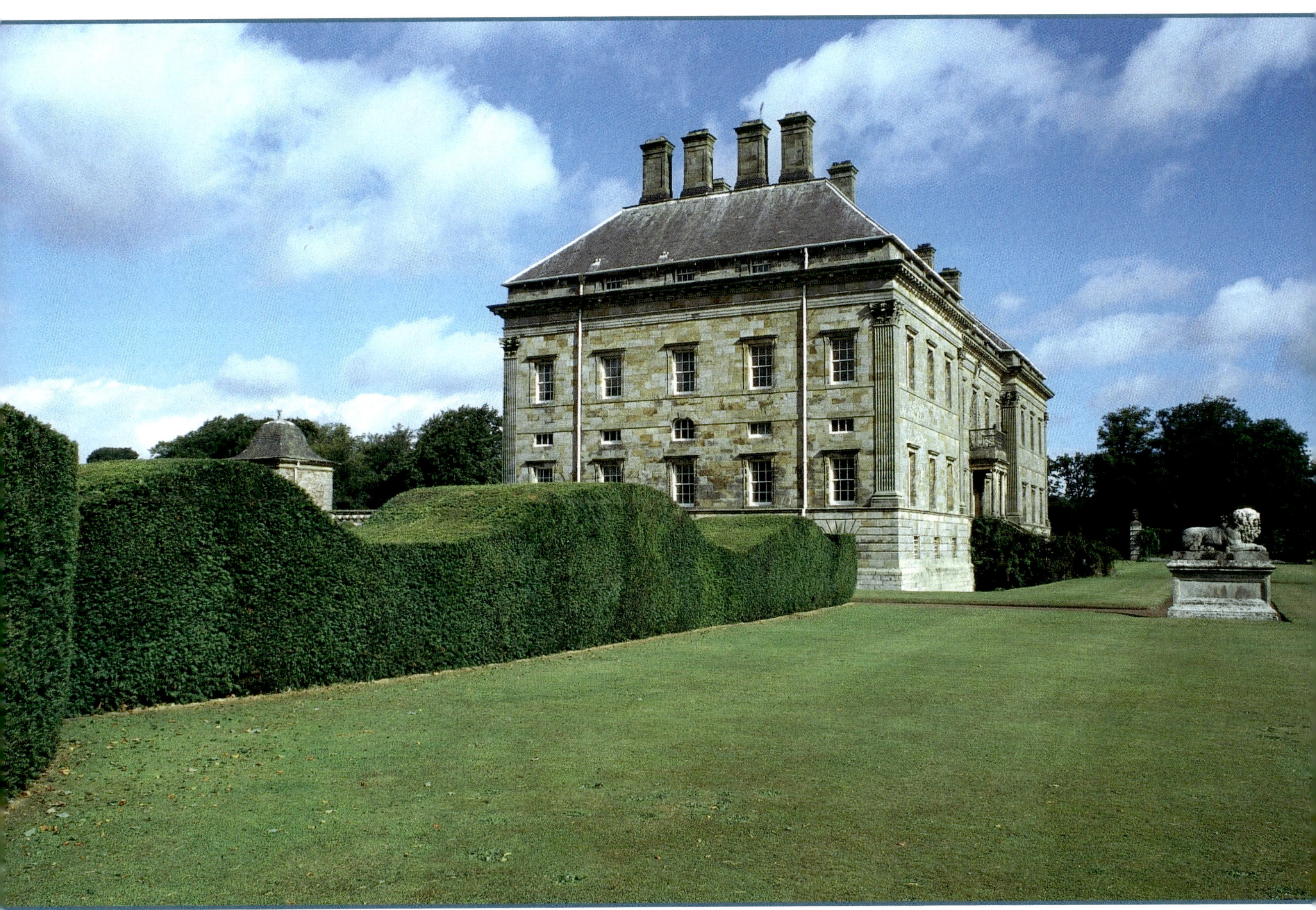

Little Sparta 51

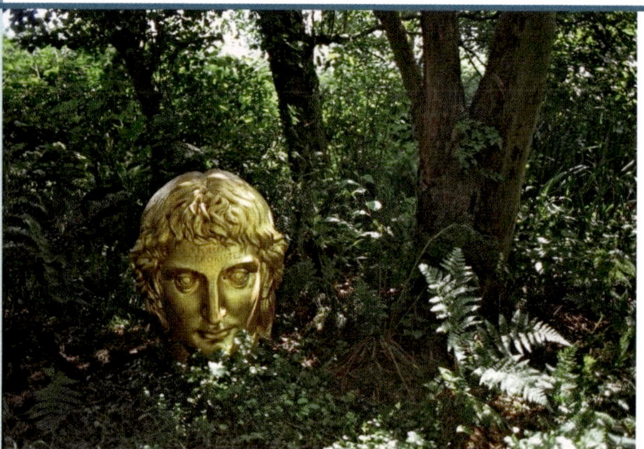

Name des Gartens
Little Sparta

Grafschaft
Lanarkshire, Schottland

Lage
Stonypath auf den A 702 bis Dolphinton, dort rechts nach Dunsyre, nach 1,5 km rechts nach Little Sparta, Lanarkshire ML11

Besitzer
Little Sparta Trust

Öffnungszeiten
Juni bis September von Donnerstag bis Sonntag, 13.00–16.00 Uhr

Besuchsdauer
ca. 2 Stunden

Telefon
+44 (0) 7826 495677

E-Mail
contact@littlesparta.org.uk

Website
www.littlesparta.org.uk

In der Nähe
Malleny Court

Der Dichter, Philosoph und Konzeptkünstler Ian Hamilton Finlay (1925–2006) zählt zu den international bekanntesten und angesehensten schottischen Künstlern des 20. Jahrhunderts. Sein größtes und wichtigstes Werk ist sein eigener, zwischen 1966 und 2006 angelegter Garten in der einsamen Landschaft der Pentland Hills. Der etwa 1,5 Hektar große Garten, dem Finlay den Namen Little Sparta gab, gleicht einer verschwiegenen Orakelstätte, ist ein kleines, naturnahes, arkadisches Zauberreich mit unzähligen geschichtlichen, philosophischen und literarischen Bezügen. Man wird zu Entdeckungsrundgängen verlockt und versucht die über hundertfünfzig Arbeiten, die handwerklich perfekten Schrifttafeln, Installationen und Skulpturen mit all ihren Zitaten, Wortspielen, Verdrehungen und Ironien zu entschlüsseln.

Finlay setzt auf die Fähigkeit des Menschen, gedankliche Verbindungen herzustellen. Wenn er an einem Erlenzweig mit einem Lederband eine kleine Steintafel mit der Signatur Albrecht Dürers aufhängt, möchte er an Dürers Aquarell eines Wiesenstücks erinnern und uns auffordern, die vor uns liegende Wirklichkeit nicht als beliebiges, belangloses Stück Natur wahrzunehmen, sondern mit den Augen Dürers als ein Stück großer, vielfältiger Schönheit. Wenn Finlay eine nur wenige Quadratmeter große, mit einer Pappel bestandene Insel in einem der Teiche durch eine kleine steinerne Schrifttafel als »L'Ile des Peupliers« ausweist, möchte er einen Bezug herstellen zu jener berühmten, oft zitierten Pappelinsel im Garten von Ermenonville, auf der Jean-Jacques Rousseau bestattet wurde.

Sparta war keine friedliche Stadt, und Finlay inszeniert mit seinem Little Sparta nicht nur eine pastorale Idylle. Es gibt unzählige Bezüge zu Dichtern von Vergil bis Hölderlin und zu Malern von Dürer bis Lorrain, Ausblicke über Schafweiden in arkadischer Landschaft und viele liebevoll arrangierte, zarte und heitere Details, vom kleinen Gemüsegarten über den Platz mit den Bienenstöcken bis zu den Sonnenuhren, den kleinen Brücken und Wasserläufen – es gibt aber auch überall verschlüsselte Bezüge zur dunklen Seite der menschlichen Geschichte und Existenz, zu Krieg, Revolution, Terrorismus und Gewalt. Little Sparta ist nicht nur ein heiterer Ort, der unser Naturerleben intensiviert und hier und da eine schwarze Johannisbeere oder Himbeere naschen lässt, Little Sparta ist ein Ort, der uns überall seine Stacheln zeigt. Die in Bronze gegossenen oder von Steinmetzen gemeißelten Maschinenpistolen, Handgranaten, Kriegsschiffe, U-Boote und Kampfjets erschrecken und irritieren uns. Sie sind keineswegs Fetische eines Militaristen, sondern der Versuch des Künstlers, den Besucher in einen dialektischen Diskurs zu verwickeln.

»The present order is the disorder of the future« (die heutige Ordnung ist die Unordnung der Zukunft), diese Übersetzung eines Zitats von Saint-Just, dem radikalen Mitstreiter von Robespierre und Vordenker der

Der klassische Jünglingskopf trägt auf der Stirn die Inschrift »Apollon Terroriste«, eine Anspielung auf den unerbittlichen Saint-Just der Französischen Revolution und den ebenfalls unerbittlichen Apoll der griechischen Mythologie.

Seite 151: Der Temple Pool Garden, auf drei Seiten von niedrigen Gebäuden umstanden, ist das intime Herzstück von Little Sparta.

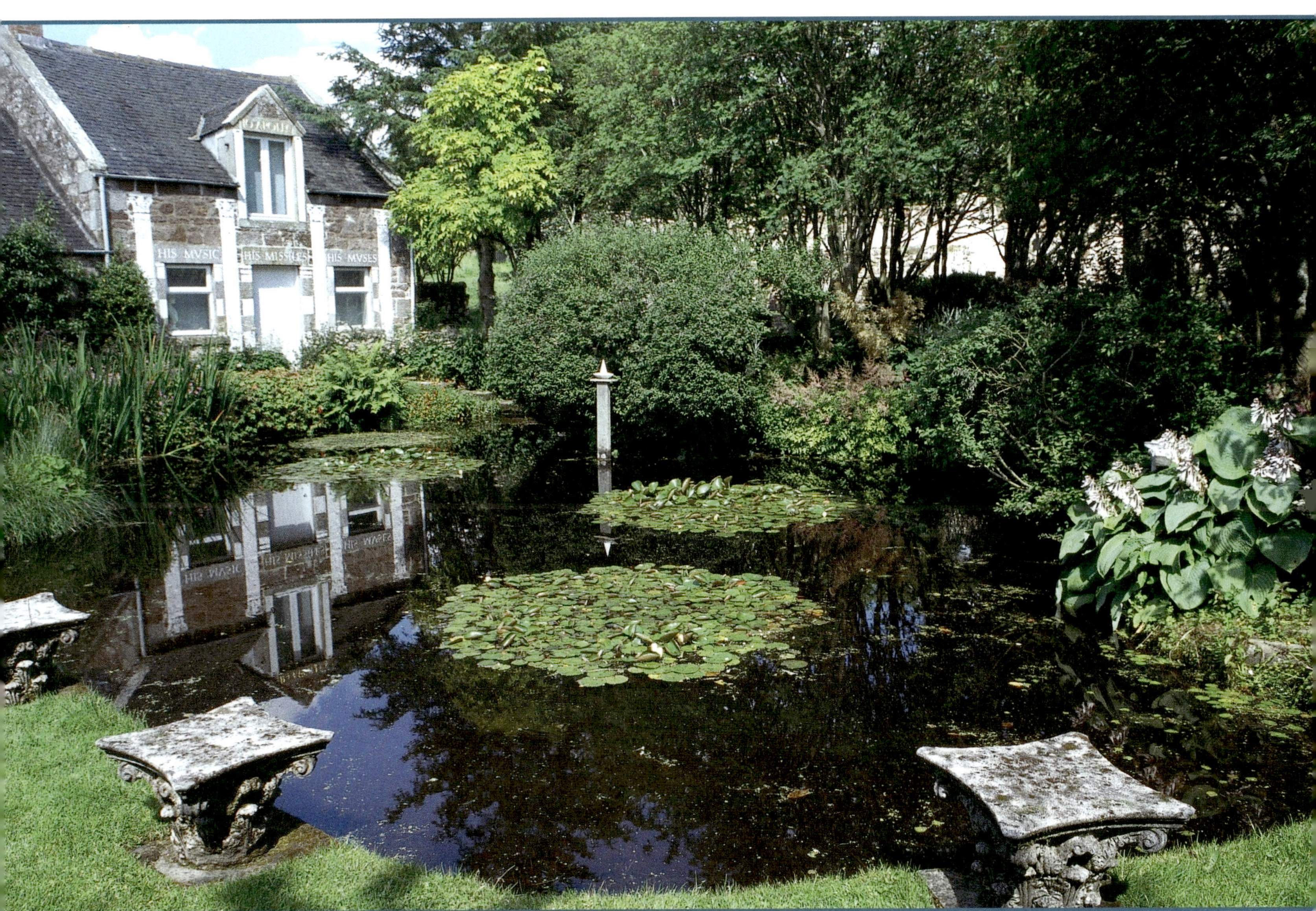
HIS MVSIC
HIS MISSILES
HIS MVSES

Französischen Revolution, ist die Inschrift auf riesigen Steinblöcken, die vor der Kulisse schönster schottischer Landschaft auf einer Wiese liegen; es ist eines der bekanntesten Objekte von Little Sparta. Ein in Sandstein ausgeführtes, etwa 1 Meter langes Modell eines Flugzeugträgers dient als Futterplatz und wird von Meisen und Rotkehlchen angeflogen – welch liebenswürdige Verwendung von Kriegsgerät! Das etwa 50 Zentimeter lange Sandsteinmodell eines Kampfjets steht, vollständig von Moos überzogen und dadurch entschärft, zwischen Terrakottatöpfen mit üppigen Blattschmuckstauden. Das Bedrohliche sieht anders aus, wenn Gras oder Moos darüber wächst.

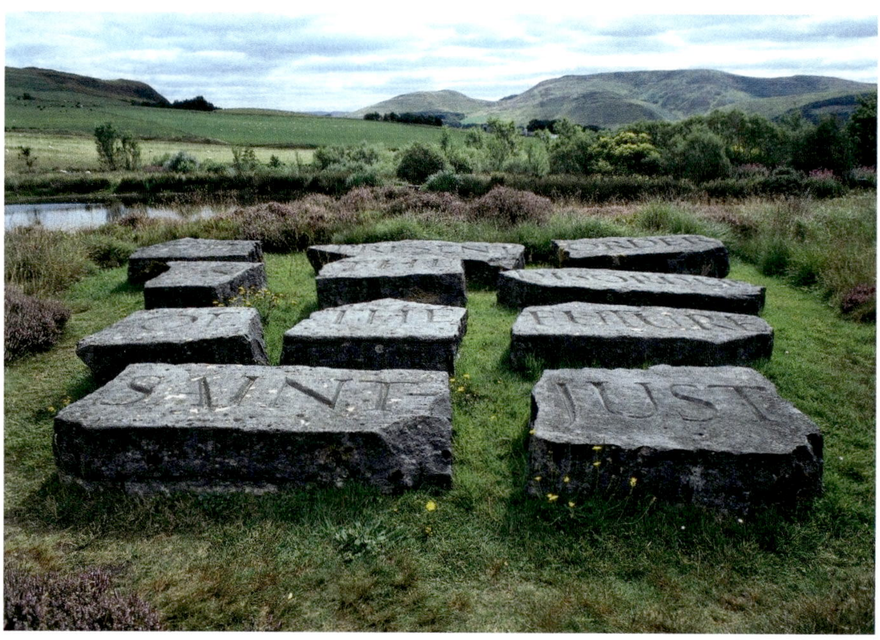

»The present order is the disorder of the future« (Saint-Just), gemeißelt in riesige Steinblöcke auf einer Wiese vor friedlicher Landschaftskulisse.

Seite 153, rechts: Der kleine See mit seiner reichen Ufervegetation und den schönen Ausblicken gehört zu den stimmungsvollsten Orten von Little Sparta. Links: Durch steinerne Versatzstücke mit Inschriften werden gewöhnliche Waldwege, Dickichte und Teiche zu geheimnisumwitterten, poesievollen Orten.

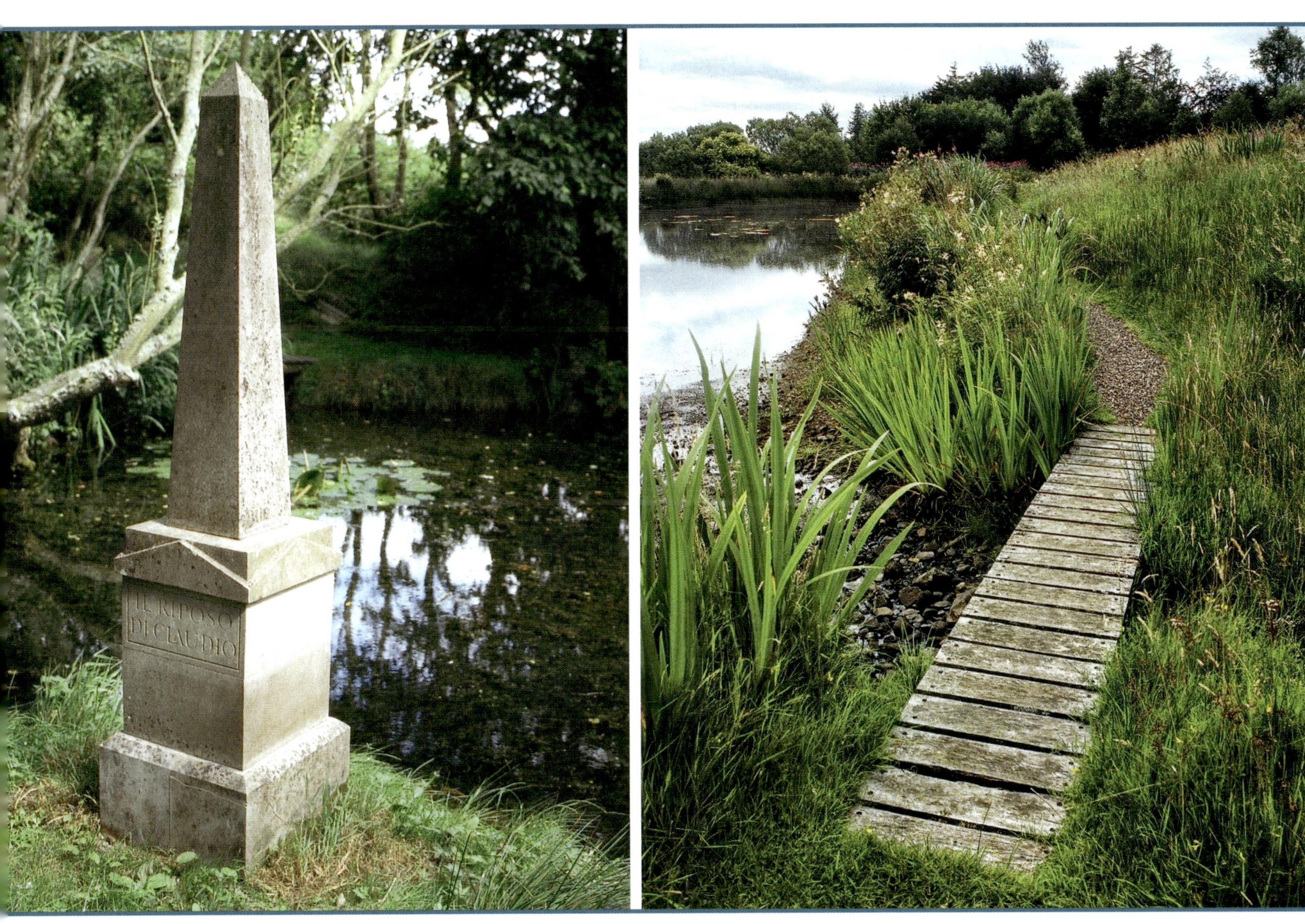
IL RIPOSO
DI CLAUDIO

Jupiter Artland 52

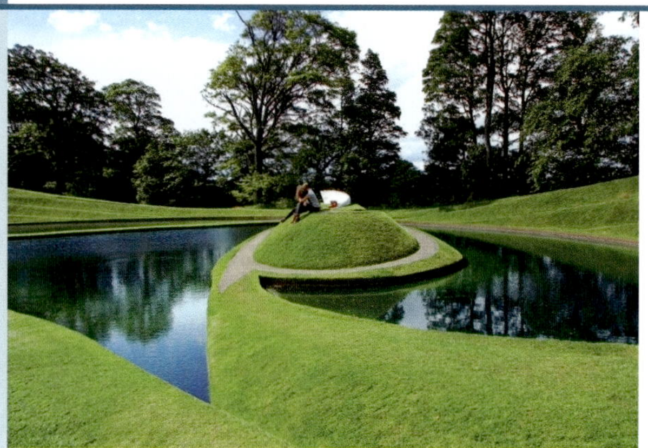

Name des Gartens
Jupiter Artland

Grafschaft
West Lothian

Lage
bei Wilkieston, 15 km westlich von Edinburgh

Tearoom
Café Party und Silverstreak Caravan – dort gibt es den ganzen Tag Snacks und Getränke

Shop

Besitzer
Robert und Nicky Wilson

Öffnungszeiten
während der Saison Mittwoch bis Sonntag von 10:00–17:00 Uhr

Besuchsdauer
ca. 4 Stunden

Telefon
+44 (0) 1506 889 900

E-Mail
enquiries@jupiterartland.org

Website
www.jupiterartland.org

Im Jahre 1999 erwarb das Kunstsammlerehepaar Robert und Nicky Wilson ca. 15 Kilometer westlich von Edinburgh den Landsitz Bonnington House mit einem Herrenhaus aus dem 17. Jahrhundert und 32 Hektar Land. Das Paar war begeistert von Ian Hamilton Finlays Garten *Little Sparta* und fasste den Entschluss, in ähnlicher Weise mit zeitgenössischen Kunstwerken einen Park anzulegen. Sie gaben der 2009 eröffneten Anlage den Namen Jupiter Artland. Auf dem Gelände mit seinem schönen alten Baumbestand und reizvollen Landschaftsausblicken begegnet man den Werken vieler international renommierter Künstler wie Andy Goldsworthy, Ian Hamilton Finlay, Anish Kapoor, Cornelia Parker, Tania Kovats und vielen anderen. Auch all das, was man in Großbritannien sonst mit einem Landhausgarten verbindet, fehlt nicht. Es gibt einen Obstbaumgarten, einen Gemüsegarten, Staudengarten, ja sogar einen charmant gestalteten Hühnerhof. Mit Wechselausstellungen, Workshops, Museumspädagogik und Kinderprogrammen ist Jupiter Artland heute eine sehr lebendige und einflussreiche Institution im Großraum Edinburgh. Die Anlage gehört europaweit zu den spannendsten Werken aktueller Garten- und Landschaftsarchitektur, und zu Recht wurde sie im Herbst 2011 mit dem »Europäischen Gartenpreis der Stiftung Schloss Dyck« ausgezeichnet und als »bester zeitgenössischer Garten« gewürdigt. Die eindrucksvollste künstlerische Arbeit ist gewiss die aus vier Wasserflächen und sieben plastisch geformten Hügeln komponierte Land Art-Landschaftsskulptur von Charles Jencks (1939–2019), die mit *Life Mounds* (Lebenshügel) und *Cells of Life* (Zellen des Lebens) betitelt sind. Nach eigenem Verständnis des Künstlers soll mit diesem Werk »die Zelle als Grundbausteine allen Lebens gepriesen werden«. So wie der klassische Englische Landschaftsgarten die Arkadienbilder der Literatur und Malerei inszenierte, will Charles Jencks mit seinen Landschaftsgestaltungen naturwissenschaftliche Erkenntnisse darstellen und interpretieren. Die Landschaftsskulpturen von Charles Jencks sind aber zugleich auch verspielte und verlockende Kunstwerke und Meisterleistungen der ausführenden Garten- und Landschaftsbauunternehmen. Die perfekte, mit großem Aufwand verbundene gärtnerische Pflege ist ebenfalls beachtlich. Charles Jencks bringt uns mit seiner Landschaftsskulptur auch körperlich in Bewegung. Die schmalen Wege auf den Landzungen zwischen den Wasserflächen, mit denen die Zellmembranen dargestellt werden, haben eine ebenso suggestive Anziehungskraft wie die Hügelkuppen, die alle über spiralförmig gewundene, sanft ansteigende Wege zugänglich sind und nicht nur wunderbare Perspektiven eröffnen, sondern hier in Einzelskulpturen viele weitere Details entdecken lassen.

Die Landschaftsskulptur reizt nicht nur zur Betrachtung, sondern verlockt auch als begehbare Skulptur, sie zu Fuß zu erkunden.

Seite 155: Die 2010 fertiggestellte, von Charles Jencks entworfene Landschaftsskulptur mit dem Titel »Life Mound« ist das beeindruckendste Werk in dem bei Edinburgh gelegenen Garten des Kunstsammlerehepaars Nicky und Robert Wilson.

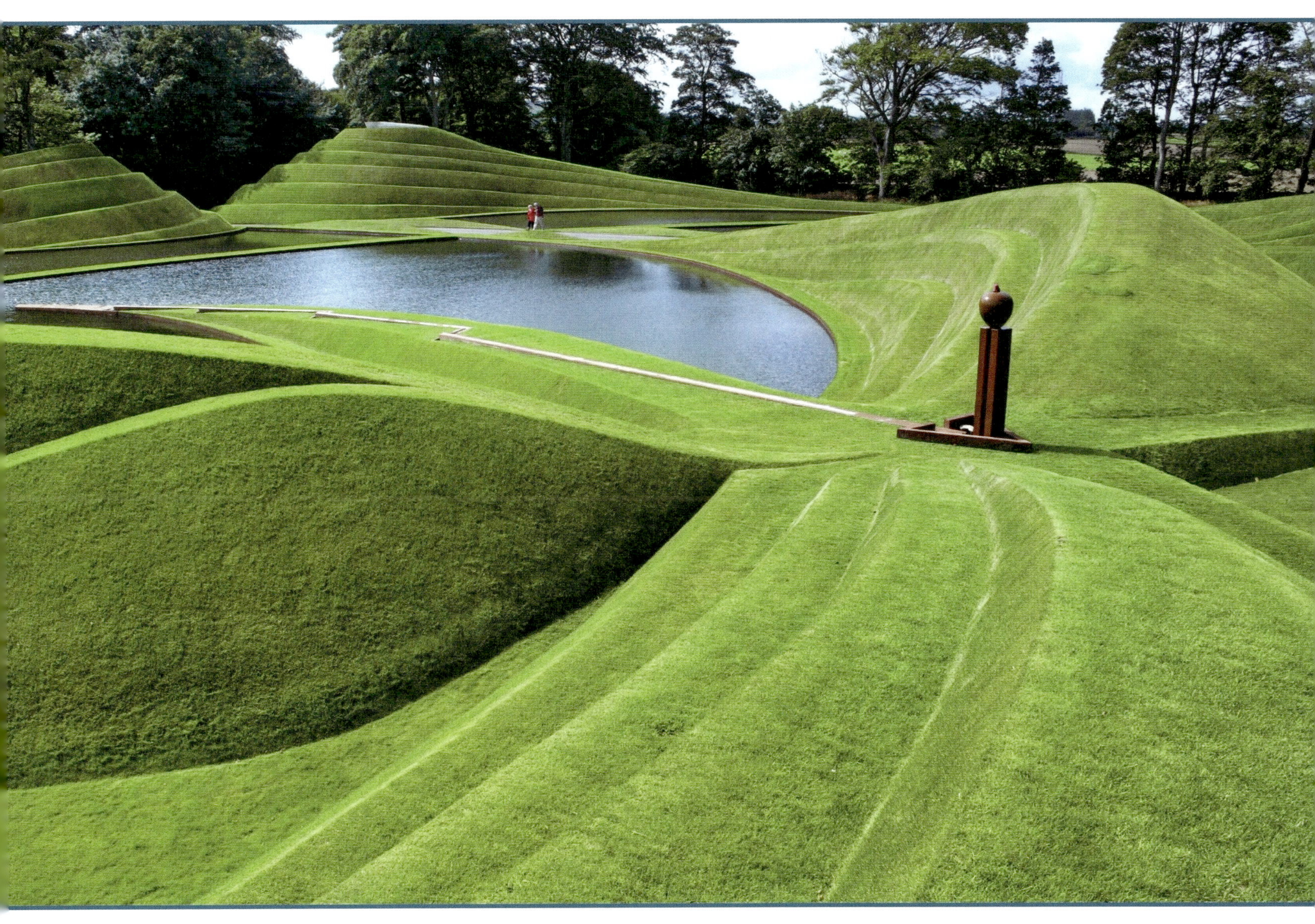

Pitmedden Garden 53

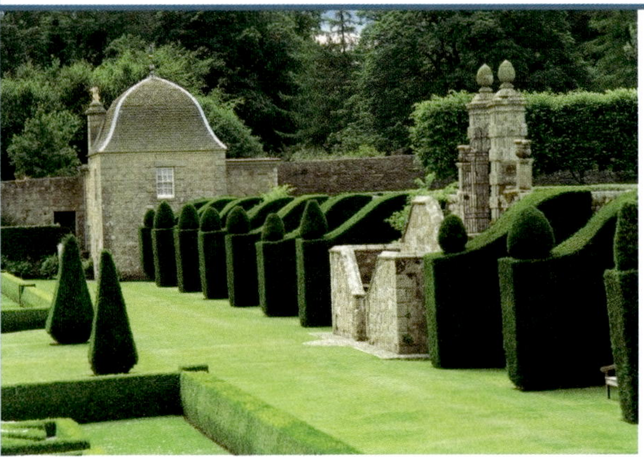

Name des Gartens
Pitmedden Garden

Grafschaft
Grampian, Schottland

Lage
ca. 5 km westlich von Ellon, Grampian AB41 7PD

Tearoom

Shop

Besitzer
The National Trust for Scotland

Öffnungszeiten
Ende März bis Oktober täglich 10.30–16.30 Uhr. Achtung: teilweise nur Donnerstag bis Sonntag geöffnet, Website beachten

Besuchsdauer
ca. 1,5 Stunden

Telefon
+44 (0) 1651 842352

Website
www.nts.org.uk

In der Nähe
Haddo House, Castle Fraser

Pitmedden zählt zu den schönsten formalen Gärten in Schottland. Teile der Anlage sind Originale aus dem 17. Jahrhundert, andere Elemente sind Ergebnis einer Rekonstruktion. Eine Inschrift am Gartentor besagt, dass der Garten 1675 von Sir Alexander Seton angelegt wurde, der mit dem berühmten schottischen Architekten Sir William Bruce of Balcaskie (1630–1710) in Verbindung stand. Bruce hatte zahlreiche Landhäuser mit den dazugehörigen Gartenanlagen geplant, und so vermutet man, dass er auch an der Planung von Pitmedden beteiligt war.

Mit dem Herrenhaus, das 1818 bei einem Brand völlig zerstört wurde, büßte Pitmedden sein wichtigstes Kompositionselement ein. 1860 wurde das heute noch bestehende Gebäude im viktorianischen Stil errichtet. Es wirkt allerdings im Zusammenspiel mit dem prächtigen Garten zu klein, zu wenig repräsentativ. 1894 wurde Pitmedden von dem Landwirt Alexander Keith erworben. Dort, wo sich heute der Parterregarten befindet, legte er einen Küchengarten an, und an den hohen Gartenmauern zog er Spalierobst. 1951, ein Jahr vor seinem Tod, vermachte er das Anwesen dem National Trust for Scotland, der umgehend mit Restaurierungsmaßnahmen begann. Auf dem Gelände des Küchengartens rekonstruierte man einen Parterregarten und näherte sich damit wieder dem Originalzustand. Bei der Parterregestaltung ließ man sich von Darstellungen in James Gordons 1647 erschienenem Stichwerk »Birds eye view« anregen.

Der Parterregarten ist als Relief wie auch als räumliches Bild sehr überzeugend. Vor den nach Osten und Norden abschließenden Mauern sind auf der gesamten Länge breite Staudenrabatten angelegt, die in ihrer farblichen Abstimmung, Höhenentwicklung und in ihrem gesamten Erscheinungsbild während der Sommermonate von faszinierender Schönheit sind.

Das bemerkenswerteste, raffinierteste Gestaltungselement dieses Gartens dürfte indes die westliche Begrenzung sein. Die 4 Meter hohe und etwa 70 Meter lange, aus hellgrauem Granit gefügte Mauer, die in der Mitte von einer Freitreppe unterbrochen ist und an deren beiden Endpunkten gemauerte Pavillons stehen, wird durch kammartig quergestellte Eibenhecken gegliedert. Die steinerne Masse der Stützmauer ist verdeckt und die lange Horizontale durch das vertikale Element der Hecken immer wieder geschickt unterbrochen und rhythmisiert.

Auch wenn der Parterregarten, The Great Garden genannt, zu Recht die größte Aufmerksamkeit auf sich zieht, verdienen viele der zurückhaltenderen Gestaltungselemente auf der oberen Gartenebene gleichfalls Beachtung. Dort gibt es eine Reihe beschnittener Linden, einen Kräutergarten, eine Pergola mit Apfelspalieren und ein flaches, rundes Wasserbecken.

Kammartig quergestellte Eibenhecken gliedern in schönster Weise die lange, hohe Stützmauer.

Seite 157: Der Parterregarten entstand 1952 im Rahmen einer Rekonstruktionsmaßnahme, er gehört zu den schönsten in ganz Großbritannien.

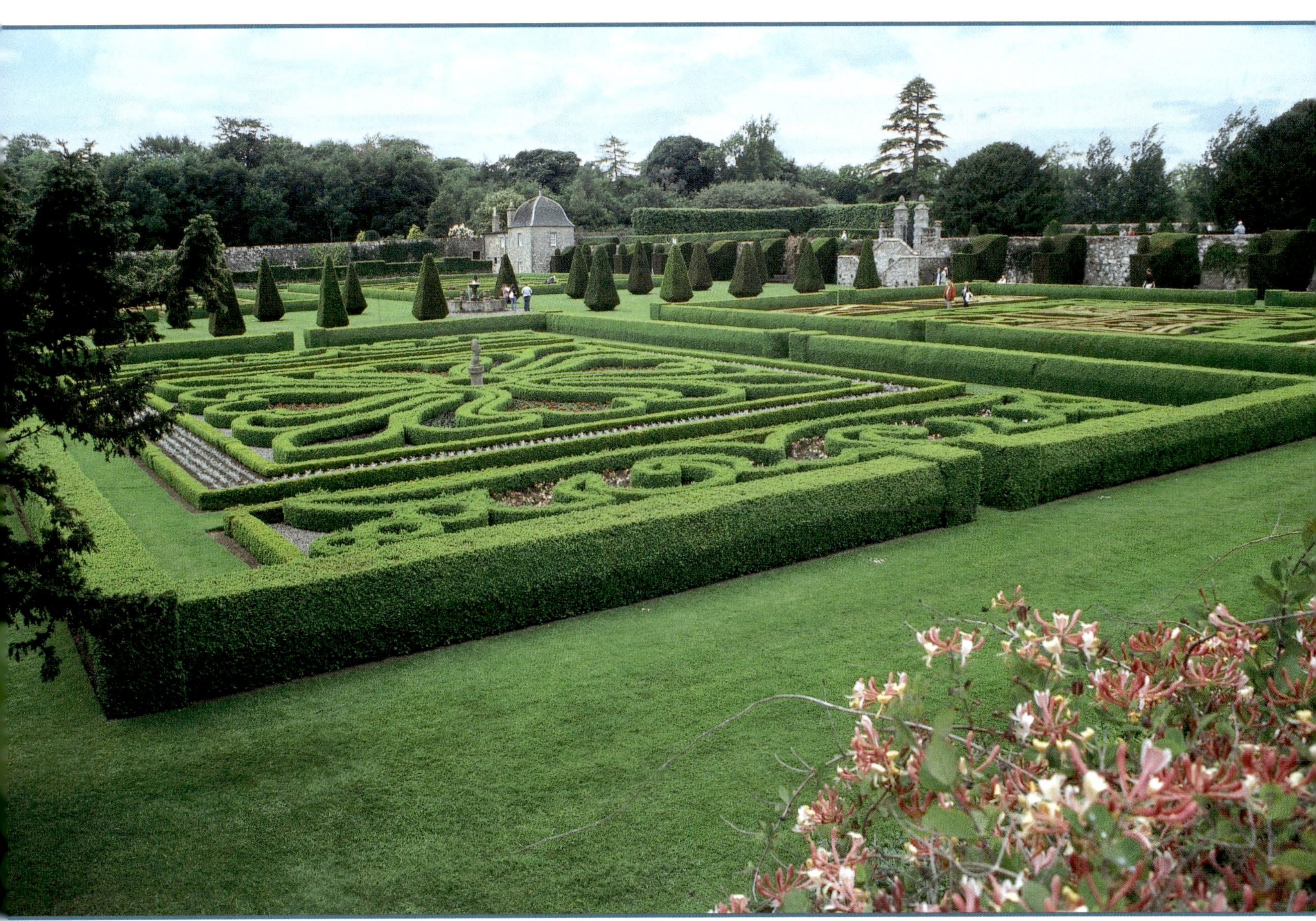

House of Pitmuies 54

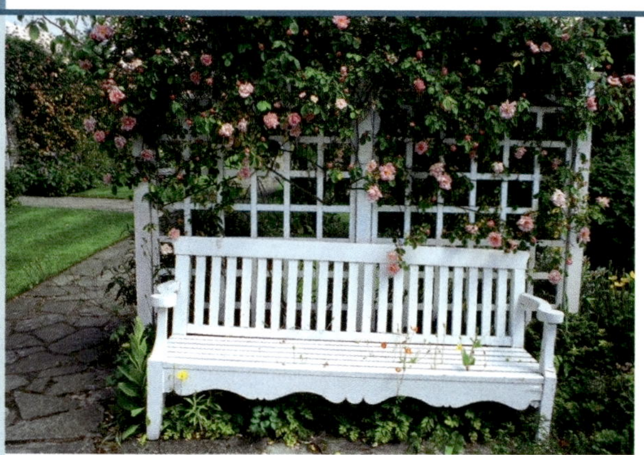

Name des Gartens
House of Pitmuies

Grafschaft
Angus, Schottland

Lage
in Guthrie bei Forfar, an der A 932, kurz vor Friockheim, Angus DD8 2SN

Besitzer
Familie Ogilvie

Öffnungszeiten
April bis September täglich 10.00–17.00 Uhr

Besuchsdauer
ca. 2 Stunden

Telefon
+44 (0) 1241 828245

E-Mail
ogilvie@pitmuies.com

Website
www.pitmuies.com

Das aus dem 18. Jahrhundert stammende House of Pitmuies wurde 1945 von der Familie Douglas Ogilvie erworben. 1967 übernahm Farquhar Ogilvie das Haus, und seine Frau Margaret war es, die dem Garten in den letzten vierzig Jahren seine heutige Gestalt gab. Der in einem ausgedehnten Waldgebiet gelegene Garten ist in viele unterschiedliche Bereiche unterteilt, die man sich auf einem Rundgang erschließt. Heute betritt der Besucher das Anwesen, von Osten kommend, durch einen großen Nutzgarten mit Obstbäumen, Beerensträuchern, Gemüse- und Schnittblumenbeeten. Die Gesamtkonzeption wäre allerdings besser zu verstehen, wenn man sich auf dem Drive, der westlichen Zufahrt nähern würde: Nach dem Abbiegen von der Landstraße kommt man als erstes am Black Loch vorbei, einem lang gestrecktem Teich mit einer vielfältig gestalteten Ufervegetation. Im Frühjahr verzaubern Azaleen und Rhododendren diesen Bereich, im Spätjahr beeindruckt die Herbstfärbung der vielen exotischen Bäume und Sträucher. Man erreicht eine großzügige Auffahrt; den Auftakt für den Gartenrundgang bildet der Blick auf die schöne georgianische Fassade des Herrenhauses, auf eine perfekte Rasenfläche mit wunderbaren alten Bäumen und das gegenüberliegende Policy Field, eine weite, von hohen Bäumen gerahmte Blumenwiese.

An der Südseite des Hauses befinden sich ein *conservatory*, ein viktorianischer Wintergarten, und zwei etwa gleich große, von Mauern und Hecken umfriedete Blumengärten. Der eine ist vorwiegend mit Rosen bepflanzt, aber auch mit einer atemberaubend schönen Sammlung von Rittersporne, der andere mit Stauden und Ziersträuchern.

Die beiden Blumengärten sind durch die *summer borders* getrennt. Zwei Silberbirnen (Pyrus salicifolia) bilden den Auftakt zu diesen sensationell schönen, in ungewöhnlichen und zarten Farbtönen komponierten Staudenrabatten, die im Juni und Juli ihren Blüte-Höhepunkt haben. Die Konzeption entspricht dem üblichen Motiv des *double border* mit einem Rasenweg in der Mitte, doch die Proportionen sind ungewöhnlich, der Rasenweg ist sehr schmal, und die Stauden sind relativ hoch. Dadurch kommt man den Stauden recht nah und die Begegnung mit der Blütenpracht wird sehr intensiv.

Die Wegachse der *summer borders* führt zu einem kleinen Törchen. Man steigt eine kurze Treppe hinab und betritt eine Wildblumenwiese, die früher als Bleiche diente und zu dem neogotischen Waschhaus gehörte, das als Blickfang erhalten ist. Über eine weiß lackierte Holzbrücke kommt man in den *woodland garden*, einen waldartigen Gartenbereich, der Mesopotamien genannt wird, weil er von zwei Wasserläufen durchzogen wird: dem kleinen Bach Vinny und dem parallel verlaufenden, künstlich angelegten Kanal Turbie Burn. Auf schmalen Pfaden und im Schatten mächtiger alter Buchen und Linden, kommt man in den Vinny Garden,

Eine klassische, weiß lackierte Gartenbank vor einem Rosenspalier.
Seite 159: Sehr ungewöhnlich sind die Proportionen dieses *double border*; der Rasenweg ist schmal, und die Staudenpflanzung setzt mit großen Höhen ein.

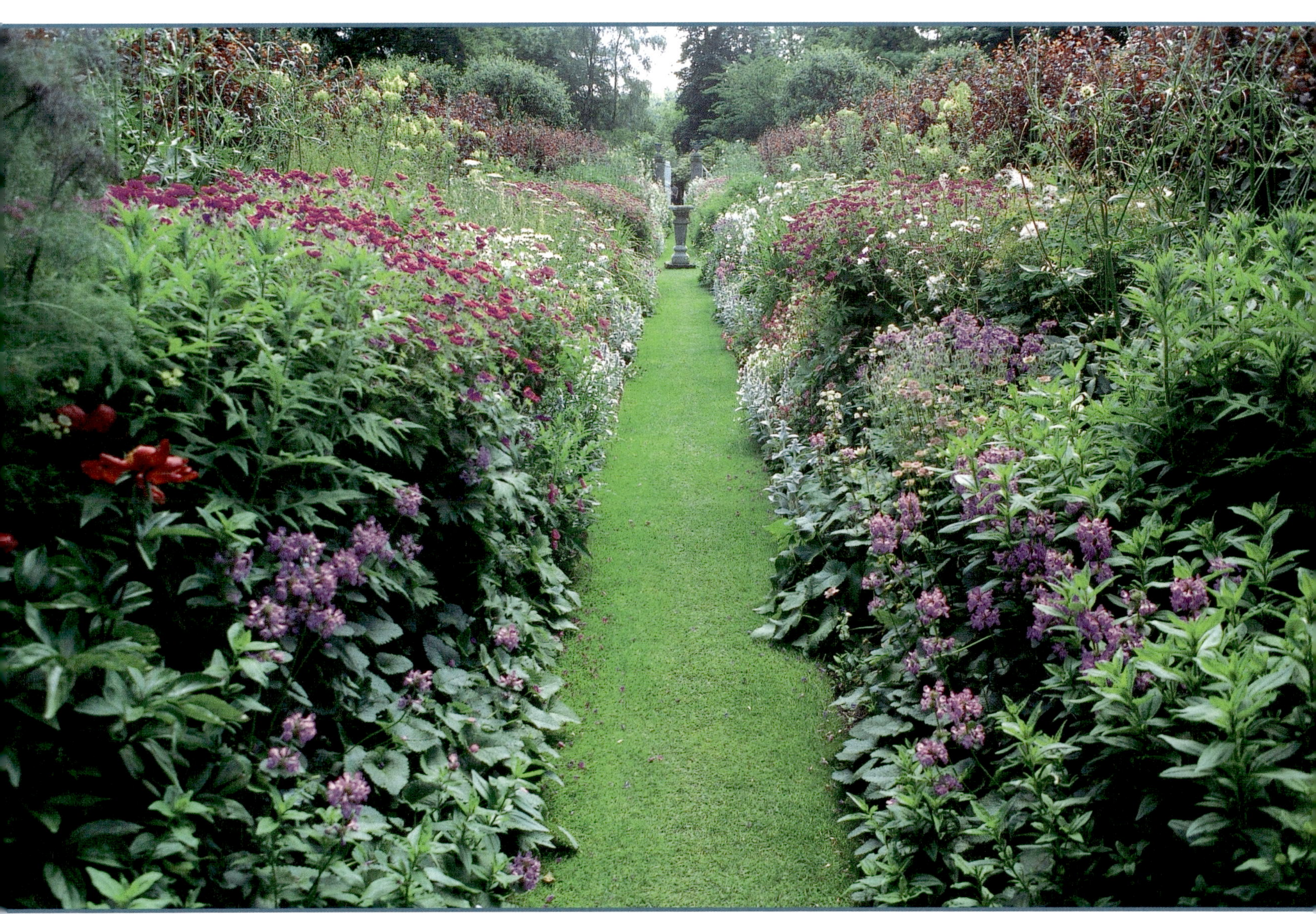

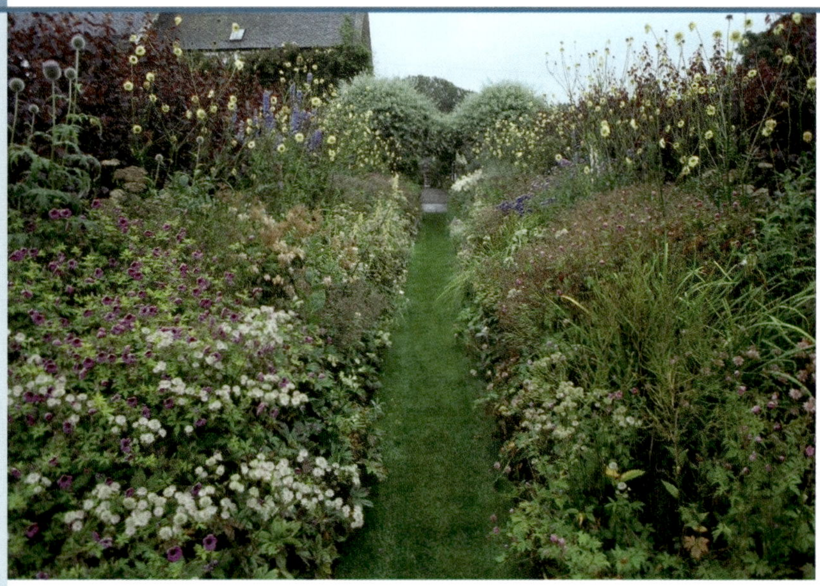

eine Waldlichtung, in deren Zentrum eine Cupido-Skulptur steht. Neben etlichen anderen dendrologischen Raritäten fallen hier vor allem zwei beeindruckende, etwa hundertfünfzig Jahre alte Araukarien und ein ebenso alter Zimtahorn (Acer griseum) mit seiner schönen zimtfarbenen Rinde ins Auge. In seiner Heimat, der Mandschurei, gilt diese Baumart schon seit langem als ausgestorben.

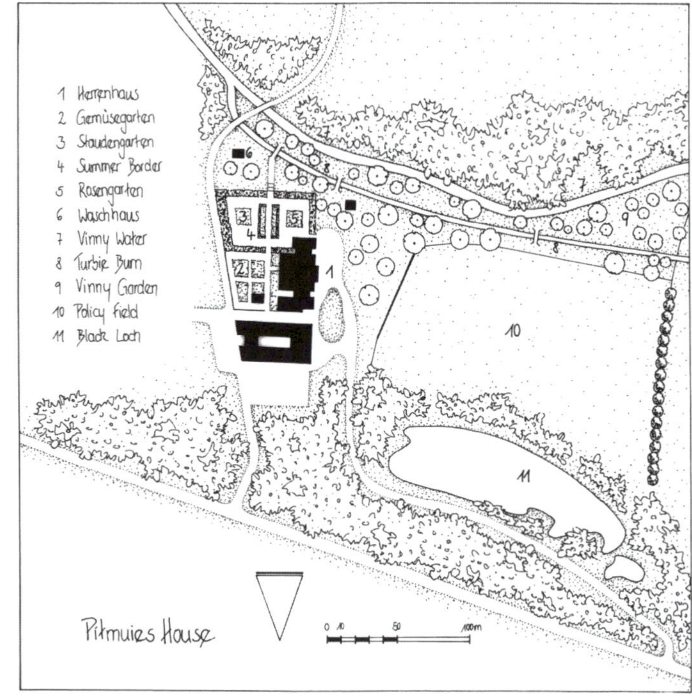

Das *double border* zeigt sich auch im Spätsommer, nach der Hauptblüte, in delikaten zarten Farbtönen.

Seite 161: Mit ihrem silbrig graugrünen Laub erinnern die Silberbirnen (Pyrus salicifolia) an Olivenbäume.

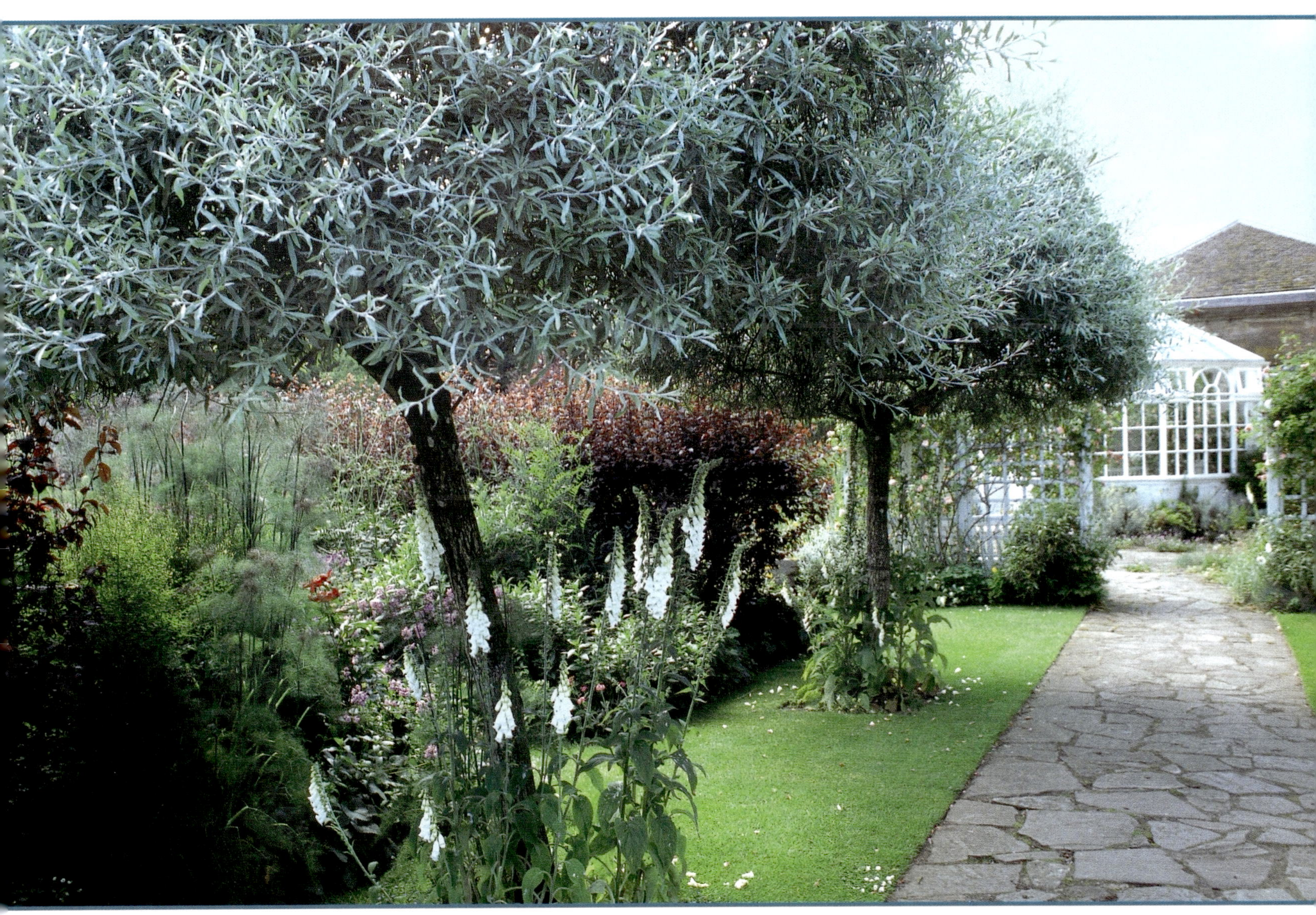

Portrack House 55

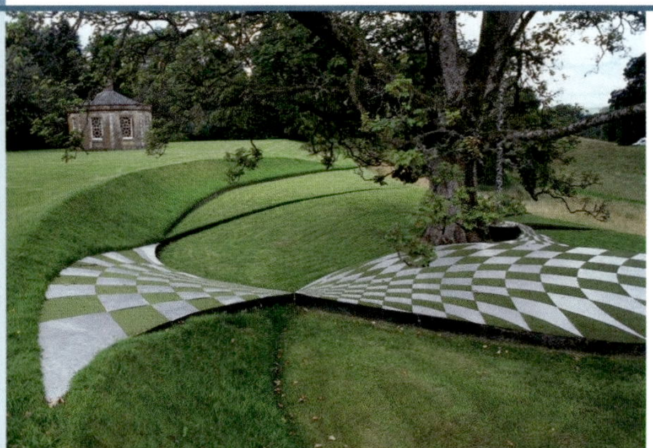

Name des Gartens
Portrack House

Grafschaft
Dumfriesshire, Schottland

Lage
Holywood, Holywood 2,5 km auf A 76, 7,5 km nördlich von Dumfries, Dumfriesshire DG2 ORW

Tearoom
nur bei Gruppenbesuchen

Besitzer
Charles Jencks

Öffnungszeiten
auf Nachfrage

Besuchsdauer
2,5 Stunden

Website
www.gardenofcosmicspeculation.com

Gemeinsam mit seiner 1995 verstorbenen Frau Maggie Keswick hat Charles Jencks (1939–2019) zwischen 1990 und 1995 die Parklandschaft seines 12 Hektar umfassenden Landsitzes Portrack House in einzigartiger Weise umgestaltet. Der Garten, der Garden of Cosmic Speculation genannt wird, ist weit mehr als eine Parklandschaft mit spektakulär geformten Hügelkuppen und Wasserflächen. Der Rundweg beginnt bei einem recht traditionell gehaltenen Kräutergarten, der sich durch große Stahlskulpturen in Form einer Doppelhelix als DNA-Garten ausweist, und führt zu einer von Pappelreihen begleiteten Eisenbahnlinie, die nicht als unerwünschte Randerscheinung ausgegrenzt, sondern in raffinierter Weise in die Gesamtkonzeption einbezogen ist – einschließlich der rubinrot lackierten Eisenbahnbrücke über den Fluss Nith. Der Weg entlang der Bahnlinie ist als Walk of Scottish Worthies inszeniert. Hier sind große Stahltafeln mit den Namen und Lebensdaten schottischer Berühmtheiten wie Robert Adam, Alexander Graham Bell und Walter Scott aufgereiht.

Hat man auf Spiralwegen den Mound, den Rasenhügel, erklommen und über kleine, rot lackierte Brücken mehrmals einen Bachlauf überwunden, kommt man zum Quark Walk, der in ein Waldstück mündet, in dem man auf den Nonsense Pavilion trifft und schließlich am Black Hole ankommt. Als Quarks werden in der Physik die Grundbausteine der Materie bezeichnet, und Black Holes, Schwarze Löcher, sind ein Begriff der Astrophysik.

Zur Gesamtanlage gehören nicht nur ein schönes Herrenhaus und ein Pavillon aus dem 18. Jahrhundert, sondern auch einige recht traditionell gestaltete Gartenbereiche, so zum Beispiel ein *flower garden*, ein Blumengarten, oder ein *woodland walk*, ein Waldweg, mit einer Sammlung japanischer Ahorne. Nicht zuletzt gehört auch, wie bei jedem herrschaftlichen Landsitz in Großbritannien, ein Tennisplatz dazu; er trägt den Namen Garden of Fair Play.

Der Gesamtentwurf basiert auf rhythmischen Grundmustern, wie sie auch in der Natur vorkommen, zum Beispiel bei meteorologischen Phänomenen. Charles Jencks benennt die Chaos-Theorie als eine seiner wichtigsten Inspirationsquellen und definiert seine Arbeiten folgendermaßen: »Ich versuche eine neue Sprache der Garten- und Landschaftsarchitektur zu entwickeln. Wenn man die verschiedenen Gesetzmäßigkeiten betrachtet, nach denen sich Natur organisiert, findet man immer wieder tief verwurzelte Mechanismen fortwährender Bewegungs- und Veränderungsprozesse. Ich wollte etwas entwerfen, das auf diese Naturkräfte Bezug nimmt und sie veranschaulicht. ... Diese Kräfte spielen zum Beispiel bei der Wetterentwicklung eine wichtige Rolle. Sie erzeugen freischwingende Kurven, die sich zum Teil sehr ähnlich sehen, sich oft überschneiden aber niemals wiederholen und immer wieder auf einen Fixpunkt zulaufen.«

Einen markanten Blickfang bildet die künstlerische Installation aus Edelstahlblechen und Kunstrasen.

Seite 163: Auf einem spiralförmig angelegten Weg gelangt man auf den Mound; er bietet einen faszinierenden Ausblick auf die beiden künstlichen, eigenwillig geformten Seen.

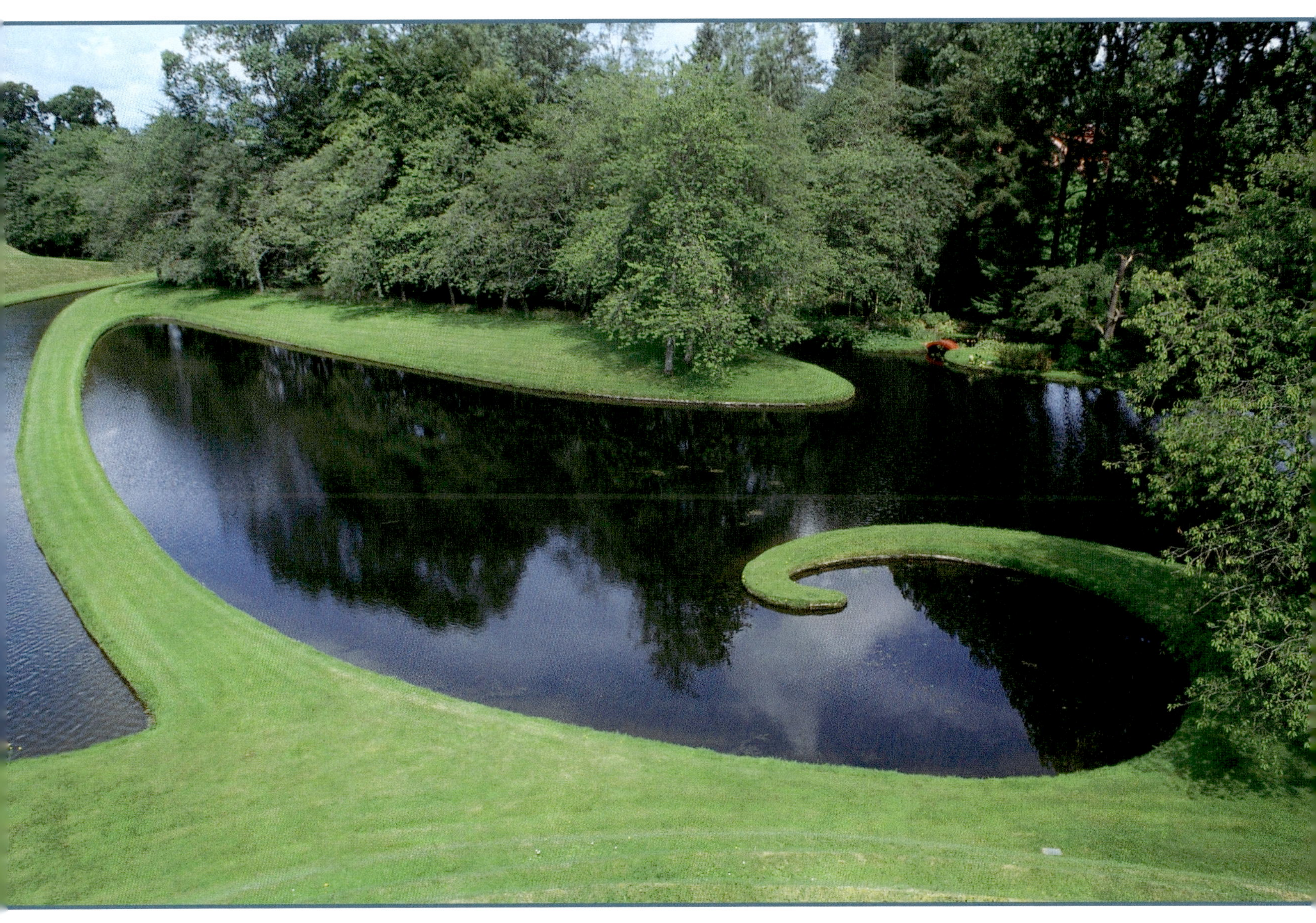

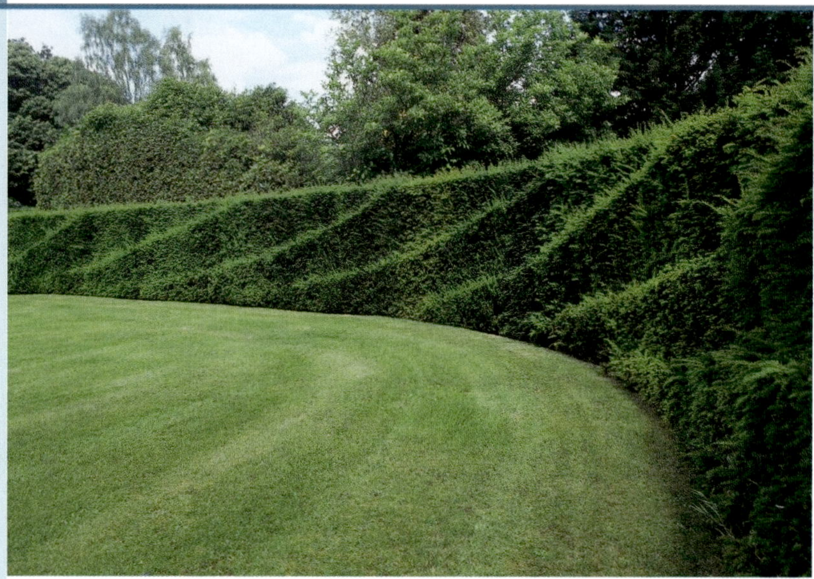

Diese Gartengestaltung sucht die Auseinandersetzung mit physikalischen und astronomischen Theorien und will die mit dem Urknall beginnende Geschichte des Universums erklären und illustrieren, sie will Fragen aufwerfen, den Besucher herausfordern und ihm zugleich eine spannende Entdeckungsreise anbieten. Charles Jencks bewegt sich nicht im Bereich esoterischer Fantasien, er setzt sich vielmehr sehr ernsthaft, gleichzeitig höchst spielerisch und kreativ mit aktuellen naturwissenschaftlichen Theorien und Erkenntnissen auseinander und interpretiert diese mit seinen Kunstwerken.

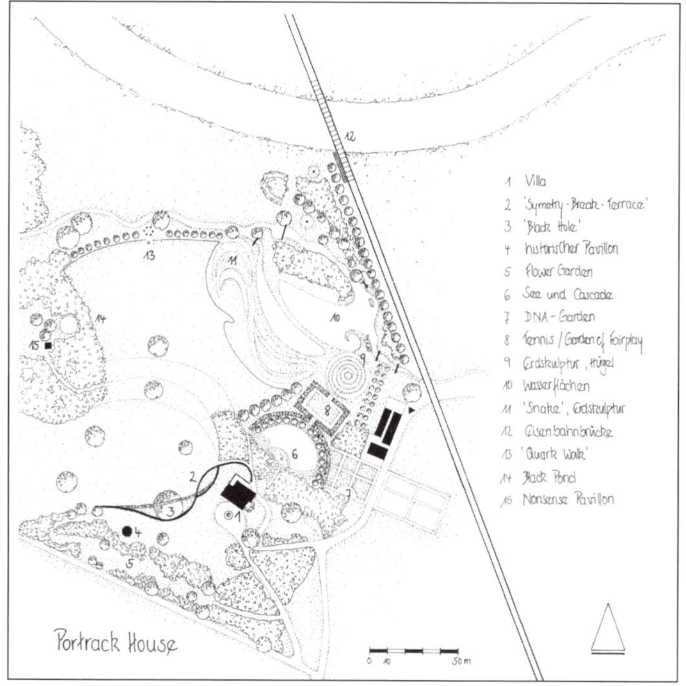

Eine neue Gestaltungsvariante für den Formschnitt von Eibenhecken.
Seite 165: Der Mound stellt sich als reizvolle Erdskulptur dar. Künstliche Erdhügel waren – das übermitteln alte Stiche und Beschreibungen – auch in der Gartenkunst des 17. Jahrhunderts ein beliebtes Gestaltungselement.

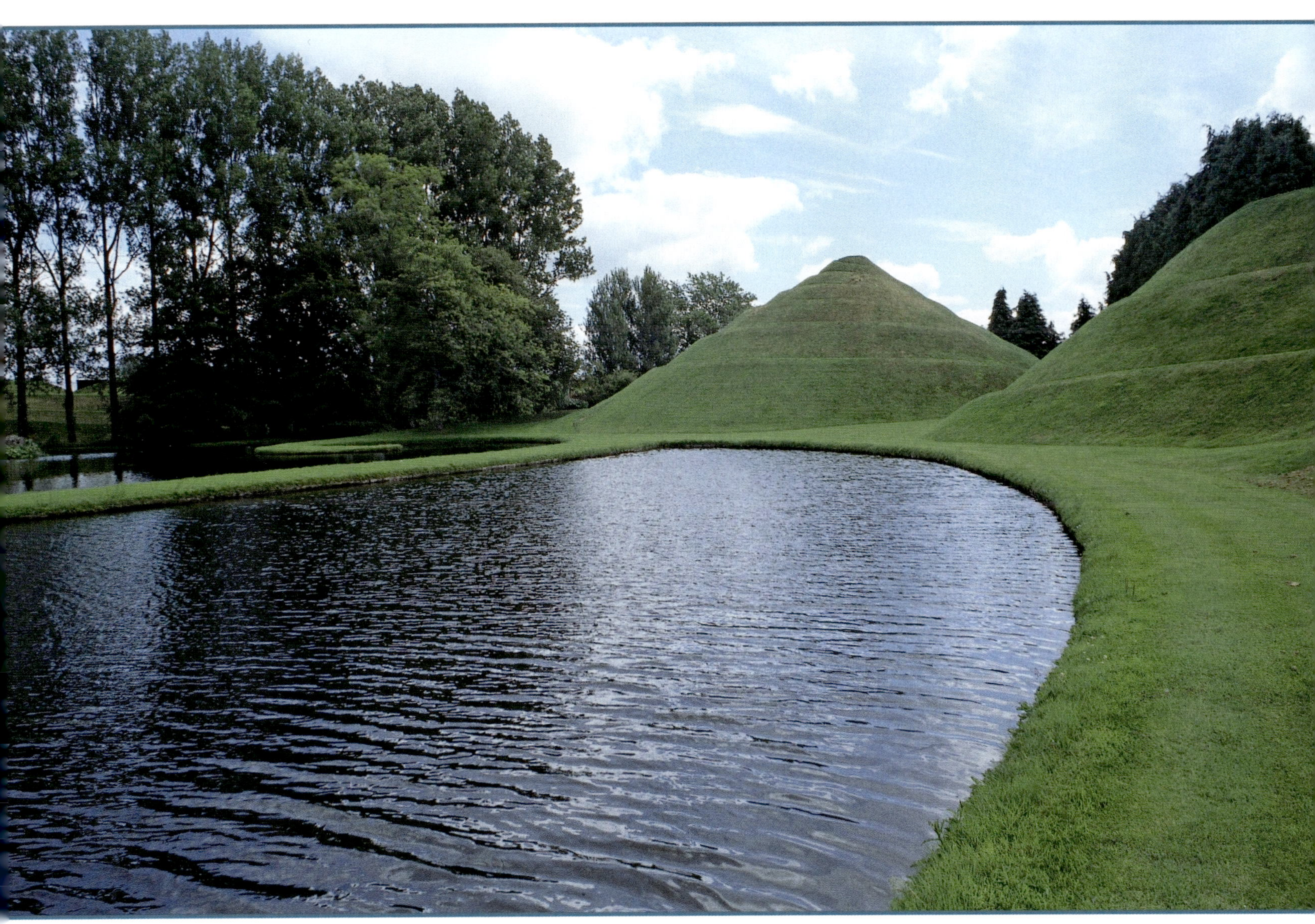

Shepherd House 56

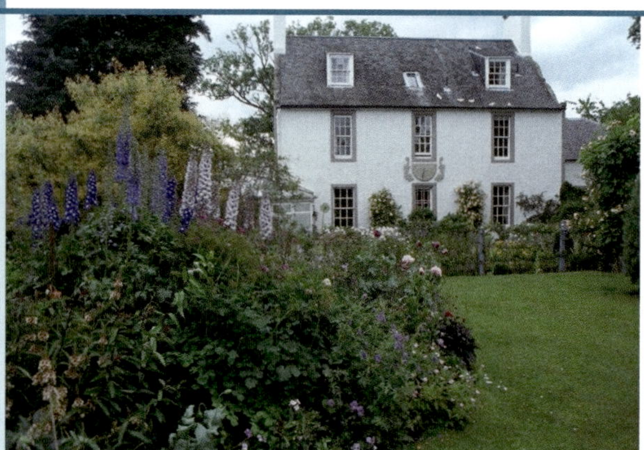

Name des Gartens
Shepherd House

Grafschaft
East Lothian, Schottland

Lage
Inveresk, East Lothian EH21 7TH

Besitzer
Sir Charles & Lady Ann Fraser

Öffnungszeiten
Mitte April bis Ende Juli, Dienstag und Donnerstag 14.00–16.00 Uhr

Besuchsdauer
ca. 1 Stunde

Telefon
+44 (0) 131 6652570

E-Mail
ann.shepherdhouse@gmail.com

Website
www.shepherdhousegarden.co.uk

In der Nähe
Inveresk Lodge Garden (direkt gegenüber), Greywalls, Tyninghame

Das Ehepaar Sir Charles und Lady Ann Fraser erwarb 1957 ein etwa 4000 Quadratmeter großes, mauerumschlossenes Grundstück mit einem sehr sympathischen und wohlproportionierten Wohnhaus aus dem 17. Jahrhundert im historischen Zentrum der kleinen Ortschaft Inveresk. Der Name Shepherd House nimmt Bezug auf eine Schafweide mit Stall und Wohnhaus, die sich im Mittelalter an dieser Stelle befand. Mitte der achtziger Jahre des 20. Jahrhunderts – die vier Söhne hatten das Haus verlassen – begann das Ehepaar Fraser mit der gärtnerischen Gestaltung des Grundstücks, das mit seiner Dreiecksform einen recht problematischen Zuschnitt hat. Innerhalb weniger Jahre entstand ein Garten von höchster Qualität, der sich heute mit vielen namhaften britischen Gärten messen kann.

Der Garten von Shepherd House ist, wie viele andere berühmte Gärten auch, das Spiegelbild zweier Gestalterpersönlichkeiten. Charles Fraser ist als Sohn eines Pfarrers mit einem Garten aufgewachsen, in dem alles streng geordnet war; er interessiert sich besonders für klare Strukturen. Ann Fraser ist mit einem von tropischer Vegetation geprägten Garten in Indien aufgewachsen; sie liebt die Üppigkeit und Vielfalt der Vegetation. Etwa zu der Zeit, in der die Konzeption ihres Gartens entstand, schrieb sie sich als Seniorstudentin an der Edinburgher Kunstakademie für das Studium von Grafik und Malerei ein, daher hatte sie vor allem die malerischen Qualitäten des Gartens im Blick. Ihre grafischen Arbeiten konzentrierten sich schon sehr bald auf Darstellungen von Pflanzen, der eigene Garten wurde zur wichtigsten Inspirationsquelle, und Blumen wurden ihr zentrales Sujet. In zarten Aquarellen mit überaus präzisen und farblich sehr delikaten Darstellungen von Pflanzen und Blüten erreicht Ann Fraser große Perfektion.

Man erlebt den Garten von Shepherd House als dicht gewebtes, farblich fein abgestimmtes und mit vielfältigen Überraschungen gefülltes, harmonisches kleines Gartenreich, das zu immer neuen Rundgängen verlockt. Erst nach einiger Zeit wird man sich bewusst, auf welch klaren, systematischen Grundstrukturen alles basiert. Eine Mittelachse durchzieht das gesamte Grundstück. Sie beginnt beim Hauszugang im Vorgarten, der von einem streng geometrischen Buchsparterre bestimmt wird, und setzt sich dann hinter dem Haus mit einer Wasserachse fort. Diese 27 Meter lange Achse beginnt mit einem erhöhten Brunnenbecken, setzt sich mit einer schmalen Wasserrinne fort und endet in einem rechteckigen Seerosenbecken. Die Rinne wird zu beiden Seiten von einem Rasenweg und breiten Streifen von Katzenminze begleitet. In regelmäßigen Abständen reihen sich Rankgerüste mit Kletterrosen und wölben sich Rosenbögen über den Weg. Mit etwas Abstand zur Mittelachse finden sich rechts und links zwei quadratische, von Buchshecken gerahmte Gemüsegärten.

Gartenfassade des schlichten, wohlproportionierten kleinen Landhauses.
Seite 167: Die von Rosenbögen überwölbte und zu beiden Seiten von einem Rasenweg und breiten Streifen Katzenminze begleitete Wasserrinne definiert die lange, den gesamten Garten durchziehende Mittelachse.

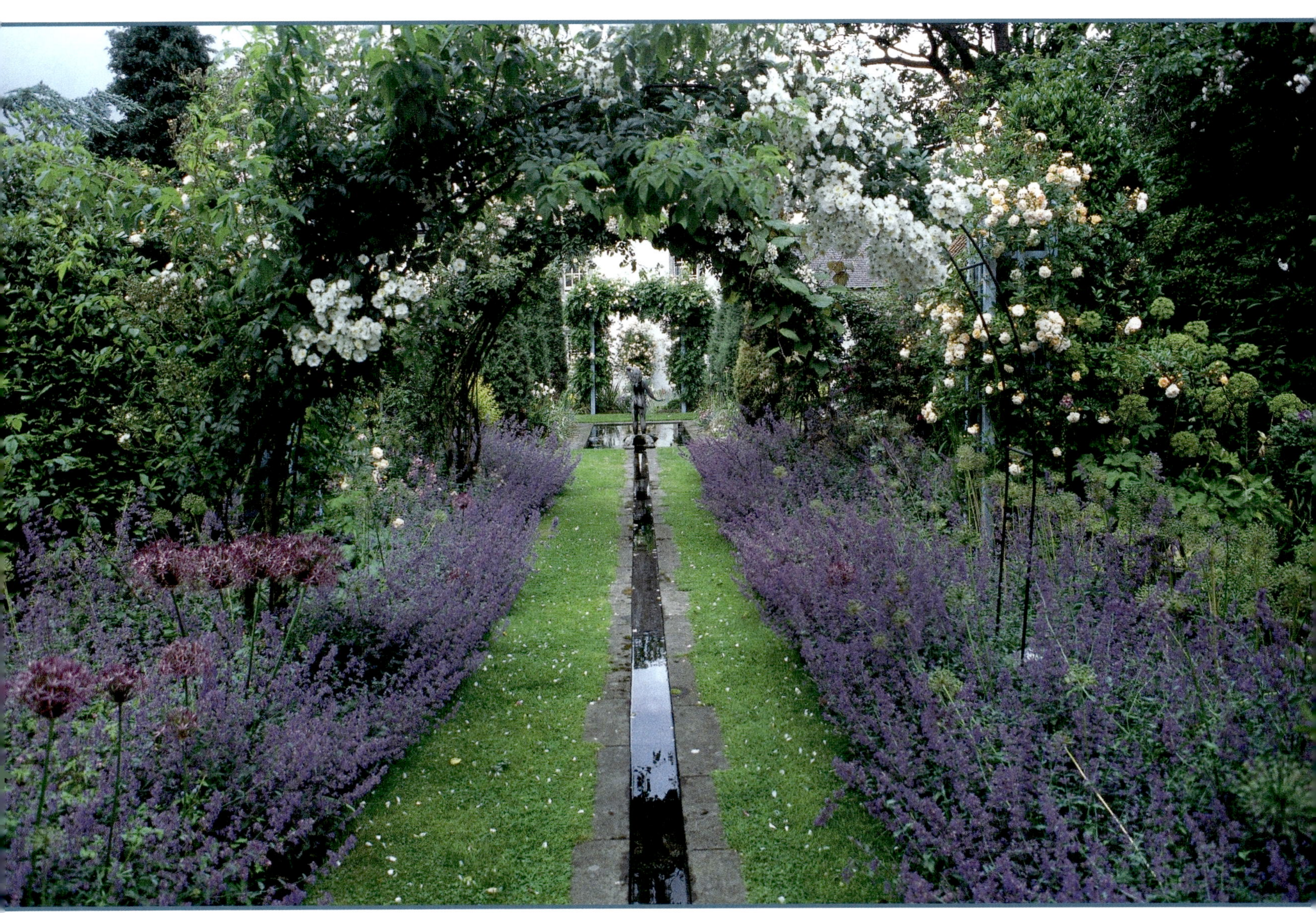

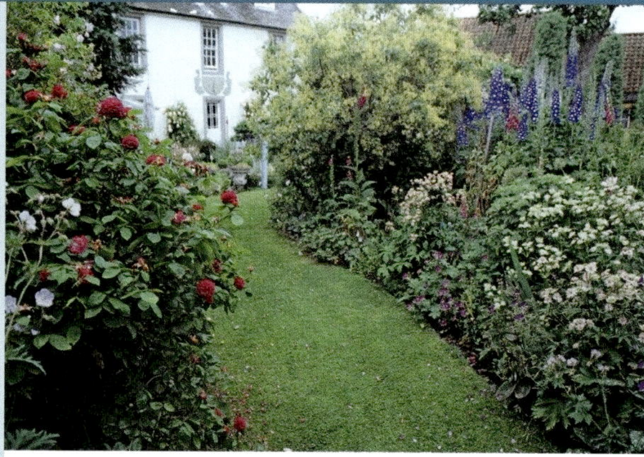

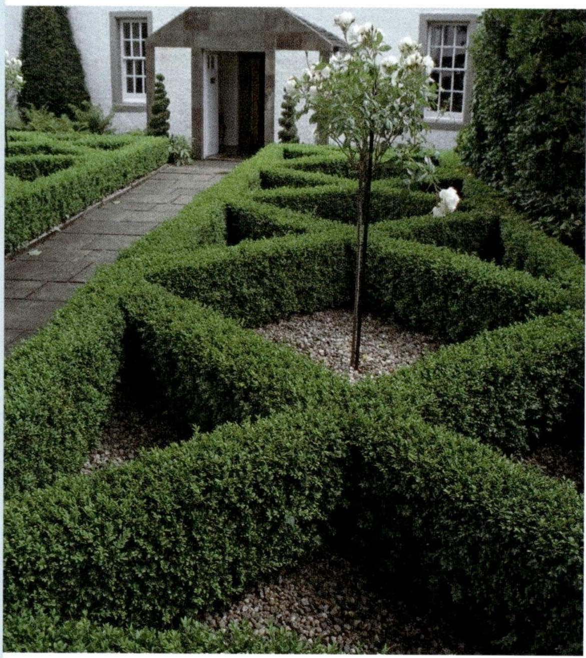

Unmittelbar vor dem Wohnhaus, etwa 80 Zentimeter tiefer als der Hauptteil des Gartens und durch eine Bruchsteinmauer abgefangen, liegt die Millennium Terrace, ein von gepflasterten Wegen symmetrisch unterteilter Gartenraum, dessen Beete in bunter Mischung mit Lavendel, ausgesucht schönen Iris- und Mohnsorten, Salbei und vielen anderen Stauden sowie Frühlingszwiebeln bepflanzt sind. Zur einen Seite ist die bepflanzte Terrasse von einem kleinen verglasten Wintergarten begrenzt, zur anderen Seite von einem formalen Buchsparterre.
Der Gartenrundgang führt auch zu einem kleinen Hühnergehege und einer gepflegten Kompostwirtschaft. Ein anderer Bereich ist als Wäldchen mit zahlreichen Waldpflanzen, Gehölzen und Rosen sowie einer kleinen Wiese angelegt, auf der im Frühling Schneeglöckchen, Narzissen und Bluebells blühen.

Oben: Rasenwege verlocken zu immer neuen Entdeckungsrundgängen.
Unten: Vorgarten mit Buchsparterre und Hochstammrosen.
Seite 169: Der Wasserlauf durch den Garten beginnt an einem Brunnen.

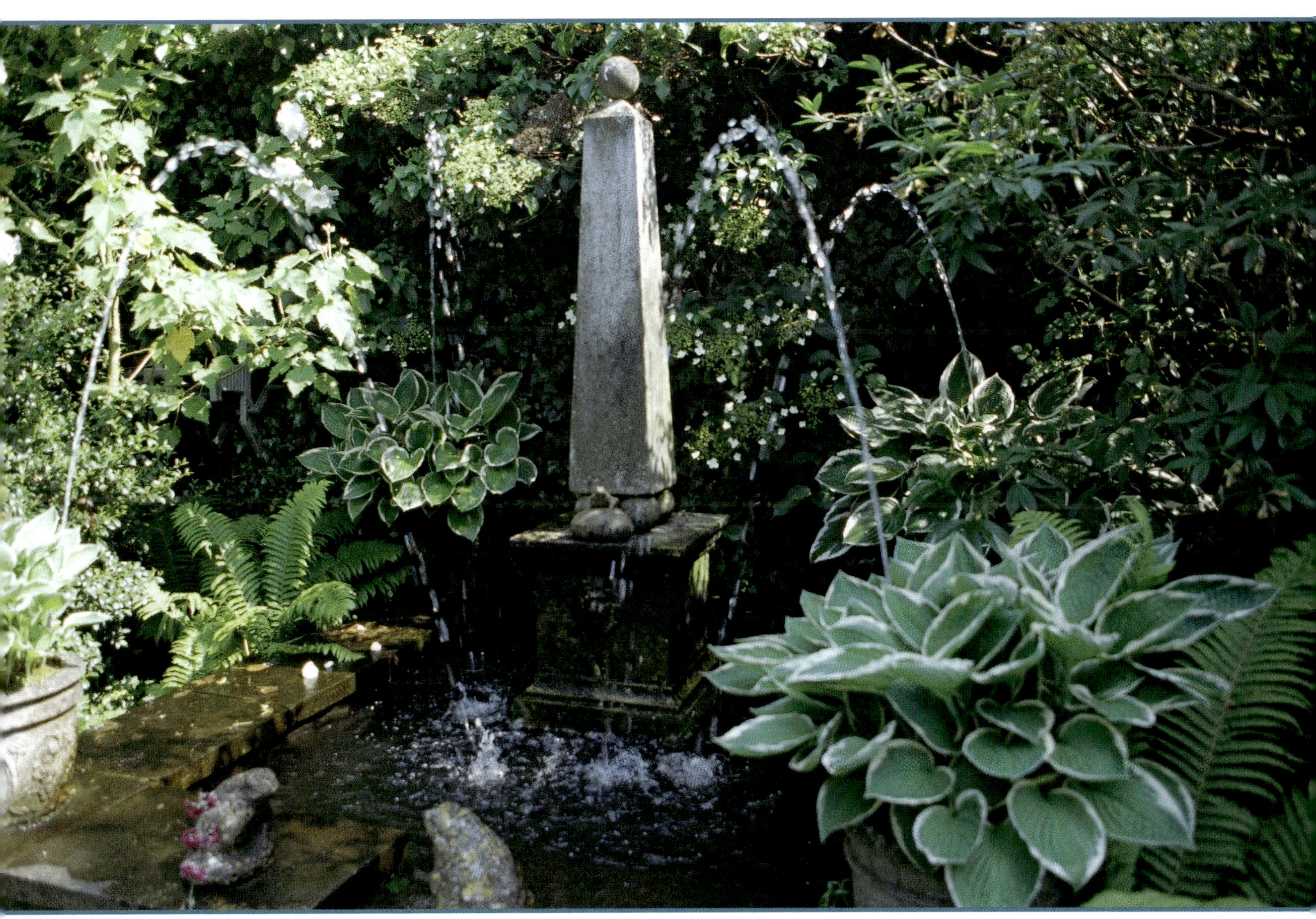

Tyninghame House 57

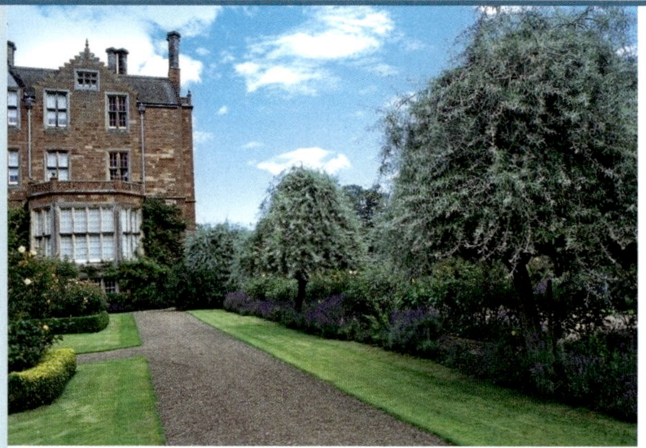

Name des Gartens
Tyninghame House

Grafschaft
East Lothian, Schottland

Lage
in Tyninghame by Dunbar, East Lothian EH42 1XW

Besitzer
Tyninghame Gardens Ltd

Öffnungszeiten
nach Vereinbarung

Besuchsdauer
2 Stunden

Telefon
Mrs. Charnisay Gwyn: +44 (0)1620860559

E-Mail
charnisay.gwyn@queensferry hotels.co.uk

Website
www.scotlandsgardens.org

In der Nähe
Greywalls, Malleny Court

Das Landgut Tyninghame war ab dem 17. Jahrhundert Sitz der Familie Hamilton, Earls of Haddington. Mit dem viktorianischen Umbau durch William Burn (1789–1870) erhielt das Manorhouse 1829 sein heutiges, mit Türmchen und Erkern etwas verspielt wirkendes Aussehen. 1987 wurde das gesamte Anwesen an einen Bauträger verkauft, der das riesige Gebäude in Eigentumswohnungen aufteilte, ohne das äußere Erscheinungsbild zu verändern. Die Eigentümergemeinschaft beschäftigt nicht nur einen Hausmeister, sondern hat auch zwei Gärtner fest angestellt, die sich um die Pflege der Gartenanlagen und des angrenzenden Landschaftsparks kümmern. Das Ergebnis kann sich sehen lassen – Garten und Park sind in hervorragendem Zustand.

An der Westseite des Herrenhauses liegt das Parterre mit duftenden Strauchrosen, Stauden- und Gehölzpflanzungen. Von dem Parterre steigt man einige Stufen hinab auf den *terrace garden*, eine breite Rasenterrasse aus viktorianischer Zeit. Die Stützmauer zum höher gelegenen Teil ist mit herrlichen *mixed borders*, gemischten Rabatten, gesäumt, in der anderen Richtung hat man Ausblicke weit in den Landschaftsgarten, der mit seinen Rinder- und Schafherden unter prächtigen Baumgruppen und dem mäandrierenden Wasserlauf des River Tyne an die romantische Landschaftsmalerei von John Constable denken lässt.

Am Ende der Rasenterrasse führt ein Törchen in den Secret Garden, einen verwunschenen kleinen Gartenraum, in dem viele alte Rosen, Klematisarten und Schattenstauden gedeihen. In der Mitte steht ein weiß lackierter Holzpavillon mit einer Skulptur, der allegorischen Darstellung des Sommers. Der Weg führt dann den Gartenbesucher, der überzeugt ist, er hätte bereits alle Schönheiten von Tyninghame gesehen, etwa 500 Meter durch die Wilderness, ein als Arboretum angelegtes Waldstück, zum Walled Garden, dem ehemaligen Küchengarten. Dieser, auf allen vier Seiten von hohen Ziegelmauern umschlossene Gartenraum hat eine Größe von fast 1 Hektar und zeigt sich heute als bezauberndes, ganz eigenes und sehr heiteres Gartenreich. Ein Wegekreuz gibt ihm Struktur und teilt es in vier unterschiedliche Sektionen. Am nördlichen Ende des von Eibenhecken und Skulpturenschmuck gesäumten breiten, mit feinstem Rasen ausgestatteten Mittelwegs steht etwas erhöht und mit schönem Blick auf den Garten ein kleines Kamelienhaus aus dem 19. Jahrhundert. Die angrenzenden Wirtschaftsgebäude hat man 1987 in sehr geschickter, stilvoller Weise zum Wohnhaus umgebaut. Hier lebt Charnisay Gwyn, die den Walled Garden gemeinsam mit einer Gärtnerin bewirtschaftet und ihm sein heutiges Gesicht gegeben hat. Es gibt Nutzgartenbereiche und Staudenpflanzungen, Obstbaumpflanzungen, ein Arboretum mit Schatten-

Silberbirnen am Südrand des Rosengartens und Blick auf die Westfassade des Herrenhauses.
Seite 171: Eine Mittelachse durchzieht den Walled Garden, sie beginnt an einem etwas erhöht liegenden Gebäudeensemble mit verglastem Wintergarten.

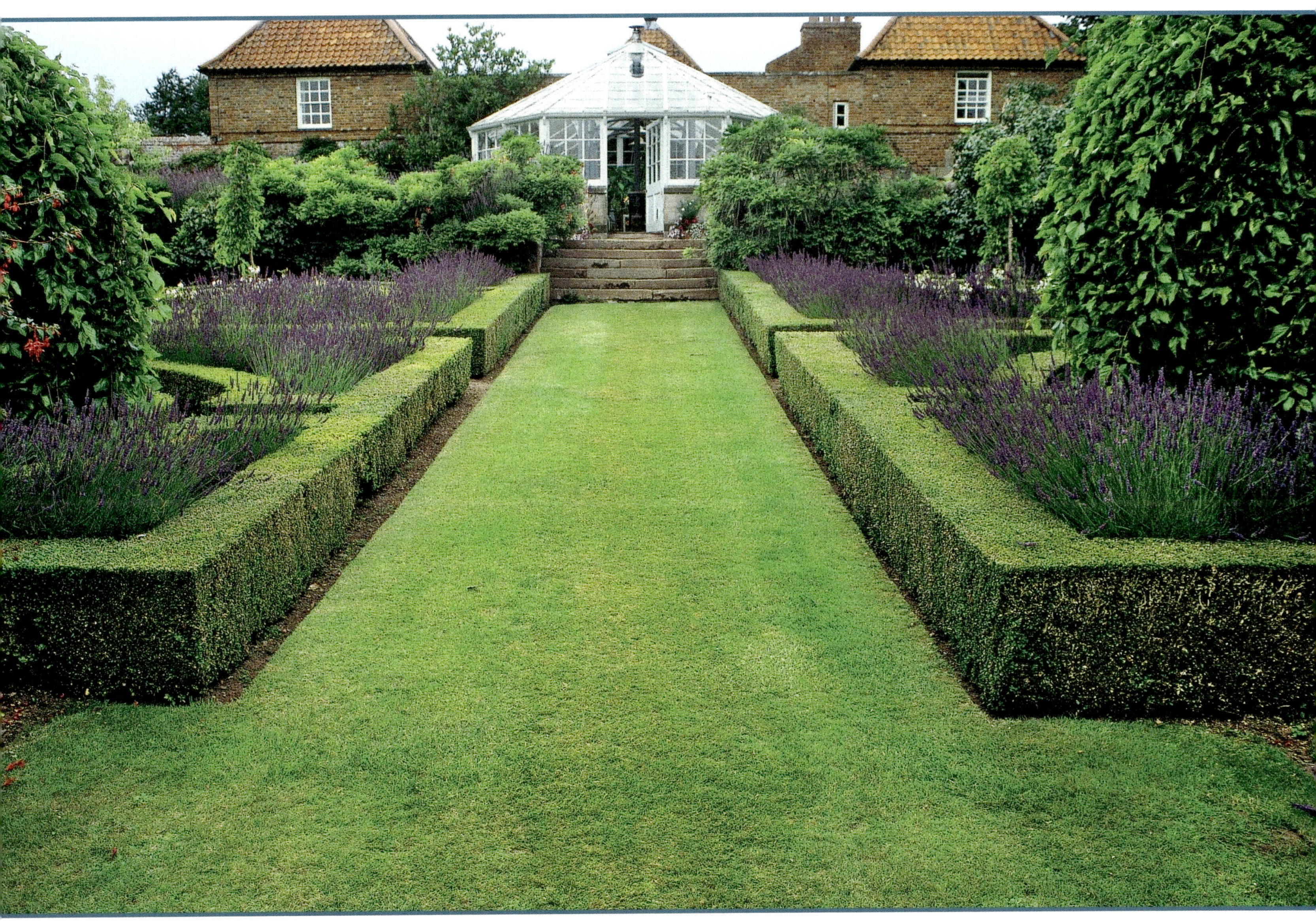

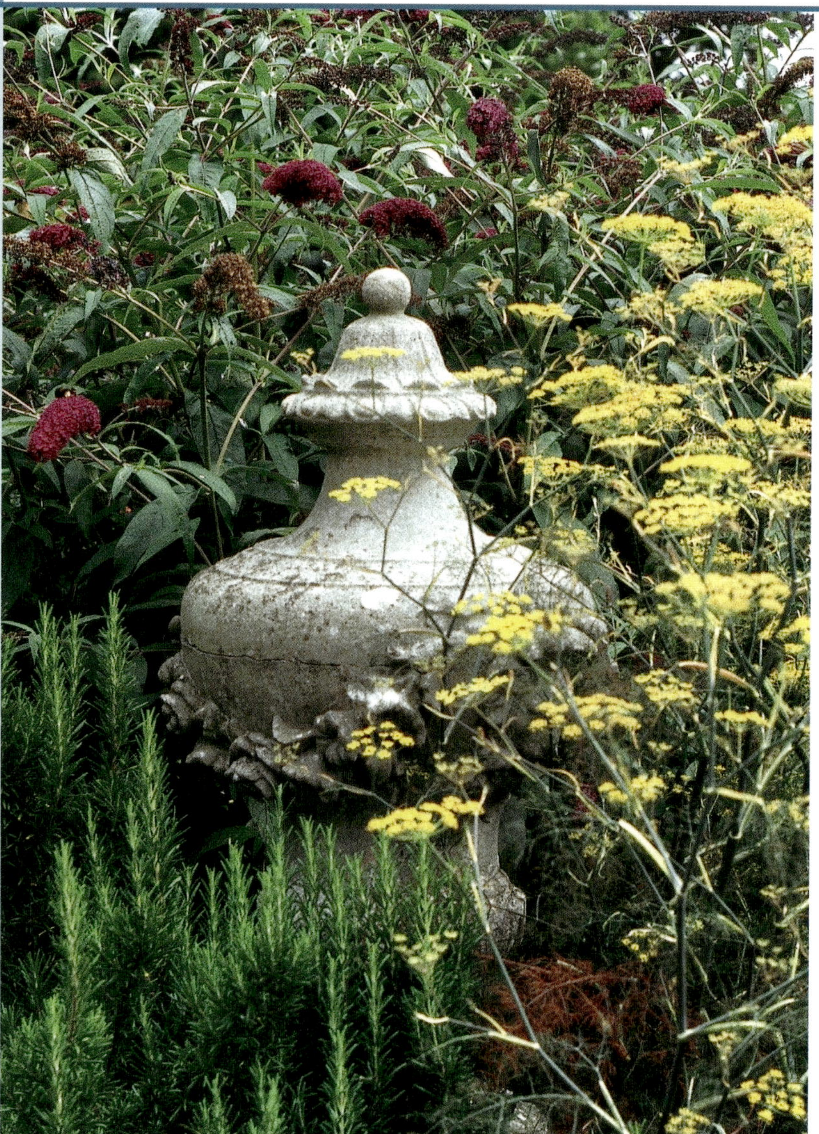

stauden, delikate Strauchrabatten und wunderbare Rosenspaliere. Am südlichen Ende des Mittelwegs führt ein schmiedeeisernes Törchen in der hohen Umfassungsmauer zum Apple Walk, einer etwa 50 Meter langen Pergola mit Spalieräpfeln.

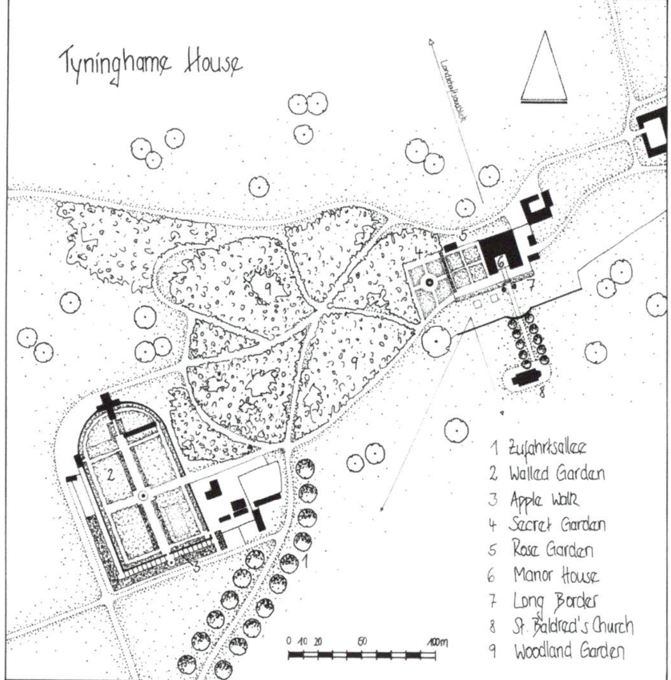

Steinerner Gartenschmuck inmitten von Sommerflieder, Bronzefenchel und Rosmarin. Seite 173: Mit ihrem Skulpturenschmuck und den mächtigen geschnittenen Eibenhecken gleicht die Mittelachse des Walled Garden einem prächtigen grünen Festsaal.

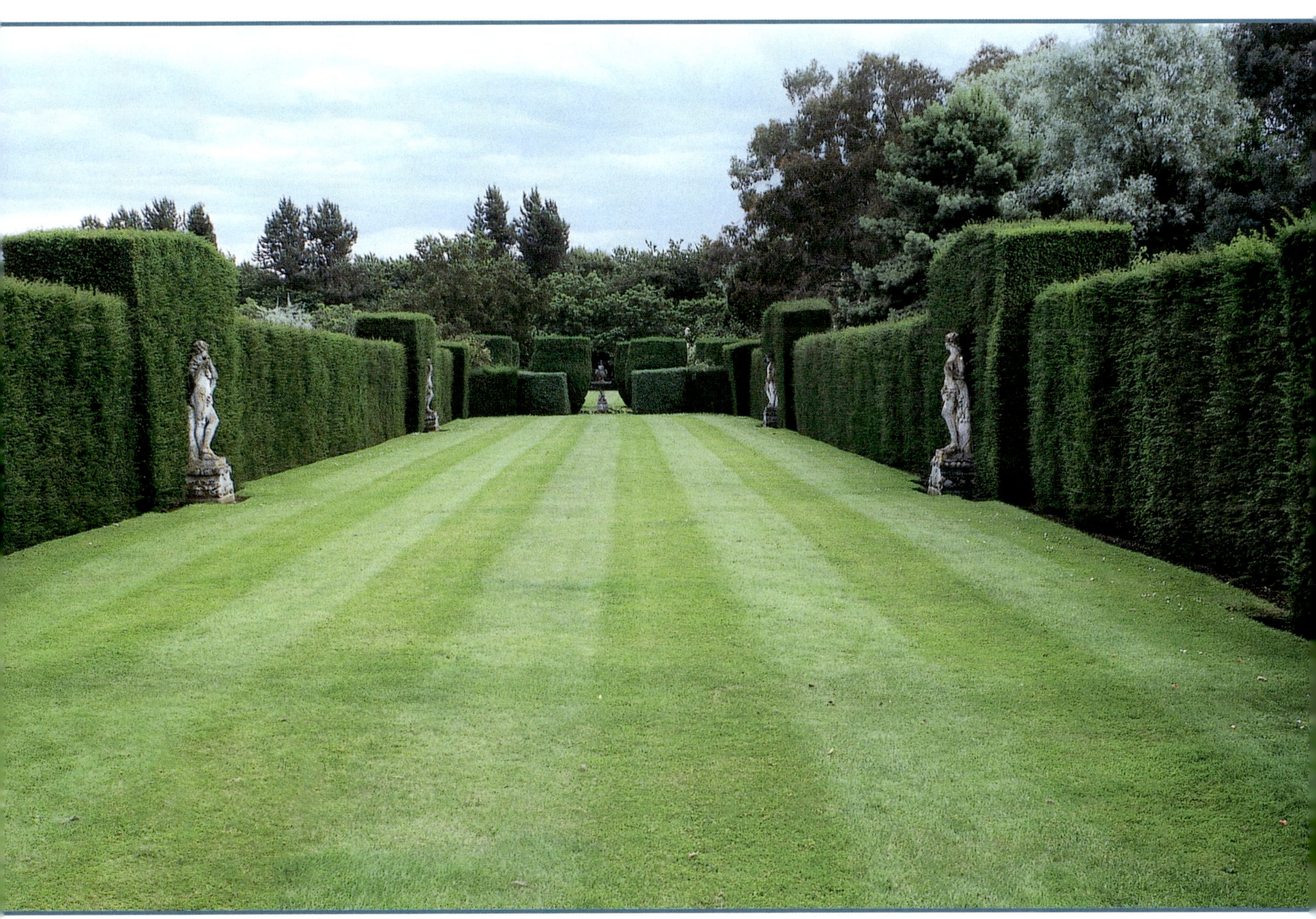

June Blake's Garden 58

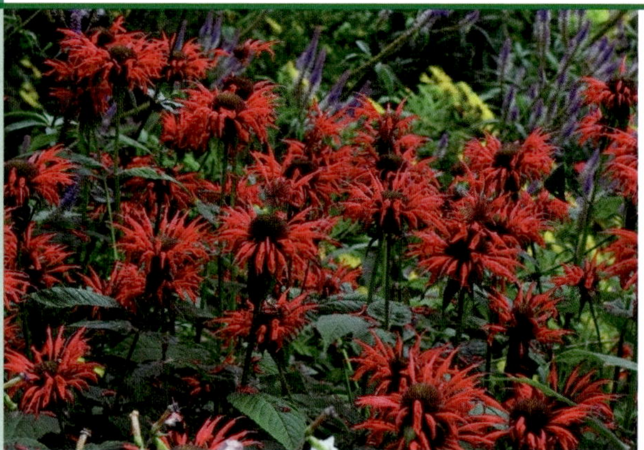

Name des Gartens
June Blake's Garden

Grafschaft
Wicklow

Lage
Tinode bei Blessington, 15 km südwestlich von Dublin

Tearoom
nach vorheriger Reservierung

Shop
Pflanzenverkauf

Besitzer
June Blake

Öffnungszeiten
April bis September
von Mittwoch bis Sonntag
und Bank Holiday Mondays
von 11:00–16:00 Uhr

Besuchsdauer
ca. 2 Stunden

Telefon
+353 (0) 87 277 0399

E-Mail
info@juneblake.ie

Website
www.juneblake.ie

In der Nähe
Jimi Blake's Garden (Hunting Brook Gardens) in nur ca. 2 km Entfernung

Jahrzehnte lang war bei einem Aufenthalt in Dublin der Helen Dillon Garden im Stadtteil Ranelagh die allererste Adresse für Gartenfreunde. Der zu einem denkmalgeschützten Stadthaus gehörende Garten bezauberte durch seine überbordende Staudenfülle und seine moderne Wasserachse. Aus Altersgründen verkaufte das Ehepaar Dillon 2016 das Haus. Seit mehr als zehn Jahren ist nun der June Blake's Garden bei Blessington, 15 Kilometer südwestlich von Dublin, das Glanzlicht der irischen Gartenszene.

June Blake, aufgewachsen im herrschaftlichen Tinode House, arbeitete zunächst als Schmuckdesignerin, entdeckte dann aber ihre Leidenschaft fürs Gärtnern, sanierte ein zum Familienbesitz gehörendes kleines Bauernhaus und begann im Jahre 2003 einen Garten anzulegen, den sie schon im darauffolgenden Jahr für das Publikum öffnete. Der Garten fand in den Fachmedien sogleich ein breites Echo und wurde von Jahr zu Jahr immer mehr erweitert.

Das milde, niederschlagsreiche Klima der Grafschaft Wicklow und der gute Boden waren die besten Voraussetzungen für die Neuanlage eines Gartens. Eingebettet in eine von Waldstücken, Wiesen und Ackerflächen geprägte Landschaft beeindruckt der June Blake's Garden im Frühling mit seiner delikat zusammengestellten Blumenzwiebelblüte und im Sommer und Herbst mit seinen fein gewebten Staudenpflanzungen. Sie beeindrucken nicht nur durch die sensibel gestalteten Kompositionen von Blatt- und Blütenfarben, Strukturen und Texturen, sondern auch durch die oft sehr ungewöhnlichen Zusammenstellungen. Trotz der großen botanischen Vielfalt zeigt sich in jeder Jahreszeit ein Bild großer Harmonie. Mit kleinen Bambusdickichten, gezielt platzierten Solitärgehölzen, zum Beispiel einigen jungen Paulownien (Paulownia tomentosa), mit ihren riesigen, herzförmigen Blättern und mehrstämmig, schirmförmig wachsenden Aralien (Aralia echinocaulis) setzt June Blake in den Staudenflächen immer wieder malerische, hoch aufragende und exotisch wirkende Akzente. Mit großflächigen Gräserpflanzungen schafft sie ruhige, kontrastierende Flächen. Auch das etwa zehn Meter lange, streng rechteckige, mit einem breiten Fries aus Kieselpflaster und einem mit rostendem Stahlprofil eingefasste Wasserbecken bildet einen faszinierenden Kontrast zur Vielfalt und Buntheit der Staudenbeete und bringt ein sehr modernes Element in das Gesamtbild.

Den besten Überblick und einen schönen Ausblick in die umgebende Landschaft hat man von der etwas erhöhten Wildblumenwiese im Nordwesten des Gartens. Von hier aus begreift man auch die sehr einfache, aus acht rechteckigen großen Beetflächen und breiten Wegen bestehende Grundstruktur des nach Südosten sanft abfallenden und mit niedrigen Trockenmauern terrassierten Gartens.

In den meisterlich zusammengestellten Staudenpflanzungen findet man viele delikate Farbkombinationen und Einzelfarben, zum Beispiel die zauberhaften Rottöne der Indianernessel (Monarda fistulosa)

Seite 175: Ein mit einem rostenden Stahlprofil und einem Fries aus Flusskieseln eingefasstes Wasserbecken bringt ein ausdrucksstarkes modernes Element in den Garten, schafft einen Mittelpunkt der Anlage und fasziniert mit seinen Spiegelungen.

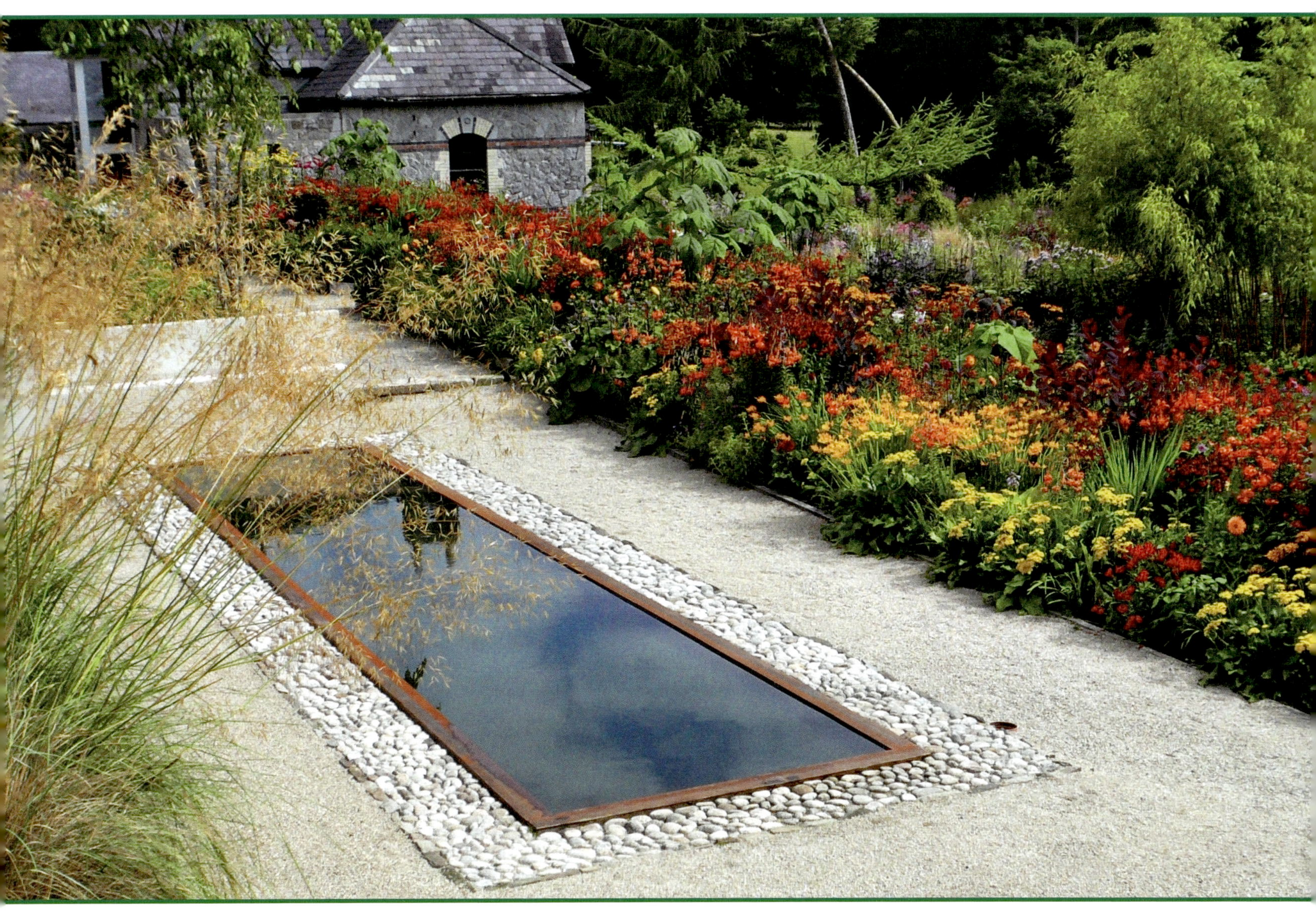

Ballymaloe Gardens 59

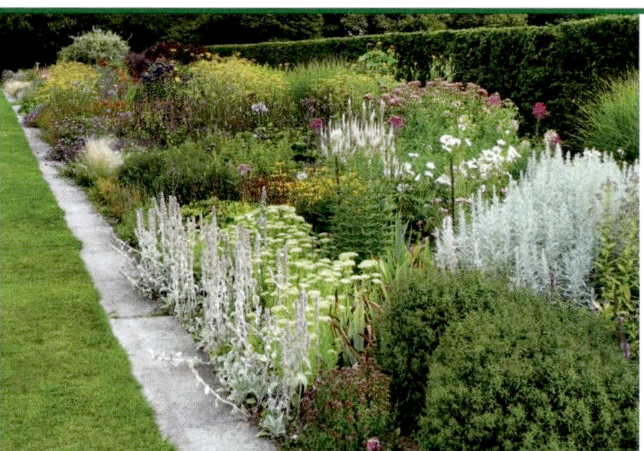

Name des Gartens
Ballymaloe Cookery School, Organic Farm and Gardens

Grafschaft
Cork

Lage
in der Nähe der Ortschaft Shanagarry

Tearoom
Juni–September 10:00–16:30 Uhr

Shop

Besitzer
Darina und Tim Allen

Öffnungszeiten
ganzjährig von 09:30–17:30 Uhr, außer sonntags

Besuchsdauer
ca. 2 Stunden

Telefon
+353 (0) 21 464 6785 +353 21

E-Mail
info@cookingisfun.ie

Website
www.ballymaloecookeryschool.ie

Die Ballymaloe Gardens gehören zu einer 1983 eröffneten, privat geführten Kochschule, die mit dem Namen »Ballymaloe Cookery School, Organic Farm and Gardens« firmiert und von Darina Allen, einer Starköchin, Kochbuchautorin und Pionierin der irischen Slow-Food-Bewegung, geleitet wird. Die Schule befindet sich auf dem Gelände eines Biobauernhofes mit Hühnerhaltung, Gemüseanbau, Shop, Tearoom und einigen liebevoll restaurierten ehemaligen Wirtschaftsgebäuden. Auf dem ausgedehnten Areal gibt es zahlreiche unterschiedlich konzipierte Gartenbereiche zu entdecken, die alle in den letzten vier Jahrzehnten neu angelegt wurden. Es gibt einen Wassergarten mit einem zwischen Felsblöcken mäandrierendem kleinen Bachlauf, ein Arboretum, eine Wildblumenwiese und ein Heckenlabyrinth, dessen Grundstruktur nach einer Abbildung im berühmten *Book of Kells* entwickelt wurde.

Besondere Aufmerksamkeit wird all jenen Gartenbereichen gewidmet, die einen Bezug zur Kochschule haben, wie zum Beispiel der große Beerenobstgarten mit langen Reihen von Erdbeeren, Stachelbeeren, Johannisbeeren, Himbeeren, Blaubeeren und Cranberrys. Im benachbarten Obstbaumgarten können je nach Saison Äpfel, Pfirsiche, Zwetschgen, Quitten, Feigen und Maulbeeren geerntet werden.

Besonders eindrucksvoll ist der Kräutergarten, der als formaler Parterregarten angelegt ist und der von hohen dicken Buchenhecken gerahmt wird. Seine Grundstrukturen stammen aus dem 19. Jahrhundert. Auf den von Buchshecken gerahmten Beetflächen wachsen mehr als 70 verschiedene Küchenkräuter. Die Teilnehmerinnen und Teilnehmer der Kochkurse können hier viele Arten und Sorten von Minzen, Salbei, Schnittlauch, Petersilie, Kerbel, Knoblauch, Liebstöckel, Zitronenmelisse, Bohnenkraut, Engelwurz, Dill, Bronzefenchel und Lorbeer ernten.

An den formal gestalteten Kräutergarten schließt sich der Old Pleasure Garden an, der im englischen Landschaftsstil angelegt ist und mit Sitzbänken und kleinen Lauben zum entspannten Aufenthalt einlädt.

Eine bezaubernd schöne, hervorragend komponierte, fast 75 Meter lange, als *double border* konzipierte Staudenrabatte, die man nicht nur in Irland, sondern in ganz Großbritannien zu den Top Ten zählen durfte, wurde vor wenigen Jahren aufgelöst, soll aber an anderer Stelle neu angelegt werden. End- und Fokuspunkt des *double borders* ist das 1995 errichtete Shell House, ein gemauerter Pavillon, dessen Innenraum völlig mit Muscheln ausgekleidet ist – Darinas Geschenk für Tim zur Silberhochzeit.

Eine bezaubernd schöne, hervorragend komponierte, fast 75 Meter lange, als *double border* konzipierte Staudenrabatte wurde vor wenigen Jahren aufgelöst, soll aber an anderer Stelle neu angelegt werden.

Seite 177: Ein von hohen Buchenhecken gerahmter Kräutergarten gehört zu den ältesten Partien der Ballymaloe Gardens. Auf den von Buchshecken gerahmten Beeten wachsen mehr als 70 verschiedene Küchenkräuter, die von den Teilnehmerinnen und Teilnehmern der Kochkurse geerntet werden.

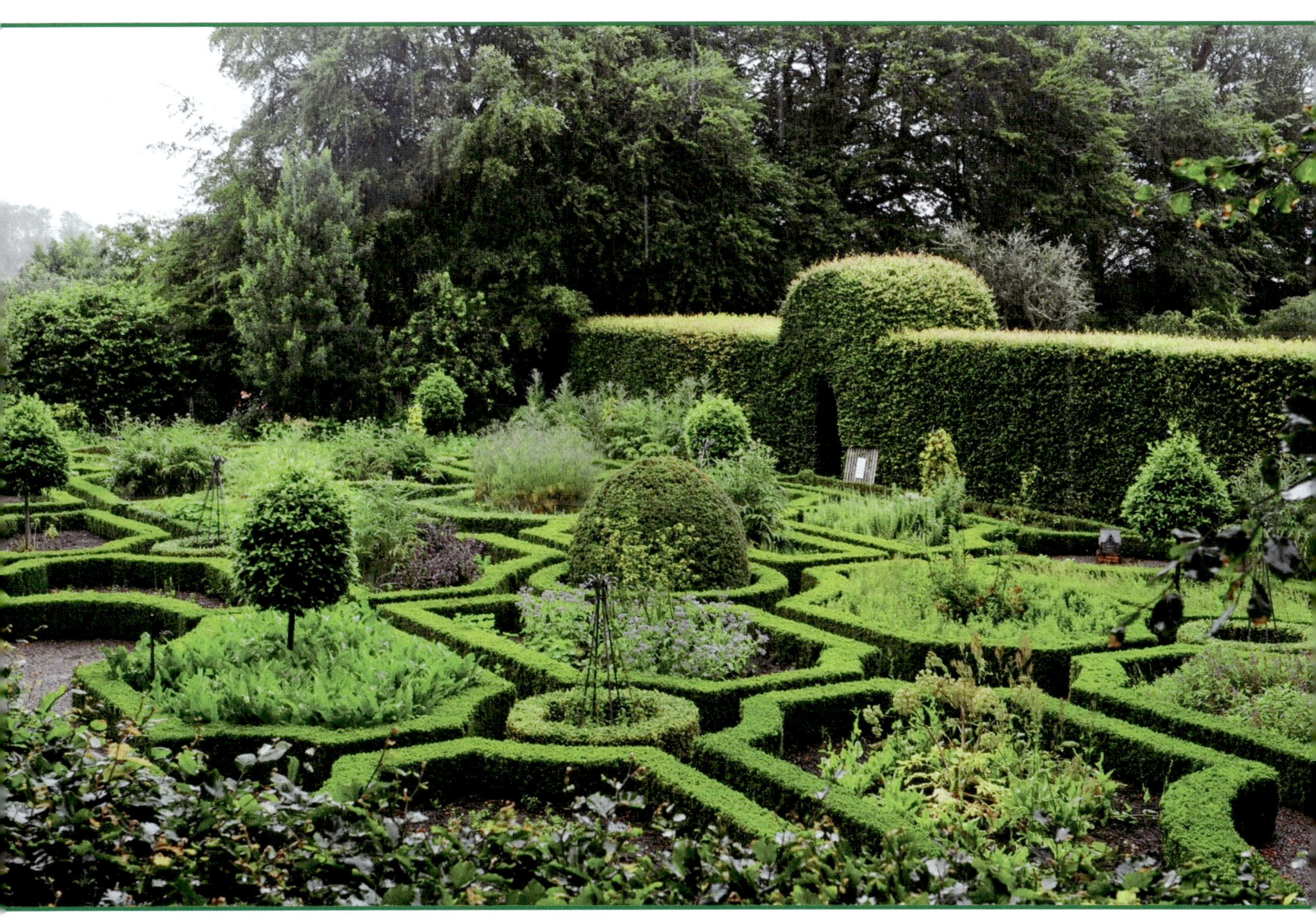

Mount Stewart 60

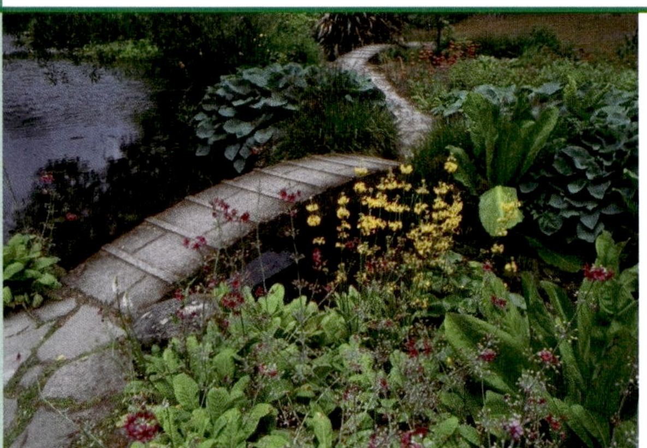

Name des Gartens
Mount Stewart House & Garden

Grafschaft
Down, Nordirland

Lage
bei Newtownards, 25 km östlich von Belfast über A 20, Down BT22 2AD

Tearoom

Shop

Besitzer
The National Trust

Öffnungszeiten
täglich 10.00–17.00 Uhr, in den Wintermonaten 10.00–16.00 Uhr

Besuchsdauer
ca. 3 Stunden

Telefon
+44 (0)2842788387

E-Mail
mountstewart@nationaltrust.org.uk

Website
www.nationaltrust.org

In der Nähe
Rowallene Gardens

Das nordirische Landsitz Mount Stewart befand sich ab Mitte des 18. Jahrhunderts im Besitz der Familie Londonderry, die zum englischen Hochadel gehört und deren wohl berühmtestes Mitglied Lord Castlereagh war, 1815 der Vertreter Großbritanniens auf dem Wiener Kongress. In den frühen zwanziger Jahren des 20. Jahrhunderts hat Lady Edith Londonderry die hausnahen Gartenbereiche neu gestaltet. 1957 wurde der Besitz dem National Trust überschrieben; in den siebziger Jahren hat man Haus und Garten umfassend restauriert. Mit seinen 40 Hektar ist Mount Stewart der größte, beeindruckendste Besitz des National Trust in Nordirland.
Der Garten ist in zwei völlig unterschiedliche Bereiche aufgeteilt. Vor der Nordfassade und ihrem opulenten Auffahrtsbereich entwickelt sich ein ausgedehnter, dendrologisch reichhaltiger Landschaftsgarten, den sich der Besucher über den Lake Walk erschließt, einen malerischen Rundweg um einen zentralen See. Die Rhododendronblüte und die Herbstfärbung sind die jahreszeitlichen Höhepunkte in diesem Gartenbereich.
Vor der Süd- und Westfassade liegen vierzehn, meist formal gestaltete Themengärten, die zum Teil als Erinnerungen an verschiedene Auslandsaufenthalte von Lord und Lady Londonderry zu verstehen sind. Das große, mit einem Seerosenbecken geschmückte Parterre einige Stufen unterhalb der durchgehenden Südterrasse des Hauses, wird als Italienischer Garten ausgewiesen und bildet mit dem Gebäude ein einzigartig gelungenes Ensemble. Bezüge zur italienischen Gartenkunst finden sich allerdings eher in den baulichen Details und in verschiedenen Dekorelementen als in der Gesamtkonzeption, die mit ihren üppigen, farblich fein abgestimmten Stauden- und Gehölzpflanzungen ganz und gar britisch ist.
Vom Italienischen Garten gelangt man über eine repräsentative Treppe in den Spanischen Garten, dessen Bezug zu Spanien vor allem mit den flaschengrün glasierten Dachziegeln des Pavillons und der rahmenden Zypressenhecke hergestellt wird. An der Ostseite des Italienischen Gartens liegt die Dodo-Terrace, in deren Gehölzdickicht sich einige exotische Tierskulpturen verstecken; zwei Dodoskulpturen flankieren die kleine Treppe. Westlich des Italienischen Gartens liegt der Sunken Garden, ein abgesenkter, vorwiegend mit Stauden bepflanzter, sehr repräsentativer Gartenraum, der von einem erhöhten, mit einer Pergola überdachten Weg gerahmt wird. An der Schmalseite dieses Gartenraums schließt sich der Shamrock Garden an, der Kleeblattgarten, dessen Grundriss, dem irischen Wappen entsprechend, ein stilisiertes dreiblättriges Kleeblatt bildet. Hier befindet sich auch die »Rote Hand von Ulster«, ein auffallendes, dicht mit rotblühenden Begonien bepflanztes Beet, dessen Umrisse, auf eine irische Legende verweisend, eine Hand zeichnen.

Malerisch bepflanzter Uferbereich in einem als Rock Garden ausgewiesenen Randbereich des Landschaftsgartens.
Seite 179: Vor der Südfassade des Hauses liegt der sogenannte Italienische Garten, dessen üppige Bepflanzung jedoch ganz und gar britisch ist, ohne Bezug zu Italien.

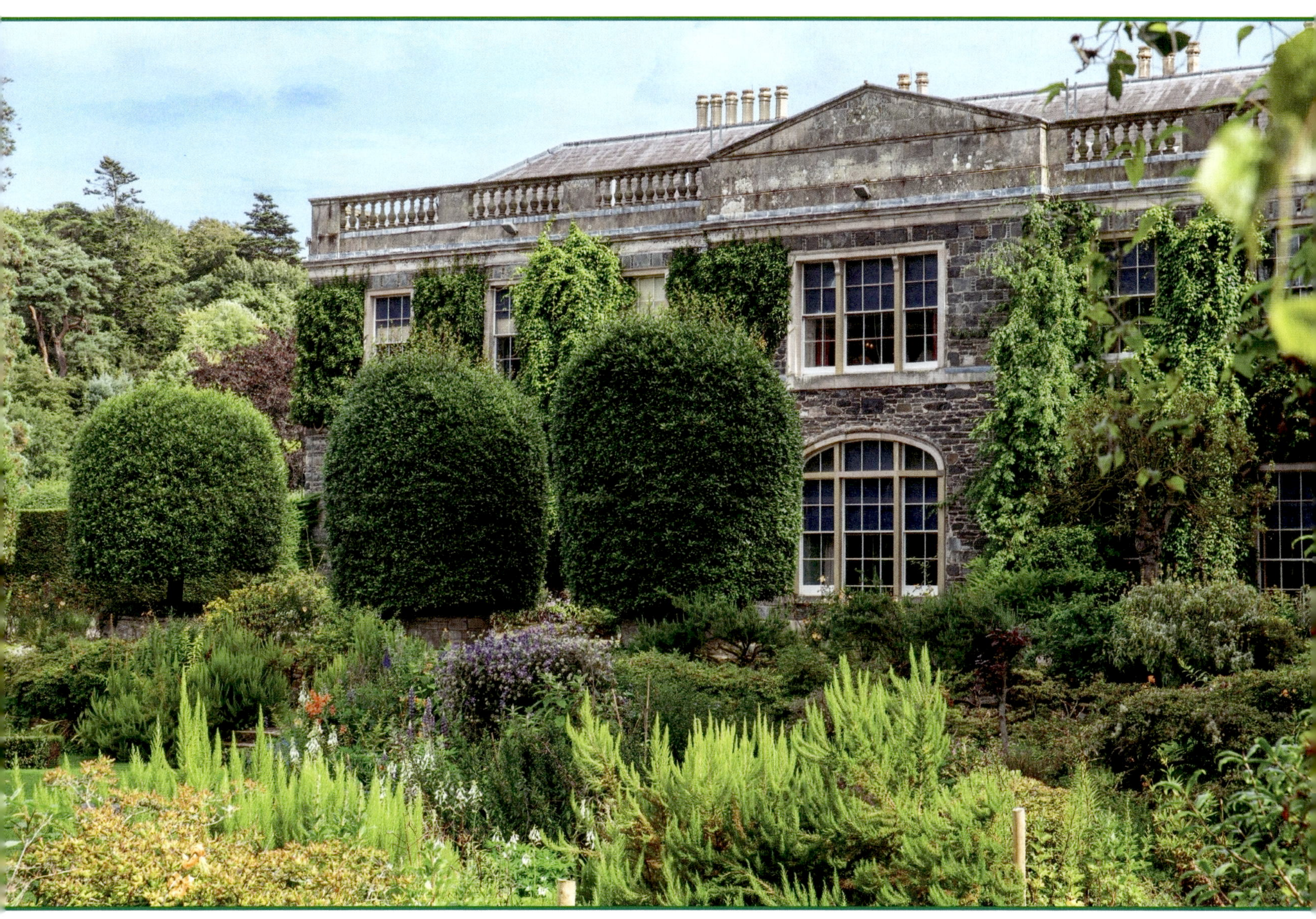

Mount Usher Gardens 61

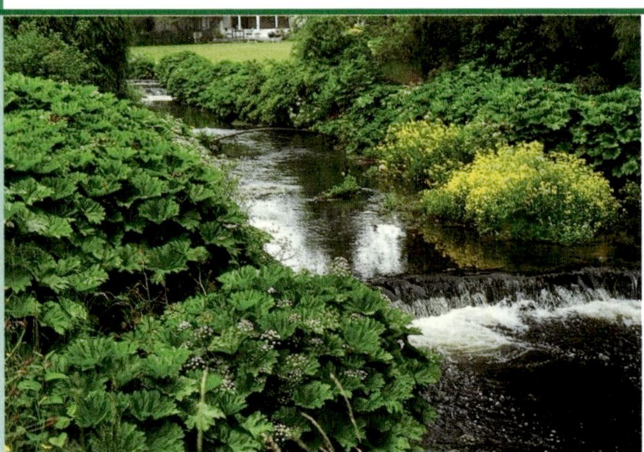

Name des Gartens
Mount Usher Gardens

Grafschaft
Wicklow, Republik Irland

Lage
im Ort Ashford, 50 km von Dublin entfernt, auf der N 11 von Dublin nach Rosslare, Wicklow

Tearoom

Shop

Besitzer
Mrs. Katherine Jay

Öffnungszeiten
täglich 10.00–18.00 Uhr, in den Wintermonaten 10.00–17.00 Uhr

Besuchsdauer
ca. 2 Stunden

Telefon
+353 (0) 404 49672

E-Mail
mountusher-gardens@avoca.com

Website
www.mountushergardens.ie

In der Nähe
Powerscourt

Die Mount Usher Gardens, in den sechziger und siebziger Jahren des 19. Jahrhunderts von dem Dubliner Geschäftsmann Edward Walpole angelegt, verkörpern aufs schönste den für jenes Jahrhundert charakteristischen Gartentyp des *valley garden*. Der kleine Fluss Vantry in einem windgeschützten Tal ist das gestalterische Rückgrat der Anlage, zu der leider kein Herrenhaus als Mittelpunkt gehört. (Das im Zentrum gelegene und als Privatgrund ausgewiesene Wohnhaus entstand später und ist architektonisch bedeutungslos.) Zu beiden Seiten begleiten schmale Fußwege auf einer Länge von etwa 500 Metern den Vantry mit seiner vielfältigen, üppig blühenden Ufervegetation. Taglilien, Iris, Sumpflilien, Sumpfdotterblumen, Pfeilkraut, Mädesüß, Trollblumen und Weiderich ergeben sehr reichgestaltige und lebendige Vegetationsbilder. An vielen Stellen hat sich das aus Chile stammenden Mammutblatt (Gunnera manicata) ausgebreitet, eine Staude, deren rhabarberähnliche spektakuläre Blätter oft einen Durchmesser von mehr als 2 Metern haben.

Überall gibt es Wegabzweigungen in den angrenzenden naturnahen Auwald mit seinen mehr als fünftausend Baumarten und -sorten. An vier Stellen queren kleine Brücken den Vantry, und von hier aus bieten sich besonders reizvolle Ausblicke.

Der Besuch der Mount Usher Gardens ist zu allen Jahreszeiten ein Erlebnis, im Frühjahr, wenn Azaleen, Magnolien und Abertausende von Zwiebelgewächse blühen, im Sommer, wenn die Uferstauden und subtropischen Pflanzen ihre Pracht entfalten, und im Herbst, wenn die Japanischen Ahorne (Acer palmatum), die Chinesischen Tulpenbäume (Liriodendron chinense), Felsenbirnen (Amelanchier lamarckii) und Nymphenbäume (Nyssa sylvatica) ein unvergleichliches Farbenspiel bieten.

Hier und da wird man von Palmen oder Baumfarnen überrascht. Man kann schöne alte Exemplare von Japanischen Blumenhartriegeln (Cornus kousa) entdecken, sowie Taschentuchbäume (Davidia involucrata), Scheinulmen (Eucryphia x nymansensis) und Scheinbuchen (Nothofagus dombeyi). Die Streifzüge durch den Auwald führen auch zu einer Sammlung von Eukalyptusbäumen.

Die Konzeption der Mount Usher Gardens wurde von dem Iren William Robinson (1838–1935) inspiriert, der mit seinem Buch »The Wild Garden« einen neuen Gartenstil einführte. Robinson trat für einen naturnahen Gartenstil ein. Er hatte stets den Zusammenhang der Pflanzen mit ihrer natürlichen Umgebung vor Augen und hielt insbesondere Uferzonen und halbschattige Waldlandschaften für gärtnerisch höchst stimulierende Bereiche. Robinson wollte das von Natur aus Vorhandene in malerischer Weise mit naturnahen, gekonnt eingefügten Pflanzenbildern übersteigern, ganz so, wie es in den Mount Usher Gardens vorgeführt wird.

Der Garten verkörpert aufs schönste den im 19. Jahrhundert so beliebten *valley garden*, einen naturnah gestalteten Garten entlang einem Wasserlauf.
Seite 181: An vier Stellen queren schmale Brücken den Vantry und bieten zauberhafte Ausblicke auf den Wasserlauf im malerisch bepflanzten Flusstal.

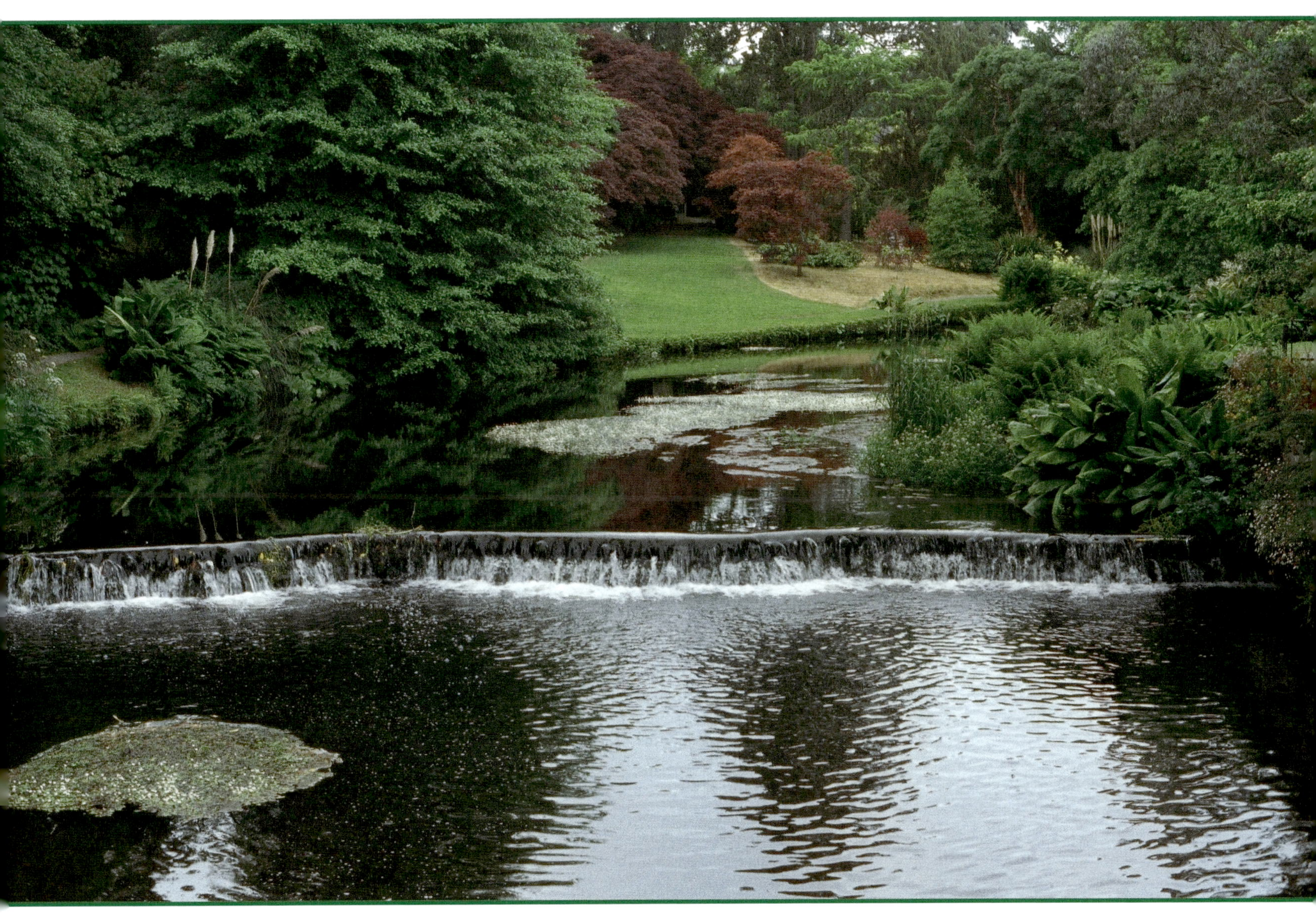

Zum Weiterlesen

Geschichte der britischen Gartenkunst

Mittelalter und Renaissance

Erst gegen Ende des 15. Jahrhunderts waren die politischen Verhältnisse so, dass sich in Großbritannien eine Gartenkunst entwickeln konnte. Von ihr sind uns zwar keine konkreten Zeugnisse überliefert, aber anhand von alten Schriften, Holzschnitten, Stichen und Buchmalereien können wir uns durchaus eine Vorstellung machen. Die Regierungszeit von Königin Elisabeth I. (1558–1603) war für die Gartenkunst eine Zeit bedeutender Neuerungen. England fand Anschluss an die Entwicklungen, die, von Italien ausgehend, in ganz Europa eine neue Kultur entstehen ließen. Elisabeth ermutigte den Adel zum Ausbau seiner Landsitze, und mit ihrer intensiven Reisetätigkeit weckte sie bei der Oberschicht im ganzen Land den Ehrgeiz, Vorbildliches und Vorzeigbares zu schaffen. Als die bemerkenswertesten Gartenanlagen jener Zeit gelten die Landsitze Kenilworth von Lord Leicester und Theobalds von Lord Burleigh. Beide Anlagen entstanden um 1575 und trugen dazu bei, kunstvoll gestaltete Gärten nun auch in England zum Thema zu machen.

Anhand umfangreicher Dokumente und Schriften kann man diese Entwicklung gut nachvollziehen. In der überlieferten Literatur geht es zunächst vor allem um praktische Ratschläge für den Gärtner, zum Beispiel um Aussaat, Saatpflege, Düngung, Bewässerung, Baumschnitt, um das Veredeln von Bäumen, um wohlduftende Kräuter und Blumen. Die frühesten schriftlichen Quellen zur Geschichte der englischen Gartenkunst sind die Schriften von Thomas Hill, die zwischen 1563 und 1608 mit unterschiedlichen Titeln, aber im Wesentlichen gleichbleibenden Inhalten erschienen. Die umfassendste Ausgabe seines Werkes wurde 1571 unter dem Pseudonym Dydymus Mountain veröffentlicht und trägt den Titel »The Gardeners Labyrinth«. Das Buch ist mit zahlreichen schönen Holzschnitten illustriert, die es besonders anschaulich machen. Zwar geht es in erster Linie um die Beschreibung gärtnerischer Praxis, aber es wird auch eine Vorstellung von den Formen der Gartengestaltung vermittelt.

Insgesamt zeichnet sich für die Gartenkunst des 16. Jahrhunderts folgendes Bild ab: Die Gärten waren, genau wie im Mittelalter, stets von hohen Mauern umschlossen (*walled gardens*) oder von dichten Hecken eingefasst (*enclosed gardens*). Die für den italienischen Renaissancegarten charakteristische Einbeziehung des Ausblicks in die Landschaft wurde in England erst sehr viel später aufgenommen.

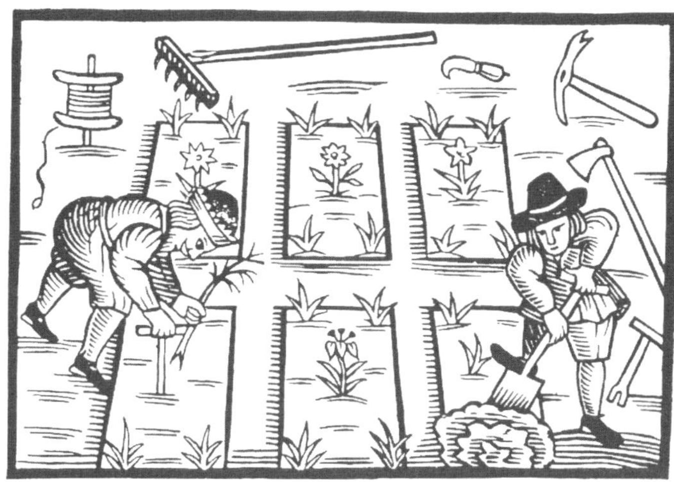

Arbeiten im Garten, Detail eines Holzschnitts aus »The Gardeners Labyrinth« von Thomas Hill, veröffentlicht 1571 unter dem Pseudonym Dydymus Mountain

Mauern und Hecken schlossen die Gärten nicht nur nach außen ab, sondern gliederten sie auch im Inneren in unterschiedliche Funktionsbereiche. Nutzgarten- und Ziergartenbereiche reihten sich aneinander und bildeten ein Gesamtgefüge. Dieses Gefüge blieb jedoch rein additiv, man fand nicht zu künstlerisch durchgestalteten Raumfolgen und zur Einbindung des Gebäudes wie in den italienischen Renaissancegärten. So blieben die englischen Gärten des 16. Jahrhunderts noch stark dem mittelalterlichen Grundmodell verhaftet. Im Gegensatz zu den italienischen waren sie vor allem Nutzgärten. Der Obstbaumgarten (*orchard*) und der Küchengarten (*kitchen garden*) waren die wichtigsten Partien. Zum Nutzgarten gehörte meist auch ein rechteckiges Wasserbecken (*fishpond*), in dem Fische für die Tafel des Hauses gezüchtet wurden. Neben den Wirtschaftsgärten entwickelten sich im 16. Jahrhundert zunehmend

Bereiche, die als Lustgärten (*pleasure gardens*) ausgewiesen wurden. Wie in Frankreich, Deutschland und den Niederlanden gewannen auch in England, auf direktem oder indirektem Wege, die kulturellen Einflüsse aus Italien immer mehr an Bedeutung. Dies war ganz wesentlich für die Entwicklung der Gartenkunst. An den Höfen engagierte man Künstler und Handwerker aus Italien. Adelige, Kaufleute und Gelehrte bereisten Italien und lernten dort die neuesten Werke der Architektur und Gartenkunst kennen. In Kupfer gestochene und gezeichnete Veduten der italienischen Gärten waren bald an allen Höfen Europas verbreitet und wirkten als Vorbilder.

Zu den im 16. Jahrhundert entstehenden Gärten gehörte einerseits der Blumengarten (*flower garden*) mit Tulpen, Veilchen, Primeln, Nelken, Ehrenpreis, Ringelblumen, Rosen, Madonnenlilien und andererseits der Kräutergarten (*herb garden*) mit medizinischen, wohlduftenden und würzenden Kräutern wie Thymian, Salbei, Rosmarin, Lavendel, Majoran, Minze und Ysop. Zur Gesamtkonzeption zählte meist auch ein Heckenlabyrinth (*maze*), für das mit Sicherheit Vorbilder aus Italien Pate gestanden hatten. Der sehr weit verbreitete Stich der Villa d'Este in Tivoli von Etienne Dupérac aus dem Jahr 1573 zeigt im unteren Teil des Gartens mehrere Heckenlabyrinthe. Möglicherweise war gerade dieser Stich eine wichtige Anregung.

Ein besonders charakteristisches Element der englischen Gartenkunst des 16. Jahrhunderts waren die Knotenparterres (*knot gardens*) mit ihren verschlungenen Mustern aus Buchsbaum oder Küchenkräutern. Auch diese Form der Gestaltung ging wahrscheinlich auf Anregungen aus Italien zurück. In der »Hypnerotomachia Poliphili«, einem 1499 in Venedig erschienenen, reich bebilderten Buch, findet sich jedenfalls ein Holzschnitt, der ein Knotenparterre zeigt.

Typisch waren zudem die zu Figuren geschnittenen Buchsbaum-, Zypressen- oder Wacholderbüsche (Topiary). Steinerne Obelisken, Springbrunnen, Pergolen, Skulpturen und kleine Gartenpavillons gehörten Ende des 16. Jahrhunderts auch in England zu den herrschaftlichen Gärten. Ganz eindeutig wurden alle diese Elemente auf direktem oder indirektem Wege aus der italienischen Gartenkunst entlehnt.

Spezifisch englisch, ohne Vorbild aus Italien, scheint die große Vorliebe für Ballspielplätze (*bowling greens*) gewesen zu sein. Bereits Mitte des 16. Jahrhunderts gehörte eine ebene Rasenfläche für das Bowl-Spiel zu jeder größeren Gartenanlage.

Zu einem wichtigen Bestandteil der herrschaftlichen Gärten wurde schließlich auch ein künstlich angelegter Hügel (*mount*), von dem man einen Überblick über den Garten hatte. Dies scheint ebenfalls eine ganz eigene Idee der englischen Gartenkunst zu sein. Möglicherweise wollte man auf diese Weise versuchen, etwas von den reizvollen Ausblicken der italienischen Gärten zu gewinnen, oder schlichtweg einem ganz normalen Bedürfnis des Menschen nach Überblick und Aussicht Rechnung tragen. Eine Vorstellung von solch einem Aussichtshügel können wir heute vielleicht am besten im Garten von Packwood House in der Grafschaft Warwickshire gewinnen. Zwischen sauber geschnittenen Buchsbaumhecken führt hier ein schneckenhausartig gewundener Weg zu einem um etwa 6 Meter höher gelegenen Aussichtspunkt. Zwar hat dieser *mount* durchaus Originalität und spielerischen Reiz, aber die Einbindung in ein gestalterisches Gesamtkonzept fehlt. Wie uns alte Stiche zeigen, stand der *mount* fast immer als etwas eigenartig fremdes Gebilde im Gesamtgefüge des Gartens.

Das 17. Jahrhundert

Auch die Gartenkunst des 17. Jahrhunderts erschließt sich uns vor allem aus Büchern, Gemälden und Stichen als Quellenmaterial. 1615 erschien »The Country Farm« von Gervase Markham. Das mit kleinen Holzschnitten illustrierte Buch orientiert sich stark an der französischen Gartenliteratur, es gibt vor allem praktische Ratschläge für den Obst-, Küchen- und Kräutergarten. Vom gleichen Verfasser erschien 1630 ein weiteres Gartenbuch, »A Way to get Wealth«. Bis 1695 wurde es fünfzehnmal neu aufgelegt, und man darf annehmen, dass es auf die Gartenkunst des 17. Jahrhunderts sehr großen Einfluss hatte. Ein Zeitgenosse und Freund von Markham war William Lawson, dessen zwei Gartenbücher ebenfalls sehr erfolgreich waren. 1617 erschien »The Country Housewife's Garden«, 1618 »A New Orchard and Garden«.

Eines der wichtigsten und bekanntesten Dokumente zur englischen Gartenkunst des 17. Jahrhunderts ist der 1625 erschienene »Essay Of Gar-

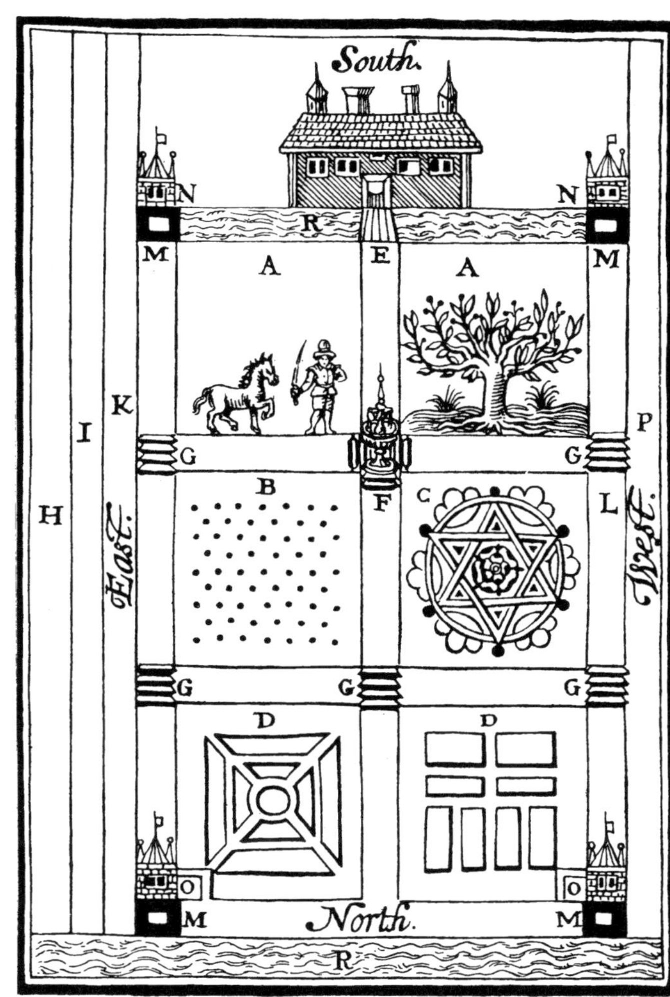

Holzschnitt aus »A New Orchard and Garden« von William Lawson, 1618

dens« des Staatsmanns und Schriftstellers Francis Bacon. Immer wieder wurde er zitiert, auf ihn bezogen sich Gartentheoretiker und Gartengestalter. Bacon kannte gewiss viele Anlagen elisabethanischer Herrenhäuser, doch gibt uns sein Text kaum verwertbare Hinweise zur strukturellen Beschaffenheit der Gärten. Sein Essay steht eher in der Nachfolge literarischer Gartenbeschreibungen, etwa des im »Roman de la Rose« von Guillaume de Lorris oder des von Francesco Colonna in der »Hypnerotomachia Poliphili« überlieferten Gartenbildes. Aber er bestätigt, welch große Bedeutung dem Garten im 17. Jahrhundert zukam.

Anders als die etwa 150 Jahre ältere Gartenbeschreibung von Francesco Colonna kommt Bacons Beschreibung ohne mythologischen Bezug aus und ist von einer durchaus lebensnahen Gartenleidenschaft geprägt. Man gewinnt den Eindruck, Bacon kenne die Vielzahl der genannten Pflanzen aus eigener Anschauung und stehe in liebevoller Beziehung zu ihnen. Auch für ihn ist der Garten ein nach architektonischen Gesetzmäßigkeiten geordnetes Gefüge. Die bereits im 16. Jahrhundert entwickelten Gestaltungselemente – Alleen, Pergolen, Hecken, Topiary; Pavillons, Wasserbecken, Rasenflächen und der *mount* – gehören auch für ihn zur festgeschriebenen Ikonografie der Gartengestaltung. Überraschen wird uns allerdings Bacons Gedanke, auch eine Heide als natürliche Wildnis in die Gartengestaltung zu integrieren. Diese Entwurfsidee, die darauf zielt, den formal konzipierten Partien des Gartens ein Stück ungeordnete Natur entgegenzusetzen, findet sich andeutungsweise schon in den späten Renaissancegärten Italiens; hier ist der *bosco* das naturnahe Gegenstück zu den streng architektonischen Bereichen. Das Bemühen, auch diese natürliche Wildnis einzubeziehen, zieht sich wie ein grüner Faden durch die Geschichte der englischen Gartenkunst. Gerade die Gartenkunst des 20. Jahrhunderts hat dafür vorbildliche Lösungen aufzuweisen.

Eines der großartigsten Dokumente zur Geschichte der englischen Gartenkunst ist die »Britannia Illustrata«, ein Stichwerk mit achtzig vogelperspektivischen Ansichten von englischen Landhäusern. Das Werk erschien im Jahre 1707, die Darstellungen aber entstanden gegen Ende des 17. Jahrhunderts. Sie wurden innerhalb von acht Jahren von Leonard Knyff gezeichnet und dann von Jan Kip in zwei Jahren in Kupfer gestochen. Vorbilder waren einige ähnliche, auf dem Kontinent entstandene Stichesammlungen, so zum Beispiel die französische, 1568 veröffent-

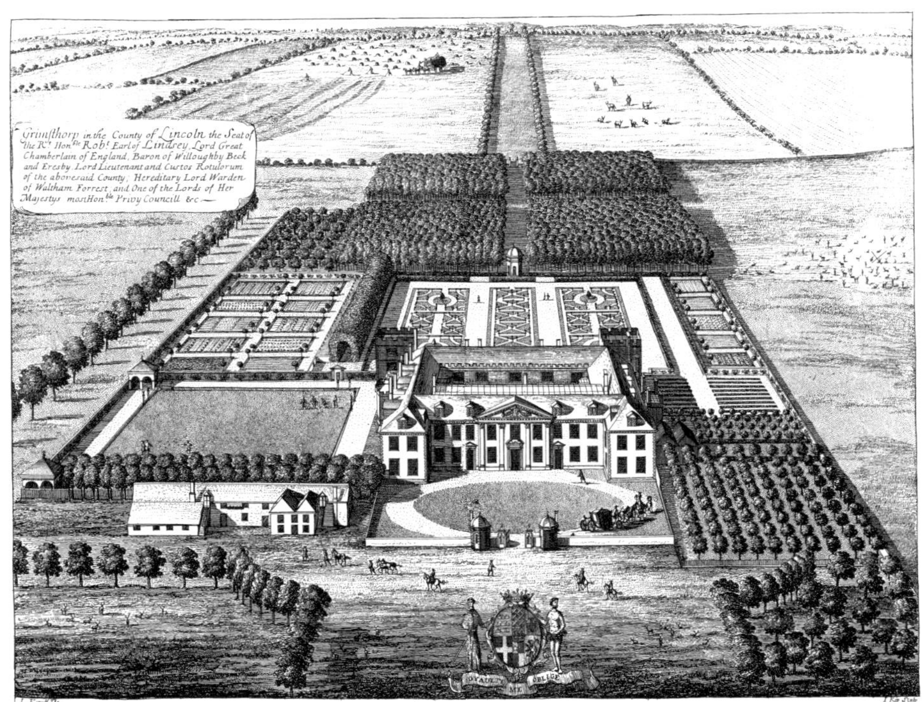

Garten von Grimsthorpe Castle, Lincolnshire, Kupferstich von Jan Kip nach einer Zeichnung von Leonard Knyff, 1707 in »Britannia Illustrata« veröffentlicht

lichte »Les plus excellents bastiments de France« von Jacques Androuet du Cerceau.

Die »Britannia Illustrata« zeigt Herrenhäuser und Gärten, die größtenteils in der zweiten Hälfte des 17. Jahrhunderts entstanden waren. Kunstvoll und großzügig konzipiert, standen sie den fürstlichen Residenzen auf dem Kontinent in nichts nach. Selbstverständlich sind alle Anlagen architektonische Gärten. Wie bei den italienischen Renaissancevillen, sind nun auch hier Haus und Garten zur konzeptionellen Einheit zusammengewachsen, und in alle Richtungen ausstrahlende Baumreihen und Alleen verknüpfen den Landsitz mit der umgebenden Landschaft. Keine der in der »Britannia Illustrata« abgebildeten Gartenanlagen ist erhalten. Allerdings bestehen noch einige der vorgestellten Herrenhäuser, und sie beweisen, dass die Stiche wirklichkeitsgetreu waren. Gegen Ende des 19. Jahrhunderts wurden diese Blätter für die Wiederentdeckung des architektonischen Gartens zu einer wichtigen Inspirationsquelle. Alle Gartengestalter befassten sich mit ihnen und fanden hier Argumente und englische Traditionen, auf die sie sich berufen konnten. Auch heute noch dient die »Britannia Illustrata« der Inspiration; in einigen Fällen wurden Gartenbereiche ganz gezielt anhand der Stiche rekonstruiert.

Das 18. Jahrhundert

Die englische Gartenkunst des 18. Jahrhunderts, für die sich etwa ab 1750 der Begriff *landscape garden* (Landschaftsgarten) einbürgerte, brach mit den fast vierhundertjährigen Gestaltungsidealen, die sich kontinuierlich weiterentwickelt hatten. Diese Stilrevolution hatte vielfältige Hintergründe, an erster Stelle das neue Naturverständnis. Da die naturwissenschaftlichen Kenntnisse zunahmen und die Natur somit immer leichter zu beherrschen war, verlor sie im 18. Jahrhundert an Bedrohlichkeit. Die von der Aufklärung geprägte Generation sah vielmehr in der ungezähmten Natur nun das Erhabene und Schöne und begegnete ihr mit romantisch verklärenden Gefühlen. Landschaft und Naturschönheit wurden zum eigenständigen Objekt ästhetischer Betrachtung. Dichter, Schriftsteller und Maler waren die Wegbereiter dieser neuen Sehweise. Das Erwachen des neuen Naturgefühls lässt sich in den Essays des Schriftstellers und Politikers Joseph Addison (1672–1719) erkennen, die die Wochenzeitschriften The Tatler und The Spectator um 1714 publizierten und die in ganz England große Beachtung fanden. Addison pries die Natur als Haus Gottes und »sah lieber einen Baum mit seiner schwelgerischen Wildheit von Ästen und Zweigen als die zu geometrischen Figuren geschnittenen Büsche«. Ein von Weiden gerahmter Dorfweiher, ein von Eichen beschatteter Hügel und die Weite der Kornfelder waren für ihn »angenehmere Prospekte« als die Heckenlabyrinthe und Parterres der Barockgärten. Mit seinen vielfältigen und geistreichen Naturbetrachtungen wurde Addison zum Vordenker des neuen Stils.

Der Landschaftsgarten bedeutete eine fundamentale Kritik an der barocken Gartenkunst, die nun als Verunstaltung der Natur getadelt und mit bissigem Spott angegriffen wurde. Der Dichter und Schriftsteller Alexander Pope (1688–1744), der zu den großen und fortschrittlichen Geistern seiner Zeit zählte, verglich die durch Formschnitt gestutzten Bäume und Sträucher des Barockgartens mit den von der Etikette gestutzten Höflingen des absolutistischen Hofstaats. Nach seiner Auffassung widersprachen die geometrischen Zwänge des Barockgartens einer fortschrittlich-freiheitlichen Gesinnung. Natur und Freiheit wurden immer wieder gleichgesetzt, wobei die Natur als das unanfechtbar Gute und als universaler Maßstab galt. Der Garten wurde nicht mehr als Metapher des Paradiesgartens, sondern als ein Ausschnitt idealer Natur verstanden. Die Aufgabe des Gartengestalters bestand nun darin, die vorgefundene Natur zu idealisieren, das heißt, sie malerisch zu verfeinern und ihre Wirkung zu steigern.

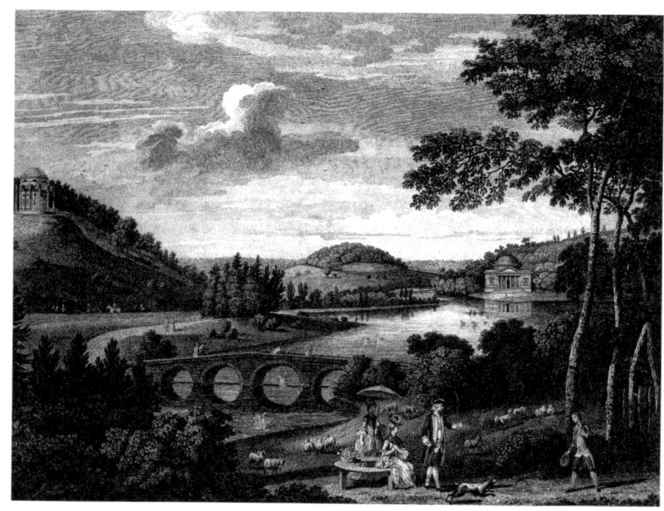

Stourhead, Blick in den Garten, 1777, Stich von François Vivarès nach einem Aquarell von Coplestone Warre Bampfylde

Bei der Entwicklung des Landschaftsgartens spielten auch politische und soziale Zusammenhänge eine wichtige Rolle. Im Gegensatz zum absolutistisch regierten Frankreich mit einem mächtigen König und einem politisch schwachen Adel hatte der König in der konstitutionellen Monarchie Großbritanniens eine vergleichsweise schwache Position. Der Adel hingegen war mächtig und vermögend, besaß weitläufige Ländereien und suchte nach Identität und Repräsentation. In der ersten Hälfte des 18. Jahrhunderts bildete sich aus vermögenden Geschäftsleuten und Bankiers, Kolonialherren, Admiralen und Generälen neben dem Adel eine weitere sehr wohlhabende Gesellschaftsschicht. Sie verfügte über die notwendigen Finanzmittel, um großen Landbesitz zu erwerben und sich schöngeistigen Bestrebungen zu widmen. Diese Kreise stellten das höfische Leben in Frage. Man lehnte insbesondere die politischen Strukturen des absolutistischen Frankreichs ab, und damit geriet der französische Stil des Barockgartens generell in Misskredit. Der Landschaftsgarten wurde zum Ausdruck britischer Identität und zum Symbol der politischen Freiheiten.

Nicht zuletzt erwies sich ein Landschaftsgarten auch als erheblich pflegeleichter, denn hier waren keine Heerscharen von Gärtnern zum Schnitt von Hecken und Bäumen notwendig. Die großzügigen Rasenflächen mussten nicht mühsam gemäht werden, sondern wurden von weidenden Schafen kurz gehalten.

Ein sehr wichtiger Impuls für die Entwicklung des neuen Gartenstils ging von der Landschaftsmalerei aus, die sich seit dem 17. Jahrhundert immer mehr zu einer eigenen Gattung entwickelt hatte. Insbesondere in den damals schon fast hundert Jahre alten, aber in England sehr beliebten Gemälden von Claude Lorrain (1600–1682) und Nicolas Poussin (1594–1665) fand sich der Zeitgeist des frühen 18. Jahrhunderts bestätigt. Die Bilder zeigten heroische Fantasielandschaften und kreisten um das alte Sehnsuchtsmotiv Arkadien, jene Ideallandschaft, die von der antiken Dichtung als das Land guter Sitten, stillen Friedens und ländlich sorgenfreien Hirtenlebens verklärt wurde. Die Gartengestalter wollten nun mit den ihnen zur Verfügung stehenden Mitteln ein Arkadienbild schaffen. Wie auf den Gemälden von Lorrain und Poussin findet man in den Landschaftsgärten, eingefügt zwischen die Baumgruppen, Wiesen und Wasserflächen kleine klassische Tempel, Altäre, Denkmäler, Ruinen und Brücken.

Im 18. Jahrhundert begeisterten sich die englischen Schöngeister an der klassischen Antike und verklärten sie als Goldenes Zeitalter. Man befasste sich mit Texten von Homer, Vergil, Horaz und Epikur und beauftragte aufwendige archäologische Forschungsarbeiten an den Stätten des Altertums. Die Ergebnisse wurden in kostbar gestalteten Büchern publiziert und nahmen großen Einfluss auf die Geschmacksbildung der Oberschicht. Die zwischen 1753 und 1797 erschienenen Werke »Ruins of Palmyra«, »Ruins of Baalbec«, »Antiquities of Athens« und die vierbändige Dokumentation »Ionian Antiquities« wurden in der englischen Aristokratie viel und mit Fernweh gelesen. Man sammelte antike Vasen und Skulpturen, Kapitelle und Münzen. Ruinen wurden romantisch verklärt und als Abglanz ruhmreicher Geschichte wahrgenommen. So erklärt sich, dass man die Landschaftsgärten mit künstlichen Ruinen ausstaffierte.

In der ersten Hälfte des 18. Jahrhunderts gelangten Berichte von chinesischen Gärten nach England. Der neue Stil des Landschaftsgartens erfuhr dadurch eine unerwartete Bestätigung, denn die asiatische Gartenkunst war seit jeher von landschaftlichen Konzeptionen geprägt. Nach einer Chinareise veröffentlichte der Hofarchitekt William Chambers im Jahre 1757 ein Buch über chinesische Gärten. Die englische Oberschicht nahm es begeistert auf, und neben den künstlichen Ruinen fanden nun auch chinesische Bauten, Pagoden, Pavillons und Brücken als Dekorationselemente Eingang in den Landschaftsgarten. China wurde zum Inbegriff des Reizvoll-Exotischen.

Die klassischen Landschaftsgärten des 18. Jahrhunderts sind Kompositionen aus sanft schwingendem Gelände, weiten Rasen- und Wiesenflächen, Waldstücken, Baumgruppen und Solitärbäumen. Im Zentrum befindet sich meist ein durch Anstauen eines Bach- oder Flusslaufs geschaffener See mit schön gebuchteten Uferpartien und sanft abfallenden Böschungen. Oft dient eine kleine, nicht zugängliche Insel als besonderer Blickpunkt. Wasserlauf, See und Insel sind im Landschaftsgarten ein ebenso typisches und grundlegendes Gestaltungselement wie die Spiegelweiher in den Barockgärten und die Wasserbecken und Springbrunnen in den Renaissancegärten.

Die Grundrissgestaltung des Landschaftsgartens meidet geradlinige Konturen. Weite Sichtachsen und reizvolle Blickbezüge spielen jedoch eine wichtige Rolle. Kopien antiker Tempel, Pavillons, Einsiedeleien, künstliche Ruinen, Grottenhäuser, architektonisch reich gestaltete Brücken, Exedren, Denkmäler und Skulpturen sind markante Blickpunkte und erzählerische Elemente.

Der Landschaftsgarten ist als Abfolge von malerischen Gartenbildern konzipiert, die sich beim Rundgang als abwechslungsreiche und unterhaltsame Szenerie erschließt. Während sich ein Barockgarten von bestimmten Blickpunkten, zum Beispiel vom Schlossturm oder Belvedere, bis zum fernsten Punkt überblicken und als Ganzes begreifen lässt, ist der Landschaftsgarten nur beim ausgiebigen Spaziergang durch das Gelände zu erfassen. Die Wege sind die stummen Führer, sie lenken den Blick und reihen die Abfolge der Bilder. Damit wird der Faktor Zeit zu einem Gestaltungselement in der Gartenkunst. Während es im Barockgarten klare Zielpunkte und einen unentbehrlichen Mittelpunkt gibt, ist im Landschaftsgarten nie ein endgültiges Ziel erreicht. Hat man beim Rundgang durch einen Landschaftsgarten einen angestrebten Punkt erreicht, eröffnen sich von dort aus gleich wieder neue Perspektiven, die zur Fortsetzung des Rundgangs auffordern.

Der Landschaftsgarten war grenzenlos konzipiert, ging nahtlos in die freie Landschaft über und sollte mit ihr eins werden. Es war die konsequente Umsetzung des Ausgangsgedankens, dass die gesamte Natur als ein potenzieller Garten zu sehen ist.

Wie auf den arkadischen Landschaftsgemälden gehörten auch im Landschaftsgarten Rudel von Rotwild, Schaf- und Rinderherden zum arkadischen Gesamtbild; sie waren ein wichtiger Stimmungsträger. Um Wild und Weidevieh vom hausnahen Bereich fern zu halten, ohne dabei die Aussicht mit Hecken und Zäunen zu verderben, ersannen die Gartengestalter den *Ha-Ha* (oder *Aha*). Es handelt sich um einen etwa 2 Meter tiefen, künstlich geschaffenen Graben, der zur einen Seite als Böschung abfällt und zur anderen Seite mit einer senkrechten Stützmauer abgefangen wird. Dieses Hindernis können die Tiere nicht überwinden. Es ist als Grenzziehung so effektiv wie unauffällig, denn der Blick geht über den Graben hinweg.

Obgleich die Landschaftsgärten natürlich anmuten, sind sie raffinierte, aufwendig gestaltete Kunstwerke, arkadische Inszenierungen, voller Anspielungen und symbolischer Bezüge.

Während sich die Planer der Renaissancegärten ihrer Ausbildung entsprechend als Architekten verstanden und neben den Gartenprojekten immer zugleich auch Bauprojekte betreuten, verstanden sich die Planer der Barockgärten als »Gartenarchitekten«. Die englischen Landschaftsgärten jedoch wurden nicht von Gartenarchitekten, sondern von Landschaftsgärtnern geplant. Etwa ab 1760 prägte sich in England der Begriff *landskip gardener* (später *landscape gardener*) aus.

William Kent (1685–1748) war der erste, der Gärten ohne »Lot und Richtschnur« anlegte. Er war weder Architekt noch Gärtner, sondern Maler und hatte die Jahre von 1709 bis 1719 im Zuge seiner Ausbildung auf der sogenannten Grand Tour in Italien verbracht. Die römische Campagna erlebte er als wunderbaren, von geschichtsträchtigen Ruinen belebten Garten. Die Renaissancegärten, die er in Italien aufsuchte, waren damals schon etwa hundertfünfzig Jahre alt. Sie hatten sich sehr verändert und entfalteten nun aufgrund ihres oftmals verwilderten oder üppig bewachsenen Zustands einen ganz eigenen malerischen Reiz, von dem sich Kent sehr stark angesprochen fühlte. Nachdem er als Maler nur wenig Erfolg hatte, wurde er ab 1730 als Gartengestalter tätig. Er führte das Malerische in die Gartenkunst ein und schuf gärtnerische Gemälde.

Lancelot Brown (1716–1783) wurde zum Vollender des neuen Gartenstils und zur beherrschenden Gestalt in der Gartenkunst des 18. Jahrhunderts. Er verkörperte den Sieg über Le Nôtre, »diesen grausamen Verderber, der die seufzende Erde zerstückelt hatte«. Browns begeistertes Reden von den gestalterischen Möglichkeiten (*capabilities*) haben ihm den Beinamen Capability eingetragen, den er später wie einen Ehrentitel trug. Schon frühzeitig hat Lancelot Brown Kenntnisse der Land- und Forstwirtschaft sowie der Nutz- und Ziergärtnerei erworben. Von 1741 bis 1751 war er in Stowe tätig, wo er an dem großen, von William Kent begonnenen Landschaftsgarten weiterarbeitete. Im Jahr 1751 begann seine Laufbahn als beratender Landschaftsgärtner. Unter Capability Brown, seinen Mitstreitern und Gefolgsleuten wurden in England Hunderte barocker Gartenanlagen zu Landschaftsgärten umgestaltet – es kam zu einer wahren Revolution des Gartenstils.

Sir William Chambers (1726–1796) kritisierte den einfachen, strengen Stil von Capabilty Brown. Er beklagte, dass sich dessen Gärten kaum von einer gewöhnlichen Landschaft unterschieden und den Betrachter nur ungenügend stimulierten. In seiner programmatischen Schrift »A Dissertation on Oriental Gardening« (1772) propagierte er die von ihm bereisten chinesischen Gärten als Vorbilder. Berühmtheit erlangte Chambers durch die 1757 begonnene Ausgestaltung von Kew Gardens im Westen von London. Mit zahlreichen Staffagebauten wie dem Haus des Konfuzius, der chinesischen Pagode, der türkischen Moschee, der gotischen Kathedrale und verschiedenen künstlichen Ruinen schuf er Anziehungspunkte und Attraktionen. Eine weitere Sensation war der zusammen mit dem Botaniker Lord Bute gestaltete exotische Garten, der sich später zum größten botanischen Garten der Welt entwickelte. Der König ließ die Neuerungen von Kew Gardens in Kupferstichen publizieren, und so wurden die Werke von Chambers bald an allen europäischen Höfen bekannt und erlangten große Vorbildwirkung. Der anglo-chinesische Gartenstil wurde europaweit zur Mode, bis Zeitkritiker wie Horace Walpole gegen ihn mit dem Vorwurf der Effekthascherei polemisierten.

Humphry Repton (1752–1818) gilt als der Nachfolger und wichtigste geistige Erbe von Capabilty Brown. Große Bekanntheit erlangte er durch seine 1788 veröffentlichten »Sketches and Hints on Landscape Gardening«, die sogenannten Red Books – mit auffälligen roten Ledereinbänden –, in denen Repton mit sehr anschaulichen und höchst eindrucksvollen Aquarellen in Form von Vorher-Nachher-Darstellungen seine Umgestaltungsabsichten demonstrierte. Repton fertigte in sehr origineller Weise Blätter, die den Ausgangszustand des Geländes dokumentierten und sich dann durch eingeschobene Darstellungen zum vorgeschlagenen neuen Bild verändern ließen. Er war der erste, der nun auch wieder systematisch Blumengärten in seine Konzeptionen einbezog. Repton lockerte die dogmatische Ablehnung aller formalen Gestaltungselemente und sah in den hausnahen Bereichen geometrische Gartenteile vor.

Das 19. Jahrhundert

Die Industrialisierung brachte eine sehr vermögende Gesellschaftsschicht von Fabrikbesitzern, Kaufleuten und Bankiers hervor, die dem opulenten Lebensstil des 18. Jahrhunderts nacheiferten und sich prächtige Landsitze bauten. Und so wurde das 19. Jahrhundert das Jahrhundert der großen Landhäuser. Die zugehörigen Gärten bewirtschaftete man mit sehr viel Personal in geradezu verschwenderischer Weise. Der makellose Zustand eines Anwesens mit seinem Baumbestand, seinen Weide- und Rasenflächen, Blumenrabatten, Obst- und Küchengärten war eine Prestigeangelegenheit ersten Ranges. Durch Gartenfachzeitschriften, -bücher und -enzyklopädien wurde das Gartenthema in der Oberschicht immer populärer und das Wissen auf diesem Gebiet immer umfassender und fundierter.

Der Blumenschmuck, der im Landschaftsgarten keine Rolle spielte, erlangte zu Anfang des 19. Jahrhunderts eine neue Bedeutung. Besonders beliebt waren in Mustern bepflanzte Teppichbeete und ornamental konzipierte Rosengärten. In den von Mauern umschlossenen Küchengärten, die immer schon – auch zur Zeit des Landschaftsgartens – der Anzucht von Schnittblumen dienten, experimentierte man mit neu gezüchteten Blütenpflanzen.

Im Jahr 1804 wurde The Royal Horticultural Society (RHS) gegründet. In den ersten Jahrzehnten ihres Bestehens förderte sie mit großer Leidenschaft die Suche nach neuen exotischen Pflanzen und deren Kultivierung in Großbritannien. Sie entsandte wissenschaftliche Expeditionen nach Indien und China, nach Nord- und Südamerika und in viele andere Regionen. Fremdländische Bäume und Sträucher hielten Einzug in die englischen Gärten und Parks, setzten starke farbige Akzente und nahmen dem Landschaftsgarten seine kompositorische Strenge. Die aus allen Kontinenten zusammengetragenen Gewächse waren Ausdruck des weltumspannenden British Empire.

Im Jahr 1837 begann die mehr als sechs Jahrzehnte währende Regierungszeit von Königin Victoria (1819–1901), eine glanzvolle Epoche, in der Großbritannien seine größte politische Macht entfaltete und unangefochten Weltmacht war. Das Viktorianische Zeitalter war nicht nur von enormer wirtschaftlicher Prosperität geprägt, es war auch die Epoche der großen Entdeckungen und Fortschritte in den Natur- und Ingenieurwissenschaften. Das *plant hunting*, die weltweite Jagd nach Pflanzenschätzen, wurde zur nationalen Leidenschaft der Briten. Nachdem der Arzt und Botaniker Nathaniel Baghaw Ward im Jahr 1840 ein tragbares Miniaturgewächshaus entwickelt hatte, den sogenannten Wardschen Kasten, den man bald in großen Stückzahlen seriell herstellte, war es möglich, nicht nur Saatgut, sondern auch lebende Pflanzen sicher und gut geschützt auf dem Seeweg ins Mutterland zu bringen.

Die große Leidenschaft des Bäumesammelns rief eine neue Form des Landschaftsgartens ins Leben – das Arboretum. Hier ging es nicht, wie im klassischen Landschaftsgarten um die Gestaltung eines idealen Landschaftsbildes, sondern vor allem um die Ausstellung ungewöhnlicher Baumarten und seltener Blütensträucher. Oft wurden bestehende Landschaftsgärten zu Arboreten ausgebaut und bekamen dadurch große Vielfalt und Farbigkeit.

Von 1847 bis 1851 unternahm Joseph Dalton Hooker, der spätere Direktor von Kew Gardens, eine Reise nach Nepal, Sikkim und Bengalen am Süd-

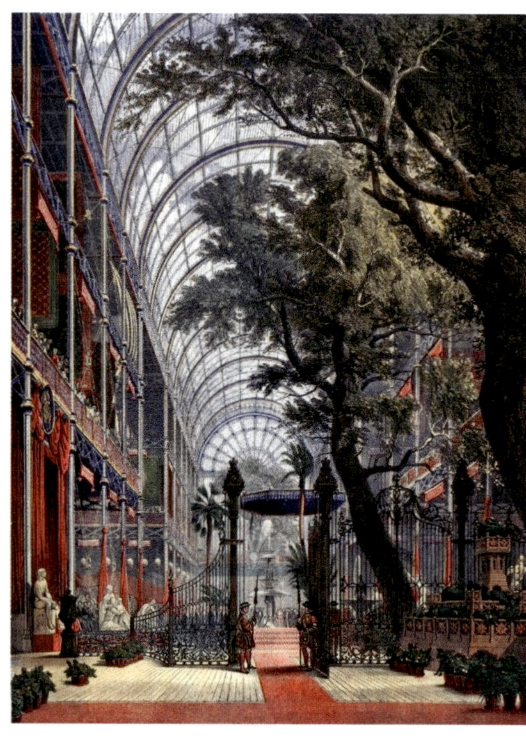

Joseph Paxton, Kristallpalast, 1851, Innenraum

rand des Himalayas. Er brachte über siebentausend Pflanzen mit nach England und veröffentlichte kurz nach seiner Rückkehr das Buch »Rhododendron of the Sikkim-Himalaya«, in dem er mehrere Dutzend Rhododendronsorten vorstellte und das Wissen über diese Pflanzenart, mit der sich die Züchter schon seit etwa dreißig Jahren beschäftigten, erheblich erweiterte. Das Werk fand begeisterte Aufnahme, und Rhododendren, denen das Klima der britischen Inseln bestens bekam, wurden binnen weniger Jahre zum beliebtesten Blütengehölz. Noch heute sind sie in vielen Gärten der britischen Inseln eine Hauptattraktion.

Das Gewächshaus als Leitbild des Viktorianischen Zeitalters

Die Begeisterung für Fremdländisches, die in der zweiten Hälfte des 18. Jahrhunderts eingesetzt hatte, erreichte im 19. Jahrhundert ihren Höhepunkt. Die Orangerien der Barockgärten allerdings waren für die Kultivierung tropischer und subtropischer Pflanzen ungeeignet. Es bedurfte großer verglaster und beheizbarer Gewächshäuser, und die nun einsetzende Geschichte der Gewächshausarchitektur ist untrennbar mit Joseph Paxton (1803–1865) verbunden. Er hatte als Gärtner in den Anlagen der Royal Horticultural Society in Chiswick seine Lehre absolviert und trat mit 23 Jahren in die Dienste des Herzogs von Devonshire, der ihn zum Verwalter seines Parks von Chatsworth House ernannte. Paxton begann nicht nur mit der Umgestaltung des Landschaftsgartens in ein Arboretum mit weit über tausend verschiedenen Baumarten, sondern auch mit dem Bau des Großen Gewächshauses. Das nicht erhaltene Glashaus mit einer Grundfläche von etwa 37 mal 84 Metern und einer Höhe von 20,5 Metern, fertiggestellt um 1840, war eine gestalterische wie konstruktive Pionierleistung. Vier Jahre später begann man in den Kew Gardens in London mit dem Bau eines Palmenhauses, das sich am Vorbild des Großen Gewächshauses von Chatsworth orientierte. Das Palmenhaus von Kew Gardens wurde 1848 errichtet, hat eine Grundfläche von etwa 110 mal 30 Metern und eine Höhe von 19 Metern. Es zählt noch heute zu den Hauptanziehungspunkten von Kew Gardens.

Im Jahr 1849 erwarb der Herzog von Devonshire für den Park von Chatsworth eine aus dem Amazonasgebiet stammende Seerosenart, deren Blüte bis zu 40 Zentimetern Durchmesser und deren am Rand etwas aufgekanteten Blätter bis zu zwei Metern Durchmesser erreichen können. Ihr schnelles Wachstum machte den Bau eines zweiten Gewächshauses eigens für diese Pflanze notwendig. 1850 stellte Joseph Paxton das mit einem beheizbaren Becken ausgestattete tropische Seerosenhaus fertig. In diesem Glashaus mit einer Grundfläche von etwa 19 mal 16 Metern und einer Höhe von 5,50 Metern gelang es zum ersten Mal, die Amazonas-Seerose zur Blüte zu bringen, ein Ereignis, das die ganze Nation bewegte. Die Seerose erhielt nach Königin Victoria den botanischen Namen Victoria regia.

Die Gewächshäuser aus Eisen und Glas verbreiteten sich in der zweiten Hälfte des 19. Jahrhunderts in allen europäischen Metropolen und Industriezentren. Die Kultivierung exotischer Pflanzen, die man unablässig aus allen Kontinenten einführte, wurde zum Statussymbol. Es galt, ihr Wohlergehen dadurch unter Beweis zu stellen, dass man sie nicht nur am Leben erhielt, sondern auch zur Blüte brachte – tausende Kilometer entfernt vom heimischen Dschungel.

Die Glashäuser mit ihren filigranen Konstruktionen und der tropischen Vegetation waren nicht nur imposante Bauwerke und technische Pionierleistungen, sondern Gesamtkunstwerke, riesige, unter einer Glasglocke inszenierte Naturstillleben. Die Zeitgenossen empfanden die Glashäuser oder Wintergärten, wie man sie auch nannte, als etwas Märchenhaftes, als ein Zeichen der gelungenen Naturbeherrschung und zugleich als Orte der Versöhnung mit der Natur.

Als 1845 in England die Glassteuer abgeschafft war und das Material zum preiswerten Massenprodukt wurde, kamen Gewächshäuser mit exotischen Pflanzen nicht nur in den Botanischen Gärten und städtischen Parks, sondern auch in den großen Stadthausgärten der großbürgerlichen Oberschicht in Mode. Noch heute sind Gewächshäuser und verglaste Wintergärten (*conservatories*) überall in Großbritannien sehr beliebt.

Vielfalt der Gartenstile

Unabhängig von der Begeisterung für exotische Vegetation entwickelte sich in der zweiten Hälfte des 19. Jahrhunderts gleichzeitig eine allgemeine Begeisterung für die unterschiedlichen historischen Gartenstile, die man oft – wie im Museum – nebeneinander stellte. Auch dies war Zeichen für die Sammlerleidenschaft und den Wunsch, das Weltreich und die Weltgeschichte zu inszenieren. In großen Gartenanlagen wurden verschiedene Bereiche als chinesische, japanische, indische, altägyptische oder mittelalterliche Gärten ausgewiesen. Diese Einteilungen basierten meist nur auf einigen wenigen, mit entsprechenden Assoziationen verbundenen Elementen, waren recht freie Interpretation und von einer soliden stilgeschichtlichen Vorstellung weit entfernt. Die vermeintliche Wiederbelebung, das *revival*, aller aus der Geschichte bekannten Gartenstile, an denen man gerade Gefallen fand, konzentrierte sich vor allem auf den italienischen Stil. Der italienische Renaissancegarten war eine Inspirationsquelle ersten Ranges, und der *Italian garden* wurde in der zweiten Hälfte des 19. Jahrhunderts zur weit verbreiteten Modeerscheinung. Mit Terrassen, Balustraden, pathetischen Treppenanlagen, Skulpturenschmuck, Wasserspielen und ornamental bepflanzten Parterreflächen zitierte man das Vorbild. Obgleich die Zitate sehr oberflächlich blieben und häufig unangemessen monumental und übersteigert umgesetzt wurden, führte dieser Rückgriff doch dazu, dass wieder ein Gefühl für gartenarchitektonische Räume entstand, ein Gefühl für die Schönheit formaler Schemata und geometrischer Ordnungssysteme. So wurde die Rückkehr zur geometrischen Strenge von Gartenentwürfen vorbereitet, und dem Landschaftsgarten kam immer mehr die Aufgabe einer rahmenden Hintergrundkulisse zu.

Rückbesinnung auf die Grundlagen der Gartenkunst

Die britische Gartenkunst des späten 19. Jahrhunderts wurde von drei herausragenden und widersprüchlichen Persönlichkeiten geprägt: William Robinson (1838–1935), Reginald Blomfield (1856–1942) und Inigo Thomas (1866–1950). Sie fanden zu ganz neuen Positionen und legten damit die Grundsteine für die englische Gartenkunst des 20. Jahrhunderts.

William Robinson machte sich als Gärtner, Pflanzensammler und Schriftsteller einen Namen. Von seinen zahlreichen Veröffentlichungen hatten vor allem die Bücher »The Wild Garden« (1870) und »The English Garden« (1883) nachhaltigen Einfluss. Robinson brach mit den damals typischen Formen der Gartengestaltung. Er verwarf alle baulich historisierenden Elemente und bekämpfte die mit bunten einjährigen Sommerblumen bepflanzten Teppichbeete, in denen die Pflanzen nur als Farbträger dienten. Robinson verstand sich in einem ganz anderen, heute würde man sagen naturnahen Sinne als *flower gardener*, als Blumengärtner. Er hatte den Zusammenhang der Pflanzen mit ihrer natürlichen Umgebung vor Augen und leitete von diesem Gedanken seine gestalterischen Vorbilder ab. In einem von Waldanemonen bestandenen Buchenwald, einer mit Fingerhut bestandenen Waldlichtung oder einem von Kletter-, Rank- und Schlingpflanzen umgrünten Baumstamm sah Robinson Bilder von unübertrefflicher Schönheit. Zwar hatten vor ihm schon die Maler der Romantik diese Reize erkannt, aber es ist William Robinsons Verdienst, diese Schönheiten als Vorbilder für die Gartengestaltung zu nehmen.

Der von William Robinson propagierte naturnahe Gartenstil findet sich noch heute in den als *woodland garden*, *valley garden* oder *bog garden*

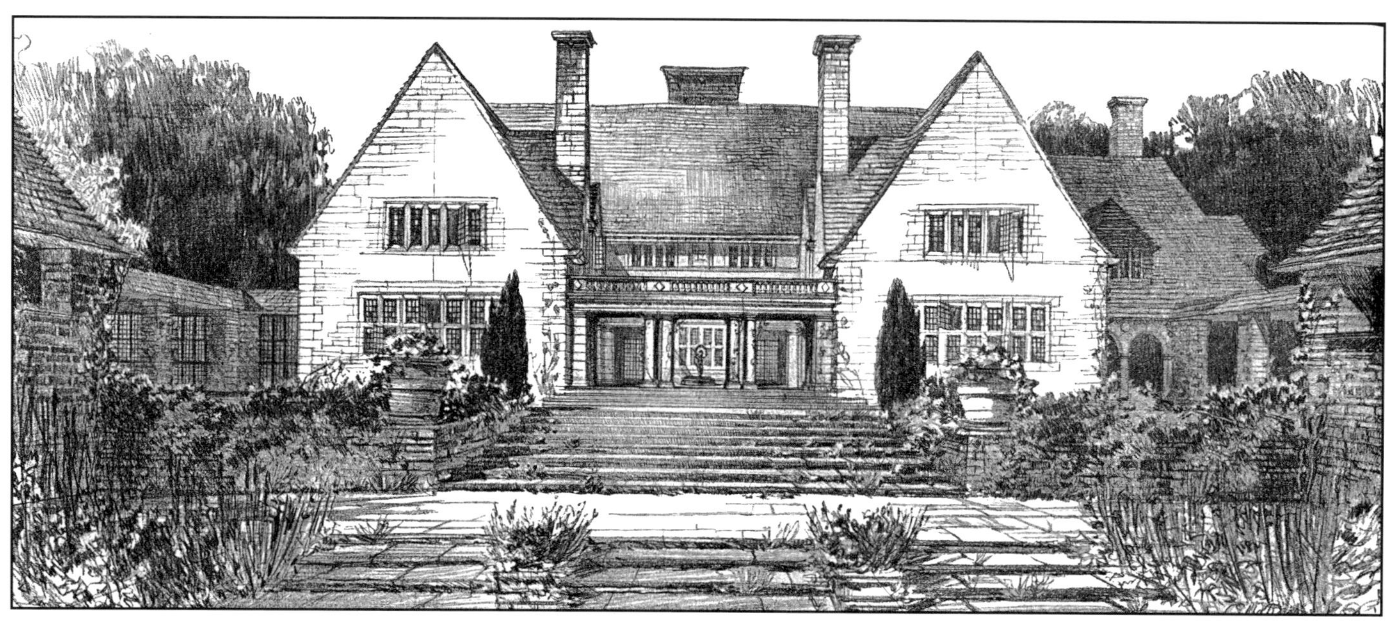

Charles Edward Mallows, Gartenterrasse des Landhauses Craig-y-Parc, Südwales, Bleistiftzeichnung, 1913 in der Zeitschrift The Studio veröffentlicht

ausgewiesenen Bereichen. Der *woodland garden*, der sich in halbschattigen Waldbereichen entfaltete, entstand mit Einführung der Rhododendren und anderer exotischer Blütensträucher wie Azaleen, Magnolien, Hartriegelarten und Eucryphien. William Robinson bereicherte das Waldbild im Bereich der Krautschicht mit naturhaft flächigen Pflanzungen von Farnen, Maiglöckchen, Waldhyazinthen (Bluebells), Salomonsiegel und vielen anderen Stauden dieses Lebensbereiches.

Wo immer die Topografie es zuließ, hielt Robinson es für geboten, mit Taglilien, Iris, Sumpflilien, Sumpfdotterblumen, Pfeilkraut, Mädesüß, Trollblumen und Weiderich das Bild eines *bog garden* (Sumpfgartens) zu inszenieren. Zu dessen typischen Merkmalen gehört das aus Chile stammende Mammutblatt (Gunnera manicata), eine Staude, deren rhabarberähnliche Blätter oft mehr als 2 Meter Durchmesser haben und die eine sehr exotische Atmosphäre erzeugt. Ebenso wie die feuchten Senken oder kleinen Tümpel waren die Uferzonen von größeren Wasserflächen und Bachläufen für William Robinson gartengestalterisch höchst stimulierende Bereiche. Er konnte auf ein großes Repertoire an naturnahen Vorbildern zurückgreifen, mit denen er diese Bereiche in malerischer Weise zu übersteigern wusste. Auch die szenisch als Ausschnitte alpiner Landschaft angelegten und mit Alpenpflanzen ausgestatteten Steingärten (*rockery*) wurden von William Robinson propagiert. Wie einige Jahrzehnte später bei dem deutschen Staudenzüchter Karl Foerster (1874–1970) findet man bei ihm die Begeisterung für alle Polsterstauden, die in Geröllflächen gedeihen, aus Mauerritzen und Belagsfugen herauswachsen.

Nicht zuletzt waren es auch die Kletter- und Rankpflanzen, die William Robinson als ein malerisches Element propagierte, die unzähligen, noch heute für die englische Gartenkunst so typischen Clematisarten, dekorative Arten und Sorten des Weins, Pfeifenwinden, Glyzinen, Passionsblumen und Jasmin.

Reginald Blomfield und Inigo Thomas

William Robinson zeigte sich als geradezu verbissener Widersacher des architektonischen Gartens und machte sich damit zum erbitterten Gegner von Reginald Blomfield und Inigo Thomas, die mit ihrem gemeinsamen Werk »The Formal Garden in England« die wichtigste theoretische Grundlage für den architektonischen Garten des 20. Jahrhunderts legten. Das Buch erschien 1892 und fand auf Anhieb so große Beachtung, dass es noch im gleichen Jahr in einer zweiten Auflage gedruckt wurde. Blomfield und Thomas wandten sich gleichermaßen gegen Robinsons Naturalismus wie gegen die formalen Beetgestaltungen viktorianischen Stils. Sie sahen im Garten die logische Erweiterung des Hauses als Gefüge von Einzelräumen mit unterschiedlichen Funktionen.

Arts and Crafts

In den achtziger Jahren des 19. Jahrhunderts befand sich das weltumspannende British Empire auf seinem Höhepunkt. Der im Viktorianischen England stetig wachsende Reichtum war einerseits den Kolonien und den weltweiten Handelsbeziehungen zu verdanken, er gründete andererseits auf der industriellen Revolution, die eine bisher nie dagewesene Produktivität hervorgebracht hatte. England war aber auch das Land in Europa, das als erstes die unglaublichen Verwüstungen der Industrialisierung erleben musste. Soziales Elend der Arbeiterklasse, ein enormer Qualitätsverlust des städtischen Lebensraums und der qualitative Niedergang der Gebrauchsgüterkultur waren der Tribut für die Industrialisierung.

Die scharfe Verurteilung der Gegenwartsverhältnisse und die romantische Verklärung der Vergangenheit ließen nicht lange auf sich warten. Zwar konnte die industrielle Entwicklung nicht aufgehalten werden, doch es ergaben sich entscheidende neue Impulse von weitreichender Bedeutung. Die Künstler und Sozialreformer John Ruskin (1819–1900) und William Morris (1834–1896) waren die ersten erbitterten Gegner der neuen Maschinenzivilisation und die Wegbereiter einer Gegenbewegung. Ihre Kritik richtete sich vor allem gegen die Geschmacklosigkeit der industriell hergestellten Produkte und die oberflächlich historisierenden Tendenzen in der Architektur. Ruskin und Morris plädierten für die Neubelebung eines künstlerisch entwickelten Handwerks sowie für eine bodenständige, traditionsgebundene Architektur. Ehrlichkeit, Zurückhaltung, Einfachheit und handwerkliche Solidität waren die Entwurfskriterien, mit denen man gegen das kurzlebige und unkünstlerische Industrieprodukt antreten wollte.

Aus diesen Positionen entstand etwa um 1880 eine Bewegung, die heute unter der Bezeichnung Arts and Crafts bekannt ist. Sie darf zu den wichtigsten, wegweisenden Entwicklungen der englischen Kunstgeschichte gezählt werden. Im Geiste von Arts and Crafts entstanden mehrere Architekten- und Künstlervereinigungen. Zu ihrem Umfeld zählten auch viele bedeutende Gartenarchitekten, zum Beispiel Charles Mallows, Thomas Mawson, Harold Peto und Edward Prior. Sie schufen wichtige Grundlagen für die Gartenarchitektur des 20. Jahrhunderts.

Das 20. Jahrhundert

Wenn für die Gartenkunst des späten 19. Jahrhunderts William Robinson und Reginald Blomfield die beiden Zentralfiguren sind, so sind es im beginnenden 20. Jahrhundert Gertrude Jekyll (1843–1932) und Sir Edwin Lutyens (1869–1944). Was bei Robinson und Blomfield unvereinbar Gegensätzliches blieb, wurde von Jekyll und Lutyens zur Einheit verschmolzen. Dabei stand Gertrude Jekyll durchaus in der Nachfolge von Robinson, und Edwin Lutyens vertrat als Architekt ähnliche Auffassungen wie Blomfield und Thomas.

Im Jahr 1889 traf der damals zwanzigjährige Lutyens mit der fünfundvierzigjährigen Künstlerin Jekyll zusammen; es begann eine Jahrzehnte währende partnerschaftliche Zusammenarbeit an mehr als hundert Gartengestaltungen. Als Malerin ausgebildet, war Gertrude Jekyll mit den verschiedensten kunsthandwerklichen Techniken vertraut. Seit 1868 war sie als Gartengestalterin tätig. Sie fotografierte und schrieb über ihre Gartenthemen zahlreiche Zeitungsartikel und Bücher, sie hatte einen eigenen großen Garten und war leidenschaftliche Pflanzensammlerin. Als Gärtnerin hatte sie zwar viel praktische Erfahrung, aber keine professionelle Ausbildung; sie selbst nannte sich bescheiden *working amateur*. Ihr Hauptverdienst lag in der feinsinnigen Pflanzenzusammenstellung. Einerseits suchte sie gute Farbharmonien, andererseits wollte sie die Farbwirkung durch die Nachbarschaft von geeigneten Blattpflanzen steigern.

Mit dem Satz »Immer ist es mein erstes Bestreben, ein schönes Bild zu schaffen« bringt sie zum Ausdruck, dass sie als Malerin gestaltet. Genau darin liegen die Größe und Bedeutung des Werkes von Gertrude Jekyll. Sie führte die Erfahrungen und die Sehweise der Maler in die Gartengestaltung ein, allerdings – und das darf nicht übersehen werden – ohne damit die von den Architekten entwickelte Gliederung und Formgebung des Gartens in Frage zu stellen. Im Gegenteil, sie benutzte die strenge Ordnung und Gesetzmäßigkeit als idealen Rahmen für ihre Bilder.

Edwin Lutyens, der als Architekt von Gertrude Jekyll entdeckt und gefördert wurde, baute bereits mit einundzwanzig Jahren zwei große Landhäuser. Eines davon war der Landsitz Munstead Wood in der Nähe von Godalming in der Grafschaft Surrey, den sich seine Gönnerin von ihm bauen ließ. Gertrude Jekyll und später auch seine Frau, Lady Emily Lytton, führten ihn in die besten gesellschaftlichen Kreise ein. So folgten viele weitere Aufträge für den Neubau oder Umbau von Landhäusern, die stets die Planung des Gartens einschlossen. »A Lutyens House with a Jekyll Garden« war um 1900 der Inbegriff feinsten Lebensstils. Lutyens entwarf das Gebäude, die räumliche Ordnung des Gartens und seine Details; Jekyll plante die Bepflanzung und kontrollierte das Gesamtbild. Als erfahrene Künstlerin und profunde Kennerin europäischer Gartenkunst hatte sie ein hoch entwickeltes Stilempfinden und einen Blick für das Ganze. Dadurch vermochte sie den jungen, überaus begabten Architekten Lutyens in idealer Weise zu leiten.

Einen unumstrittenen Platz in der Geschichte der Gartenkunst des 20. Jahrhunderts nimmt der Garten Hidcote Manor in Gloucestershire ein. Zwischen 1907 und 1914 von Lawrence Johnston angelegt, fand er zwar zunächst nicht die gleiche Beachtung wie die von Lutyens und Jekyll geplanten Anlagen, erweist sich aber aus heutiger Sicht als außerordentlich einflussreich. Auch in Hidcote wurden die Ideale von Robinson und Blomfield überzeugend zur Einheit verschmolzen. Allerdings tritt hier das Architektonische weiter zurück als bei Lutyens. Das Raumgefüge wird lockerer und vermag so auch einige naturalistisch gestaltete Partien zu integrieren.

Die dreißiger Jahre und die erste Zeit nach dem Zweiten Weltkrieg waren von zwei recht gegensätzlichen Strömungen gekennzeichnet. Auf der einen Seite gab es Traditionalisten, die an den von Edwin Lutyens und Gertrude Jekyll vorgegebenen Grundlinien festhielten, auf der anderen Seite versuchte man, die auf dem Kontinent seit den zwanziger Jahren in Kunst und Architektur entstandenen Strömungen der Moderne in der Gartengestaltung umzusetzen. Der freie, spielerische Umgang mit Formen und Farben, wie ihn Paul Klee und Wassily Kandinsky am Bauhaus lehrten, forderte dazu heraus, auf die Gartenkunst übertragen zu werden. Die japanische Gartenkunst, neu entdeckt und bewundert, lieferte den Beweis, dass Ausgewogenheit nicht nur in Geometrie, Regelmaß und Axialität gefunden werden kann, sondern auch im Malerischen, frei Komponierten. Von den Gartengestaltern, die in den dreißiger Jahren in diesem Sinne arbeiteten, fand Christopher Tunnard am meisten Beachtung. Angesichts zeitgenössischer Fotos und Entwurfsperspektiven seiner Arbeiten kann man sich gut vorstellen, wie sensationell seine Gartengestaltungen damals wirkten.

Den wichtigsten Beitrag zur Gartenkunst der dreißiger Jahre und der Zeit nach dem Zweiten Weltkrieg lieferte die Schriftstellerin Vita Sackville-West (1892–1962). Sie kannte Edwin Lutyens und Gertrude Jekyll persönlich und führte den von ihnen vorgezeichneten Stil in überzeugender Weise fort. Zwischen 1930 und 1938 schuf sie gemeinsam mit ihrem Mann, dem Diplomaten und Journalisten Harold Nicolson, den Garten von Sissinghurst Castle in Kent, der zu Recht als einer der bedeutendsten englischen Gärten des 20. Jahrhunderts gilt. Seit 1946 schrieb Vita Sackville-West in der Tageszeitung The Observer viel beachtete Kolumnen zum Thema Garten und wurde damit in der Zeit nach dem Zweiten Weltkrieg zur wichtigsten Stimme der Gartenwelt. Ihr Garten in Sissinghurst wurde zu einem Mekka für Gartengestalter der ganzen Welt und ist dies bis heute geblieben.

Bestimmend für die dreißiger Jahre und die Nachkriegszeit waren auch die Gartenentwürfe von Sir Geoffrey Jellicoe (1900–1996). Er hatte eine

Ausbildung als Architekt und machte sich mit fünfundzwanzig Jahren selbstständig. Im gleichen Jahr erschien sein erstes Buch, das für die Gartengestalter des 20. Jahrhunderts größte Bedeutung gewinnen sollte. Der zusammen mit John Shepherd verfasste kleine Band trug den Titel »Italian Gardens of the Renaissance«. Es handelte sich um eine sehr knappe Betrachtung der italienischen Gartenkunst, die jedoch wegen der zahlreichen Zeichnungen eine vertiefte Sicht auf die italienischen Renaissancegärten ermöglichte, wie sie keines der bislang zu diesem Thema erschienenen Werke zu bieten vermochte. Nach Auffassung der Gartenhistorikerin Jane Brown haben sich die Gartengestalter der zwanziger und dreißiger Jahre mit keinem Buch so intensiv auseinandergesetzt wie mit »Italian Gardens of the Renaissance«. So wurden auf diesem Wege erneut Impulse aus Italien für die englische Gartenkunst wirksam.

Noch in den dreißiger Jahren konnte Geoffrey Jellicoe seine theoretischen Betrachtungen in einigen Gartenanlagen praktisch umsetzen. Umgestaltungs- und Erweiterungsmaßnahmen der Gärten von Ditchley Park, Pusey House, beide in Oxfordshire, und Mottisfont Abbey in Hampshire waren die wichtigsten frühen Aufträge. Die Anlagen sind heute noch erhalten, bestätigen die Meisterschaft Jellicoes und lassen als Quelle der Inspiration die italienische Gartenkunst erkennen.

Als das umfassendste und wichtigste Werk Jellicoes gilt der Garten von Sutton Place in Surrey, ein Auftrag, den er 1980 im Alter von achtzig Jahren erhielt. Einerseits handelt es sich hier um einen modernen Garten, andererseits ist es ein architektonischer Garten mit all den Charakteristika und Elementen, die als kennzeichnend für diesen Typ anzusehen sind. Die Modernität kommt nicht nur dadurch zum Ausdruck, dass hier zeitgenössische Skulpturen, von Ben Nicholson, Henry Moore und Joan Miro, einbezogen sind, sondern auch durch die eindeutig moderne Formgebung von Details wie Bodenbelägen, Pergolen, Portalen, Rankgerüsten und Brunnen. Durch diese Modernität kommt allerdings eine Distanziertheit in die Gartengestaltung, die nicht unbedingt als wünschenswert empfunden wird. Aber die Ursache für eine gewisse Unpersönlichkeit ist wohl auch darin zu sehen, dass Sutton Place nicht vollendet wurde und es nicht mehr vom Geist eines mit dem Garten leidenschaftlich verbundenen Hausherrn beseelt ist. Auftraggeber war der Ölmagnat Stanley Seeger, der sich zwar als idealer Bauherr erwies, doch bereits wenige Jahre später seinen Besitz kurz entschlossen wieder verkaufte.

Einer der namhaftesten Kollegen Jellicoes war der Gartengestalter Russell Page (1906–1985), der von 1928 bis zum Beginn des Kriegs partnerschaftlich mit ihm zusammenarbeitete. Nach dem Krieg lebte Russell Page lange Jahre in Frankreich. Er schuf dort, in Italien, der Schweiz und in vielen anderen Ländern zahlreiche hervorragende Gartenanlagen, und immer fühlte er sich dem architektonischen Garten verpflichtet. Sein bekanntestes Projekt auf englischem Boden ist die Umgestaltung des Gartens von Longleat in der Grafschaft Wiltshire.

In den sechziger und siebziger Jahren entwickelte Beth Chatto in ihrem Garten bei Ipswich einen naturnahen, mit freien Formen arbeitenden Stil, der in sehr enger Verbindung zu den neuen Gartenidealen auf dem Kontinent stand. Der gestalterische Schwerpunkt lag auf den Pflanzen und deren Zusammenstellung nach Lebensbereichen. Beth Chattos Stil klingt in vielen britischen Gärten nach, dennoch wurden die traditionellen Auffassungen nicht aufgegeben.

Angesichts der gegenwärtigen Situation der englischen Gartenkunst drängt sich der Schluss auf, dass die moderne Sprache von Sutton Place nur sehr vereinzelt Nachfolge gefunden hat. Die innovativen Impulse der Chelsea Flower Show werden nur sehr zögerlich aufgenommen, und die von Charles Jencks geschaffenen Anlagen sind mit nichts zu vergleichende Einzelfälle. Heute gibt es im Wesentlichen zwei große Wirkungskreise der englischen Gartenkunst: zum einen die vielen Gärten des National Trust, zum anderen größere Gartenanlagen in Privatbesitz, die im National Garden Scheme aufgelistet sind. In beiden Umkreisen sind die Gärten entweder in überlieferter Form erhalten oder in traditionellem Stil rekonstruiert. Immer sind die Gestaltungen sehr stark von restaurativem Geist geprägt, und die Gestaltungsideale unterscheiden sich kaum von den zu Beginn des 20. Jahrhunderts entwickelten Stilvorstellungen. Man mag darin eine extrem konservative Haltung oder mangelnde Kreativität sehen, man kann es aber auch als Beweis deuten, dass viele auch heute angewandte Gestaltungsregeln von zeitloser Gültigkeit sind.

Nützliche Adressen

Fremdenverkehrsämter

VisitBritain - Britische Zentrale für Fremdenverkehr
Alexanderplatz 1
10178 Berlin
Tel.: +49 (0) 30 3157190
www.visitbritain.de

Schottland Fremdenverkehrsamt – Scottish Tourist Board
www.visitscotland.com

Fremdenverkehrsamt Irland – Tourism Ireland
www.tourismireland.com

Fährverbindungen

www.aferry.com/de
www.britain.de
www.britannien.de
www.dfds.com/de
www.directferries.de
www.ferryknowhow.info
www.misterferry.de
www.poferries.com/de
www.superfast.com

Leihwagen und Wohnmobile

www.autoeurope.de
www.avis.de
www.carflexi.com/de
www.easycar.de (für Irland)
www.hertz.de
www.opodo.de
www.rentalcars.com/de
www.sixt.de

Campingplätze

www.camping.info

Veranstalter von Gartenreisen

Arcatour Kultur und Gartenkunst:
www.arcatour.ch
Birgit Fellecke Gartenreisen:
www.gartenpfade.de
Gartenträume Petra Gmainer
www.gartenreise.com
Dr. Seick Gartenreisen: www.seick.com
Ulrike Kocher Gartenreisen:
www.uk-gartenreisen.de

Verzeichnisse von Gärten

Gardens in Cornwall:
www.visitcornwall.com
www.cornwalls.co.uk
Historic Houses, Castles & Gardens:
www.castlesandgardens.co.uk
Houses, Castles and Gardens of Ireland:
www.castlesgardensireland.com
Scotland's Garden Scheme:
www.scotlandsgardens.org
The National Gardens Scheme:
www.ngs.co.uk
The National Trust for Scotland:
www.nts.org.uk
The National Trust:
www.nationaltrust.org.uk

Weiterführende Literatur

Barbara Baumüller, Ulrich Kuder, Thomas Zoglauer (Hrsg.): Inszenierte Natur – Landschaftskunst im 19. und 20. Jahrhundert. Deutsche Verlags-Anstalt: Stuttgart 1997

Reginald Blomfield, Thomas Inigo: The Formal Garden in England. Macmillan: London 1892, Reprint Timber Press: London 1985

Guy Cooper, Gordon Taylor: Moderne Paradiese – Private Gärten unserer Zeit. Deutsche Verlags-Anstalt, Stuttgart 1997

Francesca Greenoak, Brian Chapple: The Gardens of the National Trust for Scotland. Aurum Press: London 2005

Valentin Hammerschmidt, Joachim Wilke: Die Entdeckung der Landschaft – Englische Gärten des 18. Jahrhunderts. Deutsche Verlags-Anstalt: Stuttgart 1990

Penelope Hobhouse: Plants in Garden History. Pavilion Books: London 1992

Penelope Hobhouse, Patrick Taylor (Hrsg.): Gärten in Europa. Eugen Ulmer: Stuttgart 1992

Anthony Huxley: An Illustrated History of Gardening. Paddington Press & Royal Horticultural Society: New York und London 1978, 1983

David Hicks, Suzannah Brooks-Smith: Cotswolds Gardens. Weidenfeld & Nicolson: London 1995

Gertrude Jekyll, Christopher Hussey: Garden Ornaments. Country Life/ George Newnes: London 1918, 1927, Reprint Antique Collectors' Club: London 1982

Hugh Johnson: Das große Buch der Gartenkunst, Praxis, Theorie und Geschichte. Hallwag: Bern und Stuttgart 1980

Günter Mader: Geschichte der Gartenkunst – Streifzüge durch vier Jahrtausende. Ulmer-Verlag: Stuttgart 2006

Günter Mader, Laila Neubert-Mader: Der Architektonische Garten in England. Deutsche Verlags-Anstalt: Stuttgart 1992

Günter Mader, Laila Neubert-Mader: Bäume – Gestaltungsmittel in Garten, Landschaft und Städtebau. Deutsche Verlags-Anstalt: Stuttgart 1995

Thomas Mawson: The Art and Craft of Garden Making. London 1900, 1907

David Ottewil: The Edwardian Garden. Yale University Press: New Haven, London 1989

William Robinson: The Wild Garden. London 1870, Reprint London, Melbourne, Auckland, Johannesburg 1983

Peter Sager: Englische Gartenlust. Von Cornwall bis Kew Gardens. Frankfurt 1999, 2000

Jessie Sheeler: Little Sparta. The Garden of Ian Hamilton Finlay. Frances Lincoln: London 2003

Patrick Taylor: The Gardens of Britain and Irland. London 2003

Michel Racine, Alain Provost: Invented Landscapes. Verlag Kunststichting: Oostkamp 2004

Graham Stuart Thomas: Gardens of the National Trust. Weidenfeld & Nicolson: London 1979

Urquhart Suki: The Scottish Gardener. Edinburgh 2005

Fotonachweis

Alamy, Seiten 72 (Jonathan Player), 106 (Jason Hornblow)
Bridgeman, Seite 190 (British Library Board)
Derek Croucher, National Trust Photo Library, London, Seite 106
Hannah Nußbaumer, Ettenheim, Seiten 12/13, 14, 15, 16, 17, 18, 19, 22, 25, 36, 84, 86, 87, 95, 108, 110, 111, 112
Fred Maroon, New York, Seite 113
National Trust Images, Seite 179 (Annapurna Mellor)

Alle übrigen Fotos stammen von Günter Mader, Ettlingen

Grundrisszeichnungen: Elke Zimmermann, Itzlings

Die Autoren

Günter Mader, geboren 1950, ist als Freier Architekt und Gartenplaner in Ettlingen, Baden, tätig. Von 1995 bis 2000 lehrte er Geschichte der Gartenkunst an der Hochschule Nürtingen, von 1999 bis 2022 war er Dozent für Freiraumplanung an der Hochschule Karlsruhe. Er realisierte Architektur- und Gartenprojekte im In- und Ausland und hat zahlreiche Buch- und Zeitschriftenpublikationen vorgelegt. www. guenter-mader.com
Laila Neubert-Mader ist Konferenzdolmetscherin und Übersetzerin mit Wohnsitz in Ettlingen. Seit mehr als 40 Jahren widmet sie sich in ihrer freien Zeit der Architektur und Gartenkunst und hat zahlreiche Fachbücher zu diesen Themen übersetzt. Gemeinsam mit Günter Mader hat sie mehrere Bücher über Gartenkunst publiziert. www.badendolmetscher.de

ISBN 978-3-8094-4743-6

1. Auflage
genehmigte Sonderausgabe © 2023 by Bassermann Verlag, einem Unternehmen der Penguin Random House Verlagsgruppe GmbH, Neumarkter Straße 28, 81673 München

Layout und Satz: Iris von Hoesslin, München/DVA
Projektleitung dieser Ausgabe: Sibylle Lehmann
Umschlaggestaltung: Atelier Versen, Bad Aibling
Herstellung: Franziska Polenz

Druck und Bindung: Firmengruppe APPL, aprinta druck, Wemding

Printed in Germany

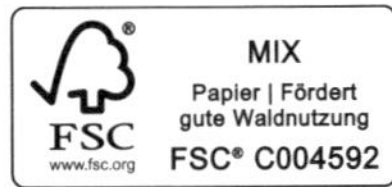

Penguin Random House Verlagsgruppe FSC® N001967

430037220109